rise like towers (see Fig. 2), with their summits often a little broader than their bases,

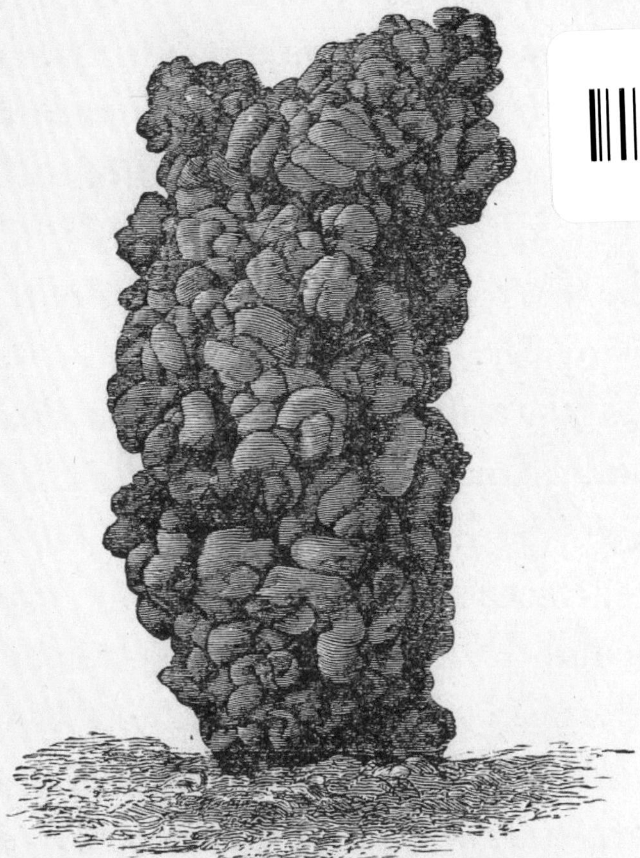

Fig. 2.

Tower-like casting from near Nice, constructed of earth, voided probably by a species of Perichæta: of natural size, copied from a photograph.

sometimes to a height of above 3 and often to a height of $2\frac{1}{2}$ inches. The tallest of those

---

greatly surprised to see how closely they resembled castings sent to me from near Calcutta, where it is known that species of Perichæta abound.

largest received by me was $3\frac{1}{2}$ inches in height and 1·35 inch in diameter; another

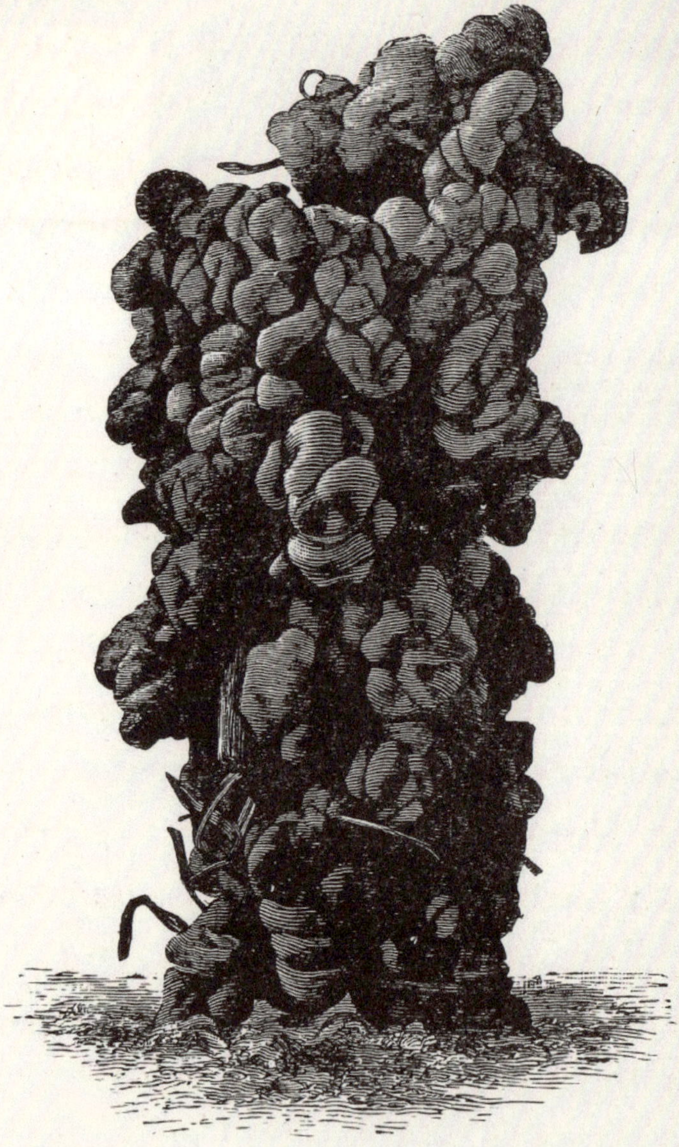

Fig. 3.

A tower-like casting, probably ejected by a species of Perichæta, from the Botanic Garden, Calcutta: of natural size, engraved from a photograph.

was only $\frac{3}{4}$ inch in diameter and $2\frac{3}{4}$ in height.

seems to have best retained its original size and appearance. Notwithstanding some loss from disintegration, five of the largest of these castings (after having been well sun-dried) weighed each on an average 89·5 grammes,

Fig. 4.

A casting from the Nilgiri Mountains in South India; of natural size, engraved from a photograph.

or above 3 oz.; and the largest weighed 123·14 grammes, or $4\frac{1}{3}$ oz.,—that is above a quarter of a pound! The largest convolutions were rather more than one inch in diameter; but it is probable that they had subsided a little

David Peleman, Elsbeth Ronner, Martina Barcelloni Corte, Paola Viganò

De bodem verkennen: Geen sentimentele reis

> I'd rather be a forest than a street,
> Yes I would, if I could, I surely would.
> I'd rather feel the earth beneath my feet,
> Yes I would, if I only could, I surely would.
>
> – Simon & Garfunkel, 'El Condor Pasa (If I Could)', 1970

Volgens een oude boerenwijsheid brengt de aarde 'aan het licht wie iets kan en wie nergens goed voor is'.[1] Deze wijsheid geeft aan hoe de bodem door de hele geschiedenis heen een gewichtig thema was dat als scherprechter functioneerde in maatschappelijke kwesties. Tegelijkertijd was de bodem een onderwerp dat de verwondering prikkelde, zoals Simon & Garfunkel bezongen in 1970. Het is onduidelijk in hoeverre die verbazing iets te maken heeft met een soort mythe-vorming omtrent de grond, of dat het louter een kwestie is van onwetendheid over wat er zich onder onze voeten afspeelt. Toen Bouvard en Pécuchet, de (anti)helden uit de gelijknamige roman uit 1881 van Gustave Flaubert, besloten om hun leven aan de landbouw te wijden, vonden ze het noodzakelijk 'alles over scheikunde te leren' en ze 'vernamen allereerst dat "elementen wellicht samengesteld zijn". (...) Wat hen vooral verwonderde was dat aarde als element niet bestaat.'[2] Deze van verbijstering vervulde vaststelling, over hoe de aarde net iets anders en ondoorgrondelijker is dan verwacht, vraagt om serieus genomen te worden.

Op het moment, eind negentiende eeuw, dat Bouvard en Pécuchet hun conclusie trokken, was de wetenschappelijke kennis over de bodem volop in ontwikkeling, voortgestuwd door een snel groeiende verstedelijking en industrialisering die druk zette op het grondgebruik, de voedselproductie en het leefmilieu. In 1879 publiceerde de Russische geograaf Vasily Dokoetsjajev het baanbrekende boek *Tchernozeme (terre noire) de la Russie d'Europe,* een analyse van de zwarte, vruchtbare landbouwgrond die in grote delen van Rusland te vinden is. Deze studie beoogde een beter inzicht te bieden in de oorzaken van de mislukking van oogsten in tijden van droogte. Het boek werd echter een mijlpaal in de bodemkunde, omdat Dokoetsjajev als eerste een wetenschappelijke methode introduceerde die inzicht bood in de genese van diverse typen grond.[3] Hij categoriseerde bodems op basis van vijf factoren die de vorming en evolutie van grond beïnvloeden — en die nog steeds relevant zijn voor het determineren van de bodem: de onderliggende geologie, het heersende klimaat, de topografie, de aard van de vegetatie, en de tijd (voorgeschiedenis) die een grond ter beschikking had om zich te vormen.[4] In Dokoetsjajev's analyse is de menselijke aanwezigheid voorlopig nog van ondergeschikt belang. De mens is een figuur in de marge, die op indirecte wijze een rol speelt door te beslissen waar/welke vegetatie kan groeien en door de grond al dan niet de tijd te geven om zich op een natuurlijke wijze te ontplooien.

Zowat 100 jaar later behandelde ook Bernardo Secchi de afwezigheid van de interactie tussen mens en bodem in het artikel 'Progetto di suolo' ('Het project van de grond') dat in 1986 verscheen in *Casabella*. Secchi's observatie is in zekere zin het spiegelbeeld van Dokoetsjajev's analyse: er is een gebrek aan bewustzijn bij de mens over hoe de bodem invloed kan hebben op de wijze waarop we onze bebouwde omgeving concipiëren en realiseren, zo stelt Secchi vast op basis van een analyse van de stedenbouwkundige praktijken in Europa midden jaren 1980. Hij reageert daarmee in

1 John Berger, *De vrucht van hun arbeid: Trilogie* (Amsterdam: De Bezige Bij, 1998), 1.

2 Gustave Flaubert, *Bouvard et Pécuchet* (Parijs: Gallimard, 1979 [1881]), 78.

3 Jock G. Churchman, 'The Philosophical Status of Soil Science', *Geoderma* 157 (2010), 214–221: 216.

4 Richard D. Bardgett, *Earth Matters: How Soil Underlies Civilization* (Oxford: Oxford University Press, 2016), 2.

David Peleman, Elsbeth Ronner, Martina Barcelloni Corte, Paola Viganò

Exploring the Soil: Not a Sentimental Journey

> I'd rather be a forest than a street,
> Yes I would, if I could, I surely would.
> I'd rather feel the earth beneath my feet,
> Yes I would, if I only could, I surely would.
> – Simon & Garfunkel, 'El Condor Pasa (If I Could)', 1970

According to an old peasant wisdom, soil 'reveals who is good for something and who is good for nothing'.[1] This wisdom indicates how, throughout history, soil has been a weighty subject that has functioned as an arbitrator in social issues. At the same time, soil has been a subject of wonder and imaginative power, as sung by Simon & Garfunkel in 1970. It is unclear to what extent this imaginative power has anything to do with a kind of myth formation about soil, or whether it is merely a matter of not knowing what is going on under our feet. When Bouvard and Pécuchet, the (anti)heroes of Gustave Flaubert's 1881 novel with the same title, decided to devote their lives to agriculture, it seemed necessary for them 'to learn all about chemistry' and they 'learned first of all that "elements may be composed". . . . What astonished them most of all was that there is no such thing as soil as an element.'[2] This perplexing observation, about how the soil is slightly different and more inscrutable than expected, deserves to be taken at face value.

When Bouvard and Pécuchet came to their conclusion at the end of the nineteenth century, scientific knowledge about soil was in full development. This scientific development was driven by a rapidly growing urbanisation and industrialisation, which put pressure on land use, food production and the environment. In 1879, Russian geographer Vasily Dokuchaev published the pioneering book *Tchernozeme (terre noire) de la Russie d'Europe*, an analysis of the black fertile farmland of the same name found in large parts of Russia. This study aimed to provide a better understanding of the causes for crop failure in times of drought. However, the book became a landmark in soil science because Dokuchaev was the first to introduce a scientific method that provided insight into the genesis of various types of soil.[3] He categorised soils according to five factors that influence the formation and evolution of soils – and that are still relevant today in the determination of soils: the underlying geology, the dominant climate, the topography, the nature of the vegetation, and the time (history) that a soil has had to develop.[4] In Dokuchaev's analysis, however, human presence is of secondary importance. Man is a marginal figure, who plays a role indirectly by deciding where vegetation can grow and by deciding whether or not to give the soil time to develop in a natural manner.

About 100 years later, the absence of interaction between man and soil is also what Bernardo Secchi observed in the article 'Progetto di suolo', which appeared in *Casabella* in 1986. Secchi's observation is, in a sense, the mirror image of Dokuchaev's analysis: there is a lack of awareness of how soil can influence the way we conceive and realise our built environment, so Secchi notes on the basis of an analysis of urban design practices in Europe in the mid-1980s. In doing so, he responds in the first instance to two previously published articles by Bernard Huet and Vittorio Gregotti. Huet formulated a denunciation of the increasing abstraction of land and the disappearance of diversity in land use. Gregotti listed four objections to Huet's text and pointed out how a lack of 'shared values' was an obstruction to realise large

1 John Berger, *De vrucht van hun arbeid: Trilogie* (Amsterdam: De Bezige Bij, 1998), 1

2 Gustave Flaubert, *Bouvard et Pécuchet* (Paris: Gallimard, 1979 [1881]), 78.

3 Jock G. Churchman, 'The Philosophical Status of Soil Science', *Geoderma* 157 (2010), 214–221: 216.

4 Richard D. Bardgett, *Earth Matters: How Soil Underlies Civilization* (Oxford: Oxford University Press, 2016), 2.

eerste instantie op twee eerder gepubliceerde artikelen van Bernard Huet en Vittorio Gregotti. Huet formuleerde een aanklacht tegen een manier van doen waarbij de bodem meer en meer wordt gereduceerd tot een abstractie en de diversiteit in het grondgebruik dreigt te verdwijnen. Gregotti maakte op vier punten bezwaar tegen Huet's tekst en wees erop hoe een gebrek aan 'gedeelde waarden' een belemmering betekende voor grote stadsprojecten.[5] Bernardo Secchi bouwde daar op verder en vestigde niet alleen de aandacht op wat hij aan de kaak stelde als een 'algemene verarming' van het stedelijk discours, maar ook op de rol die (binnen deze verarming) gespeeld werd door het geleidelijke, maar onverbiddelijke verdwijnen van de 'grond' uit de preoccupatie van de stedenbouwkundige. Een dergelijk verdwijnen, door Secchi omschreven als de 'geleidelijke en dramatische reductie' van de bodem in plannen en projecten tot een louter 'technisch medium', getuigt niet alleen van een zekere mate van cultureel verval in de architecturale omgeving. Volgens Secchi is het ook een symptoom van de onderbreking van een 'langdurige en vruchtbare reflectie' op de rol van de onbebouwde en collectieve grond binnen het project voor de stad.[6] Die reflectie werd geanimeerd en gevoed door de visies en hypotheses van de Moderne Beweging en haar ambitieuze emancipatieproject, maar is geleidelijk aan in de steek gelaten en vergeten, ondanks het feit dat die reflectie een potentieel vruchtbare erfenis bood.

De Britse antropoloog Tim Ingold, die meermaals geciteerd wordt in dit nummer van *OASE* (zie Galí-Izard et al., Meulemans en Tondeur, Hurkxkens), heeft vanuit een andere invalshoek een gelijkaardige toenemende 'bodemloosheid van de moderne maatschappij' geobserveerd.[7] Ingold omschrijft dit als een fenomeen 'gekenmerkt door de reductie van de voetgangerservaring tot de werking van een stappenteller, en door de overeenkomstige opwaardering van hoofd boven hiel als de locus van creatieve intelligentie'.[8] Volgens Ingold is deze bodemloze conditie niet louter te wijten aan de verharding van de bodem die door verstedelijking tot stand kwam, maar is ze het gevolg van een socio-culturele evolutie waarbij bepaalde lichaamsdelen en bijhorende zintuigen (zicht, reuk, gehoor) voorrang hebben gekregen in onze ervaring van de leefomgeving. Ingold analyseert hoe we het hebben afgeleerd om te voelen met onze voeten — door het ontstaan van verharde straten en daaraan slim aangepast schoeisel — en als gevolg daarvan ook het gevoelsmatig contact met de grond zijn kwijtgeraakt. Wanneer vervolgens Simon & Garfunkel al zingend de hoop uitdrukken liever de aarde dan de straat onder en met hun voeten te voelen, dan hoeft dat niet meteen als een sentimenteel pleidooi weggezet te worden. Het is de uiting van een bezorgdheid om op een genuanceerde en veelzijdige wijze met onze leefomgeving in contact te blijven, en 'de triomf van de hand en de rede over de voet en het gevoel' aan de orde te stellen.[9]

Hoewel het zelden de intentie is om gevoelens sterker te waarderen dan de rede, is er het laatste decennium een groeiend aantal stadsprojecten waar men (desgewenst) opnieuw de grond onder de voeten kan voelen, omdat duurzaamheid er hoog op de agenda staat. In 2009 werd in Frankrijk *Sous les pavés, LA TERRE* gepubliceerd, dat met de nodige verwondering de nauwelijks ontgonnen ondergrond op de agenda van stadsontwikkeling wilde zetten.[10] Dit voortreffelijke en vooruitstrevende vademecum beoogde zijn doel te bereiken door een breed publiek te informeren over een betere omgang met stedelijke bodems. De titel was een knipoog naar de leuze van de studentenopstanden in Parijs in 1968 — *Sous les pavés, la plage* — waarmee de jonge generatie de maatschappij uit haar vastgeroeste keurslijf probeerde los te wrikken. Hoewel de invloed van *Sous les pavés, LA TERRE* minder ontwrichtend was dan de gebeurtenissen van '1968', wordt er in het voorwoord hardop gedroomd van een andere relatie tussen stad en natuur.

5
Bernard Huet, 'La città come spazio abitabile', *Lotus* 41 (1984); Vittorio Gregotti, 'Quattro obiezoni', *Casabella* 517 (1985). Voor een overzicht van het debat over de relatie tussen grond en het stedelijk project in de jaren 1980: Monica Bianchettin Del Grano, *Suolo: Letture e responsabilità del progetto* (Rome: Officina Edizioni, 2017).

6
Bernardo Secchi, 'Progetto di suolo', *Casabella* 520–521 (1986), 19–23.

7
Tim Ingold, *Being Alive. Essays on Movement, Knowledge and Description* (Londen/New York: Routledge, 2011), 33–50. Hij spreekt over de *groundlessness of modern society*.

8
Ibid., 44.

9
Ibid., 37.

10
Claude Cheverry en Chantal Gascuel (red.), *Sous les pavés, LA TERRE: Connaître et gérer les sols urbains* (Montreuil: Omniscience, 2009).

urban projects.[5] Secchi expanded on this matter and not only drew attention to what he denounced as a 'general deterioration' of the urban discourse, but also to the role played (within this deterioration) by the gradual but inexorable disappearance of the 'ground' from the preoccupation of the urban designer. Such a disappearance, described by Secchi as the 'gradual and dramatic reduction' of the ground in plans and projects to a mere 'technical medium', not only testifies to a certain degree of cultural decay in the architectural environment. According to Secchi, it is also a symptom of the interruption of a 'long and fruitful reflection' on the role of undeveloped and collective land in the project of the city.[6] That reflection was animated and nourished by the visions and hypotheses of the Modern Movement and by its ambitious project of emancipation, but this reflection has gradually been abandoned and forgotten despite the fact that it offered a potentially fertile legacy.

The British anthropologist Tim Ingold, who is repeatedly cited in this issue of *OASE* (see Galí-Izard et al, Meulemans and Tondeur, Hurkxkens), has observed a similar increasing 'groundlessness of modern society' from yet another angle.[7] Ingold describes this as a phenomenon 'characterised by the reduction of pedestrian experience to the operation of a stepping machine, and by the corresponding elevation of head over heels as the locus of creative intelligence'.[8] According to Ingold, this groundless condition is not merely the result of the sealing up of the soil brought about by urbanisation, but is the consequence of a sociocultural evolution in which certain parts of the body and corresponding senses (sight, smell, hearing) have come to predominate in our experience of the living environment. Ingold analyses how we have unlearned how to feel with our feet — through the emergence of paved streets and sophisticated footwear — and as a result have also lost the tactile contact with the soil. So when Simon & Garfunkel sing of their hope to feel the earth rather than the street under and with their feet, it should not be dismissed as a sentimental plea. It is the expression of a concern to stay in touch with our environment in a nuanced and multifaceted way, and to question 'the triumph of the hand and reason over foot and feeling'.[9]

Although it is rarely the intention to value feelings above reason, in the past decade there were more and more urban projects that made it possible (if desired) to feel the ground beneath our feet again, because sustainability is high on the agenda. In 2009, *Sous les paves, LA TERRE* was published in France. A booklet that wanted to put the barely exploited subsoil on the agenda of urban development and from which radiated the necessary sense of wonder.[10] This excellent and progressive vade mecum aimed to achieve its goal by informing a broad public about how to handle urban soils in a better way. The title was a playful reference to the slogan of the 1968 Paris student revolts — *Sous les pavés, la plage* — with which the young generation tried to pry society out of its rigid straitjacket. Although the impact of *Sous les paves, LA TERRE* was less disruptive than what took place in '1968', in the foreword there is a loud dream of a different relationship between city and nature. A dream that is supposed to be hidden under the paving stones, but that policymakers since then seem to realise mainly on the unbuilt plots and on the wastelands in the city, with the explicit ambition of making the city more compact, counteracting the increasing urbanisation of the territory. Making use of these wastelands is often used as a way to show political courage and decisiveness in times of climate transition, but at the same time it trivialises both the soil and the project for the city. It uncritically considers the last reserves of open land as worthless because they have already been 'compromised' by the urban fabric that surrounds them. This practice is widespread and is supported at European policy level by the 'No Net Land Take by 2050' scenario.[11] In Switzerland, there are regulations

5
Bernard Huet, 'La città come spazio abitabile', *Lotus* 41 (1984); Vittorio Gregotti, 'Quattro obiezoni', *Casabella* 517 (1985). For an overview of the debate on the relation between soil and urban projects in the 1980s: Monica Bianchettin Del Grano, *Suolo: Letture e responsabilità del progetto* (Rome: Officina Edizioni, 2017).

6
Bernardo Secchi, 'Progetto d i suolo', *Casabella* 520–521 (1986), 19–23.

7
Tim Ingold, *Being Alive: Essays on Movement, Knowledge and Description* (London/New York: Routledge, 2011), 33–50. He speaks of the *groundlessness of modern society*.

8
Ibid., 44.

9
Ibid., 37.

10
Claude Cheverry and Chantal Gascuel (eds.), *Sous les pavés, LA TERRE: Connaître et gérer les sols urbains* (Montreuil : Omniscience, 2009).

11
Science for Environment Policy, *No Net Land Take by 2050?* Future Brief 14. Produced for the European Commission DG Environment by the Science Communication Unit (Bristol: University of the West of England, 2016).

Een droom die onder de straatstenen zou verborgen liggen, maar die beleidsmakers sindsdien voornamelijk op braakliggende terreinen in de stad lijken te realiseren, met de uitgesproken ambitie om zo de stad compacter te maken en verder uitdijende verstedelijking tegen te gaan. Het benutten van die braakliggende gronden lijkt vaak op het etaleren van politieke moed en besluitvaardigheid in tijden van klimaattransitie, maar banaliseert tegelijkertijd zowel de grond als het project voor de stad. Daarbij worden de laatste reserves aan open gronden zonder enige kritiek als waardeloos beschouwd, omdat ze al 'gecompromitteerd' zouden zijn door het stedelijk weefsel dat ze omringt. Deze praktijk is wijdverspreid en wordt op Europees beleidsniveau gesteund door het scenario 'No Net Land Take by 2050'.[11] In Zwitserland zijn er voorschriften voor een 'Urbanisation vers l'intérieur' die eenzelfde doel beogen.[12] In Frankrijk is er de strategie 'Zéro Artificialisation Nette' die in stadsprojecten bijzonder actief wordt toegepast.[13] Wanneer ergens op landbouwgrond toch wordt gebouwd, dan moet daar op een andere plaats (in die stad/gemeente) verhard oppervlak voor wijken, door opnieuw onverharde bodems (weide, landbouwgrond, park, enzovoort) te realiseren en zo het 'verlies' aan onverharde bodems te compenseren. De vooringenomenheid van zulke oplossingen roept een paradox op: verstedelijking wordt correct geïdentificeerd als de grootste bedreiging in termen van grondconsumptie, maar wordt nauwelijks beschouwd als een hefboom voor oplossingen.[14] Bodems zijn, gezien het trage tempo van hun vorming, een niet-hernieuwbare grondstof op wereldschaal en een fundamentele steun voor de voedselproductie en klimaatadaptatie. Daarom is het zo belangrijk om te onderzoeken hoe de multifunctionaliteit en de 'kunstmatige' regeneratie van bodems binnen een stedelijke context geoptimaliseerd kunnen worden. Door behoud en verbetering van de kwantiteit en kwaliteit van de verschillende open en bebouwbare ruimten in verstedelijkte gebieden, zouden deze plekken niet langer als een probleem hoeven te worden beschouwd, maar ook een deel van de oplossing kunnen zijn.

Het is een reële uitdaging om onze perceptie van deze plekken te veranderen en ze betekenis te verlenen voor het stedelijk territorium van de toekomst. Terwijl nauwelijks tien jaar geleden artikelen in de internationale pers nog moesten wijzen op de verborgen meerwaarde van de grond onder onze voeten — en zelfs op het feit dat grond geen afval is — is die grond tegenwoordig onderhevig aan een snel proces van herwaardering.[15] De nieuwe bodems zoals de zogenaamde technologische gronden of technosols — die door de mens geproduceerd zijn en een aanzienlijke hoeveelheid materialen bevatten als plastic, beton, baksteen — werden pas in 2006 opgenomen in de World Reference Base for Soil Resources.[16] De 'bodems van steden' worden op grote schaal en in toenemende mate ook erkend als een fundamentele grondstof, nadat de Food and Agriculture Organization van de Verenigde Naties het jaar 2015 had uitgeroepen tot 'internationaal jaar van de bodem'.[17] Een grondstof die een breed scala aan ecosysteemdiensten levert en een effectief middel is om klimaatverandering tegen te gaan. Zo vertegenwoordigen bodems vandaag de dag een sterk stedelijk en ecologisch potentieel.

Het effect van deze ambitieuze evolutie is niet gering. De laatste jaren duikt de bodem her en der op als betekenisdrager die onverhoedse wendingen geeft aan de middelen en het discours van de ontwerpdiscipline in zowel architectuur als stedenbouw. Het secuur inzetten van een 'levende bodem' ondersteunt ecologische motieven in de stedenbouw.[18] De ondergrond verschijnt hier als een spannende schatkamer die aanstuurt wat er bovengronds tot stand kan komen in nieuwe landschaps- en stadsprojecten.[19] Het opnieuw groeperen van bouwmaterialen in hun relatie tot de bodem (klei, leem, stenen, aarde, enzovoort) levert talloze 'natuurlijke' uitgangspunten voor

11
Science for Environment Policy, *No Net Land Take by 2050?* Future Brief 14. Produced for the European Commission DG Environment by the Science Communication Unit (Bristol: University of the West of England, 2016).

12
Office Fédéral du Développement Territorial, *Concept pour un développement urbain vers l'intérieur* (Bern: Office Fédéral du Développement Territorial, 2009).

13
France Stratégie, *Objectif "Zéro artificialisation nette": quels leviers pour protéger les sols?* (Parijs: Ministère de la Transition Ecologique et Solidaire, 2019).

14
Paola Viganò, Martina Barcelloni Corte en Antoine Vialle, 'Le sol de la ville-territoire', *Revue d'anthropologie des connaissances* 14/4 (2020).

15
George Monbiot, 'We're Treating Soil Like Dirt: It's a Fatal Mistake, as Our Lives Depend on It', *The Guardian,* 25 maart 2015; Jim Robbins, 'The Hidden World of Soil under Our Feet', *The New York Times*, 11 mei 2013.

16
Germain Meulemans, 'Urban Pedogeneses: The Making of Soils from Hard Surfacing to the Urban Soil Sciences', *Environmental Humanities* 12/1 (2020), 250–266.

17
Food and Agriculture Organization of the United Nations (FAO) & Intergovernmental Technical Panel on Soils (ITPS), *Status of the World's Soil Resources* (Rome: FAO, 2015); Maxine J. Levin et al. (red.), *Soils within Cities: Global Approaches to Their Sustainable Management* (Stuttgart: Schweizerbart, 2017).

18
Ariella Masboungi, 'Le sol vivant comme concept fondateur de l'urbanisme', in: Ariella Masboungi (red.), *L'urbanisme des milieux vivants: Agence TER: Grand Prix de l'Urbanisme 2018* (Parijs: Éditions Parenthèses & Direction Générale de l'Aménagement, du Logement et de la Nature, 2018), 15–17.

19
Petra Blaisse, Jana Crepon en Aura Luz Melis (red.), 'Dossier: Ondergronds', *Blauwe Kamer* 1 (2020), 15–50.

for 'Urbanisation vers l'intérieur' that have a similar goal.[12] In France, there is the 'Zéro Artificialisaiton Nette' strategy, applied very actively in urban projects, to counteract the 'loss' of unsealed soils through development.[13] Whenever building takes place on agricultural land, hard surfaces have to give way elsewhere (in that city/municipality), by creating new unpaved surfaces (pastures, farmland, parks and so forth) to compensate for the 'loss' of unpaved surfaces. The bias on which such solutions are based evokes a paradox: urbanisation is correctly identified as the main threat in terms of land consumption, but it is hardly considered as a lever to devise the solution.[14] Soils, given the slow rate of their formation, are a non-renewable resource on a global scale and a fundamental support for food production and climate adaptation. It is therefore of great importance to explore how the multifunctionality and 'artificial' regeneration of soils within an urban context can be optimised. By preserving and improving the quantity and quality of diversified open and arable land in urbanised areas, these areas would no longer need to be perceived as a problem, but could also be part of the solution.

A significant part of the challenge is to change our perception of these spaces and give them meaning in/for the urban territory of the future. Whereas hardly ten years ago articles in the international press still had to point out the hidden added value of the ground beneath our feet — and even the fact that ground is not waste — this ground is nowadays subject to a rapid process of revaluation.[15] The new soils such as the so-called technological soils or technosols — which are manmade and contain a considerable amount of materials such as plastic, concrete, brick — were only included in the World Reference Base for Soil Resources in 2006.[16] After the United Nations Food and Agriculture Organization declared 2015 the 'International Year of Soils', the 'soils within cities' were widely and increasingly recognised as a fundamental resource.[17] A resource that provides a wide range of ecosystem services and is an effective means of mitigating climate change. Today, these soils represent a strong urban and ecological potential.

The impact of this evolution is quite substantial. In recent years, soil has been emerging here and there as a medium that gives unexpected twists to the means and the discourse of the design discipline in architecture as well as urban planning. The precise application of a 'living soil' underpins ecological motives in urban planning.[18] The subsoil appears as a burgeoning treasure trove full of trajectories leading to new achievements aboveground in landscape design and in urban projects.[19] The reframing of building materials in their relationship to the ground (clay, loam, stones, earth, etcetera) provides countless 'natural' starting points for a design.[20] It has even been suggested that the relationship between man and the earth (both planet and substance) can be sublimated as if *The Earth is an Architecture*.[21]

These diverse exercises in mobilising soil in the design project make it clear that ground, and the open space of which it is a part, can no longer be conceptualised as a surface but must be understood as a living thickness. In response to the question 'What on earth is the ground?', Tim Ingold proposed to see the 'earth's surface' as a volume where living beings, the atmosphere and the earth interact.[22] This scaling up from two to four dimensions, from a surface to a living body that also has a time dimension, not only formulates an answer to the dream of Simon & Garfunkel. In these valuable four-dimensional explorations of soil in the design practice, soil is also ascribed a kind of 'mimetic power', as Germain Meulemans describes it.[23] This comes at a risk and creates the impression that 'the project for the soil' would irrevocably (be able to) improve the general quality of our living environment. This impression is not unjustified, but it is more likely and also more plausible to assume that mere mimesis will not suffice. The question then is

12 Office Fédéral du Développement Territorial, *Concept pour un développement urbain vers l'intérieur* (Bern: Office Fédéral du Développement Territorial, 2009).

13 France Stratégie, *Objectif "Zéro artificialisation nette": quels leviers pour protéger les sols?* (Paris: Ministère de la Transition Ecologique et Solidaire, 2019).

14 Paola Viganò, Martina Barcelloni Corte and Antoine Vialle, 'Le sol de la ville-territoire', *Revue d'anthropologie des connaissances* 14/4 (2020).

15 George Monbiot, 'We're Treating Soil Like Dirt: It's a Fatal Mistake, as Our Lives Depend on It', *The Guardian,* 25 March 2015; Jim Robbins, 'The Hidden World of Soil under Our Feet', *The New York Times*, 11 May 2013.

16 Germain Meulemans, 'Urban Pedogeneses: The Making of Soils from Hard Surfacing to the Urban Soil Sciences', *Environmental Humanities* 12/1 (2020), 250–266.

17 Food and Agriculture Organization of the United Nations (FAO) & Intergovernmental Technical Panel on Soils (ITPS), *Status of the World's Soil Resources* (Rome: FAO, 2015); Maxine J. Levin et al. (eds.), *Soils within Cities: Global Approaches to Their Sustainable Management* (Stuttgart: Schweizerbart, 2017).

18 Ariella Masboungi, 'Le sol vivant comme concept fondateur de l'urbanisme', in: Ariella Masboungi (ed.), *L'urbanisme des milieux vivants: Agence TER: Grand Prix de l'Urbanisme 2018* (Paris: Editions Parenthèses & Direction Générale de l'Aménagement, du Logement et de la Nature, 2018), 15–17.

19 Petra Blaisse, Jana Crepon and Aura Luz Melis (eds.), 'Dossier: Ondergronds', *Blauwe Kamer* 1 (2020), 15–50.

20 Manon Mollard, 'Breaking New Ground', *The Architectural Review* 1468 (2020), 3.

21 Trévelo & Viger-Kohler Architects (TVK), *The Earth Is an Architecture* (Leipzig: Spector Books, 2021).

22 Tim Ingold, *Correspondences* (Cambridge: Polity, 2021), 85–99.

23 Meulemans, 'Urban Pedogeneses', op. cit. (note 16), 260.

een ontwerp.[20] Er wordt zelfs geopperd dat de relatie tussen de mens en de aarde (zowel de planeet als de materie) gesublimeerd kan worden als *The Earth is an Architecture.*[21]

Deze uiteenlopende oefeningen om grond te mobiliseren in het ontwerpproject maken duidelijk dat de bodem, en de open ruimte waarvan die bodem deel uitmaakt, niet langer kan worden voorgesteld als een oppervlak, maar moet worden begrepen als een levende dikte. In antwoord op de vraag 'What on earth is the ground?', stelde Tim Ingold voor om het 'aardoppervlak' als een volume te zien waar levende wezens, de atmosfeer en de aarde interageren.[22] Die opschaling van twee naar vier dimensies, van een oppervlak naar een levend volume dat ook een tijdsdimensie heeft, biedt niet zomaar een antwoord op de droom van Simon & Garfunkel. In deze waardevolle vierdimensionele verkenningen van de bodem in het ontwerp, krijgt de grond tevens een soort 'mimetische kracht' toegedicht, zoals Germain Meulemans schrijft.[23] Zulke verkenningen zijn niet zonder risico, omdat ze de indruk wekken dat het 'ontwerp voor of met de grond' de algemene kwaliteit van onze leefomgeving zou (kunnen) verbeteren. Dat is niet onterecht, maar het is waarschijnlijker en ook aannemelijker dat mimesis alleen niet zal volstaan. De vraag is vervolgens 'hoe de "valstrik" van de grond te ontlopen en deze zijn ontologische waardigheid terug te geven, naast andere natuurlijke rijkdommen, in het project voor de eenentwintigste eeuw'.[24]

De grond als 'wat blijft'

Secchi's intuïtie over de relevantie van grond kwam niet tot stand in het isolement van een studeerkamer, maar was de resonantie van een groeiend maatschappelijk bewustzijn sinds de jaren 1980 over de rol van de bodem. In het jaar waarin hij zijn 'Progetto di suolo' publiceerde, werd er op het 13e congres van de Internationale Vereniging voor Bodemkunde (*Association Internationale de la Science du Sol*) te Hamburg beslist dat 'geschiedenis, epistemologie en sociologie van de bodemkunde' een permanent aandachtspunt en onderzoeksdomein zouden worden.[25] Het was een signaal waarmee de wetenschappelijke gemeenschap te kennen gaf dat er niets te winnen viel door het onderzoek naar grond te herleiden tot een louter technische kwestie en het beheer van grondstoffen. Kennis over de bodem had het potentieel om een breder en maatschappelijk relevant discours te beginnen. Zo kwam in Nederland het Plan Ooievaar tot stand in een tijdperk dat — aldus de Amerikaanse pedoloog, musicus en opvoedkundige Francis Hole — het 'logische decennium was om een *Society of Amateur Soil Observers* te organiseren', naar het voorbeeld van verenigingen voor vogelspotters.[26]

Het lijkt er ondertussen op dat Hole's pleidooi voor het 'plezier van het kijken naar de grond' weinig effect heeft gehad. De permanente aanwezigheid van het thema grond, dat Hole beoogde te realiseren via maatschappelijk engagement, is vandaag in grote mate ondervangen door de steeds holler klinkende term 'duurzaamheid'. In een lucide poging om de alomtegenwoordige aandacht voor duurzaamheid kritisch tegen het licht te houden, heeft de Franse filosoof Pierre Caye er recent op gewezen dat de bodem — meer bepaald *la force végétative du sol* — één van de drie pijlers was waarop de moderne economische theorie begin negentiende eeuw gefundeerd was, naast arbeid en kapitaal.[27] Sindsdien hebben we voornamelijk onze aandacht gericht op die laatste twee elementen, ten koste van de bodem. Omdat we het ons in tijden van klimatologische rampspoed niet kunnen veroorloven die fout nogmaals te maken, bepleit Caye om het begrip duurzaamheid opnieuw te overdenken en scherp te stellen. Duurzaamheid kan niet zomaar een item zijn dat we op een bepaald moment afvinken op onze lijst van ecologische taken, om aan allerlei normen te voldoen, om haar vervolgens in de bureacra-

20 Manon Mollard, 'Breaking New Ground', *The Architectural Review* 1468 (2020), 3.

21 Trévelo & Viger-Kohler Architects (TVK), *The Earth Is an Architecture* (Leipzig: Spector Books, 2021).

22 Tim Ingold, *Correspondences* (Cambridge: Polity, 2021), 85-99.

23 Meulemans, 'Urban Pedogeneses', op. cit. (noot 16), 260.

24 Panos Mantziaras en Paola Viganò (red.), *Le sol des villes: Ressource et projet* (Genève: MétisPresses, 2016), 12.

25 Jean Boulaine, *Histoire des pédologues et de la science du sol* (Parijs: Institut National de la Recherche Agronomique, 1989), XI.

26 Francis D. Hole, 'The Pleasures of Soil Watching', *Orion Nature Quarterly* (voorjaar 1988), 6-11: 6.

27 Pierre Caye, *DURER: Éléments pour la transformation du système productif* (Parijs: Les Belles Lettres, 2020), 17.

'how to escape the "pitfall" of the soil and give it back its ontological dignity, among other natural resources, in the project for the twenty-first century'.[24]

The Soil as 'What Remains'

Secchi's intuition about the relevance of soil did not arise in the isolation of a study room, but was the resonance of a growing social awareness about the role of soil that germinated in the 1980s. In the year in which he published 'Progetto di suolo', it was decided at the 13th congress of the International Soil Science Association in Hamburg that 'history, epistemology and sociology of soil science' would become a permanent focal point and field of research.[25] It was a signal from the scientific community that there was nothing to be gained by reducing research on soil to a purely technical issue and the management of resources. Knowledge about soil had the potential to shape a broader and socially relevant discourse. It was in this context that the Plan Ooievaar in the Netherlands came into being, in an era that – according to American pedologist, musician and educationalist Francis Hole – was the 'logical decade to organise a Society of Amateur Soil Observers', following the example of birdwatching societies.[26]

In the meantime, it seems that Hole's plea for 'the pleasure of soil watching' has had little effect. The permanent presence of the theme of soil that Hole was aiming for through social engagement has today been largely substituted by an increasingly hollow-sounding term like sustainability. In a lucid attempt to critically examine the omnipresent focus on 'sustainability', French philosopher Pierre Caye recently pointed out that soil – more specifically, *la force végétative du sol* – was one of the three pillars on which modern economic theory was based in the early nineteenth century, along with labour and capital.[27] Since then, we have mainly focused on the latter two elements, to the detriment of soil. Because we cannot afford to make that mistake again in times of severe climate crisis, Caye advocates rethinking and refocusing the concept of sustainability. Sustainability cannot simply be an item that we tick off our list of ecological tasks at a given moment in order to meet current standards, and that subsequently vanishes back into bureaucratic oblivion. Sustainability requires a continuous and long-term engagement, with an object or with an environment. Sustainability is about 'duration' (time) and presupposes 'maintenance' – *maintenance* in French is related to *tenir* (to hold) and etymologically refers to 'making the world', *faire monde*.[28]

The concept of maintenance is of particular importance when we consider soil as a system (or part of a system) that provides us with a service, such as an ecosystem service. In this case, we must also be prepared to accept that there are few, if any, manmade systems that function without human intervention, and that every system can fail.[29] As Caye argues, referring to Paul Virilio, the invention of the aeroplane inevitably accompanied the 'invention' of the aeroplane crash. 'Any technical innovation increases the risk of system failure.'[30] The solution is not to reject technology, but to take the maintenance of that technology – in this case the anthroposol – extremely seriously and to assume the consequences. However, the maintenance of land, as a form of 'care' that bypasses thinking in terms of productivity, is found to be very difficult. It undermines traditional management thinking whereby, writes María Puig de la Bellacasa, 'the future is organised towards a specific, technically defined goal of biological sustainability'.[31] She describes this slightly disruptive aspect as something that is 'political, messy and dirty' compared with business as usual.[32]

Taking all the aforementioned thoughts into consideration, this issue of *OASE* positions soil as a particularly interesting 'vehicle' to further explore

24
Panos Mantziaras and Paola Viganò (eds.), *Le sol des villes: Ressource et projet* (Geneva: MétisPresses, 2016), 12.

25
Jean Boulaine, *Histoire des pédologues et de la science du sol* (Paris: Institut National de la Recherche Agronomique, 1989), XI.

26
Francis D. Hole, 'The Pleasures of Soil Watching', *Orion Nature Quarterly* (spring 1988), 6–11: 6.

27
Pierre Caye, *DURER: Éléments pour la transformation du système productif* (Paris: Les Belles Lettres, 2020), 17.

28
Ibid., 164.

29
Ibid., 160.

30
Ibid., 159.

31
María Puig de la Bellacasa, *Matters of Care: Speculative Ethics in More Than Human Worlds* (Minneapolis: Minnesota University Press, 2017), 200.

32
Ibid., 204.

tische vergetelheid te laten verdwijnen. Duurzaamheid vereist een continue en langdurige betrokkenheid, met een object óf met een omgeving. Duurzaamheid draait om 'duur' (tijd) en veronderstelt 'onderhoud' — *maintenance* in het Frans, verwant aan *tenir* (houden) en etymologisch terug te voeren tot 'het maken van de wereld' (*faire monde*).[28]

Het begrip onderhoud is van bijzonder belang, wanneer we grond beschouwen als een systeem (of onderdeel van een systeem) dat ons een dienst verleent, zoals een ecosysteemdienst. In dat geval moeten we ook bereid zijn te aanvaarden dat er weinig of geen door de mens gemaakte systemen zijn, die zonder tussenkomst van de mens blijven functioneren — en dat elk systeem kan falen.[29] Zoals Caye stelt, verwijzend naar Paul Virilio, ging de uitvinding van het vliegtuig onvermijdelijk gepaard met de 'uitvinding' van de vliegtuigcrash. 'Elke technische innovatie verhoogt het gevaar van storingen en falen van het systeem.'[30] De oplossing is niet om techniek dan maar helemaal af te wijzen, maar wel om het onderhoud van die techniek — in dit geval de door de mens gemaakte bodem — uitermate serieus te nemen en de consequenties te accepteren. Het onderhoud van de bodem, als een vorm van 'zorg' die het denken in termen van productiviteit omzeilt, wordt echter heel lastig gevonden. Het ondermijnt het traditionele managementsdenken waarbij, zo schrijft Maria Puig de la Bellacasa, 'de toekomst wordt georganiseerd in de richting van een specifiek, technisch gedefinieerd doel van biologische duurzaamheid'.[31] Ze benoemt dit licht ontwrichtende aspect van de bodemzorg als iets dat 'politiek, rommelig en vies' wordt gevonden in vergelijking met de normale gang van zaken.[32]

Met bovenstaande gedachten in het achterhoofd, voert dit nummer van *OASE* grond op als een bijzonder interessant 'vehikel' om het gesprek over stedenbouw als 'werk aan het territorium' verder te onderzoeken en daarbij het oude, maar nog steeds bijzonder pertinente vraagstuk over de rol van 'het land in de stad' goed voor ogen te houden.[33] Daartoe is het nummer opgebouwd uit drie grote delen die elk een cruciaal aspect belichten van de relatie tussen stedelijk ontwerp en grond. In deel 1 wordt het stedelijk project voor een levende bodem verkend. Het perspectief waarbinnen verstedelijking slechts wordt beschouwd als een bedreiging voor het milieu en de bodem als een louter beschermenswaardig kapitaal, wordt op territoriale schaal radicaal aangetast door de erkenning dat de bodem een 'levend organisme' is. De teksten in dit deel onderzoeken hoe het stedelijk en territoriaal ontwerp, vanuit een nieuwe (co-evolutionaire) synthese tussen stad en bodem, een rol kan vervullen in het debat over de grond. Deel 2 omschrijft hoe er een nieuwe blik op grond aan het ontstaan is. De erkenning dat het hedendaagse verstedelijkte gebied grotendeels bestaat uit open en levende bodems, impliceert ook de noodzaak om zich de bodem, anders dan men gewend is, voor te stellen en te verbeelden. Dit draagt ertoe bij om de bodem los te wrikken uit monodisciplinaire en statische gezichtspunten, in de hoop dat dit ook alternatieve ontwerpbenaderingen zal opleveren. In deel 3 staat de bodem als stedelijke ontwerpopgave centraal. De erkenning van de waarde van de bodem, en van het belang van het behoud en de verbetering van de kwantiteit en de kwaliteit ervan binnen het stedelijk weefsel, bevat de fundamenten voor een alternatief stadsproject. De teksten stellen de vraag hoe een ontwerp, als een geprivilegieerd instrument voor stads- en bodemherstel, zijn instrumenten en categorieën zó substantieel kan herzien dat een ambitieus stedelijk project kansrijk wordt. Deze drie delen worden afgewisseld met thematische intermezzo's waar via korte teksten en beeldessays enkele projecten en posities worden gepresenteerd. Het zijn experimenten die vanuit verschillende invalshoeken de relatie tussen tussen de bodem en architectuur/stedenbouw in beeld brengen. Deze exploraties van de grond dragen res-

28
Ibid., 164.

29
Ibid., 160.

30
Ibid., 159.

31
María Puig de la Bellacasa, *Matters of Care: Speculative Ethics in More Than Human Worlds* (Minneapolis: Minnesota University Press, 2017), 200.

32
Ibid., 204.

33
Tom Avermaete, Klaske Havik en Hans Teerds (red.), *On Territories / Over territoria, OASE* 80 (2009); Christoph Grafe en Madeleine Maaskant (red.), *Het land in de stad / Urbanism out of Town, OASE* 60 (2002).

the conversation on urbanism as 'working on the territory', while keeping the old but still particularly pertinent question about the role of 'the land in the city' at the forefront.[33] To this end, the issue is divided into three major parts, each of which highlights a crucial aspect of the relationship between urban design and soil. Part 1 explores the urban project for a living soil. The perspective in which urbanisation is seen merely as a threat to the environment and the soil as mere capital to be protected is radically altered on a territorial scale by the recognition of soil as a 'living organism'. The texts in this section examine how urban and territorial design, on the basis of a new (coevolutionary) synthesis between city and soil, can play a role in the debate on soil. Part 2 describes the construction of a new gaze on soil. The recognition of today's urbanised territory as largely composed of open and living soils also implies the need to produce new representations and imaginaries of soil. These help to wrench soil away from monodisciplinary and static perspectives in the hope that this may also inform alternative design approaches. Part 3 focuses on soil as an urban design issue. The recognition of the value of soil, and the importance of preserving and improving its quantity and quality within the urban fabric, contains the foundations of an alternative urban project. The texts question how design, as a privileged instrument for urban and soil regeneration, can in this perspective substantially revise its instruments and categories to make an ambitious urban project more probable. These three parts are interspersed with thematic intermezzos in which various projects and positions are explored by means of short texts and pictorial essays. These are experiments that highlight, from different viewpoints, the relationships between soil and architecture/urban design. These explorations of the soil carry the titles, respectively, 'Architects and the Care of the Soil', 'Poetry of the Soil', 'New Inventories', and 'Postcards from the Future'.

In the same year Bouvard and Pécuchet came to the surprising and somewhat naive conclusion that earth was not an element, Charles Darwin published *The Formation of Vegetable Mould, through the Action of Worms*.[34] It would become his most popular book — and initially it sold much better than the widely known and more controversial *On the Origins of Species* (1859). Darwin's seemingly naive study of worms, based on over 40 years of research in his garden, inspired an unprecedented sense of humility towards nature: 'The plough is one the most ancient and most valuable of man's inventions; but long before he existed the land was in fact regularly ploughed, and still continues thus ploughed by earth-worms. It may be doubted whether there are many other animals which have played so important a part in the history of the world, as have these lowly organised creatures.'[35] For sure, man does not occupy a privileged position in the story of the soil. Much like when Darwin wrote down the observations on worms in his garden, many species today seem to display a closeness to nature that humans have long lost. The crux of the matter is not to reconstruct this relationship out of some kind of nostalgia or *Sehnsucht*, but rather to re-establish the permanent presence of soil in our interaction with the environment, as something that remains. The pursuit of care and maintenance, as the continuous 'becoming' of the world, the 'working on the world' (*faire monde*) by developing new perspectives, or 'repairing the world', is crucial in that process.[36]

'*What remains* is the becoming itself,' wrote Belgian philosopher Patricia De Martelaere, and the distinction between a sentimental and a naive human attitude plays an important role in this. Referring to the poetry of Friedrich Schiller, De Martelaere describes how people often become particularly sentimental when a 'metaphysical grief' hits them — such as the inevitability

33
Tom Avermaete, Klaske Havik and Hans Teerds (eds.), *On Territories / Over territoria*, *OASE* 80 (2009); Christoph Grafe and Madeleine Maaskant (eds.), *Het land in de stad / Urbanism out of Town*, *OASE* 60 (2002).

34
Charles Darwin, *The Formation of Vegetable Mould, through the Action of Worms, with Observations on Their Habits* (London: John Murray, 1881).

35
Ibid., 313.

36
Corine Pelluchon, *Réparons le monde: Humains, animaux, nature* (Paris: Payot & Rivages, 2020).

pectievelijk de titels 'Architecten en de zorg voor de grond', 'Poëzie van de grond', 'Nieuwe inventarisaties' en 'Briefkaarten vanuit de toekomst'.

In hetzelfde jaar waarin Bouvard en Pécuchet verwonderd en enigszins naïef tot de vaststelling kwamen dat aarde niet een element was, publiceerde Charles Darwin *The Formation of Vegetable Mould, through the Action of Worms.*[34] Het zou zijn meest populaire boek worden — en het verkocht in het begin veel beter dan het bekender en meer omstreden *On the Origins of Species* (1859). Darwin's schijnbaar naïeve studie van wormen, gebaseerd op ruim 40 jaar onderzoek in zijn tuin, zette hem aan tot een ongekende nederigheid ten aanzien van de natuur: 'De ploeg is een van de oudste en waardevolste uitvindingen van de mens; maar lang voordat hij bestond werd het land al regelmatig omgeploegd, en dat gebeurt nog steeds door regenwormen. Men kan zich afvragen of er veel andere dieren zijn die in de geschiedenis van de wereld zo'n belangrijke rol hebben gespeeld als deze eenvoudig georganiseerde wezens.'[35] Zeker is dat de mens geen bevoorrechte positie inneemt in het verhaal over de bodem. Net zoals Darwin de wormen in zijn tuin observeerde en beschreef, lijken vandaag veel diersoorten een verbondenheid met de natuur tentoon te spreiden, die de mens al lang kwijt is. De grond van de kwestie bestaat er niet in om, vanuit een soort heimwee of *Sehnsucht*, deze relatie te reconstrueren, maar wel om grond op een andere manier opnieuw en permanent aanwezig te stellen in onze omgang met de leefomgeving — als iets wat blijft. Het nastreven van zorg en onderhoud, in de zin van het 'laten worden' van de wereld, het 'werken aan de wereld' (*faire monde*) door het ontwikkelen van nieuwe perspectieven, of het 'repareren van de wereld' zijn in dat proces cruciaal.[36]

'*Wat blijft* is het worden zelf', zo schreef de Belgische filosofe Patricia De Martelaere, en het onderscheid tussen een sentimentele en een naïeve houding van de mens speelt daarin een voorname rol. Verwijzend naar de dichtkunst van Friedrich Schiller beschrijft De Martelaere hoe mensen vaak bijzonder sentimenteel worden wanneer een 'metafysisch verdriet' hen treft — zoals de onafwendbaarheid van ecologische rampspoed.[37] De sentimentele mens bij Schiller is, aldus De Martelaere, hij/zij die 'zich pijnlijk verbannen weet uit de natuur en probeert de verloren eenheid te herstellen door de schepping van een artistiek ideaalbeeld'.[38] Grote verhalen over 'klimaatbeheersing' en 'duurzame transitie' riskeren zich te verliezen in het streven naar een dergelijke eenheid. Het zijn tekenen van een maatschappij die in toenemende mate op een volwassen en/of respectvolle manier omgaat met deze planeet, maar ze vormen tegelijkertijd ook rationeel onderbouwde verhalen waarmee mensen zichzelf troosten dat ze op de goede weg zijn.[39] Het tegendeel/spiegelbeeld van die troostende houding ten aanzien van het klimaat — die ook de wetenschappen gedienstig kan zijn — is de naïviteit, de onverschrokken sprong in het experiment. 'De naïeve kunstenaar,' zo schrijft De Martelaere, 'ervaart zichzelf als een vanzelfsprekend onderdeel van de natuur, die hij bijgevolg geenszins idealiseert.'[40] Het 'project voor de bodem' — van de stad tot de allerkleinste delen grond — is een uitnodiging om zich met een zekere naïviteit midden in het vraagstuk op te houden en het te omarmen, zonder die naïviteit als hindernis of kinderlijk gedrag te zien. 'Bij deze duik in de oneindig kleine wereld van de materie vertrouwt onze verbeelding vanzelfsprekend op de slechtst gefundeerde impressies. Daarom wordt zo'n verbeelding door mensen met gezond verstand en rede als illusoir beschouwd. Wij zullen echter het perspectief van deze illusies volgen,' aldus Gaston Bachelard in *La Terre et les rêveries du repos*.[41]

34
Charles Darwin, *The Formation of Vegetable Mould, through the Action of Worms, with Observations on Their Habits* (Londen: John Murray, 1881).

35
Ibid., 313.

36
Corine Pelluchon, *Réparons le monde: Humains, animaux, nature* (Parijs: Payot & Rivages, 2020).

37
Patricia De Martelaere, *Wat blijft* (Amsterdam: Querido, 2007), 53.

38
Ibid., 52.

39
Clive Hamilton, *Earth Masters: The Dawn of the Age of Climate Engineering* (New Haven/Londen: Yale University Press, 2013).

40
De Martelaere, *Wat blijft*, op. cit. (noot 37), 52.

41
Gaston Bachelard, *La Terre et les rêveries du repos* (Parijs: Corti, 1948), 11.

of ecological disaster.[37] According to De Martelaere, the sentimental man in Schiller's work is he who 'finds himself painfully banished from nature and tries to restore the lost unity by the creation of an artistic ideal image'.[38] Major discourses on 'climate control' and 'sustainable transition' risk losing themselves in the pursuit of such unity. They are signs of a society that increasingly treats this planet in a mature (respectful) manner, but at the same time they are also rational narratives with which people console themselves that they are on the right track.[39] The opposite of this comforting attitude towards the climate — which can also be of service to the scientific world — is naivety, the fearless leap into experimentation. 'The naive artist,' writes De Martelaere, 'experiences himself as a natural part of nature, which he therefore in no way idealises.'[40] The 'project for the soil' — from the city to the tiniest particles of soil — is an invitation to take position in the midst of the issue and embrace it with a certain naivety, without seeing that naivety as a hindrance or as childish behaviour. 'In this dive into the infinitely small world of matter, our imagination naturally relies on the most ill-founded hunches. That is why such imaginations are considered illusory by people of reason and common sense. However, we will follow the perspective of these illusions,' writes Gaston Bachelard in *La Terre et les rêveries du repos*.[41]

37
Patricia De Martelaere, *Wat blijft* (Amsterdam: Querido, 2007), 53.

38
Ibid., 52

39
Clive Hamilton, *Earth Masters: The Dawn of the Age of Climate Engineering* (New Haven/ London: Yale University Press, 2013).

40
De Martelaere, *Wat blijft*, op. cit. (note 37), 52.

41
Gaston Bachelard, *La Terre et les rêveries du repos* (Paris: Corti, 1948), 11.

Intermezzo 1: Architecten en de zorg voor de grond

Paul Landauer

Bodemherstel: De les van Alberti

Volgens Leon Battista Alberti verdienden de gebouwen van het verleden niet alleen ons respect, maar ook onze voortdurende aandacht. De lessen die hij leerde uit de gebouwen van het oude Rome waren voor een groot deel ontleend aan hun afstand tot de tijd: hoe was het mogelijk dat deze gebouwen zich al die eeuwen hadden gehandhaafd en zich zo lang na hun bouw nog aan hem konden openbaren? Vanaf dat moment had hij niet langer alleen belangstelling voor compositieleer, maar ook voor de constructieprocessen die deze gebouwen in staat hadden gesteld weerstand te bieden aan zowel natuurrampen als oorlogsverwoestingen. Bij hem veranderde de kunst van het bouwen, die hij dankzij zijn observaties wist te ontwikkelen, in de kunst van het 'onder ogen zien van de tijd'. In het tiende, laatste deel van zijn *De re aedificatoria*, waarin hij herstel (*Restauratio*) behandelde, stelde hij zelfs de door natuur of menselijk gebruik beschadigde constructies gelijk aan bouwwerken die slecht waren ontworpen door hun architecten.

Als Alberti in zijn *Restauratio* al in de buurt van een conclusie kwam, dan was dat doordat hij de duurzaamheid van bestaande gebouwen gelijkstelde aan die van nieuwe gebouwen.[1] Zijn beschrijving van technieken die kunnen worden toegepast om de gebreken van gebouwen te verhelpen, stelde hem in de gelegenheid om zijn negen voorgaande boeken samen te vatten, met name het allereerste deel, *Lineamenti*, waarvan de eerste bladzijden gewijd waren aan het opstarten van een bouwproject op een locatie. In deze twee delen bekritiseerde Alberti de onbezonnenheid waarmee sommige architecten aan het bouwen sloegen — door opzettelijk gebouwen te vernietigen die de wreedheid van mens en natuur tot dan toe hadden weten te overleven — en riep hij op tot de consolidatie, waar mogelijk, van bestaande bodems en constructies. Volgens Alberti was deze oproep niet zozeer ingegeven door het verlangen om herinneringen levend te houden of door nostalgie, maar

1
Het boek dat teruggrijpt op *Restauratio* is het tiende en laatste boek. Volgens Pierre Caye is het echter mogelijk dat Alberti dit boek in het midden van de jaren 1440 heeft geschreven, tijdens zijn verblijf in Ferrara, ruim vóór de andere boeken van de verhandeling, die werd afgerond in 1452.

Method for finding underground springs / Methode om ondergrondse bronnen te vinden. Leon Battista Alberti, *De re aedificatoria*, 1452

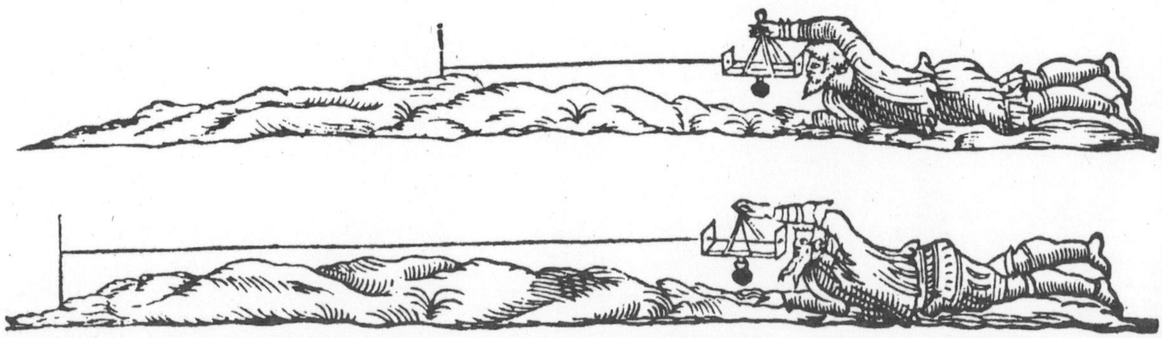

Method for calculating heights / Methode om hoogten te berekenen. Leon Battista Alberti, *De re aedificatoria*, 1452

Intermezzo 1: Architects' Concerns about Soil

Paul Landauer

Repairing the Soil: The Lesson of Alberti

According to Leon Battista Alberti, the buildings of the past did not only require respect: they required constant attention. The lessons he learned from the buildings of Ancient Roman were, to a large extent, derived from their temporal distance: How could these buildings have survived the centuries and revealed themselves to him such a long time after their construction? From then on, his interest was not only in the rules of composition, but also in the construction processes that had allowed these buildings to resist natural disasters as well as the destructions of war. The art of building that he developed from his observations became an 'art of facing time'. In the tenth, last part of his *De re aedificatoria*, in which he dealt with restoration (*Restauratio*), he even went so far as to equate the structures damaged by nature or human use with structures badly designed by their architects.

If Alberti attributed a conclusive dimension to *Restauratio*, it was because he equated the durability of existing buildings with that of new buildings.[1] The description of the techniques to remedy the defects of buildings thus gave him the opportunity to recapitulate the nine previous books, in particular the very first one, *Lineamenti*, whose first pages were devoted to the installation of a construction on his site. In these two books, Alberti criticised the thoughtlessness with which some architects began any construction by deliberately destroying buildings that the cruelty of humans and natural elements had failed to ruin, and called for the consolidation, as far as possible, of existing soils and constructions. This call was not so much, in Alberti's eyes, a concern for memory or nostalgia as it was a sustained attention to the capacity of the sites to host buildings that were likely to last.

Hydrology was therefore of great importance: the preparation of sites, as well as repair — that is, the action that precedes the act of building and the action that follows it — implied a thorough knowledge of the water buried in the ground or flowing on its surface. For buildings as well as for human beings, springs, groundwater and rainfall were both precious and deteriorating, healing and troublesome.[2] By dedicating 11 of the 17 chapters of the tenth book to hydrology, Alberti integrated the act of building into a terrestrial and aquatic cycle that had to be constantly perfected, completed and maintained. From then on, the architect had to explore both the thickness and the surface of the soil. Two methods were favoured: observation of vapours at ground level and topographical measurement.[3] Both of these methods invited the architect to move away from his drawing table and to lie flat on the ground.

Written between 1443 and 1452, *De re aedificatoria* resonates both as a warning and an invitation. This treatise, the first to be published since Vitruvius, can be read as a plea for responsibility and a defence of the pleasure of considering architecture as a way to repair the world. It is also an attempt to revisit the history of architecture *in anticipation*, ridding it of all the metaphors of redemption that emerged later. Therefore, contrary to what one might have thought in the centuries that followed, Alberti was not so much concerned with the reinstatement of the lost glory of Ancient Rome as with accounting for the conditions of its emergence and maintenance. The layout and the restoration of the soil embody both the condition of harmony and the modality of its resistance through the ages: without an acquaintance of the ground, regulations are useless.

The current abundance of destructions and situations of abandonment in Western countries paves the way for the perpetuation of such an origin of sustainable design. A design that did not emerge on the day when architects were led to choose the sites on which they would build, but rather on the day when, inheriting soils that they did not choose, they set about repairing them.

1
The book devoted to *Restauratio* is the tenth and last book of the treaty. However, according to Pierre Caye, this book could have been written by Alberti in the mid-1440s, at the time of his stay in Ferrara, well before the other books of the treaty, which was completed in 1452.

2
Several times in his treatise, Alberti suggested that in the event of an epidemic, it was the architect who should be consulted.

3
The original edition in Latin of *De re aedificatoria* did not include illustrations. Cosimo Bartoli, publishing its translation in Italian, around 1550, completed the text with drawings. The two images in this article come from this edition.

eerder vanuit een blijvende aandacht voor het vermogen van plaatsen om gebouwen te herbergen die waarschijnlijk lang zouden standhouden.

De hydrologie of waterhuishouding was dus van groot belang: voor zowel de voorbereiding van de bouwplaats als het herstel — dat wil zeggen, voor de handelingen die aan de bouw voorafgaan en de handelingen die erop volgen — was een grondige kennis nodig van het water dat hetzij in de grond zat, hetzij aan de oppervlakte stroomde. Bronnen, grondwater en regenval waren voor gebouwen én mensen zowel waardevol als schadelijk, heilzaam en problematisch.[2] Door 11 van de 17 hoofdstukken van het tiende boek aan de hydrologie te wijden, integreerde Alberti de handeling van het bouwen in een terrestrische en aquatische cyclus die voortdurend geperfectioneerd, aangevuld en onderhouden moest worden. Vanaf dat moment moest de architect zowel de dikte als de oppervlakte van de bodem onderzoeken. Twee methoden genoten de voorkeur: de waarneming van dampen op grondniveau en de topografische opmeting.[3] Voor deze twee methoden was het noodzakelijk dat de architect zijn tekentafel verliet en plat op de grond ging liggen.

De re aedificatoria, dat werd geschreven tussen 1443 en 1452, klinkt als een waarschuwing, maar ook als een uitnodiging. De verhandeling, de eerste die werd gepubliceerd na die van Vitruvius, kan worden gelezen als een pleidooi voor het nemen van verantwoordelijkheid en een verdediging van het genoegen om architectuur te beschouwen als een manier om de wereld beter te maken. Het is ook een poging om *bij voorbaat* terug te keren naar de geschiedenis van de architectuur en haar te ontdoen van alle verlossingsmetaforen die later het licht zouden zien. In tegenstelling tot wat men in de daaropvolgende eeuwen weleens zou denken, was Alberti dus niet zozeer bezig met het herstel van de vergane glorie van het oude Rome, als wel met het verklaren van de voorwaarden voor het ontstaan en het behoud ervan. De samenstelling en het herstel van de bodem belichamen zowel zijn harmonische toestand als zijn vermogen tot weerstand door de eeuwen heen: zonder kennis van de bodem hebben voorschriften geen zin.

Het huidige gehalte aan vernietiging en verwaarlozing in westerse landen maakt de weg vrij voor de voortzetting van een dergelijk begin van duurzaam ontwerp. Voor ontwerp dat niet ontstond op de dag dat architecten de grond konden kiezen waarop zij zouden gaan bouwen, maar eerder op de dag dat zij de geërfde grond die ze niet zelf hebben uitgekozen, beginnen te herstellen.

Vertaling: InOtherWords,
Maria van Tol

2
In zijn verhandeling suggereert Alberti meermaals dat men in geval van een epidemie terstond een architect dient te raadplegen.

3
De oorspronkelijke Latijnse uitgave van *De re aedificatoria* bevatte geen enkele illustratie. Cosimo Bartoli, die rond 1550 een Italiaanse vertaling publiceerde, vulde de tekst aan met tekeningen. De twee afbeeldingen in dit artikel komen uit deze uitgave.

Tulay Atak

A Megaform in Wetlands: Quaroni's Project for Venice–Mestre (1959)

'The soil and not the State' is the main task of geography, wrote Lucien Febvre, one of the founders of the Annales School of historiography.[1] According to him, geography concerns itself with the marks and projections of political institutions on the surface of the earth. Such projections include architecture, as a material collection of artifacts of societies. This raises the question of what soil has to do with architecture. Is it an exigency, or an afterthought? An area of expertise outside of architecture, a technical issue, or the founding ground of architecture, culture and history? I would like to address these questions by considering Ludovico Quaroni's project for Quartiere Cepalle Barene di San Giuliano of 1959. Proposed in the context of a national competition for the design of a neighbourhood in the industrial region between the cities of Marghera, Mestre and Venice, the project highlights the soil — in this case marshlands — as a constituent of architecture.

An ecological and urban endeavour, the competition envisioned the draining of the marshlands in order to build a new satellite city that could accommodate both the residential population and the tourists. From a regional and geographical perspective, the project by Quaroni's team introduced a new centre into an expanding city region. The plan derived from circles whose foci corresponded to existing cities and towns in the Venetian Lagoon, like Venice itself, Mestre, Murano and Lido.[2] The overall forms of the cylindrical blocks were to contain and give form to the swelling of the entire city region, while the internal fabric was left to develop along guidelines established by the team for types of housing settlements. Aerial perspective drawings located the new city and its inhabitants in relation to the geography of the lagoon while the elevation, with the silhouette of the new settlement reflected in the water, demonstrated the desire to mark this landscape. The project's silhouette with its emphasis on horizontality could be seen as a new landform in this geography.

The critical reception of the project emphasized its scale, which was larger than that of the neighbourhood, and the fact that the architecture was open to city and regional planning. For Alan Colquhoun the project, foreshadowing megastructures,

1
Lucien Febvre, *A Geographical Introduction to History* (New York: Alfred A. Knopf, 1925), 66.

2
Pippo Ciorra, *Ludovico Quaroni, 1911–1987* (Milan: Electa, 1989).

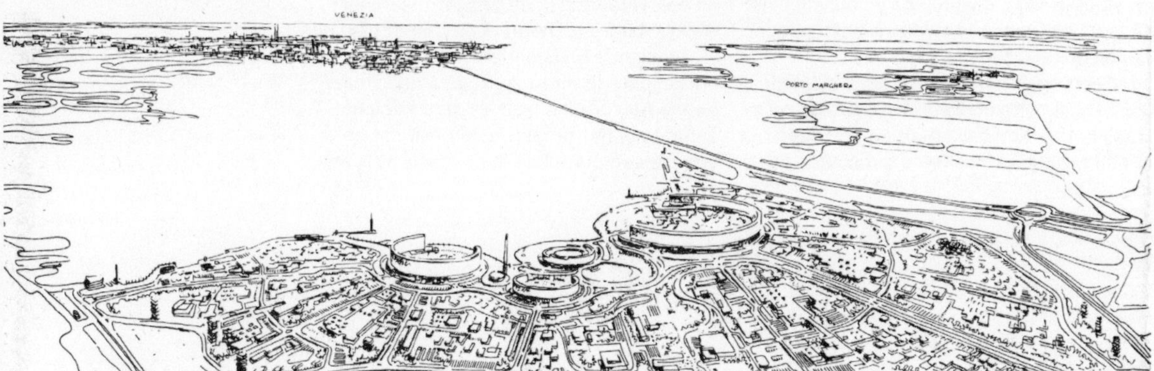

Aerial perspective of the project in Venice–Mestre / Vogelperspectief van het project in Venetië–Mestre

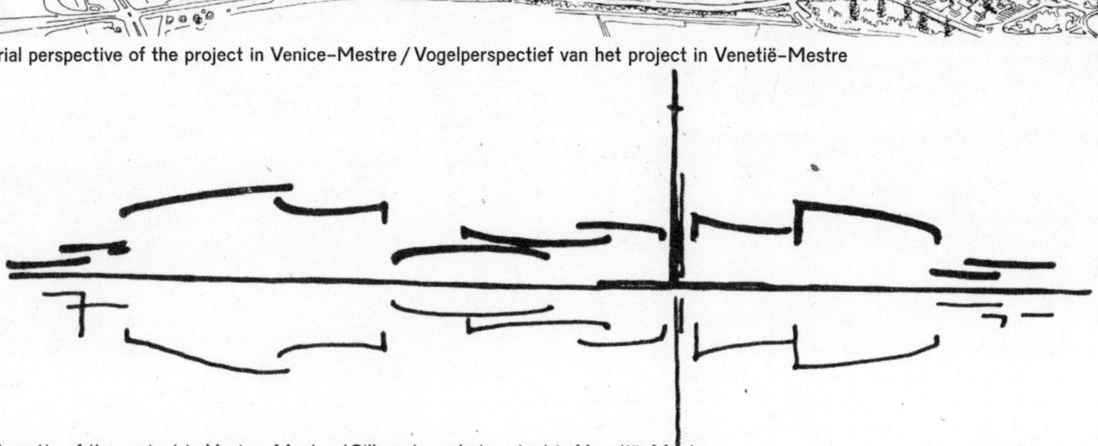

Silhouette of the project in Venice–Mestre / Silhouet van het project in Venetië–Mestre

Tulay Atak

Een megavorm in drasland: Quaroni's project voor Venetië-Mestre (1959)

'De bodem, niet de staat', zou volgens Lucien Febvre, een van de grondleggers van de op historiografie gerichte Annales-school, de belangrijkste taak van de geografie moeten zijn.[1] Volgens hem houdt de geografie zich bezig met de sporen en projecties van politieke instellingen op het aardoppervlak. Onder deze projecties wordt ook de architectuur gerekend, als een verzameling materiële artefacten van samenlevingen. Dit roept de vraag op, wat de bodem te maken heeft met architectuur. Is hij noodzaak of bijzaak? Gaat het om een niet-architectonische discipline? Om een technische kwestie? Of om de basis van de architectuur, cultuur en geschiedenis? Ik bespreek deze vragen aan de hand van een uit 1959 daterend plan van Ludovico Quaroni voor het Quartiere Cepalle Barene di San Giuliano. In dit project, dat tot stand kwam in het kader van een nationale prijsvraag voor het ontwerp van een woonwijk in de industriële regio tussen de steden Marghera, Mestre en Venetië, lag de nadruk op de bodem — in dit geval het moerasland — als bestanddeel van de architectuur.

Gedreven door een ecologisch en stedenbouwkundig uitgangspunt beoogde de prijsvraag het moerasgebied droog te leggen om er een nieuwe satellietstad te bouwen voor zowel plaatselijke bewoners als toeristen. Vanuit regionaal en geografisch perspectief introduceerde het project van Quaroni's team een nieuw centrum in een verstedelijkende regio. Het plan was gebaseerd op cirkels waarvan de middelpunten overeenkwamen met bestaande steden en dorpen in de lagune van Venetië, zoals Venetië zelf, Mestre, Murano en Lido.[2] Globaal moest de omtrek van de cilindrische blokken het uitdijende, gehele stedelijke gebied omvatten en vormgeven, terwijl de opzet van het binnenwerk zou worden ontwikkeld volgens de richtlijnen voor verschillende soorten woonwijken die het team had opgesteld. De vogelvluchtperspectieftekeningen toonden de nieuwe stad en haar inwoners in relatie tot de geografie van de lagune, terwijl het hogere land, met het silhouet van de nieuwe nederzetting weerspiegeld in het water, de wens demonstreerde om het landschap te markeren. Het silhouet van dit nadrukkelijk horizontale project kan geografisch worden opgevat als een nieuwe landvorm.

Critici benadrukten de schaal van het project, die de schaal van de buurt oversteeg, en het feit dat de architectuur zich openstelde voor stedelijke en regionale planning. Volgens Alan Colquhoun werd de nieuwe stad in het project opgevat als tweeledig en als een voorbode van de megastructuren, met een onveranderlijk en symbolisch deel én een veranderlijk en oncontroleerbaar deel.[3] Manfredo Tafuri noemde het plan bij verschillende gelegenheden een kritiek omslagpunt in de toenmalige studies naar en theorievorming over de stad.[4] Volgens Tafuri was het project een teken dat er een nieuwe discipline in de maak was, een

1
Lucien Febvre, *A Geographical Introduction to History* (New York: Alfred A. Knopf, 1925), 66.

2
Pippo Ciorra, *Ludovico Quaroni, 1911–1987* (Milaan: Electa, 1989).

3
Alan Colquhoun, *Modern Architecture* (Oxford: Oxford University Press, 2002), 190.

4
Manfredo Tafuri, *Ludovico Quaroni e lo sviluppo dell'architettura moderna in Italia*, (Milaan: Edizioni di Comunità, 1964); Manfredo Tafuri, *History of Italian Architecture* (Cambridge, MA: MIT Press, 1989), 72–75.

Panorama of the site produced by Quaroni and his team / Panorama van de site, gemaakt door Quaroni en zijn team

conceived the new city in two parts: one fixed and symbolic and the other changing and uncontrollable.[3] In several instances, Manfredo Tafuri singled out the project as a critical juncture in urban research and theory of the time.[4] For Tafuri, the project signalled that a new discipline was in the works, a discipline that was finding its footing between architecture and urban planning. It was an architecture that went beyond the neighbourhood quarter, and addressed the city region. With the shift from one kind of place to another, the scale of architecture and its focus also changed. Instead of 'additions' to existing models of urban development, the project acknowledged that urbanization and its instruments like motorway infrastructure and mass transportation were transforming the society.[5]

But what would happen to the ground? To the marshlands, wetlands? In the Quaroni archives at the Olivetti Foundation in Ivrea, there is a soil study that gives proof of the complexity of building on this site, while another important set of documents demonstrates the contradictions in designing for this scale. There are several aerial views of the site that show the region as a territory with different kinds of landscapes: marshes, industrial zones, road infrastructure. By contrast, there are several panoramas of the site, taken possibly by Quaroni himself, during several field trips. These are photographs in search of spaces that this landscape can yield, documenting the marshes, the settlements and the life on the site. The contrast between the aerial views and the panoramas resonates with the tensions between an ever-expanding territory and the uneven development that this entails for the ground — between a need for management that is brought about by urbanization and a life that already exists.

The photographs lead to a reading of the project that takes into account the fragile ecology of this landscape. Situated in the marshlands of the Venice lagoon, the project's forms and scale can be seen as a way to contain the built area in islands of architecture to control urban growth. It is possible to think that the soil and its wetness played a role in the further iterations of the project, placing the ground at its heart. A precursor to Bernardo Secchi's 'project for the ground', the soil becomes more than a technical issue, and defines the ground as a space shared by buildings, infrastructure and, in this case, ecosystems, setting limits to grand-scale architectural interventions.[6]

3
Alan Colquhoun, *Modern Architecture* (Oxford: Oxford University Press, 2002), 190.

4
Manfredo Tafuri, *Ludovico Quaroni e lo sviluppo dell'architettura moderna in Italia*, (Milan: Edizioni di Comunità, 1964); Manfredo Tafuri, *History of Italian Architecture* (Cambridge, MA: MIT Press, 1989), 72–75.

5
Tafuri, *History of Italian Architecture*, op. cit. (note 4), 74.

6
Bernardo Secchi, 'Progetto di suolo', *Casabella* 520–521 (1986), 19–23.

discipline die zich een plaats aan het verwerven was tussen de architectuur en stedenbouw in. Het ging daarbij om een buurt overstijgende architectuur die zich richtte op de stadsregio. Met deze verschuiving van buurt naar regio veranderden ook de schaal en de focus van de architectuur. In plaats van bestaande stadsontwikkelingsmodellen 'aan te vullen', erkenden de projectleden dat de verstedelijking en haar instrumenten, zoals snelwegen en massatransport, bezig waren de maatschappij te transformeren.[5]

Maar hoe zou dat de bodem beïnvloeden? De moeraslanden en de draslanden? In de Quaroni-archieven van de Fondazione Adriano Olivetti in Ivrea bevindt zich een bodemonderzoek dat laat zien hoe ingewikkeld het was om op de betreffende locatie te bouwen, terwijl een andere belangrijke reeks documenten de tegenstrijdigheden van het ontwerpen op deze schaal aan het licht brengt. Er zijn verschillende luchtfoto's van de site, die laten zien dat de regio een verzameling van verschillende soorten landschappen is: moerassen, industriezones, wegen. Daartegenover staan verschillende panoramafoto's van de omgeving die Quaroni mogelijk zelf heeft genomen tijdens verschillende excursies. Deze foto's geven een zoektocht weer naar de ruimte die het landschap kan opleveren, en leggen daartoe de moerassen, de nederzettingen en het leven op het terrein vast. In het contrast tussen de luchtfoto's en de panoramafoto's resoneert de spanning tussen een al maar uitdijend territorium en de ongelijke ontwikkeling die dat betekent voor de grond — tussen de behoefte aan controle als onderdeel van verstedelijking en het leven dat al bestaat.

De foto's geven aanleiding om het project opnieuw te lezen, met inbegrip van de fragiele ecologie van dit landschap. De vorm en schaal van dit in het moerasland van de lagune van Venetië gesitueerde project kunnen worden opgevat als instrumenten om de bebouwing mee te beperken tot eilandjes van architectuur en zo de suburbanisatie in de hand te houden. Ik kan me voorstellen dat de drassige bodem een rol heeft gespeeld in latere bewerkingen van het project, waarin de bodem centraal kwam te staan. In deze voorloper van Bernardo Secchi's *'Progetto di suolo'* is de bodem meer dan een technische kwestie. De bodem wordt gedefinieerd als een ruimte die wordt gedeeld door gebouwen, infrastructuur en, in dit geval, ecosystemen die grenzen stellen aan grootschalige architectonische ingrepen.[6]

Vertaling: InOtherWords, Maria van Tol

5
Tafuri, *History of Italian Architecture*, op. cit. (noot 4), 74.

6
Bernardo Secchi, 'Progetto di suolo', *Casabella* 520-521 (1986), 19-23.

Aerial photograph of the site / Luchtfoto van de site

Part 1: Towards an Urbanism for a Living Soil

Sara Protasoni

Das Edaphon: Raoul Heinrich Francé and the Ecology of Soil

The question of soil became a specific field of research and experimentation in the late nineteenth and early twentieth century in Russia, Europe and the United States as part of multifaceted considerations about the consequences of industrialisation on agricultural production and in relation to the food crises in several countries. Picking up the threads of these frequently forgotten studies and broadening our horizon to include agriculture, territories, settlement systems and landscapes, allows us to identify lines of continuity, fractures, radical transformations and sudden comebacks in architecture culture. These are crucial to better articulate conceptual categories and operational tools in the contemporary discussion about and reflection on 'soil design'.

A particularly inspiring case is the work of Raoul Heinrich Francé, a prolific biologist, philosopher and populariser of science, who was born in Hungary in 1874 and lived in Germany from 1902 to 1943. His written material — hardly ever cited today — directly influenced architecture and modern urban design in Germany. On the one hand, the narratives and images about the soil published in his numerous books allow us to outline the structures and figures of the spatial imagery required to shape an extremely complex entity (the soil) that is not immediately visible due to the many variable processes involved at microscopic level in the thickness below the surface. On the other hand, reviewing his work enables us to pinpoint several theoretical fundamentals of that 'biocentric' vision according to which life in space and time is reproduced and maintains itself using sophisticated mechanisms of self-regulation in a seamless selective relationship with the physical environment. A century ago, Francé's view already included not only plants, animals and fungi in the community of living beings (based on 'mutual aid'), but also protozoa and even bacteria, together with humans.[1]

The Edaphon Concept, the Living Soil Community

In order to emphasise his novel approach to the question of soil, in 1911 Francé coined a new word. 'Edaphon', resulting from the combination of the ancient Greek word ἔδαφος (meaning 'soil') with the suffix '-on', as it is used in the word 'plankton', from the field of ecology of water systems.[2] After all, the study of aquatic ecosystems was the starting point for his work during his early years in Budapest. When observing fresh soil samples under the microscope he was able to describe the community of microscopic or very minute organisms (bacteria, fungi, algae, protozoa) that live in the superficial layers of the soil. These organisms are very important for terrestrial plants because they modify the soil's chemical composition through the mineralisation of organic matter, the fixation of nitrogen and other processes

The result of Francé's work on the ecology of the soil was published in two volumes. The first (*Das Edaphon*, 1913) is, to all intents and purposes, a scientific treatise: it cites reference literature, illustrates his methodology, outlines the ecological mechanisms of interaction between these organisms, and indicates the factors that determine significant internal variations (light, temperature, humidity, climate and the chemical composition of the earth).[3] The author's photographs and drawings reproduce the results of

1
Pëtr Alekseevič Kropotkin, *Mutual Aid: A Factor of Evolution* (London: Heinemann, 1902).

2
Raoul H. Francé, 'Das Edaphon: eine neue Lebensgemeinschaft', *Die Kleinwelt* 3 (1911–1912), 147–153.

3
Raoul H. Francé, *Das Edaphon: Untersuchungen zur Oekologie der bodenbewohnenden Mikroorganismen* (Munich: Arbeiten aus dem Biologischen Institut, 1913).

Cover of the book *Das Edaphon*, 1921 / Omslag van het boek *Das Edaphon*, 1921

Deel 1: Naar een stedelijk project voor een levende bodem

Sara Protasoni

Das Edaphon: Raoul Heinrich Francé en de bodemecologie

Aan het eind van de negentiende en het begin van de twintigste eeuw werd de bodemproblematiek in Rusland, Europa en de Verenigde Staten weer een apart veld van onderzoek en experiment. Dit hing samen met de gevolgen van de industrialisatie op de landbouwproductie en de relatie met de voedselcrises in verschillende landen. Door de draad van deze (vaak) vergeten onderzoeken weer op te pakken en ze uit te breiden met landbouw, territoria, nederzettingssystemen en landschappen, zijn we in staat lijnen van continuïteit of juist breuken, radicale transformaties of een plotselinge regressie in de architectuurcultuur te identificeren. Deze zijn uiterst belangrijk voor het beter onder woorden brengen van de conceptuele categorieën en operationele instrumenten die een rol spelen in hedendaagse discussies en reflecties over 'bodemontwerp'.

Het werk van Raoul Heinrich Francé, een productief bioloog, filosoof en populariseerder van de wetenschap, die in 1874 in Hongarije werd geboren en van 1902 tot 1943 in Duitsland woonde, is in dezen bijzonder inspirerend. Hoewel er tegenwoordig nog zelden naar wordt verwezen, hebben zijn geschriften rechtstreeks invloed uitgeoefend op de architectuur en moderne stedenbouw in Duitsland. Dankzij de verhalen en afbeeldingen van de bodem die in zijn talrijke boeken zijn te vinden, kunnen we ons de structuren en figuren van de ruimtelijke verbeelding voorstellen, die we nodig hebben om dit uiterst complexe geheel (de bodem) vorm te geven. Een entiteit bovendien die niet onmiddellijk zichtbaar is, omdat de vele variabele processen zich op microscopisch niveau in de lagen onder het oppervlak afspelen. Door Francé's werk te herlezen kunnen we allerlei theoretische grondslagen aanwijzen van zijn 'biocentrische' visie die stelt dat het leven in ruimte en tijd wordt gereproduceerd en zichzelf met behulp van verfijnde zelfreguleringsmechanismen in stand houdt in een naadloze selectieve relatie met de fysieke omgeving. Een eeuw geleden stelde Francé al dat naast de mens niet alleen planten, dieren en schimmels, maar ook protozoa en zelfs bacteriën deel uitmaken van de gemeenschap van levende wezens (op basis van 'wederzijds profijt').[1]

Het edafon-concept, de bodemlevensgemeenschap

Om zijn vernieuwende benadering van de bodemproblematiek te benadrukken, begon Francé in 1911 een nieuw woord te gebruiken dat hij had bedacht. 'Edafon' kwam voort uit een combinatie van het Oudgriekse woord ἔδαφος (dat 'bodem' betekent) en het achtervoegsel '-on', dat ook voorkomt in het woord 'plankton', dat afkomstig is uit het vakgebied van de ecologie van watersystemen.[2] Gedurende zijn vroege jaren in Boedapest was de studie van aquatische ecosystemen immers het uitgangspunt voor zijn werk geweest. Bij het observeren van verse bodemmonsters onder de microscoop was het hem gelukt de gemeenschap van microscopische of zeer minuscule organismen (bacteriën, schimmels, algen, protozoa) die aan de oppervlakte leven, te beschrijven. Deze organismen zijn zeer belangrijk voor landplanten, omdat ze via de mineralisatie van organisch materiaal, het vasthouden van stikstof en andere processen de chemische samenstelling van de bodem wijzigen.

1
Pëtr Alekseevič Kropotkin, *Mutual Aid: A Factor of Evolution* (Londen: Heinemann, 1902).

2
Raoul H. Francé, 'Das Edaphon: eine neue Lebensgemeinschaft', *Die Kleinwelt* 3 (1911-1912), 147-153.

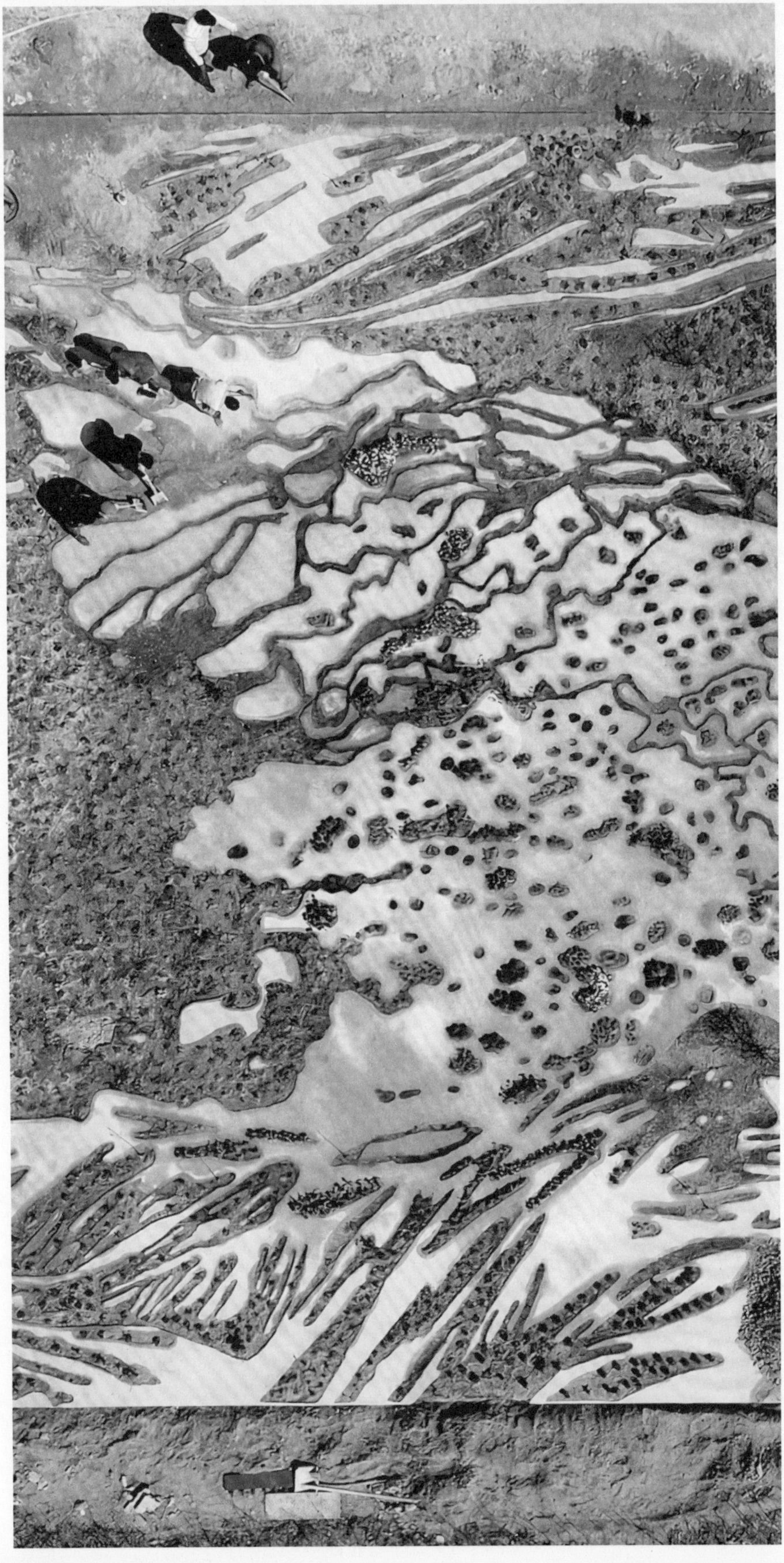

Mosbach Paysagistes, soil as a living entity in mutation in the park of Louvre Lens. Barrier around the park, with exposed surfaces of earth for invasion by organisms, particularly fungi, lichens, mosses, bacteria and green plants / de bodem als levende entiteit in mutatie in het park van Louvre Lens. Omheining van het park, met blootgestelde aardoppervlakken voor invasie door organismen, in het bijzonder schimmels, korstmossen, mossen, bacteriën en groene planten

De resultaten van Francé's werk in de bodemecologie verschenen in twee delen. In het eerste (*Das Edaphon*, 1913), dat in alle opzichten een wetenschappelijke verhandeling is, citeert hij referentieliteratuur, illustreert hij zijn methodologie, schetst hij de ecologische mechanismen van interactie tussen deze organismen, en geeft hij aan welke factoren bepalend zijn voor belangrijke interne variaties (licht, temperatuur, vochtigheid, klimaat en de chemische samenstelling van de grond).[3] Francé's foto's en tekeningen geven de resultaten weer van zijn waarnemingen onder de microscoop. Zijn conclusies illustreren wat dit onderzoeksgebied zou kunnen bijdragen aan de verbetering van landbouwtechnieken – een onderwerp dat hij later verder zou onderzoeken.

In 1922 publiceerde hij een dun boekje (*Das Leben im Ackerboden*) waarin hij zich vooral richtte op de invloed van de mens op de kwaliteit van de bodem.[4] Ook kondigde hij aan dat hij van plan was de edafon-cultuur verder te verspreiden via de aanpassing van landbouwtechnieken en leefgewoonten. In een van Francé's tekeningen wordt het edafon afgebeeld als een stelsel van onderling verbonden lagen: algen en schimmels bovenaan, bacteriën, protozoa, dunne wormpjes en rhizopoden in het midden en daaronder de rotiferen, kleine bacteriën en ten slotte de regenwormen. In de tekst legt hij uit dat menselijk ingrijpen het leven van de organismen in de edafonische gemeenschap òf kan vergemakkelijken, òf volledig onmogelijk maken: hetzij door ploegen, waardoor de positie, beluchting en belichting van de lagen wijzigt, hetzij door water en nutriënten toe te voegen.

Das Leben im Ackerboden was een groot succes. Net als *Das Edaphon* wordt het in Duitsland nog steeds uitgegeven, door een uitgeverij die gelieerd is aan de biologische landbouwbeweging. Aan dit succes hebben verschillende factoren bijgedragen: de verhalende stijl met eenvoudige vragen en verhalen over een onzichtbare wereld; de fantasierijke titels, zoals 'de wondere wereld van de schimmel', 'het magische woud van fixerende algen' en 'de lichtgewicht motor van de assimilatie', maar ook de tekeningen van de auteur, waarop bodemorganismen en hun ruimtelijke werking worden afgebeeld.

Het werk van Francé is beïnvloed door Ernst Haeckel (1834–1919), een Duitse bioloog, zoöloog, filosoof en kunstenaar die bij het grote publiek vooral bekend is geworden vanwege de kwaliteit van zijn tekeningen en de fantasierijke wijze waarop hij natuurlijke microscopische vormen in beeld bracht en daarbij regelmatig de grenzen tussen kunst en wetenschap overschreed, bijvoorbeeld in zijn boek *Kunstformen der Natur* (1904).[5] Haeckel en Francé hanteren dezelfde empirische benadering en studiemethode, inclusief onderzoek ter plaatse, waarnemingen onder de microscoop en tekeningen als hulpmiddel om elementen te bestuderen en weer te geven. Ze gebruikten allebei de term 'ecologie' om hun onderzoeksbenadering te omschrijven; Haeckel introduceerde dit neologisme in zijn meest ambitieuze werk, *Generelle Morphologie der Organismen* (1866), om de wetenschap aan te duiden die zich bezighoudt met de organische en anorganische verbindingen die een organisme met zijn omgeving aanknoopt.[6] Francé gebruikt echter een consequentere benadering om een technisch en politiek project te definiëren waarvoor hij de term *Biotechnik* muntte. Met deze term duidde hij de opheffing van de dichotomie tussen technologie en biologie aan.[7]

Met *Das Leben im Ackerboden* stortte Francé zich in een debat dat halverwege de negentiende eeuw op gang was gekomen, na Justus von Liebig's ontdekking over de noodzaak om kunstmest te gebruiken om de door planten opgenomen mineralen terug te brengen in cultuurgrond. Het idee was om de landbouwproductie zo veel mogelijk op te voeren om hongersnood en voedseltekort te bestrijden. De wetenschappelijke basis van Francé's edafon stond

3
Raoul H. Francé, *Das Edaphon: Untersuchungen zur Oekologie der bodenbewohnenden Mikroorganismen* (München: Arbeiten aus dem Biologischen Institut, 1913).

4
Raoul H. Francé, *Das Leben im Ackerboden* (Stuttgart: Franckh'sche Verlagshandlung, 1922).

5
Ernst Haeckel, *Kunstformen der Natur* (Lipsia: Verlag des Bibliographischen Instituts, 1899–1904).

6
Ernst Haeckel, *Generelle Morphologie der Organismen* (Berlijn: Georg Reimer, 1866).

7
Raoul H. Francé, *Die technischen Leistungen der Pflanze* (Leipzig: Veit & Comp., 1919), 262.

his observations under the microscope. His conclusions illustrate what this field of research could input into the improvement of agricultural techniques – a topic Francé explored further at a later date.

In 1922 he published a small book (*Das Leben im Ackerboden*) in which he focused primarily on man's effect on the quality of soils.[4] He also announced his intention to disseminate the culture of edaphon by modifying agricultural techniques and lifestyles. In one of Francé's drawings, the edaphon is depicted as a system of interconnected layers: algae and fungi at the top, bacteria, protozoa, slender worms and rhizopods in the middle, followed by rotifers, small bacteria and finally earthworms. The text explains that human intervention can either facilitate or completely inhibit the life of organisms in the edaphonic community: either due to ploughing, which modifies the position, aeration and lighting of the layers, or by the introduction of water and nutrients.

Das Leben im Ackerboden was very successful; together with *Das Edaphon,* it is still published in Germany by a publishing house associated with the organic agriculture movement. Several factors contributed to its success: its 'narrative' style, involving simple questions and stories about an invisible world; its imaginative titles, for example, 'the fantastic world of fungi', 'the magical forest of the fixation algae', or 'the lightweight engines of assimilation'; the author's drawings, depicting the organisms in the soil and their spatial dimension.

Francé's work was influenced in particular by Ernst Haeckel (1834–1919), a German biologist, zoologist, philosopher and artist known to the public at large chiefly for the quality of his drawings and the imaginative way in which he created images of natural microscopic forms, often overcoming the limits between art and science, for example in his book *Kunstformen der Natur* (1904).[5] Haeckel and Francé adopt the same empirical approach and study method involving on-site research, observations under the microscope, and drawings as a tool to study and represent elements. They both used the term 'ecology' to define their approach to research; Haeckel introduced this neologism in his most ambitious work, *Generelle Morphologie der Organismen* (1866), to indicate the science of organic and inorganic relationships that an organism establishes with the environment.[6] However, Francé adopted a more consistent approach in order to define a technical and political project for which he coins the term *Biotechnik*, indicating the elimination of the dichotomy between technology and biology.[7]

Das Leben im Ackerboden launched Francé into the debate that began in the mid-nineteenth century following Justus von Liebig's discoveries regarding the need to use artificially produced chemical fertilisers to reintegrate the minerals absorbed by plants in cultivated soil. The idea was to increase agricultural production as much as possible in order to tackle famines and food shortages. Instead, the scientific basis of Francé's edafon stood in sharp contrast to von Liebig's: Francé maintained the need for an ecological approach that not only intervenes systematically in the complex mechanisms of interaction between mineral elements and vegetal and animal organisms, but also takes issue with the overwhelming presence of chemicals in agriculture.[8]

Architecture, Urban Design

Francé's studies in the field of the morphology and physiology of plants had a significant impact on numerous exponents of the Modern Movement in Germany, especially in the circle of the Bauhaus.[9] *Bios: Die Gesetze der Welt* (1923) was part of the set of books used at the Dessau school. In 1923 a chapter of the book *Die Pflanze als Erfinder* (1920) appeared in art

4 Raoul H. Francé, *Das Leben im Ackerboden* (Stuttgart: Franckh'sche Verlagshandlung, 1922).

5 Ernst Haeckel, *Kunstformen der Natur* (Lipsia: Verlag des Bibliographischen Instituts, 1899–1904).

6 Ernst Haeckel, *Generelle Morphologie der Organismen* (Berlin: Georg Reimer, 1866).

7 Raoul H. Francé, *Die technischen Leistungen der Pflanze* (Leipzig: Veit & Comp., 1919), 262.

8 Corinne Treitel, 'Artificial or Biological? Nature, Fertilizer, and the German Origins of Organic Agriculture', in: Denise Phillips and Sharon Kinsland (eds.), *New Perspectives on the History of Life Sciences and Agriculture* (Heidelberg: Springer, 2015), 183–203.

9 Oliver Botar, 'The Biocentric Bauhaus', in: Charissa N. Terranova and Meredith Tromble (eds.), *The Routledge Companion to Biology in Art and Architecture* (New York: Routledge, 2017), 65–82; Detlef Mertins, 'Living in a Jungle: Mies, Organic Architecture and the Art of City Building', in: Phyllis Lambert (ed.), *Mies van der Rohe in America*, CCA-Montreal, Whitney Museum of American Art-New York (Montreal: Hatje Cantz Publisher, 2001), 591–641; Fritz Neumeyer, *The Artless World: Mies van der Rohe on the Building Art* (Cambridge, MA/London: MIT Press, 1991), 102–106.

The small world of the forest floor, drawn by Raoul Francé, with edaphonic organisms on which humus formation is based: soil bacteria, soil fungi, filamentous algae, fission algae, pine algae and root feelers / De kleine wereld van de bosbodem, getekend door Raoul Francé, met edafonische organismen waarop de humusvorming is gebaseerd: bodembacteriën, bodemschimmels, draadalgen, splijtalgen, dennenalgen en voelwortels

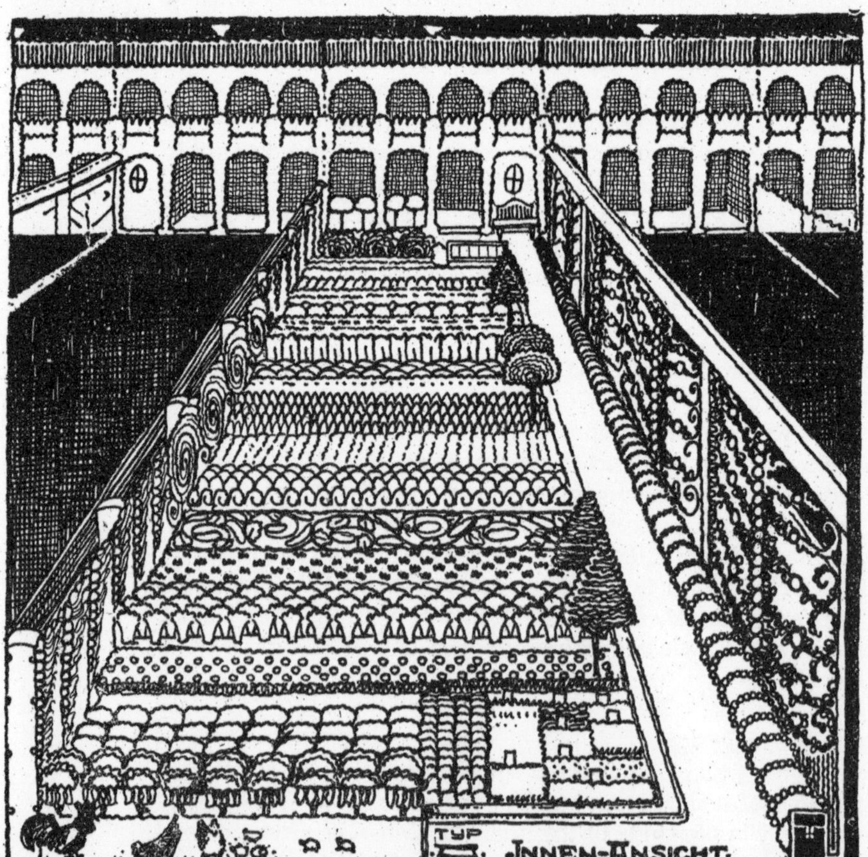

Leberecht Migge, scheme of the rear garden in a *Kleinsiedlung*, 1918 / schema van de achtertuin in een kleine woonwijk, 1918

magazine *Das Kunstblatt*.[10] The search for a new expressive synthesis between form and function in modern architecture picked up on Francé's 'biotechnical' approach based on the discovery of numerous analogies among several natural forms and human constructions such as turbines, building structures and pumps. There are seven basic technical forms (crystal, sphere, surface, rod and ribbon, screw and cone) with which the 'mechanics of the world' generates multiple physical structures, social organisations and organisms. A single force, the *bios*, determines the formation and transformation processes of the world, involving nature, technique and culture.

Less well known is the application of this biocentric approach to urban structures.[11] From a contemporary perspective *München. Die Lebensgesetze einer Stadt* (1920) represents a surprising anticipation of those methodologies of investigation on urban facts that can be traced back to the so-called 'urban metabolism'.[12] In the first part of the book the soil is proposed as a key factor in all the processes that are at the origin of the city as a *kulturbiologisches Problem*: not only from the point of view of geology (that is the study of the deep layer and of the morphological and orogenetic processes that partly determine the basic chemical composition of the soil) but also with regard to the biological processes of population, through the investigation of the settled plant and animal species that concerns both the visible part of the soil and the edaphon, the fertile layer underneath.

In the second part of the book, the 'biocentric' perspective extends the investigation from biological phenomena (flora and fauna) to settlement phenomena (urban structures, infrastructures, agricultural transformations), tracing a sort of natural history of settlement that takes up previous studies in the field of anthropogeography in the sense of Friedrich Ratzel (1844–1904) and studies on the relationship between territory and population.[13]

Das Leben im Ackerboden speaks out against the biological rather than technical and political 'failure' of current modernisation, incapable of fully governing the effects of industrialisation due to a lack of knowledge regarding the biological mechanisms crucial to the preservation of life. Two main problems require a rapid answer: How can the growing masses moving into the cities be fed? How can the much bigger problem of the disposal of mass urban waste be solved? Francé maintains that the accumulation of toxins in the soil of urbanised areas, and all of its negative effects on food production and health, requires projects that will re-establish the organic cycles of the elements in the soil. In order to reach this result, he reaffirms the need to create new synergies between agriculture and urban design.

It is landscape designer Leberecht Migge (1881–1935) who takes up this programme to outline a 'biotechnic' approach to the design of new settlements integrating homes and gardens. The innovative infrastructures he proposes are based on a circular biological model that outlines new possible interactions of the inhabitants with land, water, air and light for food production and waste management, openly based on Francé's ideas and patents.[14] One of the most successful projects of Migge's experimental work in the field of the technological garden (that has been nearly forgotten today) is the Ziebigk Siedlung, built in Dessau between 1925 and 1926 with Leopold Fischer, a student of Adolf Loos. Several modern architects, especially Hannes Meyer, praise the so called 'Migge System' (small houses with intensive gardens based on ecological principles) as one of the most important achievements in German housing for the rational organisation of minimal spaces, indoors and outdoors.[15] The different designs and realisations should be understood against the background of Migge's biological urban design approach, well represented by the proposals for Kiel (1920–1925, in collaboration with Willy Hahn). This approach focused on the resettlement of the

10 Raoul H. Francé, 'Die sieben technischen Grundformen der Natur', *Das Kunstblatt* 8 (1923), 5–11.

11 A very interesting contribution is: Kenny Cupers, '*Bodenständigkeit*: The Environmental Epistemology of Modernism', *The Journal of Architecture* 8 (2016), 1226–1252.

12 Raoul H. Francé, *München: Die Lebensgesetze einer Stadt* (Munich: H. Bruckmann, 1920).

13 Friedrich Ratzel, *Anthropogeographie* (Stuttgart: Engelhorn, 1881 (vol. 1), 1891 (vol. 2)).

14 Leberecht Migge, *Der soziale Garten: Das grüne Manifest* (Berlin: Mann, 1919); Leberecht Migge, *Die wachsende Siedlung nach biologischen Gesetzen* (Stuttgart: Franckh'sche Verlagshandlung, 1932).

15 Lena Meyer-Bergner (ed.), *Hannes Meyer Bauen und Gesellschaft* (Dresden: VEB Verlag der Kunst, 1980), 180–181.

echter in schril contrast met die van Von Liebig: Francé hield vast aan de noodzaak van een ecologische benadering die niet alleen systematisch ingrijpt in de complexe mechanismen van interactie tussen minerale elementen en plantaardige en dierlijke organismen, maar ook in gaat tegen het overweldigende gebruik van chemicaliën in de landbouw.[8]

Architectuur, stedenbouw

Francé's studies op het gebied van de morfologie en de plantenfysiologie hebben een grote invloed gehad op talrijke exponenten van de Moderne Beweging in Duitsland, vooral in de kringen van het Bauhaus.[9] *Bios: Die Gesetze der Welt* (1923) was een van de boeken die op de school in Dessau werd gebruikt. In 1923 verscheen een hoofdstuk uit het boek *Die Pflanze als Erfinder* (1920) in het kunsttijdschrift *Das Kunstblatt*.[10] De zoektocht naar een nieuwe expressieve synthese tussen vorm en functie in de moderne architectuur sloot aan bij Francé's 'biotechnische' benadering, die was gebaseerd op de ontdekking van talrijke overeenkomsten tussen verschillende natuurlijke vormen en menselijke constructies zoals turbines, constructies van gebouwen en pompen. Er zijn zeven technische basisvormen (kristal, bol, oppervlak, staaf en lint, schroef en kegel) waarmee de 'mechanica van de wereld' allerlei fysieke structuren, sociale organisaties en organismen voortbrengt. Eén enkele kracht, de *bios*, bepaalt de vorming en transformatie van de hele wereld, inclusief natuur, techniek en cultuur.

Over de toepassing van deze biocentrische benadering op stedelijke structuren is minder bekend.[11] Vanuit een hedendaags perspectief loopt Francé's *München. Die Lebensgesetze einer Stadt* (1920) verrassend vooruit op onderzoek met betrekking tot het stedelijk milieu dat teruggrijpt op het zogenaamde 'stedelijk metabolisme'.[12] In het eerste deel van het boek wordt de bodem voorgesteld als een sleutelaspect van allerlei processen die aan de oorsprong liggen van de stad als *kulturbiologisches Problem*: niet alleen vanuit het oogpunt van de geologie (dat is de studie van diepliggende lagen, en van de morfologische en orogenetische processen die mede de chemische basissamenstelling van de bodem bepalen), maar ook met betrekking tot de biologische processen van populaties, via het onderzoek naar de daar aanwezige planten- en diersoorten dat zowel betrekking heeft op het zichtbare deel van de bodem als op het edafon, de vruchtbare laag eronder.

In het tweede deel van het boek wordt het onderzoek via het 'biocentrische' perspectief uitgebreid en gaat het niet langer alleen over biologische fenomenen (flora en fauna), maar ook over verschijnselen van vestiging (stedelijke structuur, infrastructuur, landbouwtransformaties). Daarbij wordt een soort natuurlijke geschiedenis van de nederzetting getraceerd die aansluit bij eerdere studies op het gebied van de antropo-geografie zoals die van Friedrich Ratzel (1844-1904), en in studies over de relatie tussen territorium en bevolking.[13]

In *Das Leben im Ackerboden* spreekt Francé zich uit tegen het eerder biologische dan technische of politieke 'falen' van de huidige modernisering die, vanwege een gebrek aan kennis van de biologische mechanismen die van cruciaal belang zijn voor het behoud van het leven, niet in staat is de gevolgen van de industrialisatie volledig te beheersen. Twee grote problemen vragen daarbij dringend om een antwoord: Hoe kan de groeiende massa die naar de steden trekt, worden gevoed? Hoe moet het (nog veel grotere) probleem van de verwijdering van enorme hoeveelheden stedelijk afval worden opgelost? Francé is van mening dat de opeenhoping van giftige stoffen in de bodem van verstedelijkte gebieden, met alle negatieve gevolgen van dien voor de voedselproductie en de gezondheid, vraagt om projecten die de organische cycli van de elementen in de bodem weten te herstellen. Om

8
Corinne Treitel, 'Artificial or Biological? Nature, Fertilizer, and the German Origins of Organic Agriculture', in: Denise Phillips en Sharon Kinsland (red.), *New Perspectives on the History of Life Sciences and Agriculture* (Heidelberg: Springer, 2015), 183-203.

9
Oliver Botar, 'The Biocentric Bauhaus', in: Charissa N. Terranova en Meredith Tromble (red.), *The Routledge Companion to Biology in Art and Architecture* (New York: Routledge, 2017), 65-82; Detlef Mertins, 'Living in a Jungle: Mies, Organic Architecture and the Art of City Building', in: Phyllis Lambert (red.), *Mies van der Rohe in America*, CCA-Montreal, Whitney Museum of American Art-New York (Montréal: Hatje Cantz Publisher, 2001), 591-641; Fritz Neumeyer, *The Artless World: Mies van der Rohe on the Building Art* (Cambridge, MA/Londen: MIT Press, 1991), 102-106.

10
Raoul H. Francé, 'Die sieben technischen Grundformen der Natur', *Das Kunstblatt* 8 (1923), 5-11.

11
Zie voor een buitengewoon interessante bijdrage: Kenny Cupers, '*Bodenständigkeit*: The Environmental Epistemology of Modernism', *The Journal of Architecture* 8 (2016), 1226-1252.

12
Raoul H. Francé, *München: Die Lebensgesetze einer Stadt* (München: H. Bruckmann, 1920).

13
Friedrich Ratzel, *Anthropogeographie* (Stuttgart: Engelhorn, 1881 (deel 1), 1891 (deel 2)).

land and a better rational management of resources, based on the concept 'city-land-culture' that Francé developed within his 'biocentric' approach.[16]

Bios: Nature, Technique and Culture

Francé's work (in particular the explanation of the processes of adaptation and specialisation of edaphonic organisms) pushes the conventional boundaries separating the vegetal and animal worlds and concentrates on the intermediate forms of transition between the two. His approach is related to what has been defined as Neo-Lamarckism, which theorised the non-accidental origin of evolutive variations, the fact they depend on environmental factors, and the hereditary nature of acquired characteristics.[17] Given the context, Francé assumes a rather particular position. He does not consider the adaptive mechanism as a mechanical, passive reaction of the organisms to changes in the outside world, but as an active, creative activity based on what he calls the 'psychic ability of the cellular plasma'.[18]

The study and classification of individual vegetal and animal organisms is based on the principle according to which natural forms naturally correspond to their role in the framework of processes and allow all elements to be integrated into an ecosystem that works at all levels, from a unicellular creature to the most complex organism: this ecosystem is called 'biocenosis', or biological community. The novelty of Francè's contribution lies in proposing the *bios* as a structure of integration of complex systems among nature, technique and culture. A structure that therefore also concerns the society and the economy, up to technology, architecture and the city.[19]

16
David H. Haney, *When Modern Was Green: Life and Work of Landscape Architect Leberecht Migge* (London: Routledge, 2010).

17
Felice Mondella, 'La biologia alla fine dell'Ottocento', in: Ludovico Geymonat (ed.), *Storia del pensiero filosofico e scientifico* (Milan: Garzanti, 1971), 648–710.

18
Raoul H. Francé, *Plasmatik: Die Wissenschaft der Zukunft* (Stuttgart: Walter Seifert, 1923). *Plasmatik* anticipates contemporary topical research on the concept of vegetal intelligence (including the work by František Baluška and Stefano Mancuso) to demonstrate that the roots of a plant correspond perfectly to an animal's brain. František Baluška and Stefano Mancuso (eds.), *Signaling in Plants* (Heidelberg: Springer, 2010).

19
The theoretical foundations underlying Francé's position are numerous and very complex. They are presented in a systematic form in six different volumes, published between 1919 and 1924 and that share the subtitle *Grundlagen einer objektiven Philosophie*.

dit te bereiken, benadrukt hij opnieuw de noodzaak om een nieuwe synergie tot stand te brengen tussen landbouw en stedenbouw.

Het is de landschapsarchitect Leberecht Migge (1881–1935) die de uitdaging aanneemt en een 'biotechnische' benadering schetst voor het ontwerp van nieuwe nederzettingen waar huizen en tuinen zijn geïntegreerd. Zijn vernieuwende voorstel is gebaseerd op een circulair biologisch model, dat nieuwe interacties ten behoeve van voedselproductie en afvalbeheer schetst tussen bewoners en land, water, lucht en licht. Het is openlijk gebaseerd op Francé's ideeën en patenten.[14] Een van de eclatantste successen van Migge's experimentele werk op het gebied van de technologische tuin (dat vandaag de dag in de vergetelheid is geraakt) is de tussen 1925 en 1926 samen met Leopold Fischer, een leerling van Adolf Loos, in Dessau gebouwde Ziebigk Siedlung. Verscheidene moderne architecten, met name Hannes Meyer, hebben hun waardering uitgesproken voor het zogenaamde 'Migge-systeem' (kleine huizen met intensief beheerde, op ecologische principes gebaseerde tuinen). Zij beschouwden het als een van de belangrijkste successen van de Duitse woningbouw op het gebied van de rationele organisatie van minimale binnen- en buitenruimten.[15] De verschillende ontwerpen en uitvoeringen moeten worden begrepen tegen de achtergrond van Migge's biologische benadering van de stedenbouw, die terug te vinden is in zijn voorstellen voor Kiel (1920–1925, in samenwerking met Willy Hahn). Deze aanpak is gericht op de herbestemming van de grond en een rationeler beheer van grondstoffen dat is gebaseerd op het 'stad-land-cultuur'-concept dat Francé binnen zijn 'biocentrische' benadering ontwikkelde.[16]

Bios: natuur, techniek en cultuur

Het werk van Francé (vooral zijn uitleg van de aanpassingen en bijzondere kenmerken van edafonische organismen) zoekt de grens op tussen de wereld van plant en dier, en concentreert zich op tussenliggende, veranderlijke vormen. Zijn benadering is verwant aan wat wel omschreven is als Neo-Lamarckisme: de theorie van de niet-toevallige oorsprong van evoluerende variaties, het feit dat zij afhankelijk zijn van omgevingsfactoren, en het erfelijke karakter van verworven eigenschappen.[17] Francé neemt hierin een tamelijk aparte positie in. Hij beschouwt het aanpassingsmechanisme niet als een mechanische, passieve reactie van organismen op veranderingen in de buitenwereld, maar als een actieve, creatieve activiteit op basis van wat hij de 'psychische vermogens van cellulair plasma' noemt.[18]

De studie en classificatie van de afzonderlijke plantaardige en dierlijke organismen is gebaseerd op het principe dat natuurlijke vormen van nature overeenstemmen met hun functie in de context van processen, en veronderstelt de integratie van alle elementen in een ecosysteem op alle niveaus, van eencellige wezens tot de meest complexe organismen. Dit ecosysteem noemt hij de 'biocoenose' of levensgemeenschap. Het vernieuwende van Francé's bijdrage zit hem in de introductie van een *bios* als een structuur die complexe systemen tussen natuur, techniek en cultuur in integreert. Deze structuur betreft dus ook de maatschappij en de economie, evenals de techniek, de architectuur en de stad.[19]

Vertaling: InOtherWords, Maria van Tol

14
Leberecht Migge, *Der soziale Garten: Das grüne Manifest* (Berlijn: Mann, 1919); Leberecht Migge, *Die wachsende Siedlung nach biologischen Gesetzen* (Stuttgart: Franckh'sche Verlagshandlung, 1932).

15
Lena Meyer-Bergner (red.), *Hannes Meyer Bauen und Gesellschaft* (Dresden: VEB Verlag der Kunst, 1980), 180–181.

16
David H. Haney, *When Modern Was Green: Life and Work of Landscape Architect Leberecht Migge* (Londen: Routledge, 2010).

17
Felice Mondella, 'La biologia alla fine dell'Ottocento', in: Ludovico Geymonat (red.), *Storia del pensiero filosofico e scientifico* (Milaan: Garzanti, 1971), 648–710.

18
Raoul H. Francé, *Plasmatik: Die Wissenschaft der Zukunft* (Stuttgart: Walter Seifert, 1923). *Plasmatik* loopt vooruit op actueel onderzoek naar het concept van plantaardige intelligentie (zie, onder andere, het werk van František Baluška en Stefano Mancuso) om aan te tonen dat de wortels van een plant volledig overeenkomen met de hersenen van een dier. František Baluška en Stefano Mancuso (red.), *Signaling in Plants* (Heidelberg: Springer, 2010).

19
De theoretische grondslagen van Francé's standpunt zijn talrijk en complex. Ze worden systematisch gepresenteerd in zes verschillende boeken die tussen 1919 en 1924 zijn gepubliceerd en de ondertitel *Grundlagen einer objektiven Philosophie* dragen.

Maria Chiara Tosi and Stefano Munarin

'Standard' Soils

A minimalist and incremental Italian reformism is condensed in the 'planning standards' decree number 1444 that was approved in 1968.[1] It was meant to lead to the creation of lasting assets on public land, to provide public services and facilities of the highest quality, thereby improving the everyday life of people and emancipating them from the spatial misery and poverty that prevailed in many parts of Italy. The decree established 18 m² as the minimum area of public space that should be available to every inhabitant. This 18-m² area was to be split into 4.5 m² for schools, 2 m² for shared facilities, 2.5 m² for parking, and 9 m² for parks, playgrounds and sports. Since 1968, every Italian municipality with more than 10,000 inhabitants has been obliged to identify areas for the above purposes, in order to create a 'reserve of public land' and to include these so-called 'standard' areas (land reserved to increase the standard of life where possible) in the municipal master plan.[2] Since the decree was passed, the relationship between city plans and the provision of urban public lands has been of the utmost importance. It has been central to the definition of the rights of the city government and the urban society on the organization of public land.[3] More recently, a clear need for redefinition both of assets and of the concept of public interest has emerged, in keeping with contemporary needs. There are demands for imaginative reallocation of spaces and facilities, and for the creation of a new public infrastructure to meet the current requirements.

In the past half-century, the planning standards decree has hindered important social and territorial transformations. Today, it still exists, along with possibilities for its adaptation to incorporate more uses related to mitigating the environmental crisis faced by our planet. In particular, this is because we have recognized the unique character of nature, with increasing awareness of its potential and fragility, calling for limiting its use, conserving it with care and through practices of regeneration.[4]

To meet the needs of the environment and of a society that has changed its lifestyle with sustainable solutions calls for deep reflection on what is in the wider interest of the individual and of collective welfare and wellbeing.[5] Open spaces, parks, gardens and public areas for sports and leisure, resulting from the 'planning standards' decree, are recognised as basic assets to be leveraged in deciding on new tools capable of serving new ecological and social needs. The incorporation of these issues into the design of the city and into policies driving design, requires improvement of standard land assets in terms of minimum soil performance.

From Support to Service

The urgency and need to incorporate renewed services into the planning standards decree calls for urban projects that consider land as more than a simple, though important, support for services and equipment. In line with reductive geographical thinking that conceived of soil as a neutral, thin surface, for decades the planning standards decree considered only the thin surface layer of land, seen merely as a generic, inert surface on which to provide minimum public facilities. According to environmental thinking and in keeping with spatial and social changes, today a new policy of planning standards requires a different perception, which demands a major cognitive effort. It calls for a twofold reform.

On the one hand, it necessitates environmental emergencies to be placed at the centre of urban life, urban planning and design, redefining social needs

1
The Italian name is: *Decreto Interministeriale 1444/1968 sugli standard. Limiti inderogabili di densità edilizia, di altezza, di distanza fra i fabbricati e rapporti massimi tra gli spazi destinati agli insediamenti residenziali e produttivi e spazi pubblici o riservati alle attività collettive, al verde pubblico o a parcheggi, da osservare ai fini della formazione dei nuovi strumenti urbanistici o della revisione di quelli esistenti, ai sensi dell'art. 17 della legge n. 765 del 1967.*

2
Among the studies dedicated to the Italian planning standard decree: Cristina Renzoni, 'Cinquant'anni di standard urbanistici (1968–2018): Radici', *Territorio*, 84 (2018), 21–23; Laboratorio standard, *Diritti in città: Standard urbanistici in Italia* (Rome: Donzelli, 2021).

3
On the relationship between public land and urban planning and design, see: Hans Bernoulli, *Die Stadt und ihr boden* (Erlenbach-Zürich: Verlag für Architektur, 1946). Published in Italian a few years later: Hans Bernoulli and Luigi Dodi (eds.), *La città e il suolo urbano* (Milan: Vallardi 1951); Ugo Ischia, *La città giusta* (Rome: Donzelli, 2012).

4
ISPRA, *Soil: A Living Treasure beneath Our Feet* (Rome: Soil4Life Project, 2020).

5
Stefano Munarin and Maria Chiara Tosi, *Welfare Spaces* (Trento: Lib Last, 2014).

Maria Chiara Tosi, Stefano Munarin

'Standaard'-grond

In 1968 werd in Italië planningsdecreet nummer 1444 aangenomen dat getuigde van een minimale, geleidelijke hervorming van de ruimtelijke ordening.[1] Het decreet met zijn normen zou moeten voorzien in duurzame ontwikkelingen op openbare grond en openbare dienstverlening en voorzieningen van goede kwaliteit leveren om zo het dagelijkse leven van mensen te verbeteren en hen te bevrijden van de ruimtelijke ellende en armoede die in veel delen van Italië de boventoon voerden. In het planningsdecreet werd vastgelegd dat er voor iedere inwoner minimaal 18 m² oppervlakte aan openbare ruimte beschikbaar moest zijn. Deze 18 m² was opgesplitst in 4,5 m² voor scholen, 2 m² voor openbare voorzieningen, 2,5 m² voor parkeren en 9 m² voor parken, speelplaatsen en sportvelden. Sinds 1968 is elke Italiaanse gemeente met meer dan 10.000 inwoners verplicht gebieden voor bovengenoemde functies te oormerken, om zo een 'reserve aan openbare grond' op te bouwen en te zorgen dat deze zogenaamde 'standaard'-grond (gereserveerde grond om waar mogelijk de levensstandaard te verhogen) is opgenomen in het gemeentelijke stedenbouwkundig plan.[2] Sinds de uitvaardiging van het planningsdecreet is de relatie tussen stedenbouwkundige plannen en de beschikbaarstelling van openbare grond een steeds grotere rol gaan spelen. Die staat centraal bij het definiëren van de aanspraken die het stadsbestuur en de stedelijke samenleving kunnen maken op de inrichting van openbaar terrein.[3] Meer recentelijk is er een duidelijke tendens waarneembaar die — in overeenstemming met hedendaagse wensen — zowel de middelen als het concept 'algemeen belang' wil herdefiniëren. Er is behoefte aan een

1
De Italiaanse naam is: *Decreto Interministeriale 1444/1968 sugli standard. Limiti inderogabili di densità edilizia, di altezza, di distanza fra i fabbricati e rapporti massimi tra gli spazi destinati agli insediamenti residenziali e produttivi e spazi pubblici o riservati alle attività collettive, al verde pubblico o a parcheggi, da osservare ai fini della formazione dei nuovi strumenti urbanistici o della revisione di quelli esistenti, ai sensi dell'art. 17 della legge n. 765 del 1967.*

2
Aan het Italiaanse planningsdecreet gewijde studies zijn onder meer: Cristina Renzoni, 'Cinquant' anni di standard urbanistici (1968–2018): Radici', *Territorio* 84 (2018), 21–23; Laboratorio standard, *Diritti in città: Standard urbanistici in Italia* (Rome: Donzelli, 2021).

3
Zie over de relatie tussen openbare grond en stadsplanning en stedenbouw: Hans Bernoulli, *Die Stadt und ihr boden* (Erlenbach-Zürich: Verlag für Architektur, 1946). Enkele jaren later verscheen de Italiaanse uitgave: Hans Bernoulli en Luigi Dodi (red.), *La città e il suolo urbano* (Milaan: Vallardi 1951); Ugo Ischia, *La città giusta* (Rome: Donzelli, 2012).

and identifying a new set of services and facilities capable of dealing with environmental and societal issues. Such an attitude would be able to reformulate and include in the planning standards design tools and emerging experimental soil devices that are already in use (if only as prototypes), such as lamination tanks, rain gardens, urban forests, draining meadows, wetlands and so forth.

On the other hand, it recognises the great potential of the soil and its thickness as a dynamic environment, which makes it an active factor in the urban context, changing the role of planning standards. Despite being a scarce resource and renewable only under certain conditions, soil as a fragile natural capital is one of our most important resources.[6] It has the potential to move beyond anthropocentrism, to render ecosystem services for all beings, human and non-human.[7] Such innovation necessitates experimentation through different ways of designing cities and new policies.

6
William Briant Logan, *Dirt: The Ecstatic Skin of the Earth* (London: Putnam Pub Group, 1995).

7
Robert Attfield, 'Beyond Anthropocentrism', *Royal Institute of Philosophy Supplements* 69 (2011), 29–46; Donna Haraway, *Staying with the Trouble: Making Kin in the Chthuluchene* (Durham, NC: Duke University Press, 2016).

Practices: Using Old Tools for New Purposes

Recently, the Italian planning standards decree has undergone a process of changes. It has been employed in ways that differ from the past, often informally, to expand the possibilities of use, responding to a number of emerging needs. To define sustainable local development models, some Italian territories have experimented with urban afforestation as a strategy to adapt to such environmental hazards as heat islands, flooding and air pollution. Under the planning standard decree these territories have defined new performance criteria for the standard lands already acquired for various uses, and newly acquired lands to be afforested. In Mestre (Venice), for example, the agricultural land surrounding the city has been afforested to improve water retention and facilitate the protection of residential areas from flooding. The forests also house phytoremediation basins that help remove pollution from the soil through plants and microorganisms.

Mattuglie Park in Gazzera-Venezia / Venetië by / door C+Z Office, 2017

About 1,300 hectares of new forest were identified in the 2004 master plan for Venice. Of these areas, some 300 hectares was defined as 'territorial green woodland', a planning standard soil managed by the municipality. Thanks to the standard planning decree, and the related publicness of soils, such urban forest has been set up as a multifunctional device capable of performing several ecosystem services, such as capturing and retaining carbon, collecting and purifying water, absorbing pollutants and enhancing biodiversity.

In other cities, such as Vigonza (Padua), a regional law on hydraulic invariance, requiring the maintenance or improvement of the hydrological performance of a soil, led in 2004 to a change in the master plan of the city, replacing a new, high-density residential area with a new 'standard' soil. On this public land, guaranteed by the planning standards decree, a park of 2 hectares has been planned, containing a 'rain garden', a system of lamination tanks designed by studio Archpiùdue (Mauro Sarti and Paolo Miotto). This standard soil can laminate 1,300 m^3 of water, protecting the entire neighbourhood from flooding.

Elsewhere, such as in Casoria (Naples), to reconfigure public eco-networks on a metropolitan scale, open spaces at the margins and on vacant land around urban infrastructure, abandoned agricultural areas and inaccessible land pockets have been reclaimed for use. These marginal spaces acquired as standard land are used to trigger systematic processes of environmental regeneration. Larger networks of such spaces serve numerous purposes, such as maintaining acceptable levels of self-purification by the environment, microclimate regulation, maintenance of biodiversity, mitigation of hydrogeological risk and environmental rebalancing.

fantasievolle herbestemming van ruimten en voorzieningen en aan een nieuwe openbare infrastructuur, die aan de hedendaagse eisen voldoet.

In de afgelopen 50 jaar heeft het planningsdecreet uit 1968 belangrijke sociale en territoriale transformaties in de weg gestaan. Hoewel het vandaag de dag nog steeds bestaat, kan het worden aangepast en kunnen er meer toepassingen in worden opgenomen die rekening houden met de milieucrisis waarmee onze planeet wordt geconfronteerd. Dit komt vooral doordat we het unieke karakter van de natuur zijn gaan inzien en ons steeds bewuster zijn geworden van haar potentieel en kwetsbaarheid. Nu klinkt alom dat we het gebruik van de natuur moeten beperken, haar met zorg omringen en via regeneratieve praktijken in stand houden.[4]

Als we de vereisten van zowel het milieu als een samenleving die haar levensstijl heeft gewijzigd met duurzame oplossingen tegemoet willen treden, dan moeten we diep nadenken over wat in bredere zin in het belang van het individu is én wat het collectieve welzijn en welbevinden ten goede komt.[5] De open ruimten, parken, tuinen en openbare voorzieningen voor sport en recreatie die het resultaat zijn van planningsdecreet 1444, moeten worden erkend als fundamenteel gemeengoed dat kan worden ingezet bij de besluitvorming over nieuwe instrumenten voor de ecologische en sociale uitdagingen van deze tijd. De integratie van deze onderwerpen in het stadsontwerp en in het beleid dat het stadsontwerp aanstuurt, vereist een verbetering van de omgang met de 'standaard'-grond, in termen van minimale bodemprestaties.

4
ISPRA, *Soil: A Living Treasure beneath Our Feet* (Rome: Soil4Life Project, 2020).

5
Stefano Munarin en Maria Chiara Tosi, *Welfare Spaces* (Trento: Lib Last, 2014).

Van ondersteuning naar voorziening

De dringende noodzaak om nieuwe voorzieningen op te nemen in planningsdecreet 1444 vereist dat de grond onder stedelijke projecten wordt beschouwd als meer dan een eenvoudige, zij het belangrijke, drager van voorzieningen

Park in Vigonza–Padova / Padua by / door Archpiùdue Office, 2015

Finally, in abandoned settlements, for instance in the Apulia region, residual standard land that had been set aside for rural development has been transformed into woodland, in compliance with the rules and regulations in force.

Many cities and medium and small urban centres are experimenting with old tools — which are already changing even if not in a formal way — and are trying to tackle new problems by exploring new possibilities of the soil. These efforts, aimed at enhancing the utility of land in Italian cities reserved as a public asset through the planning standards decree, are strongly supported by European policies aimed at enhancing and improving the efficiency of land resources in urban areas.[8] Urban land is increasingly recognised as a natural asset to be used for the benefit of society and to be safeguarded against decay. However, due to the wasteful use of land in Italy and other European countries, the European Union is far from achieving its aim of halting the loss of biodiversity.[9] Providing soil and the related ecosystem services is essential in order to satisfy the basic needs of European society. Good soil is at the core of the strategies meant to achieve that goal.[10]

8 EEA, *Soil Resource Efficiency in Urbanised Areas: Analytical Framework and Implications for Governance*, EEA Report 7 (2016).

9 European Environment Agency, *Land and Soil in Europe: Why We Need to Use these Vital and Finite Resources Sustainably* (Luxembourg: Publication Office of the European Union, 2019).

10 European Union, *Bringing Nature back into Our Lives: EU 2030 Biodiversity Strategy* (May 2020).

Greater Knowledge of Soil as a Tool of Emancipation

An urgent change in the perception of soil is required. Knowledge of the depth of urban soil should be incorporated in urban development projects and policies and, especially in recent decades, the European Union has made this one of its primary objectives.

This sharper focus on the soil is reflected in a growing number of studies, institutional activities and scientific literature. This is particularly noticeable when compared with the previous century, which was marked by the progressive loss of knowledge of how to care for the soil. It was a long

Urban forest planted by the Municipality of Venice in Mestre, 2010 / Stadsbos aangelegd door de gemeente Venetië in Mestre, 2010

en hun uitrusting. De bodemdikte zal in de normen moeten worden geïntegreerd. In overeenstemming met het versimpelde geografische idee dat de bodem een neutraal, dun laagje vormt, werd in de criteria bij de norm van 1968 decennialang alleen de dunne toplaag van de grond in aanmerking genomen, die louter werd beschouwd als een generieke, inerte oppervlakte voor openbare voorzieningen. Volgens milieubewuste denkers en overeenkomstig recente ruimtelijke en sociale veranderingen vraagt nieuw beleid rond planning en normen tegenwoordig om een andere perceptie, wat grote cognitieve inspanningen veronderstelt. Dit kan alleen als er vanuit twee kanten wordt hervormd.

Enerzijds moet de milieuproblematiek een centrale plaats krijgen in het stedelijk leven, de stadsplanning en de stedenbouw. Maatschappelijke behoeften moeten opnieuw worden gedefinieerd en er moet een nieuw pakket aan diensten en voorzieningen worden vastgesteld waarmee milieu- en maatschappelijke vraagstukken kunnen worden tegemoet getreden. Dit zou ertoe kunnen leiden dat ontwerpinstrumenten en nieuwe, nog experimentele bodeminstrumenten die nu al in gebruik zijn (ook al zijn het prototypen), zoals regenwateropslagtanks, regentuinen, stadsbossen, drainageweiden, drasland en dergelijke, in de planningsnormen worden opgenomen.

Anderzijds moeten de ongekende mogelijkheden van de bodem en zijn dikte worden opgevat als een dynamische omgeving, waardoor hij een actieve factor in de stedelijke context wordt, die de rol van de planningsnormen verandert. Grond is weliswaar een schaars goed en slechts onder bepaalde voorwaarden recycleerbaar, maar grond is als kwetsbaar natuurlijk kapitaal ook een van onze belangrijkste hulpbronnen.[6] Hij kan het antropocentrisme overstijgen en ecosysteemdiensten verlenen aan alle wezens, menselijk en niet-menselijk.[7] De genoemde mate van innovatie vereist stedenbouwkundige experimenten en nieuw beleid.

6
William Briant Logan, *Dirt: The Ecstatic Skin of the Earth* (Londen: Putnam Pub Group, 1995).

7
Robert Attfield, 'Beyond Anthropocentrism', *Royal Institute of Philosophy Supplements* 69 (2011), 29–46; Donna Haraway, *Staying with the Trouble: Making Kin in the Chthuluchene* (Durham, NC: Duke University Press, 2016).

De praktijk: oude instrumenten, nieuwe doelen

Het Italiaanse planningsdecreet uit 1968 is de laatste tijd aan verandering onderhevig. Het wordt op een andere manier gebruikt dan in het verleden, vaak op een informele manier, om meer toepassingen te benutten en in te spelen op een aantal opkomende behoeften. Om duurzame lokale modellen te ontwikkelen is in sommige Italiaanse gebieden geëxperimenteerd met stadsbebossing, een manier om milieurisico's zoals hitte-eilanden, overstromingen en luchtverontreiniging het hoofd te bieden. In het kader van het planningsdecreet 1444 hebben deze gebieden nieuwe prestatiecriteria vastgesteld die niet alleen gelden voor de 'standaard'-grond die al in het kader van dat decreet voor verschillende doeleinden was aangekocht, maar ook voor nieuw aan te kopen ruimte die nog moet worden bebost. In Mestre (Venetië) is de landbouwgrond rond de stad bijvoorbeeld bebost om het vasthouden van water te verbeteren en de bescherming van de woonkernen tegen overstromingen te vergemakkelijken. De bossen herbergen ook fytoremediatie-bekkens die via planten en micro-organismen helpen om verontreiniging uit de bodem te verwijderen.

In het masterplan van Venetië uit 2004 werd ongeveer 1.300 ha nieuw bos aangewezen. Van deze gebieden werd ongeveer 300 ha omschreven als 'territoriaal groen bos', grond die volgens de planningsnormen door de gemeente wordt beheerd. Dankzij het planningsdecreet en de daarmee samenhangende openbare functie van grond, kan dit stadsbos worden opgezet als een multifunctionele voorziening die verschillende ecosysteemdiensten kan leveren, zoals het opslaan en vasthouden van koolstof, het opvangen en zuiveren van water, het absorberen van verontreinigende stoffen en het vergroten van de biodiversiteit.

Urban forest planted by the Municipality of Venice in Mestre, 2010 /
Stadsbos aangelegd door de gemeente Venetië in Mestre, 2010

In andere steden, zoals Vigonza (Padua), heeft de regionale wet inzake hydraulische invariantie, die de handhaving of verbetering van de hydrologische prestaties van de grond voorschrijft, in 2004 geleid tot een wijziging van het masterplan voor de stad waarbij een nieuwe woonwijk met hoge dichtheid plaatsgemaakte voor nieuwe 'standaard'-grond. Op dit via het decreet gereserveerde openbare terrein werd een park van 2 ha gepland met daarin een regentuin, dat wil zeggen een stelsel van door studio Archpiùdue (Mauro Sarti en Paolo Miotto) ontworpen regenwateropslagtanks. Deze standaardgrond kan 1.300 m^3 water opslaan, zodat de hele wijk tegen overstromingen is beschermd.

Elders, zoals in Casoria (Napels), zijn een aantal marginale open ruimten langs de randen en lege terreinen rond de stedelijke infrastructuur, verlaten landbouwgebieden en ontoegankelijke stukken grond opnieuw geschikt gemaakt voor gebruik, met als doel openbare ecologische netwerken op een grootstedelijk niveau te brengen. Deze als 'standaard'-grond verworven marginale gebieden worden gebruikt om milieuherstel systematisch op gang te brengen. Grotere netwerken van dergelijke gebieden dienen talrijke doelen, zoals de instandhouding van het zelfreinigend vermogen van de omgeving op een aanvaardbaar niveau, de regulering van het microklimaat, de instandhouding van de biodiversiteit, de beperking van hydro-geologische risico's en het herstel van ecologisch evenwicht.

Ten slotte is in verlaten dorpen, bijvoorbeeld in de regio Apulië, waar 'standaard'-grond was gereserveerd voor plattelandsontwikkeling, alvast bos aangelegd, met inachtneming van de geldende regels en voorschriften.

Veel steden en middelgrote en kleine kernen experimenteren met oude instrumenten — die dus al aan het veranderen zijn, ook al is dat niet op een formele manier — en proberen nieuwe problemen aan te pakken door nieuwe mogelijkheden van de bodem te verkennen. Deze inspanningen, die bedoeld zijn om het gebruik van de gereserveerde openbare grond in Italiaanse steden te vergroten, worden krachtig ondersteund door Europees beleid dat voorstaat dat grondreserves in stedelijke gebieden efficiënter worden benut.[8]

De stedelijke bodem wordt steeds vaker opgevat als een natuurlijk collectief goed dat moet worden gebruikt ten behoeve van de samenleving en worden gevrijwaard van verval. Door het verkwistende landgebruik in Italië en andere Europese landen is de Europese Unie echter nog ver verwijderd van haar doel om het verlies aan biodiversiteit een halt toe te roepen.[9] De zorg voor de bodem en het voorzien in de daarmee samenhangende ecosysteemdiensten zijn van essentieel belang om in de basisbehoeften van de Europese samenleving te voorzien. Een goede bodem staat centraal in de strategieën om dat doel te bereiken.[10]

8
EEA, *Soil Resource Efficiency in Urbanised Areas: Analytical Framework and Implications for Governance*, EEA Report 7 (2016).

9
Europees Milieuagentschap, *Land and Soil in Europe: Why We Need to Use these Vital and Finite Resources Sustainably* (Luxemburg: Publication Office of the European Union, 2019).

10
Europese Unie, *Bringing Nature back into Our Lives: EU 2030 Biodiversity Strategy* (mei 2020).

Meer kennis over de bodem als emancipatoir instrument

Onze perceptie van de bodem moet dringend worden bijgesteld. Diepgaande kennis van de stedelijke bodem moet worden geïntegreerd in stadsontwikkelingsprojecten en -beleid. De Europese Unie heeft dit vooral in de afgelopen decennia tot een van haar primaire taken gemaakt.

Deze verscherpte aandacht voor de grond komt tot uiting in een groeiend aantal studies, institutionele activiteiten en wetenschappelijke literatuur. Dit is vooral merkbaar in vergelijking met de vorige eeuw, die werd gekenmerkt door een geleidelijke teloorgang van de kennis over de omgang met de bodem. Het was een lange pauze. Maar zelfs gedurende dit intermezzo bleef er een vaag spoor van belangstelling voor ideeën over de grond bestaan. Dit kan een belangrijke rol spelen bij de vernieuwde aandacht voor de bodem als onderwerp van studie. Het gaat daarbij om die studies en onderzoeken, die in de vroegste jaren van de twintigste eeuw achter het idee stonden dat

hiatus. However, even in that interlude, faint traces of interest in ideas relating to the soil remained, which could play an important role in the process of the renewal of soil as a subject of study. We refer to those studies and researches that in the early years of the twentieth century shared the idea that social progress could be achieved through the acquisition and spread of knowledge of the soil on the part of citizens.[11] At the time, improving the relations between man and his natural environment — through greater understanding of the laws of nature, and specifically of the laws that govern the soil — was seen as a tool of emancipation of the discipline of urban planning and design. Perhaps today we are in a similar situation. The awareness of the need to regenerate the soil, to work on its full depth, is increasingly evident and seems to find a place in soil standards and building regulations, which are the tools for applying the principles of adaptation and renewal. The land assets already created by the decree of 1968 but also the new expansions can be an important lever for planning a second nature within more general recycling strategies in cities and territories.[12] Looking no longer at the surface of the land assets but at its depth, porosity and composition, makes it possible to respond to a multiplicity of issues related to the climate crisis: heat islands, hydraulic risk and loss of biodiversity. This is a goal we must set for ourselves by mobilizing and activating the same commitment that we are collectively making to promote tools and devices with which to combat the degradation and consumption of land.[13]

In conclusion, we believe that incorporating the issues described above into urban projects requires a new policy on 'standard' soils to ensure their minimum performance. It may seem trivial, but we are talking about minimum rights, for example, of living in cities that are resilient with respect to events of extreme weather. These are strongly claimed rights, but today they are not guaranteed, for various reasons. Primarily, due to the lack of attention paid to the quality and potential of urban soils, and their continuous erosion.

Securing the minimum rights requires pervasive and meticulous work on the lands. An extensive 'Project of the Soil' that should affect all inhabited territories.[14] This is not a worthless plan. On the contrary, it reminds us that along with a plan of large interventions, we must recognize the importance of a large plan of small interventions, a pervasive plan of incremental changes that begins with 'standard' soils to guarantee the dignity of the spaces that welcome us all.

11
We are referring to the studies of Patrick Geddes, Elisée Reclus and Vasilij Dokučaev. See: Marine Durand, 'Pour un autre usage du sol dans la metropole horizontale: du Tchernozem russe à la Valley Section', in: Panos Mantziaras and Paola Viganò (eds.), *Le sol des villes* (Geneva: MétisPresses, 2016), 189–206.

12
On the city as ecological laboratory for the tracking of future natures, see: Matthew Gandy and Sandra Jasper (eds.), *The Botanical City* (Berlin: Jovis 2020).

13
Science for Environment Policy, *No Net Land Take by 2050? Future Brief 14*. Produced for the European Commission DG Environment by the Science Communication Unit, UWE (Bristol, 2016). Available online at: ec.europa.eu/science-environment-policy.

14
Bernardo Secchi, 'Progetto di suolo', *Casabella* 520–521 (1986), 19–23.

het mogelijk was sociale vooruitgang te boeken door burgers kennis over de bodem te laten verwerven en verspreiden.[11] In die tijd werd de verbetering van de relaties tussen de mens en zijn natuurlijke omgeving — door een beter begrip van de wetten van de natuur en dan vooral van de wetten die de bodem beheersen — gezien als een instrument voor de emancipatie van de disciplines stedenbouwkunde en stadsontwerp. Misschien bevinden wij ons vandaag in een soortgelijke situatie. Het besef van de noodzaak om de bodem te regenereren, om in de diepte te werken, wordt steeds duidelijker en lijkt een plaats te krijgen in bodemnormen en bouwvoorschriften, dé instrumenten voor de toepassing van principes als aanpassing en vernieuwing. De al via het decreet uit 1968 gereserveerde grond plus de nieuwe aankopen kunnen een belangrijke hefboom worden voor de planning van een tweede natuur binnen de meer algemene strategieën voor hergebruik in steden en territoria.[12] Door niet langer alleen naar de oppervlakte van de gereserveerde grond te kijken, maar naar zijn diepte, porositeit en samenstelling, kan worden ingespeeld op de vele problemen rond de klimaatcrisis: hitte-eilanden, hydraulische risico's en verlies van biodiversiteit. Dit is een doel dat wij ons collectief moeten stellen. We kunnen dit doel bereiken door dezelfde inzet te mobiliseren die wij ons getroosten om instrumenten en middelen te bevorderen waarmee de aantasting en het verbruik van de grond kan worden bestreden.[13]

Tot slot zijn wij van mening dat de integratie van de hierboven beschreven kwesties in stedelijke projecten om een nieuw beleid voor de 'standaard'-gronden vraagt en minimale prestaties moet garanderen. Het lijkt misschien triviaal, maar we hebben het hier over minimale rechten, bijvoorbeeld om te leven in steden die bestand zijn tegen extreme weersomstandigheden. Dit zijn rechten waarop met klem wordt aangedrongen, maar die vandaag de dag om diverse redenen niet zijn gewaarborgd. In de eerste plaats door een gebrek aan aandacht voor de kwaliteit en het potentieel van de stedelijke bodem en de voortdurende erosie daarvan.

Om deze minimumrechten veilig te stellen, moet er grondig aan de bodem worden gewerkt. Er is een uitgebreid 'bodemproject' nodig, dat alle bewoonde gebieden zou moeten bestrijken.[14] Dit is geen waardeloos plan. Integendeel, het herinnert ons eraan dat we het belang moeten inzien van zowel het plan met de grote ingrepen als het grote plan met zijn kleine ingrepen. Het gaat om een compleet plan van stapsgewijze veranderingen dat begint bij de 'standaard'-grond en dat de waardigheid kan garanderen van de ruimten waarin wij allen welkom zijn.

Vertaling: InOtherWords, Maria van Tol

11
Dit verwijst naar de studies van Patrick Geddes, Elisée Reclus en Vasilij Dokučaev. Zie: Marine Durand, 'Pour un autre usage du sol dans la metropole horizontale: du Tchernozem russe à la Valley Section', in: Panos Mantziaras en Paola Viganò (red.), *Le sol des villes* (Genève: MétisPresses, 2016), 189–206.

12
Over de stad als ecologisch laboratorium voor het traceren van toekomstige natuur zie: Matthew Gandy en Sandra Jasper (red.), *The Botanical City* (Berlijn: Jovis 2020).

13
Science for Environment Policy, *No Net Land Take by 2050? Future Brief 14*. Opgesteld voor de Europese Commissie DG Milieu door de Science Communication Unit, UWE (Bristol, 2016). Online in te zien op: ec.europa.eu/science-environment-policy.

14
Bernardo Secchi, 'Progetto di suolo', *Casabella* 520–521 (1986), 19–23.

Michiel Dehaene and Hans Vandermaelen

Waking up in the Land of Urban Agroecology: Lessons in Modesty for Urbanism

In his seminal text 'Progetto di suolo', Bernardo Secchi builds a new vision for urbanism on the bold claim that the discipline has mostly treated the soil in a trivial, reductive, technical and unarticulated way.[1] Secchi, however, offers little explanation for this structural neglect of the soil by urbanism beyond a general diagnosis of the project for the modern city as a project that literally detached itself from the soil.

The soil blindness of urbanism may be somewhat surprising given the structural dependence of the reproduction of urban life on soils, both for food security and for all other soil functions.[2] The urbanism of the last 100 years was not aimed at maintaining this dependency; it was mainly concerned with externalising the soil issue. Urbanism was heavily involved in the construction of logistic landscapes that made it possible to colonise land and grow food elsewhere, on land not subject to urban speculation. With the substitution of locally embedded food production by anonymous, industrial food production elsewhere, urban involvement in sustainable food production and related soil care fell into the growing gap between city and countryside.[3]

The disconnection of soil and city is part of a long history and geography of capitalist urbanisation that has systematically played off the city against the countryside, the urban against the agrarian question. As a result, relevant practices of soil care are mostly found outside the city. They belong to a world that is structurally excluded from the urban. Due to this far-reaching disconnection, urban attention to soil issues has indeed become marginal, and urban planners lack knowledge of soils. It is therefore not surprising that urbanisation is now considered to be one of the major global threats to soil.[4]

We therefore believe that the discipline of urbanism is in itself not well placed or equipped to take the lead in the current discussions on soil and soil care. Or more accurately: if urbanism wants to take on a distinctive role, modesty is required, as well as the willingness to look beyond the boundaries of the city and the discipline itself. From conversations with soil-caring farmers in peri-urban areas, we learned that they are not looking to urban planners for answers. In fact, many are disappointed by the empty promises of urban food policies that preach short supply chains, but then fail to create the conditions in which that kind of development is actually possible: to present the right geographical and landscape context, to make land available, to keep the work liveable.

Recent attempts to (re)introduce soil into the profession also strengthen us in this conviction. The great attention paid to circularity, for example, all too often results in the rehearsal of nineteenth-century notions of soil fertility, from which urban planners quickly perceive a need to bring the nutrients that move with the harvest into the city back to the food-producing countryside in the form of organic waste or urban manure. As if the soil were a kind of container that is full or empty, and whereby soil care practices are heavily reduced to the mere addition of sufficient nutrients.[5] If 'living' soils are even mentioned in the urban planning debate, this is most often where we also encounter nature-based solutions: living soils as a provider of ecosystem services to the city, as a box of tricks to solve urban challenges such as urban heat islands or water infiltration. In this debate, many of these ecosystem services provided by living soils appear as a kind of free by-product of nature, just there for the taking. This disregards the whole *practice* of caring for the

1
Bernardo Secchi, 'Progetto di suolo', *Casabella* 520–521 (1986), 19–23.

2
Richard Bardgett, *Earth Matters: How Soil Underlies Civilization* (Oxford: Oxford University Press, 2016).

3
Hans Vandermaelen, 'Urban Manure Systems and the Historical Articulation of the Urban Nutrient Question', *OASE* 104 (2019), 113–123.

4
Food and Agriculture Organization of the United Nations & Intergovernmental Technical Panel on Soils, *Status of the World's Soil Resources* (Rome: FAO, 2015).

5
Mindi Schneider and Philip McMichael, 'Deepening, and Repairing, the Metabolic Rift', *Journal of Peasant Studies* 37 (2010), 461–484.

Michiel Dehaene en Hans Vandermaelen

Wakker worden in het land van de stedelijke agro-ecologie: Lessen in stedenbouwkundige bescheidenheid

In zijn memorabele tekst 'Progetto di suolo' ontwikkelt Bernardo Secchi een nieuwe visie op stedenbouw, op basis van de stoutmoedige claim dat de discipline de bodem meestal heeft behandeld op een triviale, beperkende, technische en ongearticuleerde manier.[1] Secchi geeft echter niet meteen een verklaring voor deze structurele verwaarlozing van de bodem door de stedenbouw, behalve een algemene diagnose van het project voor de moderne stad als een onderneming die zich letterlijk van de grond heeft losgemaakt.

De bodemblindheid van de stedenbouw kan verwondering wekken, gezien het feit dat de reproductie van het leven in de stad structureel afhankelijk is van de bodem, zowel op het vlak van voedselzekerheid als vanwege alle overige bodemfuncties.[2] De stedenbouwkunde van de afgelopen 100 jaar was er niet op gericht die afhankelijkheid te onderhouden; het ging haar vooral om het externaliseren van het bodemvraagstuk. Stedenbouw was sterk betrokken bij de constructie van logistieke landschappen die het mogelijk maakten land te koloniseren en elders voedsel te verbouwen, op grond die niet onderhevig was aan stedelijke speculatie. Met de vervanging van lokaal ingebedde voedselproductie door anonieme, industriële voedselproductie elders, tuimelde ook de stedelijke betrokkenheid bij duurzame voedselproductie en de daaraan gekoppelde bodemzorg in de groeiende kloof tussen stad en platteland.[3]

De ontkoppeling van bodem en stad maakt deel uit van een lange geschiedenis en een geografie van kapitalistische verstedelijking die de stad systematisch heeft uitgespeeld tegen het platteland, het stedelijke vraagstuk tegen het agrarische vraagstuk. Als gevolg daarvan zijn relevante praktijken van bodemverzorging meestal buiten de stad te vinden. Zij behoren tot een wereld die structureel is uitgesloten van het stedelijke. Door deze verregaande scheiding werd de stedelijke aandacht voor bodemkwesties inderdaad marginaal, en valt bij stedenbouwkundigen niet veel kennis over bodems te rapen. Het is dan ook niet verwonderlijk dat verstedelijking tegenwoordig wordt beschouwd als een van de grootste bedreigingen voor de bodem wereldwijd.[4]

Wij zijn dan ook van mening dat het vakgebied van de stedenbouw op zichzelf niet goed geplaatst of uitgerust is om het voortouw te nemen in de huidige discussies over bodem en bodemzorg. Of beter: als de stedenbouw een onderscheidende rol wil opnemen, is bescheidenheid geboden, alsook een grote bereidheid om voorbij de grenzen van de stad en de discipline te kijken. Uit gesprekken met bodemverzorgende boeren in peri-urbane omgevingen leren wij dat die niet meteen op planners of stedenbouwers zitten te wachten. Sterker nog: velen zijn teleurgesteld over de loze beloften van een stedelijk voedselbeleid dat preekt over een korte keten, maar er vervolgens niet in slaagt om de voorwaarden te creëren waaronder zo'n ontwikkeling ook werkelijk mogelijk is: het landschappelijk verband op orde, de grond beschikbaar, het werk leefbaar.

Ook recente pogingen om de bodem in het vakgebied te (her)introduceren, sterken ons in deze overtuiging. De grote aandacht voor circulariteit en gesloten kringlopen, bijvoorbeeld, zorgt te vaak voor een herhaling van negentiende-eeuwse opvattingen over bodemvruchtbaarheid, waarbij stedenbouwkundigen al snel een noodzaak zien om de nutriënten die in de vorm van oogst naar de stad verplaatst zijn, nadien weer naar de akker te transporteren in de vorm van organisch afval of stadsmest. Alsof de bodem een soort vat is dat vol of leeg is, en waarbij bodemzorgpraktijken sterk gereduceerd

1 Bernardo Secchi, 'Progetto di suolo', *Casabella* 520-521 (1986), 19-23.

2 Richard Bardgett, *Earth Matters: How Soil Underlies Civilization* (Oxford: Oxford University Press, 2016).

3 Hans Vandermaelen, 'Stadsmeststelsels en de historische articulatie van het stedelijk nutriëntenvraagstuk', *OASE* 104 (2019), 113-123.

4 Food and Agriculture Organization of the United Nations & Intergovernmental Technical Panel on Soils, *Status of the World's Soil Resources* (Rome: FAO, 2015).

soil, as well as the involved labour, skills, resources and time. The blindness to soil care practices subsequently results in a blindness to the incompatibility of soil care with the fragmented order of the urban or peri-urban landscape, and with the dominant eco-functionalist framing in urbanism and planning. In this sense, we are not surprised that few people turn to spatial planning and urbanism for advice or help with soil issues.

Waking up in the Land of Urban Agroecology

The search for the care of living soils leads not only to a place outside the city, but in many respects also outside our own discipline. For several years now, this realisation has motivated us, as urban planners, to embrace the world of political agroecology.[6] The intention here is not to extract a number of issues or practices from the world of agroecology, which we then want to incorporate into urbanism to fill in the gaps. Rather, political agroecology offers us a different way of looking, a more or less external viewpoint, a position somewhere halfway between the world of agroecology and that of urbanism. It is a standpoint from which very concrete observations can be shared about the necessary bridging work between these two separate worlds, and the work needed on both fronts. In this article, we will focus on some observations regarding our own discipline. We have structured this on the basis of aha moments from our personal research trajectory, three of which will be discussed in this article. They result from our acquaintance with the perspective of agroecological farmers on the other side of the urban-rural divide. We see these aha moments not only as advocacy for the agroecological farmer, but also as a window on a world excluded by ours, and the learning and repair process this entails.

Aha Moment 1: Agroecology Does Not Swear by the Compact City Model

In discussions about preserving open space and farmland, the concept of the compact city is highly valued. The more compact the city, the more space is left for agriculture. In this sense, the mission for an urbanism that seeks to take care of food and soil issues might seem very simple: concentrate everything in as little space as possible, and in that way protect the rest. When we were in Rosario (Argentina) in March 2019 for the international research project 'Urbanising in Place', civil servants responsible for the agroecological policy of both city and region explained why they are not at all keen on the compact city model.[7] In Argentina, rural exodus due to poverty, combined with expanding industrial soybean production, is causing a drastic depopulation of the countryside. In the region of Rosario, too, this is causing depopulated landscapes in which the last indigenous agroecological farming practices are making way for genetically modified crops for the world market, such as soybeans and maize. The message of the civil servants was crystal clear: without 'peopled landscapes', agroecology is absolutely impossible.[8] Agroecological food production depends on the presence of farmers, but also on the availability of seasonal labour, engaged consumers and social commitment to the importance of agroecological food production to keep its preservation and development high on the agenda. An urbanism that limits its involvement to withdrawing into the smallest compact footprint does not meet these needs at all. It is rather ironic to see how the open space policy of many city regions sees housing as a threat to agriculture, and how this subsequently prevents new farmers from living close to their land. The right to cultivate land, the right to care for the soil, is not yet part of the right to the city. It is precisely here that there are opportunities to link the social struggle for the city with the ecological struggle, and to devise new forms of solidarity in which housing development and the care of the soil are conceived together.

6
Chiara Tornaghi and Michiel Dehaene (eds.), *Resourcing an Agroecological Urbanism* (New York: Routledge, 2021).

7
www.urbanisinginplace.org.

8
Colin Ward, 'A Peopled Landscape', in: Chris Wilbert and Damien White (eds.), *Autonomy, Solidarity, Possibility: The Colin Ward Reader* (Oakland: AK Press, 2011), 311-320.

worden tot het louter toevoegen van voldoende nutriënten.[5] 'Levende' bodems vinden we in het stedenbouwkundig debat in het beste geval terug waar we ook de zogenaamde *nature-based solutions* aantreffen: de levende bodem als dienstverlener van ecosysteemdiensten aan de stad, als trukendoos om stedelijke uitdagingen zoals hittestress of waterinfiltratie mee op te lossen. Veel van dit soort ecosysteemdiensten van levende bodems verschijnen in dit debat als een soort gratis bijverdienste van de natuur, als iets wat gewoon voor het grijpen ligt. Daarmee wordt de hele *praktijk* van bodemzorg buiten beschouwing gelaten, net als de arbeid, de vaardigheden, de grondstoffen en de tijd die daarvoor nodig zijn. De blindheid voor de bodemzorgpraktijk resulteert vervolgens in een blindheid voor de incompatibiliteit van bodemzorgpraktijken met de gefragmenteerde staat van het stedelijke of peri-urbane landschap, maar ook met de dominante eco-functionalistische *framing* in stedenbouw en planning. In die zin verrast het ons niet dat er maar weinig mensen naar ruimtelijke planning en stedenbouw kijken voor advies of hulp bij bodemvraagstukken.

5
Mindi Schneider en Philip McMichael, 'Deepening, and Repairing, the Metabolic Rift', *Journal of Peasant Studies* 37 (2010), 461-484.

6
Chiara Tornaghi en Michiel Dehaene (red.), *Resourcing an Agroecological Urbanism* (New York: Routledge, 2021).

Wakker worden in het land van de stedelijke agro-ecologie

De zoektocht naar de zorg voor levende bodems voert niet alleen naar een plek buiten de stad, maar in menig opzicht ook buiten de eigen discipline. Dat besef motiveert ons sinds enkele jaren om, als stedenbouwkundigen, de wereld van de politieke agro-ecologie te omarmen.[6] Dat doen we niet om aan de agro-ecologische wereld een aantal thema's of praktijken te ontlenen, die we vervolgens de stedenbouw willen binnentrekken om er leemten mee op te vullen. Politieke agro-ecologie biedt ons vooral een andere manier van kijken, een min of meer extern standpunt, ergens tussen de wereld van de agro-ecologie en die van de stedenbouw in. Het is een standpunt van waaruit

Agroecological farming in between soybean production and industrial urban expansions / Agro-ecologische landbouw tussen sojateelt en industrie (Rosario, Argentinië)

Aha Moment 2: Restricting Agriculture to Arable Land Is a Bad Soil Plan

A typical reflex of the planner seeking to safeguard space for food production is to identify the most valuable agricultural soils, and then to protect it as farmland by means of zoning plans. This kind of exercise typically involves a strong focus on the most fertile soils, on the most contiguous agricultural areas, on large parcels of land, and on places where agricultural activities are dominant.[9] The result of this approach is a disproportionate focus on arable land. In the context of a growing societal interest in the topic of soil, we expect farmers to do their utmost to prevent these fields from soil depletion. Through action research in the agroecological community, we learned about one of the main strategies used to compensate for the loss of soil fertility, namely transferring nutrients between arable farming, livestock farming and horticulture. The fundamental importance of livestock, and more specifically ruminants, should not be underestimated here. They play a crucial role in many agroecological farming systems in mixed climates in order to move nutrients across the landscape — from pasture and nature reserve to field, from nutrients in the form of grass to nutrients in the form of manure (thanks to the particular metabolism of ruminants). By restricting agricultural activities to arable land, our discipline thwarts one of the most important tools for agroecological soil care. Moreover, it indicates a lack of historical knowledge of our agricultural system, which for centuries has been based on a genuine landscape ecology in which both small and large parcels, fragmented and contiguous, in both the wet and dry parts of the landscape, have constituted crucial building blocks of the agricultural system. An urbanism that cares for the soil, and thus for the caretaker of the soil, requires a vision on agriculture that is not limited to the arable section of the land. It requires an adjustment

9 Usually defined on the basis of the invariable soil texture (sand, loam, clay), not on the basis of variable soil properties that have a major impact on soil fertility (soil structure, organic matter content, water retention capacity, etcetera).

Carbon-rich green manure / Koolstofrijke groene bemesting (België)

heel concrete observaties gedeeld kunnen worden over het broodnodige overbruggingswerk tussen beide gescheiden werelden, en het werk dat op beide fronten gedaan moet worden. In dit artikel zullen we focussen op een aantal observaties ten aanzien van onze eigen discipline. We hebben ons betoog opgebouwd aan de hand van aha-momenten uit ons persoonlijke onderzoekstraject, waarvan er drie hier aan bod komen. Die aha-momenten zijn het resultaat van onze kennismaking met het perspectief van agro-ecologische boeren aan de overzijde van de breuk stad/platteland. We beschouwen deze aha-momenten niet alleen als belangenbehartiging voor de agro-ecologische boer, maar ook als venster op een wereld die door de onze werd uitgesloten, plus het daaraan gekoppelde leer- en herstelproces.

Aha-moment 1: Agro-ecologie zweert niet bij het compacte-stadmodel

In discussies over het vrijwaren van open ruimte en landbouwgrond staat het idee van de compacte stad hoog in het vaandel. Hoe compacter de stad, hoe meer plaats er overblijft voor landbouw. Of anders gezegd: hoe minder versnippering en bebouwing op het platteland, hoe gunstiger voor de landbouw. In die zin lijkt de missie voor een stedenbouw die zich over voedsel- en bodemvraagstukken wil ontfermen, heel eenvoudig: zorg dat je alles concentreert op een zo gering mogelijk oppervlak, en bescherm op die manier de rest. Toen wij in maart 2019 in Rosario (Argentinië) waren voor het internationale onderzoeksproject 'Urbanising in Place', vertelden ambtenaren, verantwoordelijk voor het agro-ecologische beleid van de stad en de regio, waarom zij absoluut niet warmlopen voor het compacte-stadmodel.[7] Plattelandsvlucht door armoede zorgt daar, in combinatie met oprukkende industriële sojateelt, voor een quasi-totale ontvolking van het platteland. Ook in de regio van Rosario zorgt dat voor ontvolkte landschappen waar ook de laatste inheemse agro-ecologische landbouw het veld ruimt voor genetisch gemodificeerde gewassen voor de wereldmarkt, zoals soja en maïs. De boodschap van de bevoegde ambtenaren was glashelder: zonder *peopled landscapes* is agro-ecologie totaal onmogelijk.[8] Agro-ecologische voedselproductie is afhankelijk van de aanwezigheid van boeren, maar ook van de beschikbaarheid van seizoensarbeid, betrokken consumenten en maatschappelijke belangstelling voor agro-ecologische voedselproductie om het behoud en de ontwikkeling ervan hoog op de agenda te houden. Een stedenbouw die zijn betrokkenheid beperkt tot het zich terugtrekken op een zo compact mogelijke voetafdruk, beantwoordt absoluut niet aan die noden. Het is helemaal ironisch om vast te stellen hoe wonen in het open-ruimtebeleid van vele stadsregio's als een bedreiging voor de landbouw wordt gezien, en hoe dat vervolgens nieuwe boeren belet om dicht bij hun grond te wonen. Het recht op het cultiveren van grond, het recht op bodemzorg, maakt vooralsnog geen deel uit van het recht op de stad. Precies hier liggen kansen om de sociale strijd om de stad met de ecologische strijd te verbinden, en nieuwe vormen van solidariteit te concipiëren waar de ontwikkeling van het wonen en de zorg voor de bodem samen worden bedacht.

Aha-moment 2: Landbouw opsluiten op de akker is een slecht bodemplan

De klassieke reflex van de planner die ruimte voor voedselproductie wil vrijwaren, is een zoekoefening naar de meest waardevolle landbouwbodems, om die vervolgens als landbouwgrond te zoneren en te beschermen. Typisch bij dit soort oefening is een sterke focus op de meest vruchtbare grond, op de meest aaneengesloten landbouwgebieden, op grote percelen, en op plekken waar landbouwactiviteiten dominant zijn.[9] Het resultaat van deze benadering

7
www.urbanisinginplace.org.

8
Colin Ward, 'A Peopled Landscape', in: Chris Wilbert en Damien White (red.), *Autonomy, Solidarity, Possibility: The Colin Ward Reader* (Oakland: AK Press, 2011), 311-320.

9
Steevast gedefinieerd op basis van de onveranderlijke bodemtextuur (zand, leem, klei), niet op basis van variabele bodemeigenschappen met grote invloed op vruchtbaarheid (bodemstructuur, organisch stofgehalte, waterhoudend vermogen, enzovoort).

Collecting tree leaves in an urban park / Inzameling van boombladeren in een stadspark (Parijs, Frankrijk)

of the internalised conflict between agriculture and nature in our discipline. It calls for a complete reorientation of what we understand by 'strategic farmland'. And, in addition to a defensive open space policy, it also requires an offensive open space strategy in which specific agricultural practices, including the exchange of nutrients on landscape level, are made possible.

10
Aquaponics is a combination of fish farming (aquaculture) and vegetable farming in water without soil (hydroponics), where the excrement of the fish in the water is used as plant food.

Aha Moment 3: The Willingness to Invest in Vertical Farming and the Reluctance to Invest in Land Policy

Local food strategies in Western cities at times seem to be engaged in a race for the largest rooftop garden or the tallest vertical farm. The willingness to invest public means in iconic urban farming projects is high. Our discipline seems to equally embrace such flagship projects, based on the belief that every space along the urban–rural transect, from the densely packed city centre to the suburban fringe, has compatible agricultural models, including roof gardens and vertical farms. On the other side of the divide between city and countryside, such ideas lead to some pertinent observations. Is the sustainable urban food movement actually interested in a dialogue with land-based farmers? Does the urban society attach any value to agricultural knowledge passed on from generation to generation? Why is there a willingness to invest in iconic vertical farms and rooftop gardens when those same resources could be used so much more efficiently in an active land policy aimed at providing access to land for agroecological farmers? Why celebrate the closed cycles of aquaponics systems on urban rooftops while disregarding the lifecycle analysis of all the infrastructure it requires?[10] And has the 'efficient land use' of such vertical farms safeguarded one single square metre of soil so far? A discipline such as urbanism that praises itself for its integrative capacity should be the first to bring clarity in the urban agriculture discourse, and to participate in urban food

is een onevenredige nadruk op akkers. Vanuit een toenemende interesse in het thema bodem verwachten wij dat boeren alles in het werk stellen om bodemuitputting te voorkomen op die akkers. Uit actie-onderzoek in de agro-ecologische gemeenschap leerden wij een van de hoofdstrategieën kennen, die toegepast worden om verlies aan bodemvruchtbaarheid te compenseren: het verplaatsen van nutriënten tussen akkerbouw, veeteelt en tuinbouw. Het fundamenteel belang van vee, en meer specifiek van herkauwers, mag daarbij niet onderschat worden. Ze spelen in vele agro-ecologische landbouwsystemen in gemengde klimaten een cruciale rol om nutriënten over het landschap heen te verplaatsen — van weiland en natuurgebied naar de akker, van nutriënten in de vorm van gras naar nutriënten in de vorm van mest (dankzij het bijzondere metabolisme van herkauwers). Door landbouwactiviteiten op te sluiten op akkers dwarsboomt onze discipline een van de belangrijkste middelen voor agro-ecologische bodemzorg. Bovendien getuigt het van weinig historische kennis van ons landbouwsysteem, dat al eeuwen steunt op een heuse landschapsecologie waar zowel kleine als grote percelen, versnipperd en aaneengesloten, in zowel de natte als de droge delen van het landschap, de cruciale bouwstenen waren van het landbouwsysteem. Een stedenbouw die zorg draagt voor de bodem, en dus ook voor de bodemverzorger, vereist een visie op landbouw die zich niet beperkt tot de akker. Het vereist een bijsturing van het in onze discipline geïnternaliseerde conflict tussen landbouw en natuur. Het vereist een complete heroriëntatie van wat we verstaan onder 'strategische landbouwgrond'. En, naast een defensief open-ruimtebeleid, is er ook een offensieve open-ruimtestrategie nodig waarbij specifieke landbouwpraktijken, waaronder de landschappelijke uitwisseling van nutriënten, mede mogelijk worden gemaakt.

Compost testing / Keuring van compost (België)

policies grounded in an urban geography that incorporates an understanding of the geography of cultivation and agriculture.

Taking Care of the Soil Caretaker

If we want to contribute from our discipline to the soil challenges society faces, we will have to work beyond the urban–rural divide. There we find not only traditional and residual soil care practices, but also perspectives to question our own discipline, and communities of practice that can assist us in coming up with distinctive ideas and an accompanying paradigm for a discipline that wants to become relevant (again) in a field it has long neglected. We conclude that urbanism and spatial planning can play an important role in addressing soil issues, but that this requires a modest starting point, a cooperative approach and an active contribution to the re-politicisation of soil. Making soil-care principles more central could start with giving voice to farmers as caretakers of the soil, to then work with them to develop urban environments in which the reproduction of soil fertility is enabled rather than disabled. What kind of land use is needed then? Where should we plant our climate trees? Where do we buffer water and how do we make it agriculturally interesting? How should we process tree leaves and trimmings from the parks department into farm compost? How can we ensure the agricultural use of rural residential infrastructure? What kind of local infrastructure would support suburban farmer's collectives? . . .

And what do urban planners then have to say about 'caring for the soil'?

Background Information

The empirical data for this publication was gathered through research funded under the JPI Urban-Europe SUGI-NEXUS Programme titled 'Urbanising in Place' (Project 11326801), which includes research funding from FWO(G0H5817N), ESRC(ES/S002251/1), InnovateUK&ERA-NET(620145&11326801), NWO(438-17-406), VIAA(ESRTD/2018/15 & ESRTD/2018/16), Innoviris(RBC/2018-ENSUGI-1), MINCYT(CONVE-2019-16850590-APN-DDYGD#MECCYT).

Moving cattle to a nature reserve / Verplaatsing van runderen naar een natuurgebied (België)

Aha-moment 3: De bereidheid om te investeren in verticale landbouw en de weerstand om te investeren in grondbeleid

Bij de ontwikkeling van lokale voedselstrategieën lijken westerse steden soms in een wedloop verwikkeld om de grootste daktuin of de hoogste verticale landbouwtoren. De bereidheid om publieke middelen te investeren in iconische stadslandbouwprojecten is groot. Ook ons vakgebied lijkt zulke *pilots* te omarmen vanuit het idee dat er in elke ruimte, van de dichtbebouwde binnenstad tot de suburbane rand, plaats is voor specifieke landbouwmodellen, waaronder dus ook torens en daktuinen in de stad. Aan de andere kant van de breuk tussen stad en platteland leiden zulke ideeën tot een aantal pertinente observaties. Wil deze beweging eigenlijk wel in gesprek gaan met grondgebonden boeren? Hecht de stedelijke samenleving enige waarde aan landbouwkennis die generatie op generatie werd doorgegeven? Waarom is er wel bereidheid om te investeren in iconische stadslandbouwprojecten, terwijl diezelfde middelen zoveel efficiënter zouden kunnen worden ingezet in een actief grondbeleid, gericht op toegang tot grond voor agro-ecologische boeren? Waarom viert men de gesloten kringlopen van aquaponics-systemen op daken in de stad en laat men daarbij de levenscyclusanalyse van alle benodigde infrastructuur buiten beschouwing?[10] En is er met het 'efficiënt grondgebruik' van zo'n verticale boerderij ooit al een vierkante meter bodem gevrijwaard op de eindbalans? Een discipline als stedenbouw die zichzelf prijst omwille van zijn integrerend vermogen zou de eerste moeten zijn om orde te scheppen in het stadslandbouwdiscours, en mee te bouwen aan een stedelijk voedselbeleid gestoeld op een stedelijke geografie, waarin een geografie van de landbouw is geïntegreerd.

10 Aquaponics is een combinatie van viskweek (aquacultuur) en groenteteelt in water, zonder bodem (hydrocultuur), waarbij de uitwerpselen van de vissen in het water gebruikt worden als plantenvoedsel.

Zorg dragen voor de bodemverzorger

Indien we vanuit onze discipline een bijdrage willen leveren aan de bodemuitdagingen waarmee onze samenleving geconfronteerd wordt, dan moeten we over de breuk tussen stad en platteland heen werken. Daar vinden we niet alleen traditionele en overgebleven bodemzorgpraktijken, maar ook perspectieven om onze eigen discipline ter discussie te stellen. We treffen er de praktijkgemeenschappen die ons kunnen helpen om onderscheidende ideeën en een bijhorend paradigma te bedenken voor een discipline die (opnieuw) relevant wil worden op een terrein dat ze lang verwaarloosd heeft. We concluderen dat stedenbouw en ruimtelijke ordening een belangrijke rol kunnen spelen bij het aanpakken van bodemkwesties, maar dat dit een bescheiden startpunt, een coöperatieve werkwijze en een actieve bijdrage aan een herpolitisering van de bodem vereist. Het centraler stellen van principes van bodemzorg zou kunnen beginnen door boeren als verzorgers van de bodem een stem te geven, om vervolgens met hen het soort stad te maken waar de reproductie van bodemvruchtbaarheid wordt gestimuleerd in plaats van tegengewerkt. Welke landinrichting is dan nodig? Waar planten we onze klimaatbomen? Waar bufferen we water en hoe maken we dat landbouwkundig interessant? Hoe verwerken we boombladeren en snoeihout uit de stad tot boerderijcompost? Hoe beschermen we het voortgaande landbouwkundig gebruik van boerderijen op het platteland? Welke lokale infrastructuur ondersteunt het randstedelijke boerencollectief?

En wat hebben stedenbouwkundigen dan over 'bodemzorg' te vertellen?

Achtergrondinformatie

De empirische data voor deze publicatie werden vergaard via onderzoek, gefinancierd onder het JPI Urban-Europe SUGI-NEXUS Programma 'Urbanising in Place' (11326801), gefinancierd door FWO(G0H5817N), ESRC(ES/S002251/1), InnovateUK&ERA-NET (620145&11326801), NWO (438-17-406), VIAA (ESRTD/2018/15 & ESRTD/2018/16), Innoviris (RBC/2018-ENSUGI-1), MINCYT(CONVE-2019-16850590-APN-DDYGD#MECCYT).

Paola Viganò and Claire Guenat

Our Common Soil

Between soil and city, between soil and urbanisation, relations have always been difficult. Nowadays the city is associated with the destruction of soils and their qualities. The soil of modern urbanism is linked to the themes of hygiene, public land ownership — the tabula rasa at the centre of Hans Bernoulli's book *Die Stadt und ihr Boden*.[1] The functionalist ground of the modern neighbourhood, or its caricatural and simplified implementation, is a homogeneous, green and abstract carpet. By contrast, today soil scientists and urban designers both consider urban soil as a three-dimensional body that evolves with time, a 'living soil' with vital functions and an entity among other living entities within the urban territory. Urban soils perform highly diversified functions and provide ecosystem services that, beyond the benefits people obtain from ecosystems, benefit the ecosystem itself.[2]

The great expansion of the post-war period, the new extension, scale and form of the city have transformed the relation between urbanisation and soil. Therefore, the 'consumption' of soil and its protection have become a major concern that requires the redesign of policies and spatial strategies.[3] However, the idea of protecting the soil, although essential, is no longer sufficient to describe the deep paradigm shift necessary to enter the urban and ecological transition from the soil side and to understand the actual complexity of the relation between soil and urbanisation. The urban territory encompasses the clear distinction between rural and urban soils, between urbanisation, agriculture and forests. Soil, its consideration, regeneration and repair, is recognised, today, as a fundamental agent in the making of an inhabitable and living space.

The pedogenesis of urban soils is more or less deeply influenced by human intervention.[4] In this transformation lies the potential to create or destroy soil functions through the modification of the urban environment. Hosting and producing conditions for life in a horizontal metropolis where soil is, in most cases, up to 60 to 70 per cent fertile, cultivated or wooded can be a major opportunity to rethink the city and its project. Renewed attention for the relationships between soil and the different forms of urbanisation reveals innovative possibilities for their coexistence and interaction. In this hypothesis, the city is not only soil-destructive, but soil-regenerating and its design is a fundamental tool for the preservation and reconstruction of rural and urban soils.[5]

How Can the Living Soils in Cities Be Valorised?

'Urban soil' is often used to designate soils that belong to the urban area. Pedogenesis of these urban soils is determined by the same soil-forming factors (for example substrate and parent material, climate, topography, vegetation and fauna, and time) as natural soils. The human factor is often the more crucial and may drastically change the composition and properties of soils. There is a maximum human impact in artificially created soils. These technological soils are generally composed of exogenous material such as demolition waste, combustion residues, diverse sorted natural or man-made materials, or compost. However, those more or less deeply transformed soils and near-natural soils may coexist in urban areas and create a complex and variegated mosaic of soils, characterised by a lack of spatial logic.[6] Moreover, these urban soils differ in their vulnerability and resilience to degradation as well as in the ecosystem services they provide.

1
Hans Bernoulli, *Die Stadt und ihr Boden* (Erlenbach-Zurich: Verlag für Architektur, 1946).

2
Millenium Ecosystem Assessment, *Ecosystems and Human Well-being Synthesis* (Washington, DC: Island Press, 2005).

3
European Commission, Science for Environment Policy, *Future Brief: No Net Land Take by 2050?* (2016), 14.

4
Elena Havlicek and Géraldine Bullinger, 'Les sols urbains et leurs usages', in: Jean-Michel Gobat and Claire Guenat (red.), *Sols et paysages: Types de sols, fonctions et usages en Europe moyenne* (Lausanne: PPUR, 2020).

5
This is the hypothesis leading the almost concluded 'Our Common Soil' research: realised by the Laboratory of Urbanism of the EPFL, Martina Barcelloni Corte, Antoine Vialle en Paola Viganò (coordinator).

6
Samson Roeland et al., 'Towards an Integrative Approach to Evaluate the Environmental Ecosystem Services Provided by Urban Forest', *Journal of Forestry Research* 30/6 (2019), 1981–1996.

Paola Viganò en Claire Guenat

Onze gemeenschappelijke bodem

De verhoudingen tussen stad en bodem, tussen verstedelijking en grond, zijn altijd gespannen geweest. De stad wordt tegenwoordig geassocieerd met de vernietiging van de grond en zijn eigenschappen. In de moderne stedenbouw is grond verbonden met thema's als hygiëne en openbaar grondbezit — als de tabula rasa uit Hans Bernoulli's boek *Die Stadt und ihr Boden*.[1] De functionalistische grond onder de moderne wijk — of een karikaturale en vereenvoudigde versie daarvan — is een homogeen, groen en abstract tapijt. Daar staat tegenover dat stadsgrond tegenwoordig door zowel bodemspecialisten als stedenbouwkundigen wordt beschouwd als een driedimensionaal lichaam dat in de loop van de tijd evolueert. Een 'levende bodem' met vitale functies, een entiteit die naast andere levende entiteiten binnen het stedelijk gebied bestaat. De stadsgrond vervult heel verschillende functies en levert ecosysteemdiensten die niet alleen de mens, maar ook het ecosysteem zelf ten goede komen.[2]

De grote expansie van de naoorlogse periode — met nieuwe stadsdelen, schaalvergroting en een nieuwe vormentaal — heeft de relatie tussen verstedelijking en bodem ingrijpend veranderd. De 'consumptie' van grond en de bescherming van de bodem zijn inmiddels belangrijke punten van zorg geworden, die vragen om nieuw beleid en ruimtelijke strategieën.[3] Hoewel het idee van bodembescherming essentieel is, dekt dit concept echter niet langer de diepgaande paradigmaverschuiving die nodig is om de stedelijke en ecologische transitie vanuit de bodem te benaderen, en de werkelijke complexiteit van de relatie tussen bodem en verstedelijking te begrijpen. Het stedelijk territorium overstijgt ieder helder onderscheid tussen plattelandsgrond en stadsgrond; tussen verstedelijking, landbouw en bos. Zowel de bodem zelf als het inachtnemen, regenereren en herstellen van de bodem wordt tegenwoordig gezien als factoren die een fundamentele rol spelen bij het scheppen van bewoonbare, levende ruimte.

De pedogenese of bodemvorming van de stadsgrond wordt altijd min of meer beïnvloed door menselijk ingrijpen.[4] In deze transformatie schuilt het potentieel om bodemfuncties via de wijziging van de stedelijke omgeving te laten ontstaan of te vernielen. Het plaatsmaken voor (en produceren van) levensvoorwaarden in een horizontale metropool waar de grond in de meeste gevallen voor 60 tot 70 procent vruchtbaar, gecultiveerd of bebost is, kan een belangrijke kans opleveren om het project van de stad opnieuw te overdenken. Hernieuwde aandacht voor de relatie tussen de bodem en verschillende vormen van verstedelijking kan vernieuwende mogelijkheden scheppen voor co-existentie en interactie. Volgens deze hypothese is de stad niet alleen bezig de bodem te vernietigen, maar regenereert ze hem ook. Het ontwerp van de stad is een fundamenteel instrument voor het behoud en de reconstructie van plattelands- en stadsgrond.[5]

Hoe kennen we waarde toe aan een levende stadsgrond?

De term 'stadsgrond' wordt vaak gebruikt voor de verschillende soorten aarde die in de stedelijke omgeving te vinden zijn. De pedogenese van de stadsgrond wordt bepaald door dezelfde bodemvormende factoren (bijvoorbeeld substraat en moedermateriaal, klimaat, topografie, vegetatie en fauna, en tijd) als die van natuurlijke grond. De menselijke factor is vaak de meest cruciale en kan de samenstelling en eigenschappen van de grond ingrijpend veranderen. Bij kunstmatig gecreëerde grond is de menselijke invloed het

1
Hans Bernoulli, *Die Stadt und ihr Boden* (Erlenbach-Zürich: Verlag für Architektur, 1946).

2
Millenium Ecosystem Assessment, *Ecosystems and Human Well-being Synthesis* (Washington, DC: Island Press, 2005).

3
Europese Commissie, Wetenschap voor het milieubeleid, *Future Brief: No Net Land Take by 2050?* (2016), 14.

4
Elena Havlicek en Géraldine Bullinger, 'Les sols urbains et leurs usages', in: Jean-Michel Gobat en Claire Guenat (red.), *Sols et paysages: Types de sols, fonctions et usages en Europe moyenne* (Lausanne: PPUR, 2020).

5
Deze hypothese ligt ten grondslag aan het bijna afgeronde onderzoek 'Our Common Soil', gerealiseerd door het Laboratory of Urbanism van het EPFL, Martina Barcelloni Corte, Antoine Vialle en Paola Viganò (coördinator).

These ecosystem services include *provisioning* services such as food, water, timber and fibre; *regulating* services that affect climate, floods, disease, wastes and water quality; *cultural* services that provide recreational, aesthetic and spiritual benefits; and *supporting* services such as soil formation, photosynthesis and nutrient cycling.[7] As the types of urban soils are different in physical, chemical and biological composition, their properties and functions also differ. They therefore do not have the same potential to provide ecosystem services. For example, their ability to support vegetation decreases from pseudo-natural soils, to constructed technosols and the 'bare' soils resulting from sealing. By contrast, sealed soils ensure the transportation of goods, energy and human beings, unlike pseudo-natural or vegetated constructed soils.[8]

The concept of ecosystem services, which highlight the contribution of ecosystems to economic activities and the wellbeing of humans, seems to be a necessary prerequisite for soil's recognition and to address its preservation and restoration. Since decades, in soil science there is a growing interest in quantifying ecosystem services provided by urban soils. Evaluation approaches based on measurable indicators are currently under development.[9] Valuing these ecosystem services is also an important issue for integrating soil potentials in urban projects. A traditional means of valorisation is monetarisation. The provisioning services (food, flowers, timber production) are among the simplest to evaluate and monetarise because markets exist. On the other hand, the value to be attributed to soil as a support for biodiversity, or for water regulation (flood attenuation, water purification) is more difficult to assess. The key question remains: How can a value be attributed to immaterial services or services related to the public good?

7
Jean-Louis Morel, Claire Chenu en Klaus Lorenz, 'Ecosystem Services Provided by Soils of Urban, Industrial, Traffic, Mining, and Military Areas (SUITMAs)', *Journal of Soils and Sediments* 15/8 (2015), 1659–1666.

8
Christian Walter et al., 'Les services écosystémiques des sols: du concept à sa valorisation', *Cahier Demeter* 15 (2014), 51–68.

9
Anne Blanchart et al., 'Towards an Operational Methodology to Optimize Ecosystem Services Provided by Urban Soils', *Landscape and Urban Planning* 176 (2018), 1–9.

Geneva soils: (1) sealed urban soil, (2) urban soil made of demolition waste, (3) urban agriculture in Geneva and the related soil / De bodems van Genève: (1) afgedichte stadsgrond, (2) stadsgrond gemaakt van sloopafval, (3) stadslandbouw in Genève en de bijhorende grond

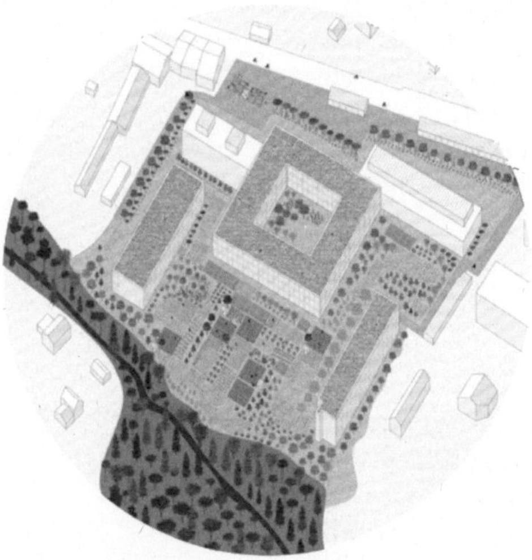

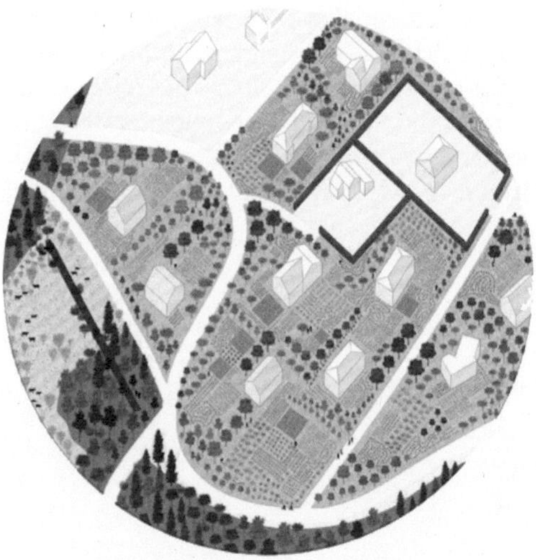

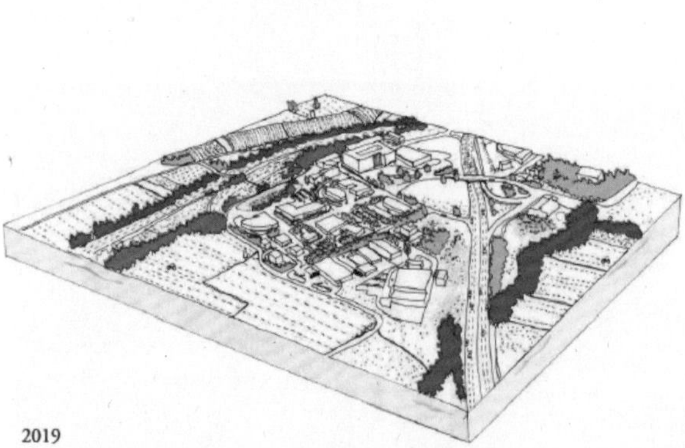

2019

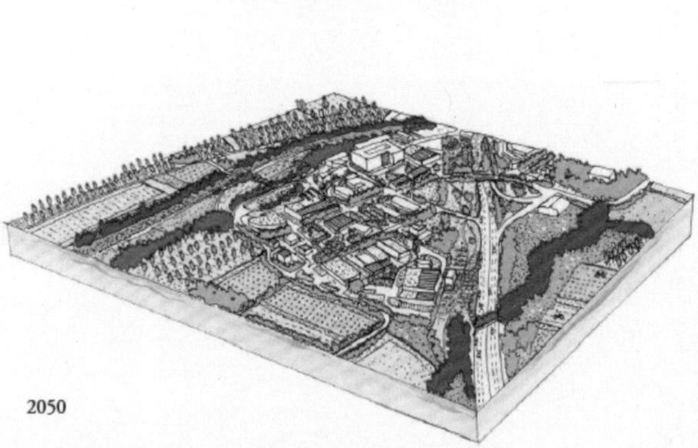

2050

Three scenarios in the project 'Soil and Labour: A Vision for Greater Geneva'

1. soils for climate adaptation
2. soils for climate mitigation
3. soils for climate food autonomy

Drie scenario's in het project 'Grond en arbeid: een visie voor Groot Genève'

1. grond voor klimaatadaptatie
2. grond voor klimaatmitigatie
3. grond voor klimaat-voedselautonomie

In Praise of an Urbanism of the Living Soil

Evidence of the direct link between the depletion of the planet and social crises has grown stronger in recent years, as has the need to formulate a new, shared ethical vision of the world. Designing cities and urban soils is therefore a precious occasion to reverse the lens: not only to evaluate the loss of soil multi-functionalities, but to learn from the ones that still exist, develop alternative uses and foster new dynamics. In the age of the living (*l'âge du vivant*), coexistence is at the centre of the urban and ecological transition.[10] It is as if, suddenly, it is necessary to learn again how to live on our planet, with criteria inspired by a rephrased system of values. To give a value to living soils raises at least two main questions for designers.

The first question: the soil must be considered as a living milieu and the ontological and operational implications of the shift to the concept of living soil must be measured. The 'living soil' is home to living organisms, it is a living *milieu* because it is inhabited. An urban 'living soil' is also an organism with vital functions, a living entity among other living entities. An eco-phenomenology can be imagined, where the centre is not occupied by an abstract and inert entity (with abstract rights), but a material and bodily subject that communicates with other subjects.[11] The urban soil is a milieu and is alive at the same time, it defines a vast spectrum of relations and inhabitability conditions. To Inhabit also means to establish relations. The diversity of soils, their associated potential functions enter into architecture, landscape and urban design at all scales: in the garden, the plot transformation, the public space and the territorial project.

The second question has to do with the value assigned to the multifunctionality of soils and its consequences on the interpretation of the urban realm and its project. The pedogenesis of soils, including urban soils, is based on losses and gains of matter. It entails novelties, new characters and properties. However, although urban soils' pedogenesis is the result of rapid and deep transformations, it constitutes an opportunity for design. It incorporates changes in the environment (climate, land uses). It is a dynamic system that is constantly evolving. The main difference between the pedogenesis of urban soils and other soils is the intensity and speed of changes. These changes are embedded in the soil and are accompanied by changes in the properties and functions of the soil. For example, the massive and successive inputs of exogenous materials lead to a greater stratification of the soil, discontinuities, chemical (pollution by metals, increase in pH, loss of organic matter) and biological changes (decrease in biological activity). It is here that the dynamic concept of evolution can be reframed into a multiplicity of functionalities to be activated, reactivated or modified over time.[12] It is in this non-deterministic openness, in this precise complex heritage, that a basis for reintroducing qualities and functionalities in urban soils can be found, ready to enter the design of cities and territories.

We will now focus on some of the design consequences that the idea of soil as a relational living subject can produce, assuming soil rationalities as guidelines. Three eco-sociospatial prototypes address this complex interaction.

Prototype 1

The project becomes a fundamental moment of value attribution, which requires strategies based on a better knowledge of soils and, at the same time, of the forms of cities that contain and develop with them. The environmental history of a site, although heavily transformed by industrial activities, can always contain amazing surprises when observed through the lens of the soil. A close reconstruction of soil qualities and functionalities shows the remnants

10 Corine Pelluchon, *Réparons le monde: Humains, animaux, nature* (Paris: Payot et Rivage, 2020), 21.

11 Ibid., 59.

12 Baptiste Morizot, *Manières d'être vivant* (Arles: Actes Sud, 2020), 58.

grootst. Deze 'technogene' grond is over het algemeen samengesteld uit exogeen materiaal zoals sloopafval, verbrandingsresten, diverse soorten natuurlijke of door de mens vervaardigde materialen en compost. Deze al dan niet intensief getransformeerde én bijna-natuurlijke grondsoorten kunnen in stedelijke gebieden echter naast elkaar bestaan en daar een complex en gevarieerd mozaïek van grondsoorten vormen dat wordt gekenmerkt door een gebrek aan ruimtelijke logica.[6] Bovendien is niet al deze stadsgrond even onkwetsbaar en veerkrachtig wanneer geconfronteerd met degradatie, en leveren verschillende soorten grond verschillende ecosysteemdiensten. Onder ecosysteemdiensten rekenen we *voorzienende* diensten met betrekking tot voedsel, water, hout en vezels; *regulerende* diensten die van invloed zijn op het klimaat, overstromingen, ziekten, afval en waterkwaliteit; *culturele* diensten die recreatieve, esthetische en spirituele voordelen bieden en *ondersteunende* diensten zoals bodemvorming, fotosynthese en de instandhouding van nutriëntencycli.[7] Doordat verschillende soorten stadsgrond verschillende fysische, chemische en biologische samenstellingen hebben, verschillen ook hun eigenschappen en functies. Daardoor zijn ze niet gelijkelijk in staat om ecosysteemdiensten te leveren. De mogelijkheid om vegetatie te dragen, neemt bijvoorbeeld steeds sterker af in respectievelijk pseudo-natuurlijke grond, geconstrueerde technosols en de 'kale grond' als gevolg van bodemafdichting. Afgedichte grond maakt dan weer het vervoer van goederen, energie en mensen mogelijk, in tegenstelling tot pseudo-natuurlijke of begroeide geconstrueerde grond.[8]

Het concept 'ecosysteemdienst', dat de nadruk legt op de bijdrage van ecosystemen aan economische activiteiten en het welzijn van de mens, lijkt een noodzakelijke voorwaarde om de bodem te erkennen en het behoud en herstel van de grond aan te pakken. Sinds tientallen jaren is er in de bodemkunde een groeiende belangstelling voor het kwantificeren van de ecosysteemdiensten die door stadsgrond worden geleverd. Er wordt momenteel een manier van evalueren ontwikkeld die is gebaseerd op meetbare indicatoren.[9] De waardering voor deze ecosysteemdiensten is ook belangrijk om het bodempotentieel in het stadsontwerp te integreren. Een traditioneel middel om dergelijke diensten te waarderen is door ze in geld uit te drukken. De voorzienende diensten (de productie van voedsel, bloemen en hout) zijn het eenvoudigst in geld uit te drukken, omdat er een markt is voor deze producten. Anderzijds is het veel moeilijker te bepalen welke waarde moet worden toegekend aan de bodem als drager van biodiversiteit of waterregulering (overstromingsbeperking, waterzuivering). De hamvraag blijft: hoe kennen we waarde toe aan immateriële diensten of diensten die verband houden met het algemeen welzijn?

Lofzang op een stedenbouw van de levende bodem

Het bewijs voor het rechtstreekse verband tussen de uitputting van de planeet en maatschappelijke crises is de laatste jaren steeds sterker geworden, evenals de noodzaak om een nieuwe, gemeenschappelijke ethische visie op de wereld te formuleren. Het ontwerpen van steden en stadsgrond vormt daarin een waardevolle aanleiding om de zaak vanuit een ander perspectief te bekijken: om niet alleen het verlies aan multifunctionaliteit van de bodem te evalueren, maar om ook te leren van nog wel bestaande functies, om alternatieve gebruikswijzen te ontwikkelen en een nieuwe dynamiek bevorderen. In 'het tijdperk van de levenden' (*l'âge du vivant*) speelt co-existentie een centrale rol in de stedelijke en ecologische transitie.[10] Het is alsof we plotseling opnieuw moeten leren hoe we op onze planeet moeten leven, volgens criteria die geïnspireerd zijn op een ander waardenstelsel. Het

6
Samson Roeland et al., 'Towards an Integrative Approach to Evaluate the Environmental Ecosystem Services Provided by Urban Forest', *Journal of Forestry Research* 30/6 (2019), 1981–1996.

7
Jean-Louis Morel, Claire Chenu en Klaus Lorenz, 'Ecosystem Services Provided by Soils of Urban, Industrial, Traffic, Mining, and Military Areas (SUITMAs)', *Journal of Soils and Sediments* 15/8 (2015), 1659–1666.

8
Christian Walter et al., 'Les services écosystémiques des sols: du concept à sa valorisation', *Cahier Demeter* 15 (2014), 51–68.

9
Anne Blanchart et al., 'Towards an Operational Methodology to Optimize Ecosystem Services Provided by Urban Soils', *Landscape and Urban Planning* 176 (2018), 1–9.

10
Corine Pelluchon, *Réparons le monde: Humains, animaux, nature* (Parijs: Payot et Rivage, 2020), 21.

'Soil and Labour: A Vision for Greater Geneva' / 'Grond en arbeid: een visie voor Groot Genève'

toekennen van waarde aan de levende bodem roept minstens twee belangrijke kwesties op die ontwerpers aangaan.

De eerste kwestie: de bodem moet worden beschouwd als een levend milieu en de ontologische en operationele implicaties van de verschuiving naar het concept 'levende bodem' moeten worden gemeten. In de levende bodem wonen levende organismen; het is een levend milieu omdát het bewoond wordt. Daarnaast is een stedelijke levende bodem een organisme met vitale functies, een levende entiteit te midden van andere levende entiteiten. Er is een eco-fenomenologie voorstelbaar waarin het centrum niet wordt ingenomen door een abstracte en inerte entiteit (met abstracte rechten), maar door een materieel en lichamelijk subject, dat communiceert met andere subjecten.[11] De stadsgrond is een milieu en tegelijkertijd iets levends, en definieert een breed spectrum aan relaties en bewoonbaarheid. 'Bewonen' betekent ook: relaties aangaan. De diversiteit van de grond en de daarmee samenhangende potentiële functies komen terug op alle schaalniveaus in de architectuur en in het landschaps- en stadsontwerp: in de tuin, in perceeltransformatie, in de openbare ruimte en in het territoriale project.

11 Ibid., 59.

Dan de tweede kwestie. Die betreft de waarde die wordt toegekend aan de multifunctionaliteit van de bodem en de gevolgen daarvan voor de interpretatie van het stedelijk gebied en zijn ontwerp. Bodemvorming, ook die van de stadsgrond, is gebaseerd op de toe- en afname van materie. Daarbij gaat het ook om noviteiten en nieuwe kenmerken en eigenschappen. Hoewel de pedogenese van de stadsgrond het resultaat is van snelle en intensieve transformaties, schept zij ook kansen voor ontwerp. Zij omvat veranderingen in de omgeving (klimaat, landgebruik); het is een dynamisch systeem, dat voortdurend in ontwikkeling is. Het belangrijkste verschil tussen de pedogenese van de stadsgrond en die van andere bodems is de intensiteit en de

ZAC (*Zone d'Aménagement Concerté*) de la Courrouze, Rennes, 'Bois Habité' (Inhabited Wood): the dry-wet sequence in the regenerated soils / 'Bois Habité' (bewoonde bos): de droog/nat opeenvolging bij verbeterde bodems

of rural and fertile pockets inside brownfields otherwise severely polluted. The underestimation of soils' complex stories intermingled with anthropic use and modification is still too common, which contributes to the banalisation and reduction of urban design as/to a tool of abstract domination. In the case of the La Pilate regeneration project (La Courrouze, Rennes, France), this awareness led to structural adaptations of the initial choices to preserve the only non-polluted and still fertile parcel.[13] A green public space has been realised maintaining the qualities and functionalities that were already present, starting from the analysis of the different types of soils and the reconstruction of how industrial production evolved. In this case it was a highly valuable plot that was not detected by the initial documentation and understanding. The same attention can be extended to all soils we come across in our activity as designers, including the gardens of single-family houses whose potential multifunctionality is an asset of large parts of the contemporary extended urbanisation.

13 Rennes, La Courrouze urban project, 2003–ongoing: Studio Secchi-Viganò/StudioPaolaViganò, Charles Dard, AMCO, with Pierre Bazin (Aubépine).

Prototype 2

Soils have more than one life. They can be reconstructed and valorised over time, whether they are urban, neglected, polluted, cultivated or landscaped. On this crucial question no ambiguity should arise. A series of design experimentations shows the possibility of reconstituting soils that, if they are inadequately fertile, can support new ecosystems and develop specific functionalities. The Bois Habité neighbourhood in La Courrouze, Rennes, has developed rich wet and dry landscapes starting from the reuse of poor, non-polluted soils of the area (obtained from a selection of the polluted soils). In this soil, little life and organic matter were present and, moreover, the addition of exogenous material (topsoil) has been limited for reasons of soil

ZAC (*Zone d'Aménagement Concerté*) de la Courrouze, Rennes, 'Bois Habité' (Inhabited Wood): the dry-wet sequence in the regenerated soils / 'Bois Habité' (bewoonde bos): de droog/nat opeenvolging bij verbeterde bodems

snelheid van veranderingen. Deze veranderingen liggen in de aarde verankerd en gaan gepaard met veranderingen in de eigenschappen en functies van de bodem. De massale en achtereenvolgende aanvoer van exogene materialen leidt bijvoorbeeld tot een grotere gelaagdheid van de bodem, discontinuïteit, chemische veranderingen (verontreiniging door metalen, verhoogde pH-waarden, verval van organische stof) en biologische veranderingen (afname van de biologische activiteit). Hier kan het dynamische concept 'evolutie' worden geherdefinieerd tot een veelheid van functies die in de loop van de tijd moeten worden geactiveerd, opnieuw weer geactiveerd of gewijzigd.[12] Het is in deze onbepaalde openheid, in juist dit complexe erfgoed, dat de basis kan worden gelegd voor de herintroductie in de stadsgrond van eigenschappen en functies die vervolgens een rol kunnen gaan spelen in het ontwerp van steden en territoria.

We richten ons nu op enige ontwerpconsequenties die het idee van de bodem als een relationeel levend subject met zich mee kan brengen en nemen daarbij de bodemrationaliteit als richtlijn. We beschrijven drie eco/sociaal/ruimtelijke prototypen die deze complexe interactie aan de orde stellen.

Prototype 1

Dit project behelst een fundamenteel moment van waardetoekenning. Dit vraagt om een strategie die gebaseerd is op een uitgebreide kennis van de bodem en, tegelijkertijd, van de vormen van steden die deze grond bevatten en zich er samen mee ontwikkelen. De milieugeschiedenis van een gebied kan, ook als zij sterk is getransformeerd door industriële activiteiten, ons verbazingwekkende verrassingen bezorgen, wanneer zij wordt bekeken vanuit het perspectief van de bodem. Een nauwkeurige reconstructie van bodemeigenschappen en -functies kan de overblijfselen aantonen van landelijke en

12 Baptiste Morizot, *Manières d'être vivant* (Arles: Actes Sud, 2020), 58.

ZAC de la Courrouze, Rennes, 'La Pilate', regeneration project / vernieuwingsproject

preservation. Thanks to a new topography and a form of surface water management that collects all run-off from impermeable areas, a varied environment has been created on this site. This includes both dry landscapes — on the new hills, where pine trees and gorse bring an informal atmosphere that is especially appreciated by the neighbourhood children — and a wet landscape near the shell paths and the longitudinal swale at the foot of the development. In this case the reuse of processed soils not only ameliorates the cut-and-fill balance, but defines a water- and soil-sensitive design that produces unexpected reinterpretations of the traditional Brittany landscape. Strangely enough, it is located in a public domain, where one would normally expect more disciplined landscapes. This rough park, in continuity with the prairies of the former military area, generates different uses, awakes different expectations, is identified and appropriated. It proposes a social and ecological space that connects layers of symbolic landscape and the newly arrived nature with the other green spaces of the city.

Prototype 3

The first two prototypes give an idea of the inhabitability of the future urban territory, starting from soil valorisation and regeneration. At the territorial scale, in synergy with the traditional preoccupation for soil consumption, other themes emerge where soil is also a fundamental agent of mitigation and adaptation to climate change. Regenerating the city and the soil at the same time guides the imagination of future inhabitability: it is from this perspective that, in the case of the Greater Geneva agglomeration, 'soil and labour' have been the focus of a vision for 2050 and for the ecological transition.[14] Taking urban and rural soils fully into account enlarges the traditional planning perspective centred mainly on the potential for food production

14 Habitat Research Center, EPFL, *Soil and Labour: A Vision for the Great Geneva*, 2018–2020, coordinated by Paola Viganò and part of the International Consultation 'Prospective Visions for Greater Geneva' (Braillard Foundation, Geneva).

ZAC de la Courrouze, Rennes, 'La Pilate', regeneration project / vernieuwingsproject

vruchtbare terreintjes binnen voormalige mijnbouwlocaties die voor het overige ernstig vervuild zijn. De onderschatting van de complexe geschiedenis van de bodem komt, samen met antropisch gebruik en antropische aanpassing, nog te vaak voor en draagt bij aan de banalisering en reductie van het stedelijk ontwerp tot een instrument van abstracte dominantie. In het geval van renovatieproject La Pilate (La Courrouze, Rennes, Frankrijk) heeft het bewustzijn hiervan bijvoorbeeld geleid tot structurele aanpassingen van de oorspronkelijke keuzes, zodat het enige niet-vervuilde en nog vruchtbare perceel behouden kon blijven.[13] Er is een groene, openbare ruimte gerealiseerd met behoud van de kwaliteiten en functies die reeds aanwezig waren en uitgaande van de analyse van de verschillende bodemsoorten en de reconstructie van de manier waarop de industriële productie zich had ontwikkeld. In dit geval ging het om een zeer waardevol perceel, dat tijdens de eerste documentaties en verkenningen over het hoofd was gezien. Dezelfde mate van aandacht zouden we aan alle bodems moeten besteden, die we tijdens ons werk als ontwerpers tegenkomen. Ook aan de tuinen van eengezinswoningen: hun potentiële multifunctionaliteit is een aanwinst voor grote delen van de hedendaagse uitgebreide verstedelijking.

13 Rennes, stedebouwkundig ontwerp La Courrouze, 2003–heden: Studio Secchi-Viganò/StudioPaolaViganò, Charles Dard, AMCO, met Pierre Bazin (Aubépine).

Prototype 2

Bodems hebben meerdere levens. Ze kunnen in de loop van de tijd worden gereconstrueerd en gevaloriseerd, of ze nu stedelijk, verwaarloosd, vervuild, gecultiveerd of aangelegd zijn. Over deze cruciale kwestie mag geen twijfel bestaan. De mogelijkheid om bodems te reconstrueren die, als ze onvoldoende vruchtbaar zijn, nieuwe ecosystemen kunnen ondersteunen en specifieke functies kunnen ontwikkelen, is aangetoond in een reeks ontwerpexperimenten. In het *Bois Habité,* een buurt in La Courrouze, Rennes, konden rijke natte en droge landschappen worden ontwikkeld, door arme, niet-verontreinigde lokale grond (verkregen uit een deel van de verontreinigde grond) te hergebruiken. In deze grond was weinig leven of organisch materiaal aanwezig; bovendien was de toevoeging van exogeen materiaal (bovenlaag) om redenen van bodembehoud beperkt gebleven. Dankzij een nieuwe topografie en een vorm van oppervlaktewaterbeheer waarbij alle afvloeiing van ondoorlatende gebieden wordt opgevangen, is op dit terrein een gevarieerde omgeving ontstaan. Deze bevat zowel droge landschappen — op de nieuwe heuvels, waar dennen en brem een informele sfeer met zich meebrengen die vooral door de buurtkinderen wordt gewaardeerd — als een nat landschap bij de schelpenpaden en de langgerechte wadi aan de voet van de bebouwing. Hier heeft het hergebruik van verwerkte grond niet alleen de balans tussen weggenomen en aangevulde grond verbeterd, maar ook geleid tot een water- en bodemgevoelig ontwerp dat onverwachte herinterpretaties van het traditionele Bretonse landschap heeft opgeleverd. Vreemd genoeg bevindt het zich in het openbare domein, waar men gewoonlijk meer strakgetrokken landschappen verwacht. Dit ruige park, dat aansluit op de grasweiden van een voormalig militair oefenterrein, wordt op verschillende manieren gebruikt en wekt verschillende verwachtingen; mensen identificeren zich ermee en eigenen zich het toe. Het vertegenwoordigt een sociale en ecologische ruimte die de lagen van het symbolische landschap en de nieuwe natuur verbindt met de andere groene ruimten in de stad.

Prototype 3

De eerste twee prototypen geven een beeld van de bewoonbaarheid van het toekomstige stedelijke gebied, uitgaande van de valorisatie en regeneratie van de bodem. Op territoriale schaal komen, in synergie met de traditionele preoccupatie met bodemgebruik, andere thema's naar voren. Daarbij is de

(today protected surfaces) or soil stability (forest protection). Other essential functionalities emerge as, for example, the carbon storage in organic matter contained in soils — which is the fundamental contribution of soils to the climate change mitigation strategies. 'Living soils', especially when vegetated, contribute to the reduction of the emission of greenhouse gases. Moreover, such soils are a central assets for water and heat regulation, especially during extreme events such as floods and heatwaves.

In the highly urbanised canton of Geneva (the densest of the Greater Geneva agglomeration), nearly 30 per cent of the open surfaces (excluding buildings and infrastructure) can be defined as urban.[15] Those soils, today the battlefield of densification policies, have high potential to provide numerous types of ecosystem services and contribute to climate change mitigation. This perspective entails criticism of the actual Swiss federal policies — which are based on 'inward urbanisation' — in favour of reconsidering urban soil functionalities, their regeneration and enhancement.[16] In parallel, a reflection on a larger territorial inhabitability might start from the reuse of the existing dispersed settlement pattern, developing environmental and socioeconomic opportunities in the different parts of the urban territory.

The biopolitical dimension of the Greater Geneva vision and of the other prototypes is made explicit. It contributes to the rereading and actualisation of Bernardo Secchi's 'project of the ground'. An 'urbanism of the living soil' is one step in that direction.

15
See Martina Barcelloni and Pascal Boivin's contribution to this issue.

16
See: www.densipedia.ch/fr.

bodem ook een fundamenteel middel voor de beperking van en aanpassing aan klimaatverandering. De gelijktijdige regeneratie van de stad en de bodem geeft een beeld van toekomstige bewoonbaarheid. Vanuit dit perspectief staan in de agglomeratie van Groot-Genève 'bodem en arbeid' bijvoorbeeld centraal in een visie voor 2050 en voor ecologische transitie.[14] Ten volle rekening houden met de stads- en plattelandsgrond versterkt het traditionele planningsperspectief, dat hoofdzakelijk is gericht op het potentieel voor voedselproductie (tegenwoordig beschermde oppervlakken) of bodemstabiliteit (bosbescherming). Ook andere essentiële functies komen naar voren, zoals de opslag van koolstof in organisch materiaal in de bodem — wat de fundamentele bijdrage is van grond aan de strategieën ter beperking van klimaatverandering. 'Levende bodem' draagt vooral in begroeide toestand bij aan de vermindering van de uitstoot van broeikasgassen. Bovendien speelt dergelijke grond een belangrijke rol bij de water- en warmteregulering, vooral tijdens extreme gebeurtenissen zoals overstromingen en hittegolven.

In het sterk verstedelijkte kanton Genève (het dichtstbevolkte kanton van de agglomeratie Groot-Genève) kan bijna 30 procent van de open oppervlakten (gebouwen en infrastructuur niet meegerekend) als stedelijk worden aangemerkt.[15] Deze grond, die momenteel het strijdtoneel van het verdichtingsbeleid vormt, kan potentieel talrijke soorten ecosysteemdiensten leveren en bijdragen aan de beperking van klimaatverandering. Dit perspectief behelst kritiek op het huidige Zwitserse federale beleid — dat is gebaseerd op 'inwaartse verstedelijking' — ten faveure van een heroverweging van de functies van de stadsgrond, zijn regeneratie en verbetering.[16] Parallel daaraan zou een bezinning op een grotere territoriale bewoonbaarheid kunnen uitgaan van de herziening van het bestaande, verspreide nederzettingspatroon, waarbij in verschillende delen van het stedelijk gebied milieu- en sociaal- economische kansen worden ontwikkeld.

De biopolitieke dimensie van de visie op Groot-Genève en de andere prototypen moge duidelijk zijn. Het is een oproep om Bernardo Secchi's 'Project van de grond' te herlezen en te actualiseren. Een 'stedenbouw van de levende bodem' is een stap in dezelfde richting.

Vertaling: InOtherWords, Maria van Tol

14
Habitat Research Center, EPFL, *Soil and Labour: A Vision for the Great Geneva*, 2018–2020, gecoördineerd door Paola Viganò en onderdeel van de International Consultation 'Prospective Visions for Greater Geneva' (Braillard Foundation, Genève).

15
Zie de bijdrage van Martina Barcelloni en Pascal Boivin in dit nummer.

16
Zie: www.densipedia.ch/fr.

Teresa Galí-Izard, Luke Harris, Cara Turett and Bonnie Kate Walker

We, the Roots among You

Talking about roots is talking about exploration. Roots are explorers, and they are integrally connected to the substrate they explore through a dense and sensitive network of relationships with other organisms. But the needs of tree roots are too often ignored in the construction of the urban surface. Isolated, they must fight their way through heavily compacted substrates devoid of water and nutrients. Not only do the roots affect the survival of the tree, they also initiate the biological processes that transform a mineral substrate into a living soil. This article will first examine the constraints and opportunities for tree roots in the urban environment before proposing a rule-based system to transform the urban street in order to build a living soil that allows trees to thrive.

The Lives of Roots

As a tree grows, roots weave through the ground searching for nutrients and water while forming partnerships with other living entities. Through the division of cells at the root tip, a root traces a path and extends its contact surface, thus increasing its capacity to absorb nutrients and water from the soil. Through their explorations and exchanges, roots help to create the conditions for other organisms to thrive. In this process, it is difficult to discern where the roots end and the soil begins. Anthropologist Tim Ingold describes material conditions of exchange and mutual binding as 'the meshwork': an 'ever-evolving weave' through which beings thread their own paths.[1] Ingold attributes this entanglement to 'the nature of living beings themselves that, by way of their own processes of respiration, of breathing in and out, they bind the medium with substances in forging their own growth and movement through the world'.[2] By turning our attention to roots we can understand soil as a living meshwork, in which the roots construct the ground they inhabit.

The process of building a tree's root system is characterised by developments that mirror the stages of the growth of its canopy.[3] To begin, the tree constructs a superficial system of perennial structural roots that grow in all directions.[4] Over time, these structural roots become woody and serve as a reservoir of sugars and nutrients.[5] Those roots repeat their process of growth several times in the tree's central circumference, in many cases creating for each reiteration a new taproot growing downwards.[6] At a certain point those structural roots stop their reiterations and extend themselves horizontally. This structural woody system supports a second stage of lateral roots that explore opportunities for nutrients, water and oxygen, and provide the structure for small absorptive roots.[7] Those secondary roots are the beginning of an exponential system of deciduous absorbent roots, which enrich and aerate the soil through their decay, supporting microbial communities. The constant renovation of this secondary structure creates new opportunities for the soil to be explored. With this iterative pattern of growth, roots contribute to the making of their environment, in relationship with other species that inhabit the ground.

The unified living system that roots help to create connects the ground to the atmosphere in an integrated biotic and abiotic environment — a living medium of organic matter, bacteria, fungi and microorganisms that perform symbiotically. Central to this process is the tree's partnership with fungal bodies called mycorrhizae, which attach to the root system. Through hyphal networks of extremely fine filaments, mycorrhizae rapidly spread through the

1
Tim Ingold, *Being Alive: Essays on Movement, Knowledge, and Description* (London/New York: Routledge, 2011), 71.

2
Ibid.,120.

3
Christophe Drénou, *Les racines: face cachée des arbres* (Paris: L'Institut pour le Développement Forestier, 2006), 71.

4
Claire Atger, 'Racine et système racinaire des arbres: structure et developpement', *Plante et Cité* (2011), 1–38.

5
Ibid., 5.

6
Ibid., 26.

7
Ibid., 14.

Teresa Galí-Izard, Luke Harris, Cara Turett en Bonnie Kate Walker

Wij, de wortels onder jullie

Praten over wortels is praten over verkenning. Wortels zijn verkenners die via een hecht en sensitief netwerk van relaties met andere organismen integraal verbonden zijn met de ondergrond die ze verkennen. Tijdens de aanleg van de bovengrondse stad worden de behoeften van boomwortels echter maar al te vaak genegeerd. Ze moeten zich geïsoleerd een weg zien te banen door sterk verdichte substraten die verstoken zijn van water en voedingsstoffen. Wortels beïnvloeden niet alleen de overlevingskansen van de boom, maar brengen ook de biologische processen op gang die een mineraal substraat kunnen veranderen in een levende bodem. In dit artikel worden om te beginnen de beperkingen en mogelijkheden onderzocht die boomwortels tegenkomen in de stedelijke omgeving. Vervolgens wordt een voorstel geformuleerd voor een regelsysteem om stadstraten te transformeren, zodat een levende bodem ontstaat waar bomen kunnen gedijen.

Het leven van wortels

De wortels van een levende boom raken verweven met de bodem terwijl ze op zoek zijn naar voedingsstoffen en water. Ze gaan daarbij samenwerkingen aan met andere levende wezens. De wortels banen zich een weg via celdeling aan de wortelpunt en vergroten zo hun contactoppervlak, waardoor ze meer voedingsstoffen en water uit de bodem kunnen opnemen. Door deze verkenning en uitwisseling scheppen wortels mede de omstandigheden waarin andere organismen kunnen gedijen. In dit proces is het moeilijk te onderscheiden waar de wortel eindigt en de bodem begint. Antropoloog Tim Ingold omschrijft de fysieke voorwaarden voor uitwisseling en wederzijdse samenwerking als 'het netwerk', een 'zich almaar ontwikkelend weefsel' waardoorheen wezens hun weg zoeken.[1] Ingold schrijft deze verwevenheid toe aan 'de aard van levende wezens die, door middel van hun eigen ademhalingsprocessen, door in en uit te ademen, het medium aan de materie binden en zo hun eigen groei en beweging door de wereld scheppen'.[2] Als we onze aandacht op de wortels richten dan kunnen we de bodem begrijpen als een levend netwerk waarin de wortels de grond construeren waarin ze leven.

Het proces van het wortelstelsel van een boom wordt gekenmerkt door ontwikkelingen die de groeistadia van zijn bladerdak weerspiegelen.[3] Om te beginnen maakt de boom een oppervlakkig stelsel van meerjarige structurele wortels aan die alle kanten op groeien.[4] Na verloop van tijd worden deze structurele wortels houtachtig en gaan ze als reservoirs voor suikers en voedingsstoffen fungeren.[5] Dit groeiproces herhalen de wortels verschillende keren in de directe omgeving van de boom, waarbij in veel gevallen per herhaling een nieuwe, naar beneden groeiende penwortel ontstaat.[6] Op een gegeven moment stoppen deze structurele wortels met het herhalen van het groeiproces en beginnen ze zich horizontaal uit te breiden. Het structurele, houtachtige systeem ondersteunt de tweede fase, waarin zijwortels de mogelijkheid om voedingsstoffen, water en zuurstof op te nemen verkennen en houvast bieden aan kleine, absorberende wortels.[7] Deze secundaire wortels zijn de voorlopers van een uitdijend systeem van tijdelijke, absorberende wortels die de bodem via hun verval verrijken en beluchten en zo de microbiële gemeenschap ondersteunen. De voortdurende vernieuwing van deze secundaire structuur schept nieuwe kansen om de bodem te verkennen. Door dit telkens herhaalde groeipatroon dragen wortels samen met andere soorten bodemleven bij aan de vorming van hun omgeving.

1
Tim Ingold, *Being Alive: Essays on Movement, Knowledge, and Description* (Londen/New York: Routledge, 2011), 71.

2
Ibid.,120.

3
Christophe Drénou, *Les racines: face cachée des arbres* (Parijs: L'Institut pour le Développement Forestier, 2006), 71.

4
Claire Atger, 'Racine et système racinaire des arbres: structure et developpement', *Plante et cité* (2011), 1-38.

5
Ibid., 5.

6
Ibid., 26.

7
Ibid., 14.

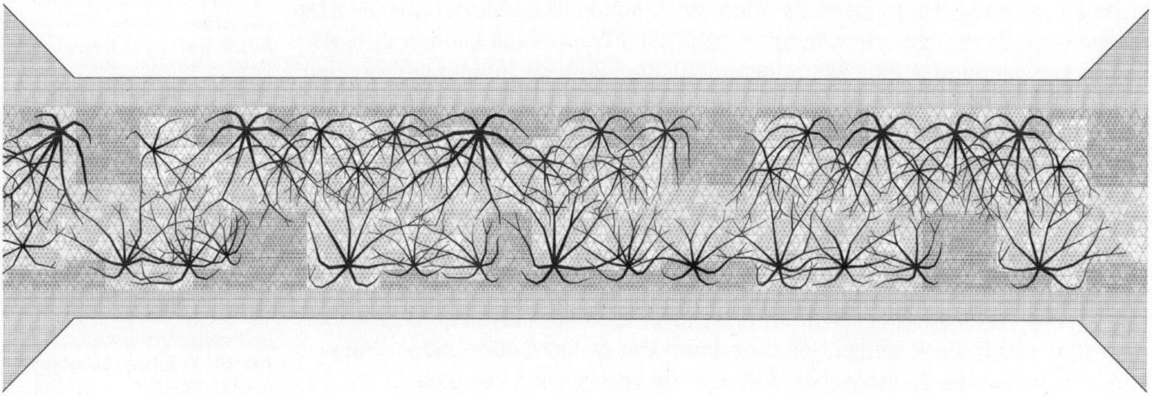

Plan of proposed street condition / Plan van de voorgestelde toestand van de straat

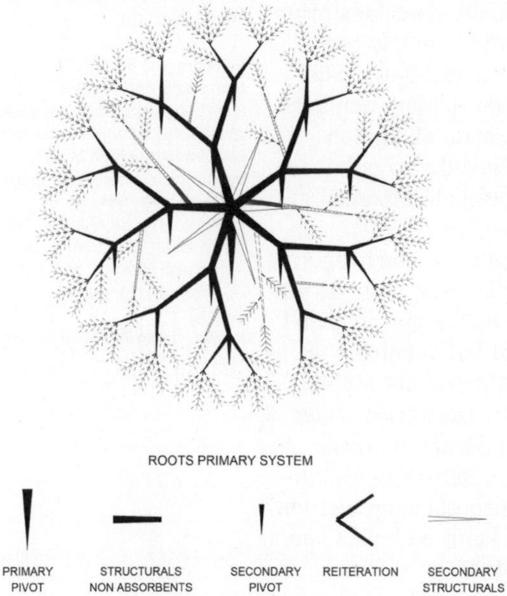

A drawing language for roots / Een tekentaal voor wortels

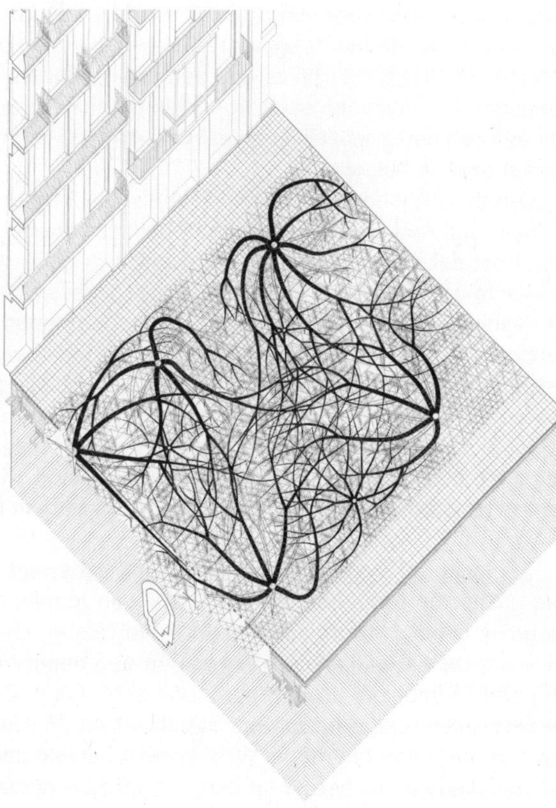

Axonometry of root growth in the proposed system / Axonometrie van wortelgroei in het voorgestelde systeem

Het geheel van levende systemen dat de wortels helpen op te bouwen, verbindt de bodem met de atmosfeer tot een geïntegreerde biotische en abiotische omgeving — een levend medium van organisch materiaal, bacteriën, schimmels en micro-organismen die symbiotisch functioneren. In dit proces staat de samenwerking tussen de boom en schimmellichamen of mycorrhizae die zich aan de boomwortels hechten centraal. Mycorrhizae kunnen zich via netwerken van uiterst fijne schimmeldraden snel door de bodem verspreiden. Ze bereiken daarbij een gebied dat veel groter is dan het bereik van de boomwortels. De wortels verkrijgen dus toegang tot bronnen van voedingsstoffen en water waar ze anders niet bij zouden kunnen. In ruil daarvoor geven de wortels de schimmels suikers, die de boom via fotosynthese produceert. De gezondheid en de levensduur van de boom kan niet los worden gezien van het schimmelstelsel dat de boom ondersteunt.

Helaas is de huidige conditie van wortels in de stedelijke omgeving traumatiserend. Het stedelijke substraat is arm aan voedingsstoffen en organisch materiaal. Het is sterk verdicht en afgesloten van de lucht door ondoordringbare materialen die de mogelijkheden voor de uitwisseling van gassen en organisch materiaal uitsluiten. Onder deze omstandigheden is het geen verrassing dat de overlevingskansen van veel stadsbomen beperkt zijn.[8] In dergelijke omstandigheden staat verkennen gelijk aan overleven; omgevingsstimuli sturen de richting en dichtheid van het wortelstelsel. De zeer flexibele prestaties van wortels in het extreem heterogene stedelijke substraat illustreert hoe tropismen — de fysiologische processen die de groei richting essentiële grondstoffen sturen — de wortels helpen zich aan te passen aan een nieuwe omgeving.[9] Het substraat rond buizenstelsels, bijvoorbeeld, die voedingsstoffen lekken en vocht verschaffen in een voor het overige dorre bodem, is een gangbaar groeipad voor verkennende wortels.[10] Deze wortels verlaten al snel de grenzen van de hun toegewezen plantvakken en groeien richting een beter belucht substraat, waarbij ze op zoek naar grondstoffen lange afstanden afleggen.[11] De asymmetrische, opportunistische wortelstelsels die zo ontstaan zijn een gemeenschappelijk en veel voorkomend kenmerk van straatbomen in steden over de hele wereld.

Om de verdichting die de wortelstelsels van straatbomen teistert tegen te gaan, zijn technische oplossingen bedacht die de wortels voorzien van een substraat dat hun groei ondersteunt en ze in staat stelt zich onder de grond verder te ontwikkelen.[12] In voorkomende gevallen bestaat het substraat uit een aaneengesloten volume van steentjes vermengd met grond dat stabiel genoeg is om te worden gebruikt als basismateriaal onder bestrating, maar dat micro- en macroporiën heeft die de uitwisseling van gassen mogelijk maken die het plantenleven ondersteunen. Met behulp van dergelijke technische oplossingen kunnen verdichtings- en vruchtbaarheidsproblemen worden opgelost, maar omdat ze volledig onder de grond zitten, komt de logica van de wortels niet terug in de bovengrondse vorm van de stad.

Een adaptief systeem voor een levend substraat

We gaan even terug naar het 'netwerk' van Ingold. Het is de vraag, of het mogelijk is het patroon van het door wortels en hun aanhangers gevormde 'zich almaar ontwikkelende weefsel' in een bepaalde richting te sturen.[13] Wij stellen voor om de bovengrondse stad van onderaf te ontwerpen: om de verbroken relatie tussen het substraat en de atmosfeer te herstellen, om een omgeving te creëren waar bomen kunnen gedijen. De gezondheid van de stadsbodem, die berust op een ingewikkeld netwerk van relaties, is dan eerder een kwestie van ontwerp dan louter de toepassing van technische oplossingen. De uitdaging is om een ontwerptaal voor de stedelijke conditie te ontwikkelen, een systeem dat de wortels in staat stelt deel te nemen

8 Uit een onderzoek in New York City naar de sterfte onder straatbomen bleek dat meer dan een kwart van de bomen tien jaar na aanplant al was gestorven. Jacqueline Lu et al., 'Biological, Social, and Urban Design Factors Affecting Young Street Tree Mortality in New York City', *Cities and the Environment* 3/1 (2011), artikel 5.

9 Yutaka Miyazawa et al., 'Root Tropism', *Advances in Botanical Research* 57 (2011), 349-375.

10 Johan Östberg et al., 'Risk of Root Intrusion by Tree and Shrub Species into Sewer Pipes in Swedish Urban Areas', *Urban Forestry & Urban Greening* 11/1 (2012), 65-71.

11 Örjan Stål en Kaj Rolf, 'Tree Roots and Infrastructure', in: Dan Neely en Gary W. Watson (red.), *The Landscape Below Ground II: Proceedings from the Second International Workshop on Tree Root Development in Urban Soils* (Savoy, IL: International Society of Arboriculture, 1998), 125-130.

12 Bijvoorbeeld de door Cornell University ontwikkelde CU-Structural Soil® en, meer recent, experimenten met het planten van bomen in een substraat bestaande uit gelijkvormige steentjes, compost en biokool in Stockholm. Zie: Björn Embrén, 'Planting Urban Trees with Biochar', *The Biochar Journal* (2016), 44-47.

13 Ingold, *Being Alive*, op. cit. (noot 1), 71.

soil, exceeding the area that can be covered by the roots themselves and giving the tree roots privileged access to sources of nutrients and water. In exchange, from the roots the fungi receive sugars produced by the tree's process of photosynthesis. It is impossible to separate the health and longevity of trees from the fungal network that supports them.

Unfortunately, the current story of roots in the urban condition is one of trauma. The urban substrate is devoid of nutrients and organic matter. It is heavily compacted and sealed off from the air, with impervious materials eliminating the potential for the exchange of gases and organic matter. Faced with these conditions, it is no surprise that many urban trees do not survive.[8] In such conditions, exploration is survival, and environmental stimuli guide the direction and density of the root system. The highly flexible performance of roots in extremely heterogeneous urban substrates illustrates how tropisms, or the physiological processes that guide growth towards essential resources, help roots adapt to new environments.[9] The substrates surrounding pipes, for example, which leach nutrients and provide moisture in an otherwise barren soil, are a common path of growth for root explorers.[10] Quickly, these roots abandon the confines of their assigned planters and grow toward the more aerated substrate, travelling long distances in search of resources.[11] The asymmetrical, opportunistic root systems that emerge are a common trait in the majority of street trees in cities around the planet.

To address the compaction that plagues the root systems of street trees, technical solutions have been developed that provide roots with a substrate that supports their growth and allows for belowground continuity.[12] In these examples, the substrate consists of a continuous volume of rock mixed with soil that is stable enough to be used as a base material below pavement, but contains micro and macro pores that enable the interchange of gases that support plant life. These technical solutions address problems of compaction and fertility, but because they occur entirely belowground, they do not incorporate the logic of roots into the form of the city's surface.

An Adaptive System for a Living Substrate

Returning to Ingold's meshwork, we ask if it is possible to direct the pattern of the 'ever-evolving weave' formed by roots and their companions?[13] We propose to design the urban surface from below, re-joining the severed relationship between the substrate and the atmosphere to build an environment for trees to thrive. Relying on an intricate network of relationships, the health of the urban ground is a question of design rather than simply the application of technical solutions. The challenge is to develop a design language for the urban condition, a system that allows the roots to participate in the creation of a fertile rhizosphere where life and decay are possible. In articulating a shared system for its collective inhabitation, the urban ground becomes 'a protagonist of an adventure in which humans are only one kind of participant'.[14]

This designed system defines a rule-based distribution of three components: a thick structural abiotic substrate, a carpet of continuous and porous pavement, and targeted infusions of organic matter. Trees are planted in the locations where they have the greatest chance to thrive and reach their full potential.

Structural Substrate

A volume of substrate under the surface of the street creates a continuous structural medium for the roots and their companions while supporting the human occupation of the surface. This volume must provide sufficient lateral space for the structural roots to spread as well as room for the tree's

8 A New York City study of street tree mortality found that more than a quarter of trees had died ten years after planting. Jacqueline Lu et al., 'Biological, Social, and Urban Design Factors Affecting Young Street Tree Mortality in New York City', *Cities and the Environment* 3/1 (2011), article 5.

9 Yutaka Miyazawa et al., 'Root Tropism', *Advances in Botanical Research* 57 (2011), 349–375.

10 Johan Östberg et al., 'Risk of Root Intrusion by Tree and Shrub Species into Sewer Pipes in Swedish Urban Areas', *Urban Forestry & Urban Greening* 11/1 (2012), 65–71.

11 Örjan Stål and Kaj Rolf, 'Tree Roots and Infrastructure', in: Dan Neely and Gary W. Watson (ed.) *The Landscape Below Ground II: Proceedings from the Second International Workshop on Tree Root Development in Urban Soils* (Savoy, IL: International Society of Arboriculture, 1998), 125–130.

12 For instance CU-Structural Soil®, developed by Cornell University and, more recently, experiments planting trees in a substrate composed of even-sized small stones, compost and biochar in Stockholm. See: Björn Embrén, 'Planting Urban Trees with Biochar', *The Biochar Journal* (2016), 44–47.

13 Ingold, *Being Alive*, op. cit. (note 1), 71.

14 Anne Lowenhaupt Tsing, *The Mushroom at the End of the World: On the Possibility of Life in Capitalist Ruins* (Old Saybrook, CT: Princeton University Press, 2017), 155.

aan de creatie van een vruchtbare rhizosfeer waarin leven en verval mogelijk zijn. Als we een gedeeld systeem voor collectieve bewoning weten te ontwikkelen, dan wordt de stadsbodem 'de hoofdrolspeler in een avontuur waarin de mens slechts één soort deelnemer is'.[14]

In dit ontworpen systeem wordt een verdeling van drie componenten gedefinieerd: een dik, structureel, abiotisch substraat; een tapijt van doorlopende, poreuze bestrating en het gericht toevoegen van organisch materiaal. Bomen worden geplant op plekken waar ze de beste kans hebben om te groeien en de grenzen van hun mogelijkheden op te zoeken.

14 Anne Lowenhaupt Tsing, *The Mushroom at the End of the World: On the Possibility of Life in Capitalist Ruins* (Old Saybrook, CT: Princeton University Press, 2017), 155.

Een structureel substraat

Door middel van een hoeveelheid substraat onder het straatoppervlak wordt een ononderbroken structureel medium gecreëerd voor de wortels en hun aanhangers. Dit substraat ondersteunt tegelijkertijd het menselijke gebruik van de bovengrondse stad. Het moet zoveel zijdelingse ruimte bieden, dat de structurele wortels zich kunnen verspreiden en er ruimte is voor de centrale en perifere wortelsystemen van de boom. Het structurele substraat moet aaneengesloten zijn, maar het volume ervan kan worden aangepast aan bestaande infrastructuur en aan de omstandigheden van een straat. Het absorptienetwerk van de wortels weeft zich door dit structurele systeem heen en neemt een groot deel van het beluchte substraat in beslag.

Een poreus tapijt

Wij beschouwen de continuïteit van de stedelijke bovengrond als noodzakelijk voor menselijke activiteit. Ook geloven wij dat deze aaneengesloten laag — waar mensen op wonen — voor extra bovengrondse en ondergrondse uitwisseling moet zorgen en moet bijdragen aan het succesvolle functioneren

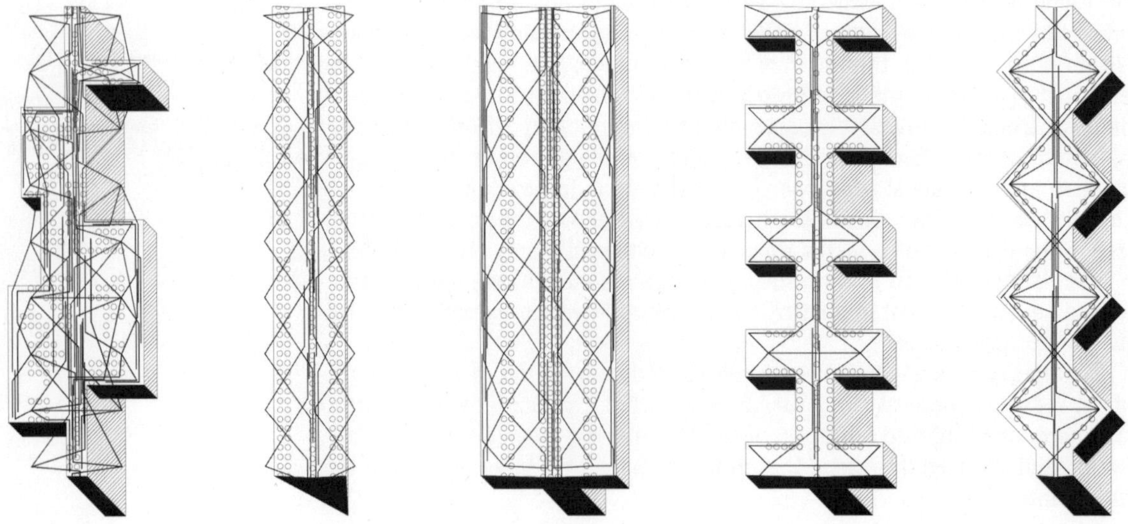

Distribution of the system in response to water availability / Spreiding van het systeem naargelang de beschikbaarheid van water

central and peripheral root systems. The structural substrate needs to be continuous, but its volume can adapt to the existing infrastructures and conditions of the street. The roots' absorption network will weave through this structural system, occupying much of the aerated substrate.

A Porous Carpet

We see the continuity of the urban surface as necessary for human activity. We also believe this continuous layer — the site of human occupation — needs to facilitate additional exchange above and below the surface, and to collaborate in the successful performance of this new underground entity created by the relationship between roots and a living soil. A network of holes at the low point where water and oxygen can exchange, and a transversal slope towards this perforated area, is a simple strategy to support the interchange between ground and atmosphere.

Infusions of Organic Matter

Knowing that the potential for regular inputs of organic matter provided by the return of leaf litter to the soil are limited in the urban condition, long-term sources of decomposing organic matter must be incorporated into the system. The proposed design stimulates microbial activity through the addition of organic matter with different rates of decomposition. Grasses occupy the holes at the level of the street. The filamentous roots of the grasses, and their subsequent decay, increase the exchange between atmosphere and soil underground. In addition to the decay of roots, the system introduces woody logs and charcoal that will encourage fungi to slowly integrate organic material into the substrate. The rapid decay of roots and the slow decay of woody material by fungi and microorganisms will

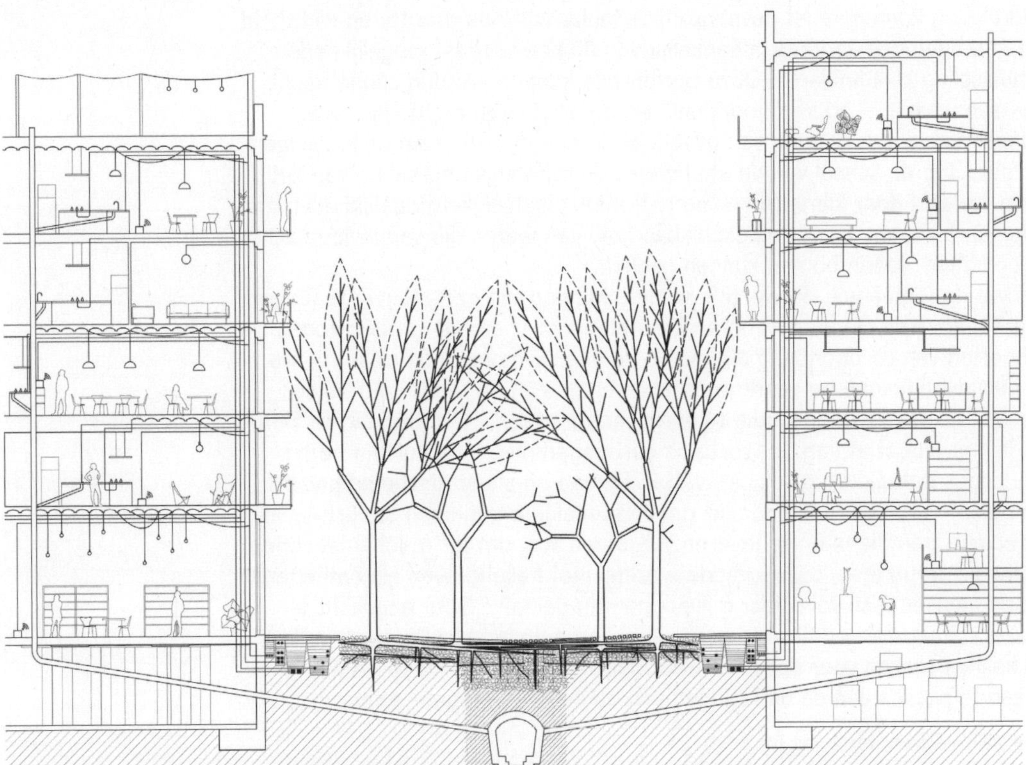

Section of the new rhizosphere / Doorsnede van de nieuwe rhizosfeer

van deze nieuwe ondergrondse entiteit die ontstaat door de wisselwerking tussen wortels en levende bodem. De aanleg van een netwerk van gaten op de lage punten waar water en zuurstof kunnen uitwisselen, en van een dwarshelling in de richting van dit geperforeerde gebied, is een eenvoudige manier om de uitwisseling tussen grond en atmosfeer te ondersteunen.

Toevoeging van organisch materiaal

In de wetenschap dat de mogelijkheden voor de regelmatige toevoeging van organisch materiaal aan de bodem via de vertering van afgevallen bladeren in de stedelijke omgeving beperkt zijn, moeten langwerkende bronnen van ontbindend organisch materiaal in het systeem worden opgenomen. In het ontwerpvoorstel wordt microbiële activiteit gestimuleerd door de toevoeging van organische materialen met verschillende afbraaksnelheden. Grassen zijn geschikt voor de gaten op het niveau van de straat. Zowel de vezelige wortels van de grassen als hun uiteindelijke verrotting verhogen de uitwisseling tussen atmosfeer en de ondergrondse bodem. Naast verrotte wortels introduceert het systeem stukjes houtachtig materiaal en houtskool, die de schimmels ertoe aanzetten het organische materiaal langzaam in het substraat op te nemen. De snelle verrotting van de wortels en de langzame verrotting van het houtige materiaal door schimmels en micro-organismen brengen op strategische wijze biotische processen op gang in het abiotische substraat, zodat de interacties tussen organismen tot stand komen die nodig zijn om deze levende entiteit optimaal te laten functioneren.

Systeem

Verschillende componenten werken zo samen om een levende stadsbodem te creëren. Op de schaal van een enkele straat kunnen de regels die de verdeling van de componenten en hun verhoudingen bepalen, worden aangepast op basis van kansen en beperkingen. Veranderingen in het substraat kunnen tot uitdrukking komen in het bovengrondse tapijt, waar de grootte en dichtheid van de gaten kunnen variëren, afhankelijk van de hoeveelheid mogelijkheden om uitwisseling te stimuleren. Deze perforaties kunnen worden aangebracht op plaatsen waar niet zo veel voorzieningen zitten, in een rechte lijn onder de rijbanen van auto's en weg van gevels, en in een denser vorm bij kruisingen van straten. Op de schaal van de stad wordt de ruimtelijke spreiding van het systeem bepaald door klimatologische patronen, plaatselijke mogelijkheden en beperkende factoren, zoals de beschikbaarheid van water, die van invloed zijn op de condities waarin bomen kunnen gedijen.[15]

Als we de logica van de wortels volgen, kunnen we een nieuwe taal voor de straat bedenken die de bovengrondse stad aanpast aan de groeipatronen en behoeften van de boom. Op die manier kunnen we onze stedelijke ruimte delen met dynamische en veerkrachtige levende systemen die met elkaar verweven zijn via een eenvoudig ondergronds netwerk. Om de stad te zien vanuit het perspectief van de wortel is een cognitieve verschuiving nodig. Hedendaagse ontwikkelingslogica's vatten bomen op als statische en geïsoleerde objecten die worden gebruikt om verstedelijkte gebieden te verfraaien of om ecosysteemdiensten te leveren.[16] Kunnen we, om dit mechanistische wereldbeeld te pareren, deze levende wezens niet beschouwen als entiteiten waarmee mensen 'een vollediger milieu' moeten delen?[17] Door aandacht te schenken aan wortels en deze te geven wat ze nodig hebben, kunnen we het gemakkelijker maken voor onze niet-menselijke buren om zich op creatieve wijze aan te passen aan de uitdagingen van de eenentwintigste eeuw.

Vertaling: InOtherWords, Maria van Tol

15
Deze gebieden zouden kunnen worden gekozen op basis van een abstract grid zoals in Barcelona of New York City of zouden nadrukkelijker kunnen worden toegepast om specifieke doorlatende zones te creëren in steden met een variabel geologisch substraat, zoals Mexico City.

16
Zie voor een toelichting en kritiek op het concept 'ecosysteemdiensten': Kathryn Yusoff, 'The Valuation of Nature: The Natural Choice White Paper', *Radical Philosophy Archive* 170 (2011).

17
Augustin Berque, *Poetics of the Earth: Natural and Human History* (Londen/New York: Routledge, 2020), 161.

strategically jumpstart biotic processes within the abiotic substrate to create the interactions between organisms that allow this living entity to perform at its full potential.

System

These components function in concert to create a living urban ground. On the scale of a single street, the rules that govern the distribution of the components and their proportions can be adjusted based on opportunities and constraints. Changes in the substrate can be expressed in the superficial carpet, where the sizes and densities of the holes can range based on where there are more opportunities to encourage exchange. These perforations can occur where there are fewer utilities, along linear paths below the lanes of cars and away from façades, becoming denser at street crossings. At an urban scale, the spatial distribution of the system will be defined by climatic patterns, local opportunities and limiting factors such as water availability that affect the conditions for trees to thrive.[15]

By following the logic of roots, it is possible to create a new language for the street that adapts our urban surface to the growth patterns and needs of the tree. In doing so, we open the possibility of sharing our urban spaces with dynamic and resilient living systems woven together through a simple subgrade infrastructure. To see the city from the perspective of the root requires a cognitive shift. Contemporary development logics treat trees as static and isolated objects that exist to decorate urban areas or provide 'ecosystem services'.[16] To counter this mechanistic worldview, can we instead see living things as entities with whom humans must 'share a more profound milieu'?[17] By paying attention to roots and giving them what they need, we can prepare the ground for our nonhuman neighbours to creatively adapt to the challenges of the twenty-first century.

15
These areas could be chosen as an abstract pattern of streets on a block system like Barcelona or New York City, or could be applied more incisively to achieve certain zones of permeability in cities with variable geologic substrate, as in the case of Mexico City.

16
For an explanation and critique of the concept of ecosystem services, see: Kathryn Yusoff, 'The Valuation of Nature: The Natural Choice White Pape', *Radical Philosophy Archive* 170 (2011).

17
Augustin Berque, *Poetics of the Earth: Natural and Human History* (London/New York: Routledge, 2020), 161.

Intermezzo 2: De poëzie van de grond

Ilmar Hurkxkens

Van kristallen en wolken

In zijn verhandeling over de Mont Blanc beschrijft Viollet-le-Duc de erosie van het terrein door de activiteit van gletsjers. In zijn opmerkelijke conclusie herleidt hij de oorspronkelijke vorm van de berg tot een ideaal, kristallijn systeem dat bestond voordat het ijs tijd had om het gesteente uiteen te doen vallen. Viollet-le-Duc noemt deze oorspronkelijke vorm — een kristallijne geometrie die zich uitstrekt over het Mont Blanc-massief — de 'primitieve massa'.[1]

Het abstraheren van de landschapsvorm bij de aanleg van steden en landschappen is belangrijk om te begrijpen hoe die landschapsvorm functioneert. Viollet-le-Duc's primitieve massa kan worden opgevat als een oorspronkelijke topologische ruimte die voorwaarden stelt aan de objecten die erin worden neergezet. De vorm ervan functioneert als een ordeningsprincipe voor een terrein waar activiteiten de weg van de minste weerstand volgen.[2] Deze logica valt af te lezen aan de manier waarop bergen in de loop der tijd eroderen en rivieren bergafwaarts stromen. Het begrijpen van, en reageren op, deze oorspronkelijke vorm van het terrein is essentieel als we onze plaats willen innemen in de entropische toestand van een landschap, zoals Viollet-le-Duc ons in herinnering brengt:

> Maar klaag niet als uw laagvlakten worden verwoest en uw woonplaatsen worden weggevaagd; en schrijf deze rampen niet vergeefs toe aan de wraakzucht of een waarschuwing van de Voorzienigheid. Want deze rampen zijn voornamelijk te wijten aan uw onwetendheid, uw vooroordelen en uw hebzucht.[3]

De activiteit van de aarde speelt een steeds grotere rol bij de totstandkoming en instandhouding van veerkrachtige stedelijke en landschappelijke omgevingen. De recente toename van natuurlijke dreigingen zoals zeespiegelstijging, aardverschuivingen, overstromingen en droogte wijst ons op het delicate evenwicht van ons ecosysteem. Het optrekken van statische, grootschalige kunstwerken in reactie op natuurlijke gevaren biedt onvoldoende tegenwicht aan landschappelijke processen die worden veroorzaakt door klimaatverandering. Het blijkt niet eenvoudig de juiste en herstellende maatregelen te nemen.

En toen was er computer-ondersteuning voor berekeningen allerhande. De toepassing van digitale methoden bij het ontwerpen en bouwen markeert een verschuiving in de richting van actieve erkenning van formatieprocessen.[4] De ontwerper informeert zich via de computer over de evolutie van de oorspronkelijke topos, terwijl robotsystemen een dynamische reactie mogelijk maken op de processen die in het terrein plaatsvinden.[5] Dit maakt de weg vrij voor nieuwe manieren om een landschap te begrijpen en te ontwerpen, vooral daar waar verandering aan de orde is. Met behulp van digitale techniek kunnen we erosie, transport en sedimentatie door de tijd heen bemiddelen — dit in contrast met het plaatsen van vooraf vastgelegde statische kunstwerken in een steeds veranderende omgeving.[6] Aangezien het praktisch onmogelijk is om de evolutie van granuleuze materialen te voorspellen, kan mogelijk robotmanipulatie worden toegepast bij de vorming van een terrein om de telkens veranderende omstandigheden van een site uit te lezen en aanpassingen aan het onbekende door te voeren. De topografie wordt niet zichtbaar gemaakt door het ontwerpen van vormen, maar door het ontwerpen van procedures die een wisselwerking mogelijk maken tussen natuurlijke processen en een daarop reagerende robot. Via de computer ontstaat een nieuwe intelligentie van het terrein. Dit maakt complexe relaties tussen vorm en processen inzichtelijk, zodat er op kan worden ingespeeld. Zo worden locatiespecifieke, adaptieve, zich ontwikkelende en niet-vastomlijnde grondverzetscenario's mogelijk. Deze dynamische strategieën zijn een nieuwe manier om het hoofd te bieden aan toekomstige uitdagingen die het fundamentele materiële systeem van de gebouwde omgeving — namelijk het terrein — ons opwerpt.

Als de oorsprong van de Mont Blanc een ongerepte primitieve geometrie is, dan is het zijn lot om onder invloed van het klimaat te vervallen tot een vormeloze opeenhoping van eindeloze zanddeeltjes. In granuleuze materialen ontstaat vorm door zelforganisatie en die vorm kan worden omschreven als een wolk van digitale punten. Door het granulaat van het terrein digitaal vast te leggen, kunnen robotbewegingen in real time gecodeerd worden om het te interpreteren en erop te reageren. Telkens opnieuw worden nieuwe landschapsstructuren gerealiseerd waar de digitale en de fysieke 'korrels' op elkaar inwerken. De logica van de robotische constructie — waarbij machinebewegingen worden

1
Eugène-Emmanuel Viollet-le-Duc, *Mont Blanc: A Treatise on Its Geodesical and Geological Constitution; Its Transformations; and the Ancient and Recent State of Its Glaciers* (Londen: Gilbert and Rivington, 1877).

2
Sanford Kwinter, 'Landscapes of Change: Boccioni's "Stati d'animo" as a General Theory of Models', *Assemblage* 19 (1992), 50–65.

3
Viollet-le-Duc, *Mont Blanc*, op. cit. (noot 1).

4
Tim Ingold, 'The Textility of Making', *Cambridge Journal of Economics* 34/1 (2010), 91–102.

5
Robotsystemen kunnen ruwweg worden gedefinieerd als systemen die op intelligente wijze met hun omgeving interageren door middel van sensoren en actuatoren.

6
Ilmar Hurkxkens, *Robotic Landscapes: Topological Approaches to Terrain, Design, and Fabrication*, (proefschrift ETH Zürich, 2020).

Intermezzo 2: Poetics of Soil

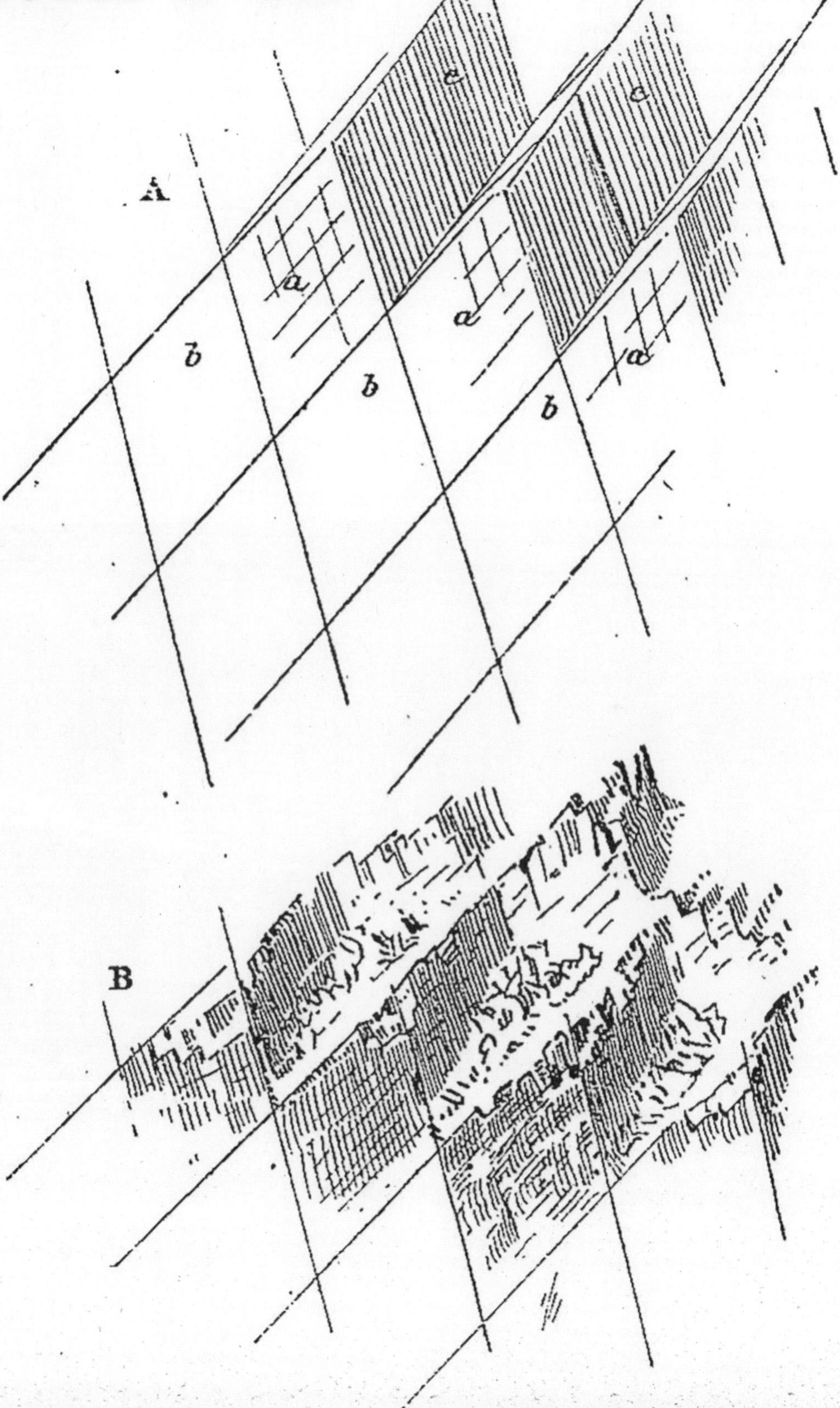

The Mont Blanc Massif as a crystalline system (rhombohedrons) / Het Mont Blanc-massief als kristallijn systeem (romboëders). Eugène-Emmanuel Viollet-le-Duc, 1876

gecodeerd om in de loop van de tijd te evolueren — maakt ook duidelijk dat vorm niets anders is dan de toestand van een systeem op een bepaald moment in de tijd. Deze manier van werken sluit op vanzelfsprekende wijze aan bij de voortdurende verandering in natuurlijke omgevingen. Net zoals kristallijn gesteente van hoge bergtoppen afbreekt en verandert in een los en korrelig materiaal, zo doet ook de architectonische vorm dat onder invloed van de natuurlijke processen in een terrein. Bij het maken van kunstwerken verdienen noties als tijd en proces bijgevolg ook evenveel gewicht als formele overwegingen. Het landschap mag dan van een afstand een solide oppervlak lijken, van dichtbij is het niet meer dan een vloeibare wolk van deeltjes.

Vertaling: InOtherWords,
Maria van Tol

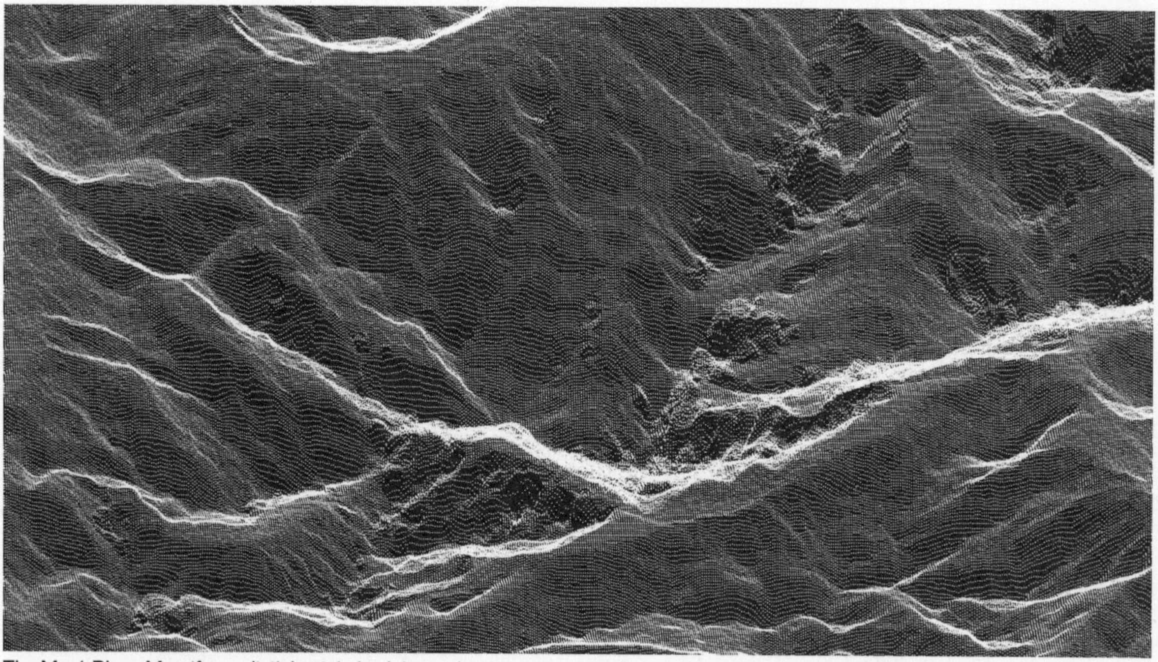

The Mont Blanc Massif as a digital point cloud. Image by the author, based on data captured by the TanDEM-X radar satellites / Het Mont Blanc-massief als een digitale puntenwolk. Beeld van de auteur, gebaseerd op gegevens van de TanDEM-X radarsatellieten

Ilmar Hurkxkens

Of Crystals and Clouds

In his treatise on the Mont Blanc, Viollet-le-Duc describes the erosion of terrain through the action of glaciers. As a remarkable conclusion, he traces the original form of the mountain to an ideal crystalline system before the ice had time to disintegrate the rock. Viollet-le-Duc calls this original form — a crystalline geometry spanning the Mont Blanc massif — its primitive mass.[1]

Abstracting landscape form in the creation of cities and landscapes is important in identifying its performance. Viollet-le-Duc's primitive mass can be understood as an original topology that conditions the objects set upon it. Its shape acts as an ordering principle in the terrain where action follows the laws of least resistance.[2] This logic is apparent in how mountains erode over time or the way rivers flow downstream. Understanding and reacting to this original form of the terrain is essential to situate ourselves within the entropic nature of a landscape, as Viollet-le-Duc reminds us:

> Do not, however, complain if your lowlands are devastated, and your habitations swept away; and do not vainly impute these disasters to a vengeance or a warning on the part of Providence. For those disasters are mainly owing to your ignorance, your prejudices, and your cupidity.[3]

Today, the practice of earthmoving is an increasingly important undertaking in creating and sustaining resilient urban and landscape environments. The recent increase in natural hazards like sea-level rise, landslides, floods and drought, points us to the delicate balance in our ecosystem. Static large-scale earthworks in response to natural hazards are incapable of reacting to landscape processes driven by environmental change. As such, taking informed and regenerative action has proven problematic.

Enter computation. The application of digital methods to design and construction marks a shift towards actively acknowledging processes of formation.[4] Computational methods inform a designer on the evolution of the original topology, while robotic systems enable a dynamic response to the processes on the terrain.[5] This opens a new way of conceiving and designing a landscape, especially in regard to promoting change. Using digital technologies, it becomes possible to mediate erosion, transportation and sedimentation over time in opposition to creating predefined and static earthworks for an ever-changing environment.[6] As it is practically impossible to foresee the evolution of granular material systems, the formation of terrain by robotic manipulation may evolve over ever-changing site conditions, capable of adapting to the unknown. Instead of designing shapes, topography emerges by designing procedures as a dialogue between natural processes and robotic response. Through computation, a new terrain intelligence arises where complex relations between form and processes can be understood and acted upon, enabling site-specific, adaptive, emergent and open-ended earthmoving scenarios. These dynamic strategies form a new way to address future challenges in the foundational material system of the built environment: the terrain.

If the origin of the Mont Blanc is a pristine primitive geometry, so must its destiny be a formless accumulation of infinite particles of sand under the influence of weather. In granular materials, form arises through self-organisation. In turn, this can be described as a cloud of digital points. By capturing the grains of terrain digitally, robotic movements are encoded in real time to interpret and respond to it. In an iterative fashion, new landscape structures are realised when digital and physical granules interact. The logic of robotic construction — where machine movements are encoded to progress over time — also makes clear that form is nothing but the state of a system at a particular moment in time. This construction method aligns organically to the ongoing change in natural environments. Just like crystalline rock breaks down from high mountain peaks and turns into a loose and granular material, so does architectonic form under the influence of natural processes in terrain. In the making of earthworks, notions of time and process must therefore come concurrent to any formal consideration. While terrain may appear as a solid surface from a distance, up close it is nothing but a fluid cloud of particles.

1
Eugène-Emmanuel Viollet-le-Duc, *Mont Blanc: A Treatise on Its Geodesical and Geological Constitution; Its Transformations; and the Ancient and Recent State of Its Glaciers* (London: Gilbert and Rivington, 1877).

2
Sanford Kwinter, 'Landscapes of Change: Boccioni's "Stati d'animo" as a General Theory of Models', *Assemblage* 19 (1992), 50–65.

3 Viollet-le-Duc, *Mont Blanc*, op. cit. (note 1).

4
Tim Ingold, 'The Textility of Making', *Cambridge Journal of Economics* 34/1 (2010), 91–102.

5
Robotic systems can be roughly defined as systems that interact intelligently with their environment using sensors and actuators.

6
Ilmar Hurkxkens, *Robotic Landscapes: Topological Approaches to Terrain, Design, and Fabrication*, PhD thesis (ETH Zurich, 2020).

Germain Meulemans en Anaïs Tondeur

Petrichor: Over de correspondentie tussen grond en lucht

Petrichor is een installatie en artistiek onderzoeksprotocol dat praktijken uit de alchemie, hedendaagse kunst en stedelijke antropologie met elkaar verweeft. Het volgt het gefluister van petrichor — de subtiele geur die uit de grond opstijgt na een lichte zomerregen — om de plaats van bodems en ecologische processen in steden te onderzoeken. Petrichor ontstaat in het samenspel tussen de activiteit van bodembacteriën en de prikkeling daarvan door een opwarmende zon, atmosferische omstandigheden die ozon dicht bij de grond vasthouden, de nevel die door de regen wordt veroorzaakt en, natuurlijk, een levend wezen dat oplettend genoeg is om het parfum waar te nemen, dat de vrucht is van dit samenspel. Als een tastbare manifestatie van deze ingewikkelde relatie lokt petrichor ons naar een begrip van de grond, niet als een grens tussen de aarde en de atmosfeer, maar als de zone waar ze van elkaar doordrongen raken. Tim Ingold heeft onlangs het concept 'interactie' bekritiseerd, omdat het een ontmoeting inhoudt tussen partijen met een welomschreven identiteit die al vastligt. Hij stelt voor om in plaats daarvan te spreken van 'correspondentie', waarbij het erom gaat hoe wezens en dingen opgaan in voortdurende processen van gezamenlijke wording. In dit opzicht is de bodem 'de plaats waar de aarde met haar materialen en de atmosfeer met haar weersomstandigheden, elkaar ontmoeten en hun eeuwige conversatie voeren'.[1] Petrichor ontstaat uit deze voortdurende correspondentie.

In de negentiende eeuw, toen het mengen van modder en afval in de open lucht in de onverharde straten van Europese steden nog heel gewoon was, baarden dampen en geuren afkomstig van de stedelijke bodem artsen en hygiënisten grote zorgen, omdat zij die ervan verdachten de geest en het lichaam van de stadsbewoners te bederven.[2] Sommigen onder hen analyseerden, inventariseerden en classificeerden deze geuren en ontwikkelden zo een ware olfactorische archeologie van het stadsmiasma.[3] De scheikundige Michel-Eugène Chevreul, bijvoorbeeld, verzamelde moddermonsters in de straten van Parijs, verzegelde ze in glazen kolven en liet ze een tijdlang trekken alvorens eraan te ruiken, om zo de vorming van hun geur te bestuderen.

Tegen het einde van de eeuw werd de bodem van de steden geleidelijk afgesloten met bestrating en andere verhardingsmaterialen, terwijl het stedelijk water werd opgesloten in ondergrondse riolen en rivieren, en het afval werd afgevoerd naar vuilstortplaatsen in de voorsteden. Deze sociaalmateriële veranderingen in de stofwisseling van steden leidden tot een strikte scheiding tussen de bodem en de atmosfeer, waardoor de ecologische processen die het ontstaan van nieuwe grond in steden mogelijk maakten, werden verstikt. Olfactorische classificaties van stedelijke bodems verloren hun doel, toen het rijke olfactorische palet van steden eindelijk tot zwijgen werd gebracht. Enkele decennia later kwam in Europa en Noord-Amerika de pedologie — de moderne bodemkunde — op. Deze nieuwe discipline concentreerde zich op plattelandsbodems, beschouwde steden als plaatsen waar geen bodem was, en trachtte bodems te classificeren op basis van overwegend visuele criteria (bijvoorbeeld door het gebruik van instrumenten zoals de Munsell-kleurenkaart, om veranderingen in de bodemkleur waar te nemen en te vergelijken).[4] Met zijn aura van afstandelijkheid en objectiviteit ging het gezichtsvermogen de wetenschappelijke beschrijving van de wereld domineren.[5]

Het artistieke onderzoeksprotocol *Petrichor* is een gedachte-experiment over negentiende-eeuws olfactorisch onderzoek van de Parijse bodem. Het ontvouwt zich vanuit een reeks tegenfeitelijke hypotheses: Wat als de vroege stedelijke bodemkunde van Chevreul en zijn gelijkgestemde collega's tot bloei was gekomen? Wat als de reukzin de overhand had gehad op het zicht in de moderne waarneming van de bodem en de wereld? Welk begrip van steden krijgen we door aandacht te besteden aan processen die aanleiding geven tot de vluchtige geuren die ze doorkruisen, in plaats van aan de vaste vormen en volumes?

Tussen 2015 en 2019 hebben meer dan 100 tuiniers, studenten, activisten, bewoners, vluchtelingen en onderzoekers deelgenomen aan collectieve wandelingen in Parijs en de aangrenzende gebieden. Samen voedden we de aandacht voor de organische processen die gedijen in de kieren van gebouwen en bestrating, waardoor een rijke catalogus van stedelijke petrichors ontstond. We waanden ons in de schoenen van die vroege pioniers van de geurwetenschap en extraheerden de geur uit verzamelde monsters door middel van een proces van hydro-distillatie, in een werkplaats die werd omgetoverd tot een alchemistisch laboratorium.

Met het *Petrichor*-protocol hebben wij in alle vrijheid een moment uit de geschiedenis van de verstedelijking nagespeeld, waarbij wij ons lieten leiden door de geuren van de bodem en onderzochten hoe vroege

1
Tim Ingold, *Correspondences* (Cambridge: Polity Press, 2020), 90.

2
Alain Corbin, *The Foul and the Fragrant: Odor and the French Social Imagination* (Cambridge, MA: Harvard University Press, 1986).

3
Michel-Eugène Chevreul, *Mémoire Sur Plusieurs Réactions Chimiques Qui Intéressent L'hygiène Des Cités Populeuses* (Parijs: Société impériale et centrale d'agriculture, 1854).

4
Germain Meulemans, 'Urban Pedogeneses: The Making of City Soils from Hard Surfacing to the Urban Soil Sciences', *Environmental Humanities* 12/1 (2020), 250-266.

5
Lorraine Daston en Peter Galison, *Objectivity* (New York: Zone Books, 2007).

Germain Meulemans and Anaïs Tondeur

Petrichor: On Correspondence between the Ground and the Sky

Petrichor is an installation and artistic research protocol that intertwines alchemic practices, contemporary art and urban anthropology. It follows the whispers of petrichor — the subtle scent that rises from the ground after a light summer rain — to investigate the place of soils and ecological processes in cities. Petrichor emerges in the interplay between the activity of soil bacteria and its incitement by a warming sun, atmospheric conditions that trap ozone close to the ground, the misting caused by rain and, of course, a sentient being attentive enough to perceive the perfume that is the fruit of this interplay. As a tangible manifestation of this intricate relationship, petrichor lures us into an understanding of the ground not as a boundary between the earth and the atmosphere, but as the zone of their interpenetration. Tim Ingold has recently criticised the concept of 'interac-

The Petrichor installation / De Petrichor installatie. Domaine départemental de Chamarande, France / Frankrijk, 2016

pogingen om deze te bestuderen, vandaag de dag tot ons kunnen spreken. Geleidelijk aan vormden we het eerste olfactorische palet van de Parijse bodem. Deze gezamenlijke inspanning bracht ons terug naar het raadsel van 'de geur van de bodem na de regen'. Aangezien petrichor ontstaat in de fragiele vermenging van bodem en atmosferische processen, leidt het ons ertoe na te denken over hoe de grond en de lucht, twee entiteiten die in het moderne denken over de stad de neiging hadden gescheiden te worden, opnieuw met elkaar in overeenstemming kunnen worden gebracht. Het *Petrichor*-protocol biedt dus een reflectie op de mogelijkheden van de stedelijke bodem die, omdat hij is ontstaan in relaties waarbij wij betrokken zijn, ook oproept tot een reflectie op de voorwaarden van ons stedelijk bestaan.

Vertaling: InOtherWords,
Jesse van der Hoeven

Becoming attentive to soil entanglements through smell / Via geur aandacht krijgen voor verstrengelingen met de bodem. Centre Tignous d'Art Contemporain, Montreuil, France / Frankrijk, 2019

tion' because it entails a meeting between parties with well-defined identities already in place. He suggests turning instead to 'correspondence', which is about how beings and things go along in perpetual processes of joint becoming. In this regard, soil is 'where the earth with its materials and the atmosphere with its weather meet and carry on their eternal conversation'.[1] Petrichor unfolds from this ongoing correspondence.

In the nineteenth century, when the open-air mingling of mud and waste was still commonplace in the unpaved streets of European cities, vapours and odours arising from urban soils were a matter of great concern for doctors and hygienists who suspected them of corrupting the minds and bodies of city dwellers.[2] Some of them analysed, inventoried and classified these odours, developing a true olfactory archaeology of urban miasma.[3] Chemist Michel-Eugène Chevreul, for instance, collected mud samples from the streets of Paris, sealed them in glass flasks, and let them macerate before smelling them so as to study the formation of their smell.

Towards the end of the century, the ground of cities gradually became sealed under pavement and other hard-surfacing materials, while urban water was confined into subterranean sewers and rivers and waste was exported into peri-urban landfills. These sociomaterial changes in the metabolism of cities initiated a strict separation between soil and the atmosphere, stifling the ecological processes that enabled the genesis of new soil in cities. Olfactory classifications of urban soils lost their purpose as the rich olfactory palette of cities became silenced at last. A few decades later, pedology—modern soil science—emerged in Europe and North America. The new discipline focused on rural soils, seeing cities as 'non-soil' places, and set out to classify soils on the basis of predominantly visual criteria (through the use of devices such as the Munsell colour chart, used to spot and compare changes in soil colour, for example).[4] With its aura of detachment and objectivity, the sense of sight came to dominate the scientific description of the world.[5]

The *Petrichor* artistic research protocol is a thought experiment about the nineteenth-century olfactory studies of Paris's soils. It unfolds from a series of contrafactual hypotheses: What if the early urban soil science of Chevreul and his like-minded peers had flourished? What if the sense of smell had prevailed over sight in modern apprehension of soils and the world? What understanding of cities do we gain by paying attention to processes that give rise to the ephemeral smells that traverse them rather than its solid forms and volumes?

Between 2015 and 2019, over 100 gardeners, students, activists, inhabitants, refugees and researchers participated in collective walks around Paris and its bordering territories. Together, we nurtured an attention to the organic processes that thrive in the cracks of buildings and pavement, giving rise to a rich catalogue of urban petrichors. Imagining ourselves in the shoes of those early pioneers of soil smell science, we extracted the odour from collected samples through a process of hydrodistillation, in a workshop turned into an alchemical laboratory.

With the *Petrichor* protocol we freely re-enacted a moment in the history of urbanisation, taking the smells of the soil as our guide and exploring how early attempts at studying them can speak to us today. Progressively shaping the first olfactory palette of Paris soils, this collective endeavour brought us back to the enigma of 'the smell of the soil after the rain'. As petrichor emerges in the fragile intermingling between soil and atmospheric processes, it leads us to consider how the ground and the sky, two entities that modern thinking about the city has tended to separate, may once again be brought into correspondence with one another. The *Petrichor* protocol therefore opens up a reflection on the potentialities of the urban soil that, because it emerged in relations in which we are implicated, also calls for a reflection on the conditions of our urban existences.

1
Tim Ingold, *Correspondences* (Cambridge: Polity Press, 2020), 90.

2
Alain Corbin, *The Foul and the Fragrant: Odor and the French Social Imagination* (Cambridge, MA: Harvard University Press, 1986).

3
Michel Eugène Chevreul, *Mémoire Sur Plusieurs Réactions Chimiques Qui Intéressent L'hygiène Des Cités Populeuses* (Paris: Société impériale et centrale d'agriculture, 1854).

4
Germain Meulemans, 'Urban Pedogeneses: The Making of City Soils from Hard Surfacing to the Urban Soil Sciences', *Environmental Humanities* 12/1 (2020), 250–266.

5
Lorraine Daston and Peter Galison, *Objectivity* (New York: Zone Books, 2007).

Eduardo Abrantes, Linda Lapiņa en Kristine Samson

Verbonden lichamen: Een onderzoek naar de gelaagdheid van de bodem

'Als de bodem een ongetemd wezen is, is het strategisch misschien handiger om een vertrouwensband met hem te ontwikkelen, hem te domesticeren en samen te werken om een partnerschap te vormen waar zowel mens als bodem baat bij heeft,' suggereert Steve Banwart in *Domesticating Soil in Earth's Critical Zone*.[1] Het in juli 2020 door ons georganiseerde evenement 'Listening in Movement' was een (on)geleide wandeling voor een kleine groep deelnemers met de bedoeling kennis te genereren via het menselijk lichaam. Het idee was om de *commons* (het gemeengoed) en zijn bodemcultuur te ervaren, in de eerste plaats via een collectieve auditieve en gevoelsgerichte benadering: een verwijlen en aandachtig *zijn-met*. Verder kwam de vraag naar voren in hoeverre verbondenheid met de bodem iets positiefs is en hoe dit *zijn-met* de bodem kan ontstaan, terwijl we (ook) zijn territorium binnendringen.

In Amager Fælled, een beschermd natuurgebied ten zuiden van Kopenhagen, zijn natuur en cultuur ten diepste verweven. Het terrein is ongeveer 220 ha groot — ongeveer twee derde van de oppervlakte van het New Yorkse Central Park, ongeveer even groot als Monaco en drie keer zo groot als Beijings Verboden Stad. Oorspronkelijk was het gemeengoed van boeren, maar in de jaren 1940 werden de draslanden verstevigd en afgedamd, waardoor er harde overgangen ontstonden tussen land en water — en de bodem rijp werd gemaakt voor, en voorbereid op verstedelijking. Nadat het gebied was gebruikt als militair oefenterrein bleven er bommen achter, die overwinterden in een moerassige bodem die niet hard genoeg was om ze bij inslag tot ontploffing te brengen. Deze uiteenlopende vormen van landgebruik en culturele toe-eigening hebben het gemeengoed, het landschap en de bodem zelf veranderd in een eigenaardig complex van natuur/cultuur waar een levendige biodiversiteit gepaard gaat met een informeel gebruik door diverse groepen mensen. Tegenwoordig wordt over het terrein een strijd uitgevochten tussen concurrerende belangen, een gevolg van zowel oprukkende verstedelijking als escalerende interventies van activisten die aandringen op ecologisch behoud. Terwijl deze strijd voortduurt, houdt de huidige rol en identiteit van Amager Fælled in de eerste plaats verband met zijn gebruik als recreatieve ruimte.

Zoals Springgay en Truman opmerkten: 'De verschillende manieren van wandelen maken een verbonden manier van weten mogelijk, waarbij de beweging het lichaam, de geest en de omgeving met elkaar verbindt (...) [en] waarbij onderzoekers en deelnemers de doorleefde ervaring onderzoeken van wat het betekent om in een bepaalde ruimte te bewegen.'[2] Door samen een paar uur te wandelden en te bewegen — van net voor, tot in de schemering — probeerden we het verleden en het heden van Amager Fælled via ons lichaam te leren kennen, terwijl we ons tegelijkertijd bewust bleven van onze eigen rol als gentrificeerders en indringers. 'Listening in Movement' was dan ook een uitnodiging tot een voorzichtige positionering: een benaderingsritueel, een oefening in het aanwakkeren van een *zijn* dat in de richting van meer gemeenschappelijkheid evolueert. De wandeling was eerder gewijd aan een zintuigelijke afstemming en de ontwikkeling van lichamelijke strategieën om de nabijheid van de grond te ervaren, dan aan kritische, meetbare kennisproductie. Door lichaam, geest en omgeving via beweging (opnieuw) te verbinden, probeerden we een gemeengoed te vormen met de bodem — iets wat in Amager Fælled ooit mogelijk was voor de mensen en soorten die ons voorgingen, maar wat nu bedreigd wordt door stedelijke ontwikkeling.

Tijdens de rondleiding gebruikten we beweging — veranderden we van positie, perspectief en focus — om naar de verschillende lagen van de bodem te luisteren. We stemden af op het geruis van de kale boomtakken die door de wind in trilling werden gebracht, wat langdurig een lichaamshouding vereist waarbij aangespannen kuiten, een opgeheven kin en strakke nekspieren een gespannen rigiditeit veroorzaken, die lijkt op die van de takken zelf. Anderzijds nodigen het hoge gras en insectengeluiden die opklinken in de hechte kluwen van groen ons uit om op het veld te gaan liggen, erover te kruipen, ons lichaam erin te laten zakken en deel te gaan uitmaken van de graslaag. We luisterden selectief door kleine positieveranderingen of door te spelen met ruimtelijke configuraties (een boomstam, een grote kei, een tunnel van dicht struikgewas) die creatieve geluiden genereerden. We gingen dichter bij afzonderlijke geluidsbronnen staan om de doordringende en verreikende geluiden waar te nemen van de paringsroep van de veldleeuweriken en de manier waarop hun snelle allegro zich vermengde met de langzamere eb en vloed van windgeruis of verkeersgeraas.

Deze benaderingen ontstonden collectief,

1 Steve Banwart, 'Domesticating Soil in Earth's Critical Zone', in: Bruno Latour en Peter Weibel (red.), *Critical Zones : The Science and Politics of Landing on Earth* (Karlsruhe: ZKM/Center for Art and Media, 2020).

2 Stephanie Springgay en Sarah E. Truman, *Walking Methodologies in a More-Than-Human World: WalkingLab* (Londen: Routledge, 2018), 4. 1

Eduardo Abrantes, Linda Lapiņa and Kristine Samson

Embedded Bodies: Exploring the Multilayeredness of Soil

'If soil is a wild being, it may be a better strategy for us to build trust with it, domesticate it, and work with soil to create a partnership from which both human and soil benefit,' Steve Banwart suggests in *Domesticating Soil in Earth's Critical Zone*.[1] We organised the event 'Listening in Movement' in July 2020 as an (un)guided tour for a small group of participants with the aim of cultivating embodied ways of knowing. The idea was to experience the commons and its soil culture, primarily through a collective aural and kinaesthetic approach: a lingering and attentive *being-with*. Furthermore, it questioned to what extent embeddedness with soil is preferable and how companionship with soil can emerge while (also) intruding.

Amager Fælled is a protected nature area in South Copenhagen, in which nature and culture are deeply entangled. It spans

1
Steve Banwart, 'Domesticating Soil in Earth's Critical Zone', in: Bruno Latour and Peter Weibel (eds.), *Critical Zones: The Science and Politics of Landing on Earth* (Karlsruhe: ZKM/Center for Art and Media, 2020).

alleen door resonantie en afstemming — spontaan, zonder expliciete sturing of vooraf bepaald leiderschap. Wie een bepaald facet van Amager Fælled opmerkte, zich erdoor aangetrokken voelde en zich erin wilde verdiepen, deed dat. Zo werd iedereen op gelijke voet uitgenodigd om zaken op te merken — of na te bootsen, te negeren, te combineren, te betwijfelen, op hun eigen manier te benaderen of gewoon verder te wandelen en iets van hun eigen gading te zoeken.

Deze uitnodiging maakte op haar beurt een direct onderzoek mogelijk naar verbonden manieren om de bodem te leren kennen: gevoeld, geleefd en ervaren in relationele en wederzijdse termen. Door deze kennis kon er inzicht worden verworven in de relaties, fricties en verbanden tussen verschillende ecologische, maatschappelijke, politieke en op ervaring gerichte lagen. Zo hielp 'Listening in Movement' ons om deel uit te maken van iets buiten onszelf — als een zintuigelijk, proprioceptief en gevoelsgericht kader; als een praktijk die het lichaam centraal stelt, en waar we hopen op voort te bouwen tijdens toekomstige ontmoetingen met de *commons* van Amager Fælled. Deze verbondenheid zou kunnen uitgroeien tot een palet aan kennis over de esthetische, affectieve en belevingsgerichte rijkdom van de bodem in al zijn diversiteit — van vruchtbaar en overvloedig tot vergiftigd en uitgeput.

Vertaling: InOtherWords, Maria van Tol

circa 220 hectares — around two-thirds of the area of New York's Central Park, roughly equal to Monaco, or three times bigger than Beijing's Forbidden City. Originally a commons for farmers, in the 1940s the wetlands were fortified and dammed, leaving hard edges between land and water — conditioning and preparing the soil for urbanisation. Military activities in the area left bombshells hibernating in the swampy soil, which was not hard enough to cause detonation upon impact. These different forms of land use and cultural appropriation have formed the commons, the landscape and the soil itself into a peculiar entanglement of nature/culture, combining high biodiversity with the informal dwelling of diverse groups of people. Today, the area is subject to competing interests, both due to perpetual advances of urban development and escalating activist interventions pushing for ecological preservation. While this struggle unfolds, Amager Fælled's current role and identity are primarily tied to its use as a recreational space.

As noted by Springgay and Truman: 'Walking methodologies privilege an embodied way of knowing where movement connects mind, body, and environment . . . [and] where researchers and participants examine the lived experiences of what it means to move in a particular space.'[2] Walking and moving together for a few hours before and into twilight, we aimed to place ourselves in a position of embodied learning about Amager Fælled's pasts and presents, simultaneously being aware of our own role as gentrifiers and intruders. Consequently, 'Listening in Movement' offered an invitation for tentative positionings: an approximation ritual, an exercise in igniting a *being-towards* commoning. The walk was dedicated to sensorial tuning and to engendering embodied strategies for closeness to soil, rather than critically measured knowledge production in itself. By (re)connecting mind, body and environment through movement, we tried to accomplish a commoning with the soil — once practiced in Amager Fælled by the people and species before us, but currently threatened by urban development.

In the tour, we employed movement to listen to multiple layers of soil, achieved by shifts in position, perspective and focus. For example, tuning in to the crackling of the bare tree branches being vibrated by the wind might require a prolonged bodily posture where tightened calves, raised chin and tension of the muscles of the back of the neck impart a straining rigidity resemblant of the branches themselves. The tall grass, on the other hand, and the insect reverberations playing in its tightknit tangle, may invite one to lie down on the turf, to crawl, embed one's body into it, and participate in the thickness. Selective listening can be achieved by slight position adjustments, or by playing with spatial configurations (a tree trunk, a large boulder, a tunnel of thick growth) as generators of creative acoustic interception. One might move closer to discrete sound sources, notice the piercing and long-reaching sounds produced by the skylarks' mating calls, noting how their quick patterns mix with the slower ebb and flow of the drone of the wind, or the hum of traffic.

These approaches emerged collectively only by resonance and attunement — spontaneously, without explicit guidance or predetermined leadership. Whoever noticed a particular facet of the commons, felt drawn into it and wished to entangle, did so. Thus, everyone was invited on equal terms to notice — and mimic, ignore, combine, contest, find their own access strategy, or simply move on and find their own affection.

These invitations in turn enabled a direct inquiry into embedded modes of knowing the soil: felt, lived and experienced in relational and mutual terms. This knowledge brought the potential of capturing relations, frictions and alignment between different layers — ecological, social, political, experiential. In this way 'Listening in Movement' instilled an embeddedness — a sensorial, proprioceptive and kinaesthetic scaffold — an embodied practice to build upon, for future engagements with the commons of Amager Fælled. This embeddedness could then morph into a plurality of knowledges of the aesthetic, affective and embodied richness of soil in its diversity, from the fertile and plentiful to the poisoned and the exhausted.

2
Stephanie Springgay and Sarah E. Truman, *Walking Methodologies in a More-Than-Human World: WalkingLab* (London: Routledge, 2018), 4.

Deel 2: Een nieuwe blik op de bodem

Cristina Bianchetti

Het ontwerp voor de bodem overdenken, startend vanuit het lichaam

De bodem was de belangrijkste grondstof voor het ontwerp van de laat-twintigste-eeuwse stad. Uiteraard had de bodem voorheen ook al een sleutelrol gespeeld: als een vereiste om de beste ideeën over stedelijke ontwikkeling uit te voeren, bij Hans Bernoulli;[1] als een patroon om de achteruitgang van het landschap in te dammen, bij Dimitris Pikionis;[2] als een mengeling van de dynamiek van opwaardering en de vervreemding van rechten, bij Fiorentino Sullo;[3] of als de spil van een relatie tussen individuen, rechten en grond die door neoliberaal beleid te elastisch zou worden, bij Luigi Mazza.[4] De lijst is nog veel langer. Gedurende de hele twintigste eeuw is er uitvoerig over de bodem gediscussieerd, in een poging om de retoriek van verbetering te combineren met de retoriek van het nut van ontwerp. Ik zou in plaats daarvan de aandacht willen vestigen op het stadsproject van de laatste twee decennia van de twintigste eeuw, toen het ontwerpend onderzoek aan intensiteit won en de bouw van steden zich richtte op de bodem. In een maatschappij en cultuur die overleefden op kopieën en homologaties, werd de bodem opnieuw gebruikt om stedelijke hiërarchie en diversiteit op te roepen.[5] In een obsessieve juxtapositie van de moderne stad en de hedendaagse stad, kreeg de bodem de opdracht om de authenticiteit terug te brengen en fragmentatie te beteugelen. Het meest ondubbelzinnige voorstel kwam van Bernardo Secchi, toen hij zijn 'project van de bodem' formuleerde. In het project convergeerden allerlei Europese, bodem-exploiterende tradities in de stedenbouw, om zo de mix van anachronismen en gebruiken te kunnen bestuderen.[6] Secchi's voorstel werd onmiddellijk zeer populair, niet alleen in Italië.

Deze nadruk op de bodem markeerde een zeer delicate verschuiving, van schuldgevoel naar verlangen: van het idee van de bodem dat afgemeten wordt aan consumptie, verspilling en compromis naar een mogelijke herkenbaarheid en identificatie. Hoewel er niet expliciet naar Gilbert Simondon wordt verwezen, valt het spoor naar zijn denken gemakkelijk te traceren.[7] Identificatie vormt de kern van de ideeën van de Franse filosoof.[8] Zijn standpunt is ongetwijfeld ketters te noemen en een zijspoor in het denken over stadsplanning, net zoals het dat is in het filosofische gedachtengoed. Identificatie brengt het belangrijke onderwerp tot leven van de relatie(s) tussen techniek en de fysieke wereld. Volgens mij is de reflectie over het 'project van de bodem' nauw verbonden met dit kader: de identificatie van de bodem is geworteld in zijn status als een derde omgeving, die zowel technisch/techologisch als natuurlijk is. De nadruk ligt er op de kleine discrepanties die deze relatie met de bodem blootleggen (draineerbuizen, kleine hoogteverschillen, glooiingen) en de condities van deze relaties (continuïteit, compactheid en porositeit).

Een ander kader

We zijn ondertussen in een ander tijdperk beland, maar het uitgangspunt is hetzelfde. Opnieuw gaat het om de prefiguratie van een ander ontwerp voor de stad, dat vertrekt vanuit de bodem. Maar hoe kunnen we het begrip 'bodem' opnieuw vormgeven ondanks de expliciete (of impliciete) denkpatronen die in culturele, redactionele of universitaire instellingen de boventoon voeren? Wat volgt is een oefening in het herpositioneren van de kwestie.

1 Hans Bernoulli, *Die Stadt und ihr Boden* (Erlenbach-Zürich: Verlag für Architektur, 1946), 127.

2 Alberto Ferlenga, *Pikionis: 1887-1968* (Milaan: Electa, 1999), 350.

3 Fiorentino Sullo, *Lo scandalo urbanistico* (Florence: Vallecchi, 1964), 510.

4 Luigi Mazza, *Planning and Citizenship* (Londen: Taylor & Francis, 2015), 186.

5 Carlo Olmo, 'The Ordinary Right Conundrum: Representativeness Vs Citizenship', *Ardeth* 4 (2019), 15-28.

6 Bernardo Secchi, 'Progetto di suolo', *Casabella* 520-521 (1986), 19-23; André Corboz, 'Le territoire comme palimpseste', *Diogène* 121 (1983), 14-35 ; Lucius Burckhardt, *Il falso è l'autentico* (Macerata: Quodlibet, 2019), 251.

7 Gilbert Simondon, *L'individuation psychique et collective* (Parijs: Aubier, 2007), 293.

8 Gilles Deleuze, 'Gilbert Simondon. L'individuo e la sua genesi fisico-biologica', in: Gilles Deleuze, *L'isola deserta e altri scritti* (Turijn: Einaudi, 2007), 106-110.

Part 2: A new Gaze on Soil

Cristina Bianchetti

Rethinking Soil Design, Starting from the Body

Soil was the most important material used in the design of the late twentieth-century city. Of course it had played key roles even before then: as a requirement to implement the best ideas about urban development in Hans Bernoulli;[1] as a pattern to stem the deterioration of the landscape in Dimitris Pikionis;[2] as a mix of enhancement dynamics and alienation of rights in Fiorentino Sullo;[3] or as the hub of a relationship between individuals, rights and land that neoliberal policies were to make too elastic in Luigi Mazza.[4] The list could go on. Extensive discussions about the soil took place throughout the twentieth century in an attempt to combine the rhetoric of improvement with the rhetoric of the usefulness of design. I, instead, would like to draw attention to the urban project of the last two decades of the twentieth century when design research became intense and its construction based on the soil. In a society and culture that was surviving on copies and homologations, soil was used to recreate hierarchies and diversity.[5] In an obsessive juxtaposition between the modern city and the contemporary city, soil was tasked with recreating authenticity and curbing fragmentation. The most unambiguous proposal was made by Bernardo Secchi, when he formulated his 'project of the soil'. In the project, various European, soil-exploiting traditions in urbanism converged, in order to study the mix of both anachronisms and uses.[6] Secchi's proposal immediately became very popular, not only in Italy.

This insistence on the soil marked a very delicate shift from a sense of guilt to desire: from the idea of soil measured by consumption, waste and compromise to possible recognisability and identification. Although there are no explicit references to Gilbert Simondon, it is easy to see the connection.[7] Identification is at the heart of the French philosopher's ideas.[8] His position is undoubtedly heretical and lateral to urban design thinking, as it also is to philosophical thinking. Identification recalls the important topic of the relationships between technique and the physical world. It seems to me that reflection on the 'project of the soil' is closely linked to this frame: identification of the soil is rooted in its status as a third environment, both technical and natural. The focus is on the small discrepancies that reveal this relationship (drainage pipes, small gradient differences, slopes) and its states (continuity, compactness and porosity).

A Different Frame

We live in a different season, but the gambit is the same. Once again it involves prefiguring a different design for the city, starting with the soil. But how can we redesign the concept of soil in the explicit or implicit frames that prevail in cultural, editorial or university institutions? What follows is an exercise in repositioning the issue.

Although it's somewhat risky, we can say that a large part of the contemporary debate leads to an emphasis on overcoming dualism between material and life, thereby acknowledging an agency capacity not only to mankind. This impetus prompts Italian philosopher Rosi Braidotti to say we are facing a new season of critical studies, unlike the radical season of the 1970s, when gender, feminist, queer, postcolonial and alternative studies were all the rage.[9] A second, just as radical, generation includes animal and decolonial studies and ecocriticism, bound together by the acknowledgment of the decisive

1 Hans Bernoulli, *Die Stadt und ihr Boden* (Erlenbach-Zurich: Verlag für Architektur, 1946), 127.

2 Alberto Ferlenga, *Pikionis: 1887–1968* (Milan: Electa, 1999), 350.

3 Fiorentino Sullo, *Lo scandalo urbanistico* (Florence: Vallecchi, 1964), 510.

4 Luigi Mazza, *Planning and Citizenship* (London: Taylor & Francis, 2015), 186.

5 Carlo Olmo, 'The Ordinary Right Conundrum: Representativeness Vs Citizenship', *Ardeth* 4 (2019), 15–28.

6 Bernardo Secchi, 'Progetto di suolo', *Casabella* 520–521 (1986), 19–23; André Corboz, 'Le territoire comme palimpseste', *Diogène* 121 (1983), 14–35; Lucius Burckhardt, *Il falso è l'autentico* (Macerata: Quodlibet, 2019), 251.

7 Gilbert Simondon, *L'individuation psychique et collective* (Paris: Aubier, 2007), 293.

8 Gilles Deleuze, 'Gilbert Simondon: L'individuo e la sua genesi fisico-biologica', in: Gilles Deleuze, *L'isola deserta e altri scritti* (Turin: Einaudi, 2007), 106–110.

9 Rosi Braidotti, 'Series Preface', in: Rosi Braidotti and Maria Hlavajova (eds), *Posthuman Glossary* (London/New York: Bloomsbury Academic, 2019), 538, XIII.

Hoewel het enigszins riskant is, kunnen we zeggen dat een groot deel van het hedendaagse debat leidt tot een nadruk op het overwinnen van het dualisme tussen materie en leven, waarmee een bemiddeling (*agency*) wordt erkend die niet alleen aan de mensheid toekomt. Deze impuls brengt de Italiaanse filosoof Rosi Braidotti ertoe te stellen dat we voor een nieuw hoofdstuk staan in de kritische studies, heel anders dan het radicale hoofdstuk van de jaren 1970, toen allerhande gender-, feministische, queer-, postkoloniale en alternatieve studies in alle hevigheid losbarstten.[9] Een tweede, even radicale generatie omvat de dierenstudies, de de-koloniale onderzoeken en de ecologische kritiek, die met elkaar gemeen hebben dat zij het doorslaggevende karakter van de bijdragen die dieren en technieken leveren in termen van modellen en mogelijke acties en denkwijzen, erkennen. Ook hier liggen de wortels ver weg, althans te oordelen naar de baanbrekende teksten van Donna Haraway en Katherine Hayles.[10] Het gaat niet langer om de combinatie van *bios* en *techne*, zoals bij Simondon, maar om het feit dat elke vorm van bemiddeling zinspeelt op het naast elkaar bestaan van verschillende lichamen. Uiteraard zijn er belangrijke verschillen: wij handelen niet, en meer in het algemeen, wij bestaan niet in de wereld zoals de voorwerpen om ons heen of zoals de dieren dicht bij ons. De ruimte opent zich voor ons, beginnend bij ons lichaam. De fenomenologie blijft op dat punt een onnavolgbare referentie om de verhouding tussen lichaam en ruimte opnieuw te overdenken. Tegelijkertijd gelden de twijfels die Alain Badiou uitte over gemakkelijke gelijkenissen (aan het eind van zijn cursus aan het Collège de France) als waarschuwing om ons niet te laten meeslepen.[11] Maar er is iets waarover we in dit verband moeten nadenken. Wanneer we beweren dat bij elke vorm van bemiddeling een breed ensemble van lichamen betrokken is, dan impliceert dit dat niets, op zichzelf beschouwd, werkelijk de overhand heeft. Dit is iets heel anders dan het postuleren van een gelijkwaardigheid: het betekent dat elke actie eindeloos veel anderen nodig heeft om tot stand te komen. Kortom, het is nog steeds die mengeling van factoren die Musil zo mooi aanhaalde in de openingsregels van *De mens zonder eigenschappen*. Overdeterminatie en complexiteit zijn geen kwesties van alleen vandaag.

Er zijn tal van versimpelingen opgevoerd in een poging om te begrijpen hoe de stedenbouw wordt beïnvloed door deze omvangrijke literatuur die, eenvoudig gezegd, kan worden toegeschreven aan het posthumanisme.[12] Of, voorzichtiger uitgedrukt in de woorden van Bruno Latour, aan een herverdeeld humanisme dat in staat is de mens de zorg voor andere lichamen te geven: mensen, dieren, dingen.[13] Zonder overigens te vergeten ook het lichaam van de mens aan hen terug te geven. We lopen nog steeds in de voetsporen van Spinoza, en net als bij Spinoza brengt de unanieme of conflictueuze pluraliteit van lichamen ethische en politieke kwesties aan het licht.[14]

De bodem: levendig materiaal

De invloed van het posthumanisme is groot en presenteert zich als een nieuw paradigma dat lichamen, en niet alleen menselijke lichamen, stevig in het centrum plaatst — waar we op dramatische wijze aan zijn herinnerd door de pandemie van het Covid-19-virus. Mijn vraag is vervolgens hoe we de bodem opnieuw kunnen ontwerpen binnen dit gewijzigde kader? En hoe relevant die nieuwe positie is voor het ontwerp?

Binnen dit kader is de bodem niet langer een continue, veelzijdige, compacte en poreuze figuur van eenmaking. Het is niet het domein van een arrangement tussen technische en natuurlijke aspecten zoals bij Simondon. Bodem wordt de naam voor een mengeling van lopende processen: een groot aantal golven, van actie en reactie, die op elkaar inwerken met onvoorspelbare gevolgen — zoals gevolgen altijd onvoorspelbaar zijn. De bodem bevindt

9 Rosi Braidotti, 'Series Preface', in: Rosi Braidotti en Maria Hlavajova (red.), *Posthuman Glossary* (Londen/New York: Bloomsbury Academic, 2019), 538, XIII.

10 Donna Haraway, 'A Cyborg Manifesto', in: Donna Haraway, *Simians, Cyborgs and Women: The Reinvention of Nature* (Londen: Routledge, 1991 [1985]), 149-181; N. Katherine Hayles, *How We Became Posthuman: Virtual Bodies in Cybernetics, Literature and Informatics* (Chicago: Chicago University Press, 1999), 364.

11 Edmund Husserl, *Idee per una fenomenologia pura e una filosofia fenomenologica* (Turijn: Einaudi, 2002 [1913]), LVII-525; Maurice Merleau-Ponty, *Phenomenology of Perception* (Londen: Routledge, 2002 [1945]), 569; Alain Badiou, *Le Siècle* (Parijs: Seuil, 2005), 253.

12 Braidotti en Hlavajova, *Posthuman Glossary*, op. cit. (noot 9).

13 Bruno Latour, *Politics of Nature: How to Bring the Sciences into Democracy* (Cambridge, MA: Harvard University Press, 2004), 320.

14 Baruch Spinoza, *Etica* (Florence: Sansoni, 1963), 855.

nature of the contributions provided by animals and technologies in terms of models and possible action and thinking. Here too, the roots are remote, at least judging from the seminal texts by Donna Haraway and Katherine Hayles.[10] It is no longer about the combination of *bios* and *techne*, as in Simondon, but about the fact that every form of agency alludes to the coexistence of different bodies. Obviously there are important differences: we do not act and, more in general, we do not exist in the world like the objects around us or the animals close to us. Space opens up to us starting with our bodies. Phenomenology remains an irreplaceable reference to rethinking the relationship between body and space, while the doubts expressed by Alain Badiou (at the end of his course at the Collège de France) regarding easy equivalences stand out as warnings against getting carried away.[11] But there is something we should reflect on in this perspective. To say that every form of agency involves a broad ensemble of bodies means that nothing, considered by itself, really has agency. This is very different to postulating an equivalence: it means that any action needs endless others in order to be produced. In short, it is still that mix of factors that Musil cited so beautifully in the opening lines of *Man without Qualities*. Overdetermination and complexity are certainly not present-day issues.

Numerous simplifications have been made in an attempt to understand how urbanism is affected by this vast literature that, simply put, can be ascribed to posthumanism.[12] Or, if expressed more cautiously using the words of Bruno Latour, to a redistributed humanism capable of giving man the custody of other bodies: humans, animals, things.[13] Without forgetting to return the very body of man to them. We are still following in the footsteps of Spinoza and, as in Spinoza, the unanimous or conflictual plurality of bodies raises an ethical and political horizon.[14]

The Soil: Vibrant Matter

The impact of posthumanism is strong and presents itself as a new paradigm placing bodies, and not just human bodies, firmly in the centre — something we have been dramatically reminded of by the Covid-19 pandemic. My question is: How do we redesign the soil within this different frame? And how useful will it be for design?

Within this frame soil is no longer a continuous, multifaceted, compact and porous figure of unification. It is not the domain of an arrangement between technical and natural aspects as in Simondon. Soil becomes the name of a melange of ongoing processes: a great number of waves of action that act and retroact with unforeseeable effects, as effects always are. Soil is in the centre of these waves of action. No longer a strong palimpsest on which only man's action leaves a trace.[15] No longer an archive of signs, but the condition and realisation of continuous waves of action, some intentional, some not. There are many who refer to the organic metaphor of the metabolism to allude to this mix of actions, transformations and effects that can move in the direction of preservation or even renovation, but also of degradation.

In other words, the soil is alive, not only because it reflects complex biological processes of new syntheses between different ecosystems. The soil is alive also in its plural relationship with bodies. This makes soil a space permeated by impulses, desires and sacrifices. A non-geometric or anthropological existential space. The idea of soil as the plural exposition of bodies: *vibrant matter*.[16] The soil is alive and vibrant because, in Sartre's words, bodies are there, in their encumbrance, in the corporeity of matter, desires and sacrifices. Present, not alluded to, recalled, represented.[17] Not hieroglyphics on a white surface, pen marks, ornaments. But bodies that wriggle into something that has thickness and friction, always interwoven with endless other bodies.

10
Donna Haraway, 'A Cyborg Manifesto', in: Donna Haraway, *Simians, Cyborgs and Women: The Reinvention of Nature* (London: Routledge, 1991 [1985]), 149–181; N. Katherine Hayles, *How We Became Posthuman: Virtual Bodies in Cybernetics, Literature and Informatics* (Chicago: Chicago University Press, 1999), 364.

11
Edmund Husserl, *Idee per una fenomenologia pura e una filosofia fenomenologica* (Turin: Einaudi, 2002 [1913]), LVII–525; Maurice Merleau-Ponty, *Phenomenology of Perception* (London: Routledge, 2002 [1945]), 569; Alain Badiou, *Le Siècle* (Paris: Seuil, 2005), 253.

12
Braidotti and Hlavajova, *Posthuman Glossary*, op. cit. (note 9).

13
Bruno Latour, *Politics of Nature: How to Bring the Sciences into Democracy* (Cambridge, MA: Harvard University Press, 2004), 320.

14
Baruch Spinoza, *Etica* (Florence: Sansoni, 1963), 855.

15
Corboz, 'Le territoire comme palimpseste', op. cit. (note 6).

16
Jane Bennett, *Vibrant Matter: A Political Ecologies of Things* (Durham, NC/London: Duke University Press, 2010), 200.

17
Jean-Paul Sartre, *Being and Nothingness: A Phenomenological Essay on Ontology* (New York: Washington Square Press, 1992), 461.

zich in het centrum van deze golven. Niet langer een sterk palimpsest waarop alleen het handelen van de mens een spoor nalaat.[15] Niet langer een archief van tekens, maar de voorwaarde en verwezenlijking van voortdurende actiegolven, sommige opzettelijk, andere niet. Velen verwijzen naar de organische metafoor van het metabolisme om te zinspelen op deze mengeling van acties, transformaties en effecten die kunnen evolueren in de richting van instandhouding of zelfs renovatie, maar ook van degradatie.

Met andere woorden, de bodem leeft, niet alleen omdat hij complexe biologische processen weerspiegelt van nieuwe synthesen tussen verschillende ecosystemen. De bodem leeft ook in zijn meervoudige relatie met lichamen. Dit maakt de bodem tot een ruimte die doordrongen is van impulsen, verlangens en offers. Een niet-geometrische of antropologische existentiële ruimte. Het idee van de bodem als de meervoudige blootstelling van lichamen: *levendige materie*.[16] De bodem is springlevend en bruisend omdat, in de woorden van Sartre, er lichamen zijn, in hun beladenheid en in hun belichaming van materie, verlangens en opofferingen. Aanwezig, zonder toespelingen, herinnerd, gerepresenteerd.[17] Geen hiërogliefen op een wit oppervlak, penstrepen, ornamenten. Maar lichamen die zich wurmen door iets dat dikte heeft en wrijving veroorzaakt, altijd verweven met eindeloos veel andere lichamen. De bodem omvat ze – ging niet vooraf aan al die lichamen, kan ook niet zonder ze. Menselijke en niet-menselijke lichamen die samenwerken, misleiden, voetafdrukken achterlaten, afstanden meten, de situaties waarin ze participeren verstoren of omverwerpen.

Twee onderwerpen voor ontwerp

Het lijkt mij dat er twee implicaties zijn bij het heroverwegen van het ontwerpen op basis van dit kader. Ik noem de eerste 'heroriëntatie' en de tweede 'morele verplichtingen van co-existentie'.

De eerste implicatie is dat opzettelijke inspanningen of grotere of kleinere rationaliteiten niet langer de voornaamste toegangspoort bieden tot ontwerp. Deze heroriëntatie verandert de zaken radicaal. Je zou ook kunnen zeggen dat ze het idee van ontwerp op losse schroeven zet. Wat ik bedoel is dat lichamen de tastbare plaats zijn van waaruit we kunnen beginnen. Het betekent dat ontwerpen begint bij de lichamen, in plaats van uit te komen bij de lichamen, hun eisen, behoeften en verlangens, zoals we altijd hebben gedaan volgens de tradities van het moderne project.[18] Het betekent dat we moeten afstappen van gezichtspunten die alleen maar voorrang geven aan subjecten, ideologieën, intenties en representaties. Verhalen over de bodem door afstand te doen van de grote algemene kaders: Corboz' atlassen van Genève of Secchi's 'project van de bodem'. Het betekent het loslaten van interpretaties van de bodem die uitsluitend gebaseerd zijn op morfologie, geschiedenis en de institutionele processen die de bodem beheersen. Het testen van concrete, selectieve, verbindende kaarten die in staat zijn een idee van de bodem als levendige materie over te brengen. Jean-Luc Nancy schrijft dat het wezen van het lichaam zichzelf openbaart.[19] Deze concrete cartografieën observeren precies het tentoonstellen en het zich terugtrekken van lichamen. Ze observeren plekken die ontstaan door de dichtheid of bijzonderheid van de relaties tussen lichamen: vertoningen, aantrekkingen, afstotingen, stoten, inbeslagname en verlating, toe-eigening en onteigening. Ruimten van zelfonttrekking, van confiscatie van de eigen intimiteit.[20] Gebarsten plekken in een significante keten van gebruik van stedelijke grond. Scheuren die verschillen, kwetsbaarheid, confiscatie, macht en ongelijkheid in de relaties tussen lichamen blootleggen. In het verleden heb ik, om dichter bij deze kwestie van de verhouding tussen ruimte en lichamen te komen, de categorieën *intimité* en *extimité* gebruikt. Deze categorieën helpen om het patroon

15
Corboz, 'Le territoire comme palimpseste', op. cit. (noot 6).

16
Jane Bennett, *Vibrant Matter: A Political Ecologies of Things* (Durham, NC/Londen: Duke University Press, 2010), 200.

17
Jean-Paul Sartre, *Being and Nothingness: A Phenomenological Essay on Ontology* (New York: Washington Square Press, 1992), 461.

18
Cristina Bianchetti, *Bodies Between Space and Design* (Berlijn: Jovis, 2020), 111.

19
Jean-Luc Nancy, *Il corpo dell'arte* (Milaan: Mimesis, 2014), 101.

20
Judith Butler en Athena Athanasiou, *Dispossession: The Performative in the Political* (Cambridge: Polity Press, 2013), 211.

The soil includes them, it is neither first, nor without. Human and non-human bodies that collaborate, mislead, leave footprints, measure distances, distort or overturn the situations in which they participate.

Two Topics for Design

It seems to me there are two implications when rethinking design based on this frame. I shall call the first 'reorientation' and the second 'moral obligations of coexistence'.

The first: intentional efforts or greater or lesser rationalities are no longer the main gateway to design. This reorientation radically changes things; one could also say it unhinges the idea of design. What I mean is that bodies are the tangible place from which to start. It involves designing starting from bodies, rather than arriving at bodies, their requirements, needs and demands, as we have always done as per the traditions of the modern project.[18] It involves abandoning viewpoints that only privilege subjects, ideologies, intentions and representations. Narrating the soil by relinquishing the grand overall frames: Corboz's Geneva atlases or Secchi's project of the ground. It involves abandoning interpretations of the soil based solely on its morphology, history and the institutional processes that govern it. Testing incarnate, selective, relational cartographies capable of conveying an idea of soil as *vibrant matter*. Jean-Luc Nancy writes that the being of the body exposes itself.[19] These incarnate cartographies observe precisely the exposure and withdrawal of bodies. They observe places generated by the density or particularity of the relationships between bodies: exhibitions, attractions, repulsions, thrusts, seizures and abandonments, appropriation and dispossession. Spaces of self-dislocation, of expropriation of one's own intimacy.[20] Places that are cracks in a significant chain of uses of urban soil. Cracks that reveal differences, vulnerability, expropriation, power and inequalities in the relationships between bodies. In the past, to draw closer to this issue of relationship between space and bodies I used the categories of *intimité* and *extimité*. These categories help to organise the pattern of the soil, based on the relationships between bodies, and also to completely rethink the urban condition.[21] What I would like to emphasise is that starting with the idea of soil as a vibrant ensemble of bodies generates a vision that is neither geometric nor topological, but existential and relational. This perspective repositions the spotlight on the characteristics of the soil, linking the plurality of the experiences and relationships between bodies to the uniqueness of the moralising ideals of design and their tendency to associate social problems with moral failure.

The second orientation involves the entanglement of bodies that turns soil into *vibrant matter*. Every design must be a design of coexistence. It must reflect Latour's redistributed humanism. Coexistence is completely different to cohabitation. It is nothing like the consensual and compliant formulas of a design of *mixité* considered as a well-controlled variety of uses of the soil. Cohabitation and *mixité* are well-educated, reassuring formulas that trigger nothing and yet create situations of deactivation, control and management. They bring dwelling back to having and possessing, rather than being. Coexistence reflects the sometimes painful, heart-breaking and conflictual need to be with other human and non-human bodies. We can decide either to cohabit or not to cohabit with anyone we choose, but we cannot ethically refuse a state of coexistence in which we find ourselves. Rather than avoiding the moral responsibility of design, coexistence amplifies it.

Starting with the plurality of bodies and accepting the moral challenges of coexistence are two orientations we need in order to begin to interpret, represent and design the thickness and friction of the soil that generates a collision with bodies. This challenge requires concerted efforts by different fields of learning. But on this point there is extensive, reiterated consensus. So it's useless to insist.

18
Cristina Bianchetti, *Bodies Between Space and Design* (Berlin: Jovis, 2020), 111.

19
Jean-Luc Nancy, *Il corpo dell'arte* (Milan: Mimesis, 2014), 101.

20
Judith Butler and Athena Athanasiou, *Dispossession: The Performative in the Political* (Cambridge: Polity Press, 2013), 211.

21
Bianchetti, *Bodies Between Space and Design,* op. cit. (note 18).

van de bodem, gebaseerd op de relaties tussen lichamen, te ordenen en ook om de stedelijke conditie volledig te overdenken.[21] Wat ik zou willen benadrukken is dat uitgaan van het idee van de bodem als een levendig geheel van lichamen een visie genereert die noch geometrisch noch topologisch is, maar existentieel en relationeel. Dit perspectief richt de schijnwerper opnieuw op de kenmerken van de bodem en koppelt de pluraliteit van de ervaringen en relaties tussen lichamen aan de uniciteit van de moraliserende idealen van ontwerp en hun neiging om sociale problemen in verband te brengen met moreel falen.

21
Bianchetti, *Bodies Between Space and Design*, op. cit. (noot 18).

De tweede implicatie betreft de verstrengeling van lichamen die de bodem tot levendige materie maakt. Elk ontwerp moet een ontwerp van co-existentie zijn. Het moet het herverdeelde humanisme van Latour weerspiegelen. Co-existentie is iets heel anders dan samenleven. Het lijkt in niets op de consensuele en inschikkelijke formules van een ontwerp van *mixité*, beschouwd als een goed gecontroleerde verscheidenheid van grondgebruik. Samenbewoning en *mixité* zijn goed opgevoede, geruststellende formules die niets teweegbrengen en toch situaties van de-activatie, controle en beheer creëren. Ze brengen het wonen terug tot hebben en bezitten, eerder dan tot *zijn*. Co-existentie weerspiegelt de soms pijnlijke, hartverscheurende en conflictueuze behoefte om samen te zijn met andere menselijke en niet-menselijke lichamen. We kunnen besluiten al dan niet samen te leven met wie we maar willen, maar we kunnen een toestand van co-existentie waarin we ons bevinden ethisch niet weigeren. In plaats van de morele verantwoordelijkheid van ontwerp uit de weg te gaan, versterkt co-existentie die juist.

Uitgaan van de pluraliteit van lichamen en de morele uitdagingen van het samenleven aanvaarden, zijn twee oriëntaties die we nodig hebben om een begin te maken met het interpreteren, verbeelden en ontwerpen van de dikte en de wrijving van de bodem die een botsing met lichamen voortbrengt. Deze uitdaging vereist gezamenlijke inspanningen vanuit verschillende leergebieden. Maar op dit punt is er een uitgebreide, steeds herhaalde consensus. Het heeft dus geen zin om aan te dringen.

Vertaling: David Peleman

Susanne Trumpf and Ivan Valin

The TAL–L or Taxon / Archive / Lab Library: Soils for the Regeneration of the Urban Landscape

The TAL–L or taxon/archive/lab library is a recently established database and teaching tool for landscape materials centred on soil and soil-based composites. The project reflects on the environmental challenges of material use today and aims to restore our knowledge about soil through strategic indexing and experimentation. The TAL–L samples the varied compositions of soil across Hong Kong with its organic and abiotic components and records its layered historical alterations and contaminations. It also maps its flows, its extractions, and its accumulation. It aims to outline a methodological framework fit to deal with urban soil as a complex resource and is unique in providing a multimedia material database for landscape architects focused on sites and resources in Hong Kong. The project continues a process of soil experimentation and innovation begun by landscape architects 50 years ago during a period of expansion in the city and promotes a return to the fundamentals of soil in an era of contemporary urbanism that has largely forgotten its material substrates (soil forming factors and soil taxonomy).

The development of the TAL–L coincides with a period of rapid experimentation with teaching methods, information access and site engagement. On-site instruction and workshops on soil analysis were first challenged by political protests that shut the university in 2019, followed by the constraints due to the 2020 pandemic. Both conditions demanded the development of online methods to ensure experiential learning. The library described here is being piloted as the core of a digital and physical library aimed at transforming the notion of material knowledge and design in our field.

'Taxon', 'archive' and 'lab' are the three components of this library: taxon is the classification structure that connects material-based enquiry to the broader landscape architecture curriculum, archive is the body of material samples and their acquisition structure, and lab is the pedagogical framework and set of tools that facilitate material testing and experimentation.

Taxon: A Disciplinary Gaze on Urban Soils

Taxon is the non-hierarchical structure that classifies a material based on its origin, production process, durability, mechanical properties and sustainability measures. These categories combine design- and construction-oriented concerns about materiality, environmental performance and workability with more traditional soil categorisations based on grain-size composition, class name and chemistry. Taxon also provides a conceptual scaffold for students to understand relationships between various material qualities and their properties, and to structure material enquiry in a systematic way.

The specific categorisation and structure of the library's taxon challenges landscape architecture's soil-based knowledge and material practices by integrating concepts taken from modern geographers and material theorists.[1] Modern soil science and urban geographers have established that urbanisation greatly affects soil properties and formation, and that urban substrates are best understood within a geological process.[2] Anthrosols and technosols, the precise terms for the soil groups modified through long-term human activity, dominate most urbanised regions.[3] The WRB Soil Map (2015), for example, shows these two soil types throughout China's territory, despite the varied physical landscapes that make up its surface. In other words,

1
James G. Bockheim et al., 'Soil-forming Factors and Soil Taxonomy', *Geoderma* 226-227 (2014), 231-237.

2
Phillip. J. Craul, *Urban Soil in Landscape Design* (New York: Wiley, 1992); Astrid Zimmermann, *Constructing Landscape: Materials, Techniques, Structural Components* (Basel: Birkhäuser, 2011), 14-25.

3
David Rossiter, 'Classification of Urban and Industrial Soils in the World Reference Base for Soil Resources', *Journal of Soils and Sediments* 7 (2007), 96-100.

Susanne Trumpf en Ivan Valin

De TAL-L of taxon / archief / lab bibliotheek: Grond voor de regeneratie van het stedelijk landschap

De TAL-L of taxon/archief/lab bibliotheek is een onlangs opgerichte databank en educatief instrument voor landschapsmaterialen waar de bodem en bodemcomposieten centraal staan. Het project richt zich op de ecologische problemen waarmee materiaalgebruik vandaag de dag van doen heeft en beoogt onze kennis van de bodem te verbeteren door strategische indexering en experiment. De TAL-L bevat monsters van Hong Kongs divers samengestelde bodem, met zijn organische en abiotische componenten, en legt de gelaagde historische veranderingen en verontreinigingen van de stad vast; ook zijn haar stromen, extracties en afzettingen in kaart gebracht. Het is de bedoeling om met TAL-L een methodologisch kader te schetsen waarbinnen de stedelijke bodem wordt beschouwd als een complexe grondstof. Het project is uniek, omdat het draait om de ontwikkeling van een multimediale materiaaldatabank voor landschapsarchitecten, die is gericht op locaties en grondstoffen in Hong Kong. Met dit project wordt een proces van bodemexperimenten en -vernieuwingen voortgezet, dat 50 jaar geleden tijdens een periode van stadsuitbreiding door landschapsarchitecten is gestart. TAL-L stimuleert een terugkeer naar het fundament van de bodem in een tijdperk van hedendaagse stedenbouw, waar materiële substraten (bodemvormende factoren en bodemtaxonomie) grotendeels in vergetelheid zijn geraakt.

De ontwikkeling van de TAL-L valt samen met een periode van elkaar snel opvolgend geëxperimenteer met onderwijsmethoden, toegang tot informatie en locatie-onderzoek. Onderwijs op locatie en workshops over bodemanalyse werden in eerste instantie gehinderd door de politieke protesten die in 2019 resulteerden in de sluiting van de universiteit en vervolgens door de beperkingen die het gevolg waren van de pandemie van 2020. Onder zulke omstandigheden was het noodzakelijk om onlinemethoden voor ervaringsgericht leren te ontwikkelen. De TAL-L bibliotheek is een testlocatie en het hart van een digitale én fysieke bibliotheek die gericht is op de transformatie van de noties 'materiële kennis' en 'ontwerp' in ons vakgebied.

Conversations on material tests during the final course review of the seminar 'Testing Ground: Traditions and Potentials in Sourcing Materials Locally', fall 2019 / Overleg over materiaaltesten tijdens de eindevaluatie van de werkgroep 'Proefterrein: Tradities en mogelijkheden bij het lokaal ontginnen van materialen', najaar 2019

'Taxon', 'archief' en 'lab' verwijzen naar de drie componenten waaruit deze bibliotheek bestaat: het taxon is een classificatiestructuur waarin onderzoek naar bodemmateriaal wordt verbonden met het bredere curriculum voor de landschapsarchitectuur. Het archief vertegenwoordigt de materiaalmonsters met hun herkomst. Het lab is het pedagogische kader en de gereedschapskist waarmee materiaaltesten en experimenten mogelijk worden gemaakt.

Taxon: een disciplinaire blik op de stedelijke bodem

Taxon is een niet-hiërarchische structuur waarin materialen geclassificeerd worden op basis van hun oorsprong, productieproces, levensduur, mechanische eigenschappen en duurzaamheid. Deze categorieën combineren ontwerp- en constructiegerichte kwesties als materialiteit, ecologische prestaties en verwerkbaarheid met meer traditionele bodemcategorisaties op basis van korrelsamenstelling, klassenaam en chemische eigenschappen. Taxon voorziet studenten daarnaast van een conceptueel middel om de relaties tussen verschillende materiaaleigenschappen en hun kenmerken te begrijpen, en om materiaalonderzoek op een systematische manier uit te voeren.

De specifieke categorisering en structuur van het taxon van deze bibliotheek vormt een uitdaging voor de landschapsarchitectuur, en meer bepaald

urban soil, the anthropogenic artifact of city building, technology and cultures, is simultaneously a 'historical archive and a living body'.[4]

In this context, we understand soil primarily as a constructed (rather than extracted) material that builds and fills the urban ground through composites and add-mixtures.[5] We have developed a material 'wheel' that structures the varied modes of classification in our taxonomy. A soil sample can be mapped along the radial segments that describe state and condition parameters. Radial mappings can be adjusted as parameters of a specific sample are modified through experimentation. The wheel therefore clearly visualises those material qualities that are fluid under experimentation. This classification system offers a set of dimensions and categories that is appropriate for soil cataloguing, but that is also suitable to archive and understand material properties for any occurring aggregate or additive in this collection.

4 Seth Denizen, 'Three Holes: In the Geological Present', in: Etienne Turpin (ed.), *Architecture in the Anthropocene: Encounters Among Design, Deep Time, Science and Philosophy* (Michigan: Open Humanities Press, 2012), 29–46.

5 Wybe Kuitert, 'The Nature of Urban Seoul: Potential Vegetation Derived from the Soil Map', *International Journal of Urban Sciences* 17/1 (2013), 95–108.

The Archive: A Dynamic Database for Living Materials

The archive is the body of physical and digitised material samples, including site-based samples, proprietary products, as well as manipulated or processed material. The types of data and materials in the archive include text descriptions and records of physical or chemical properties, photographs or other graphic representations of the material, and specifications related to shape, makeup, form and procurement of a given sample.

The TAL-L project was initiated in 2019 as an archiving exercise in a course about soil-based construction technologies. Students collected urban soil samples from around Hong Kong in places where the substrate was exposed. They found samples at construction sites, from the frequently appearing minor landslides in the country parks, or from irrigation trenches

voor haar op de bodem gebaseerde kennis en haar materiële praktijken, door de integratie van concepten die ontwikkeld werden door moderne geografen en materiaaltheoretici.[1] Moderne bodemwetenschappers en stadsgeografen hebben vastgesteld dat verstedelijking grote invloed heeft op de eigenschappen en ontwikkeling van de bodem, en dat stedelijke substraten het best begrepen kunnen worden in de context van geologische processen.[2] In de meeste verstedelijkte regio's zijn antrosolen en technosolen, zoals de bodemgroepen heten die door langdurige menselijke activiteit zijn veranderd, dominant.[3] Op WRB-bodemkaarten (2015) is te zien dat deze twee bodemtypen overal in China voorkomen, ondanks de variatie aan fysieke landschappen waaruit dat land bestaat. De stedelijke bodem, het antropogene artefact van stadsvorming, techniek en cultuur, is met andere woorden tegelijkertijd een 'historisch archief en een levend lichaam'.[4]

In deze context beschouwen we grond in de eerste plaats als een geconstrueerd (in plaats van geëxtraheerd) materiaal dat de stadsbodem opbouwt en opvult door middel van composieten en verschillende toevoegingen.[5] We hebben een 'materiaalwiel' ontwikkeld om de verschillende classificaties in onze taxonomie te structureren. Een grondmonster kan in kaart worden gebracht via de radiale segmenten die toestands- en conditieparameters beschrijven. De radiale toewijzingen kunnen worden aangepast, wanneer de parameters van een bepaald monster door experimenten worden gewijzigd. Het wiel brengt de materiaaleigenschappen die tijdens de experimenten nog veranderlijk kunnen zijn, dus duidelijk in beeld. Dit classificatiesysteem omvat een aantal dimensies en categorieën die niet alleen geschikt zijn voor het catalogiseren van bodems, maar ook voor het archiveren en begrijpen van de materiaaleigenschappen van elk voorkomend aggregaat of additief in deze collectie.

Het archief: een dynamische databank voor levende materialen

Het archief is het geheel van fysieke en gedigitaliseerde materiaalmonsters, met inbegrip van monsters op locatie, particuliere producten en gemanipuleerde of bewerkte materialen. Onder de data en materialen in het archief bevinden zich beschrijvingen en verslagen van fysieke of chemische eigenschappen, foto's of andere grafische voorstellingen van materialen, en specificaties in verband met de aard, samenstelling, vorm en verwerving van bepaalde monsters.

Het TAL-L-project werd in 2019 tijdens een cursus over grondgebonden bouwtechnieken opgezet als een oefening in archiveren. De studenten verzamelden rondom Hong Kong bodemmonsters op plaatsen waar het substraat blootlag. Ze namen monsters op bouwlocaties, op plekken in plattelandsparken waar vaak kleine aardverschuivingen voorkwamen en in de irrigatiesleuven rondom landbouwgrond. De vroegste materiaaldata, die niet in het lab maar al elders waren geanalyseerd, hadden de eerste aanwijzingen geleverd over de werking van de bodem en hadden eigenschappen als porositeit, compactheid en organische inhoud aan het licht gebracht. De studenten onderzochten de bodem daarnaast aan de hand van sedimentatietesten, ballonvaltesten en linttesten.[6] De studenten moesten niet alleen zelf de classificaties formuleren, maar ook voor elk genomen monster een 'materiaaldagboek' opstellen. In deze dagboeken, die zowel geschreven notities als illustraties bevatten, stonden de locatiegegevens en de toestand van het monster op het moment van extractie. Deze dagboekaantekeningen kunnen we zien als een momentopname van de snel veranderende stadsgrond.

In een reactie op de toestand van de stad zijn in het archief materiaalmonsters van levende, verwerende en afbrekende substanties georganiseerd: materialen in verandering. In de meeste bibliotheken is de veroudering van

1
James G. Bockheim et al., 'Soil-forming Factors and Soil Taxonomy', *Geoderma* 226-227 (2014), 231-237.

2
Phillip. J. Craul, *Urban Soil in Landscape Design* (New York: Wiley, 1992); Astrid Zimmermann, *Constructing Landscape: Materials, Techniques, Structural Components* (Bazel: Birkhäuser, 2011), 14-25.

3
David Rossiter, 'Classification of Urban and Industrial Soils in the World Reference Base for Soil Resources', *Journal of Soils and Sediments* 7 (2007), 96-100.

4
Seth Denizen, 'Three Holes: In the Geological Present', in: Etienne Turpin (red.), *Architecture in the Anthropocene: Encounters Among Design, Deep Time, Science and Philosophy* (Michigan: Open Humanities Press, 2012), 29-46.

5
Wybe Kuitert, 'The Nature of Urban Seoul: Potential Vegetation Derived from the Soil Map', *International Journal of Urban Sciences* 17/1 (2013), 95-108.

6
Gernot Minke, *Building with Earth: Design and Technology of a Sustainable Architecture* (Bazel: Birkhäuser, 2006), 21-24.

that surround agricultural land. Initial material data assessed through non-lab-based analysis gave the first hints on the workability of the soil and included such qualities as porosity, compactability and organic content. Students further examined the soil through sedimentation tests, ball dropping tests or ribbon tests.[6] Beyond these physical classifications, students were asked to create a 'material diary' for each sample taken. Using both written and illustrated notes, these diaries described the location information and the state of the sample at the time of extraction. These diary entries formed a distributed snapshot in the rapidly changing ground of the city.

In response to this urban condition, the archive organises sampled materials of a living, weathering and degrading substance: materials in flux. In most libraries, the aging of the collections is not a desirable outcome. However, in TAL-L the aging of materials conveys important information about the temporal conditions and stability of various soil-based materials. Importantly, this is also why a portion of the library includes digital references to samples left *in situ*. A georeferenced map of extraction points allows comparison between weathering in the lab and weathering on site.

The library, under that structural framework, is not understood as a terminus, but as an open-ended record incorporating digital and physical collections. Library users benefit from creating and manipulating entries in the database. Each material sample can have multiple 'snapshots' of its condition recorded — as a material naturally ageing over time or manipulated through iterative processing in the lab.

6 Gernot Minke, *Building with Earth: Design and Technology of a Sustainable Architecture* (Basel: Birkhäuser, 2006), 21-24.

The Lab: An Iterative Experimentation and Feedback Structure

The lab is the experimental arm of the library, and it provides a platform for students and instructors to test, manipulate and experiment with materials. Part science, part system, part making, this soil lab aims to develop new techniques for incorporating knowledge about soil-based material into the design and evaluation process.

Two courses have used the lab to develop material knowledge, of which one examined constructive soil methods such as rammed earth. Students processed and compacted locally extracted soil samples into two sets of earth bricks: one using the found composition of the soil and one using the transformed version that speculated on the potential further use of the soil as construction materials. Semi-structured experiments, with additives such as iron oxide, pig's blood or eggshells, aimed to improve the urban-environmental performance of the earth bricks. The modified and the original bricks were compared with study variations in their performance through simple testing. For example, some bricks were sprinkled with saltwater to test potential sealing, others were partially buried in sand to test weathering on site. The digital cataloguing and archiving of these samples recorded during teaching activities in 2019 and 2020 is currently in progress. While the collected data forms the foundation for a prototype of the digital database, the first tranche of local soil samples and soil-based composites are stored in the lab for further testing.

When working with soil-based materials in the lab, we aim to complement the ontological approach of the database structure with hands-on methods for understanding material properties and capacities and to further include disciplinary and non-disciplinary techniques. For example, utilising equipment in the Conservation Materials Laboratory and the laboratories of the Engineering Department, some samples were exposed at the weathering station or underwent flexural strength tests. While not scientifically representative, the evaluation process opened up conversations with external specialists and focused dialogue about interdisciplinary methods for working with soil-based materials. If, for instance, a rammed-earth brick deviated from

collecties onwenselijk, maar in de TAL-L levert de veroudering van de materialen belangrijke informatie op over de werking van de tijd en de stabiliteit van verschillende grondgebonden materialen. Het is van belang dat een deel van de bibliotheek daarom digitale referenties bevat naar monsters die in situ zijn gelaten. Een kaart met geografische verwijzingen naar extractiepunten maakt een vergelijking mogelijk tussen verwering in het laboratorium en verwering op locatie.

Binnen dit structurele kader moet de bibliotheek niet worden opgevat als een eindpunt, maar als een groeiend archief dat digitale en fysieke collecties bevat. Gebruikers van de bibliotheek kunnen items in de database aanmaken en manipuleren. Er kunnen meerdere 'momentopnamen' van de toestand van elk materiaalmonster bestaan — of het materiaal nu in de loop van de tijd op natuurlijke wijze is verouderd of herhaaldelijk in het lab is bewerkt.

Het lab: een iteratieve structuur voor experiment en terugkoppeling

Het lab, de experimentele tak van de bibliotheek, is een platform voor studenten en docenten die materialen willen testen en manipuleren en ermee experimenteren. Dit bodemlab — deels wetenschap, deels systeem en deels uitvoering — is gericht op de ontwikkeling van nieuwe technieken om kennis over bodemmateriaal in ontwerp- en evaluatieprocessen te integreren.

Het lab is tijdens twee cursussen gebruikt om materiaalkennis te ontwikkelen. Een daarvan ging over onderzoek naar grondgebonden bouwtechnieken, bijvoorbeeld met aangestampte aarde. Studenten bewerkten en verdichtten plaatselijk gewonnen bodemmonsters tot twee sets van bakstenen. De samenstelling van de ene was conform de aangetroffen bodem; de andere baksteen was een getransformeerde versie die vragen opriep over het mogelijke

SAMPLE ID: 20 - 7307 - 001

Type: Loose soil sample
Sample location: TAL-L HKU
Sample consition: n/a
Sample taken by: ZHAO Yuwei (MLA 2018)

Date of extraction: 16-10-2019
Location of extraction: Water Street, Sai Wan, Hong Kong
22°17'07.1"N 114°08'20.9"E
Site condition at extraction: Construction Site

Remarks: n/a

SOIL ANALYSIS

Grain size distribution:

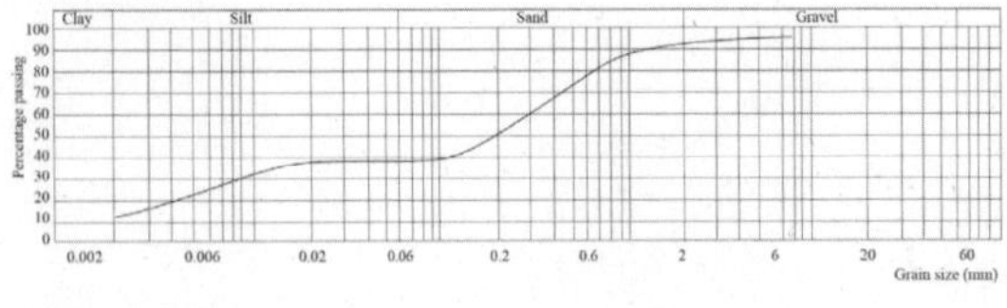

Soil composition:

Soil pH	Soluble salts	% Organic matter	Nitrate ppm	Phosphorus ppm	Sulfate ppm	Zinc ppm
5.5	n/a	n/a	n/a	n/a	n/a	n/a

Iron ppm	Manganese ppm	Copper ppm	Potassium ppm	Calcium ppm	Magnesium ppm	Sodium ppm
n/a	n/a	n/a	n/a	n/a	n/a	n/a

DOCUMENTATION

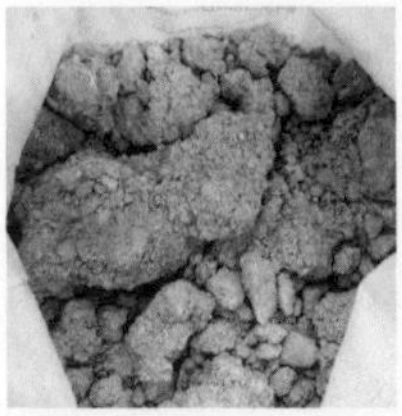

20 - 7307 - 001_IMG01
Sample condition at archive

20 - 7307 - 001_IMG02
Site condition at extraction date

20 - 7307 - 001_IMG03
Sedimentation test at extraction date

VISUAL INSPECTION

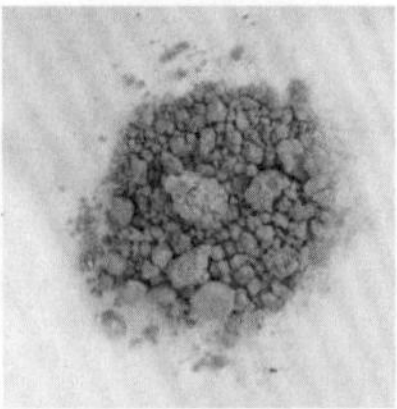

20 - 7307 - 001_IMG04
Coarse content (>=10mm) ~ 20%

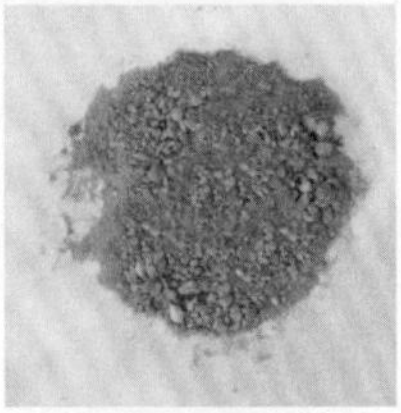

20 - 7307 - 001_IMG05
Coarse content (>=5mm) ~ 40%

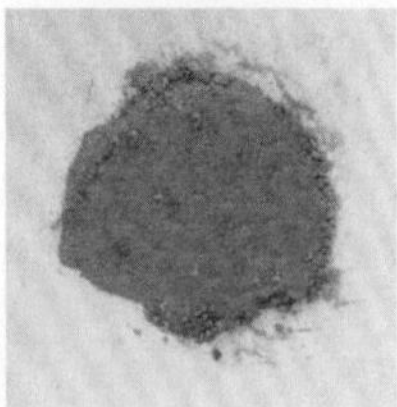

20 - 7307 - 001_IMG05
Sand content (>=2mm) ~ 40%

Munsell colour
5YR 6/4

File: ZHAO_20 - 7307 - 001 6/5/2020 9:17 PM

Archival sheet for student soil samples / Lijst voor studenten om bodemmonsters te archiveren

optimal structural outcomes, conversations with engineers allowed us to explore non-traditional design opportunities. After further tests were carried out to explore the suitability for that proposition, explorations with soil-sourcing and processing were continued. Recursive experimentation like this has become fashionable in fields such as industrial design and business, but has not often been considered as a method for building soils or structuring libraries.

7 Ivan Valin and Natalia Echeverri, 'Cities within the City, Density in the Territory: Public Housing Estates and the Transformation of Hong Kong', *MONU* 26 (2017), 96–103.

Building Soils for Hong Kong

Though it may not seem ideal to base a lab for soil in a city known mostly for its concrete, the history of Hong Kong's development is closely tied to the management of its soils. Landscape architecture emerged as a professional discipline in Hong Kong to solve a soil problem. An expansion of the city into its hinterland in the late 1960s involved levelling mountains and filling agricultural lowlands to build the platform for a modern city. This was urbanisation-as-rupture. The reorganisation of the territory's geography in the name of modernisation was thus also a project of manufacturing a new urban ground. Here was a new problem of soil that engineers alone were ill-equipped to handle. Landscape architects were recruited from across the Commonwealth to rebuild hillside slopes and transform the rubble of nearby mountains into the soils and substrates that could support the plazas, parks and boulevards of the planned new towns.[7]

The TAL-L works from the premise that the innovative work of building soils 50 years ago in Hong Kong remains unfinished. Urban soils here, as in most cities, are neglected, fragmented and degraded. The building construction industry imports most material stock from all over the world; landscape practitioners specify soils, bricks and aggregates from international suppliers; and students' exposure to working with physical materials is limited in landscape

TAL-L classification taxonomy for living materials /
TAL-L classificatie-taxonomie voor levende materialen

verdere gebruik van grond als bouwmateriaal. Half-gestructureerde experimenten met toevoegingen als ijzeroxide, varkensbloed of eierschalen waren bedoeld om de stedenbouwkundig-ecologische prestaties van de bakstenen te verbeteren. De gemodificeerde en de oorspronkelijke bakstenen werden door middel van eenvoudige tests vergeleken om variaties in hun prestaties te bestuderen. Sommige bakstenen werden bijvoorbeeld besprenkeld met zout water om hun afdichting te testen; andere werden gedeeltelijk onder zand begraven om verwering ter plaatse te onderzoeken. Momenteel wordt gewerkt aan de digitale catalogisering en archivering van de monsters die tijdens de onderwijsactiviteiten in 2019 en 2020 zijn genomen. Terwijl de verzamelde data de basis vormen voor een prototype van de digitale databank, wordt de eerste tranche van lokale bodemmonsters en bodemcomposieten voor nader onderzoek opgeslagen in het lab.

Het werken met grondgebonden materialen in het lab is bedoeld om de ontologische aanpak van de databankstructuur aan te vullen met praktische methoden om de eigenschappen en capaciteiten van materialen te begrijpen en om meer disciplinaire en niet-disciplinaire technieken te integreren. Met behulp van apparatuur van het Conservation Materials Laboratory en de laboratoria van de bouwtechnische afdeling werden sommige monsters bijvoorbeeld in een verweringsstation blootgesteld aan de elementen of ondergingen ze buig-sterkteproeven. Hoewel het evaluatieproces niet wetenschappelijk representatief was, leidde het wel tot gesprekken met externe deskundigen en tot gerichte dialogen over interdisciplinaire methoden voor het werken met grondgebonden materialen. Als de resultaten van een baksteen van aangestampte aarde bijvoorbeeld afweken van de optimale structurele resultaten, dan konden we dankzij gesprekken met ingenieurs niet-traditionele ontwerpmogelijkheden onderzoeken. Na nadere tests om te onderzoeken of ze geschikt waren, werden vervolgens de verkenningen met betrekking tot de herkomst en verwerking van de grond voortgezet. Dergelijke herhaalde experimenten zijn tegenwoordig gebruikelijk in disciplines zoals industrieel ontwerp en in het bedrijfsleven, maar worden niet vaak ingezet als een methode voor het maken van grond of het ordenen van bibliotheken.

Aerial view of Lek Yuen Public Housing Estate in Sha Tin New Town, 1977. Land reclamation works by adjusting the coastline and by building terraces in the adjacent hills / Luchtfoto van het publieke huisvestingsproject Lek Yuen in Sha Tin New Town, 1977. Landwinningswerken door aanpassing van de kustlijn en door de bouw van terrassen in de aangrenzende heuvels

Bouwgrond voor Hong Kong

Het lijkt misschien niet ideaal om een bodemlaboratorium te vestigen in een stad die vooral bekend staat om haar beton, maar het verhaal van de ontwikkeling van Hongkong is nauw verbonden met bodembeheer. In Hong Kong ontwikkelde de landschapsarchitectuur zich als een professionele discipline, omdat er een bodemprobleem moest worden opgelost. Aan het eind van de jaren 1960 bracht de uitbreiding van de stad naar het achterland met zich mee dat er bergen moesten worden geëgaliseerd en laaggelegen landbouwgronden worden opgevuld als fundament voor de moderne stad. Dit was een ingrijpende manier van verstedelijken. De reorganisatie van de geografie van het gebied, in naam van de modernisering, vormde tegelijkertijd een project voor de opbouw van een nieuwe stedelijke bodem. Het was een nieuw bodemprobleem, dat de ingenieurs in hun eentje niet goed konden oplossen. Er werden landschapsarchitecten uit het hele Gemenebest geworven om hellingen te herbouwen en het puin van de nabijgelegen bergen om te vormen tot een bodem en ondergrond sterk genoeg om de pleinen, parken en boulevards van de geplande nieuwe stadsdelen te kunnen dragen.[7]

De TAL-L gaat ervan uit dat de vernieuwende aanpak van de bodem waarmee Hong Kong 50 jaar geleden is begonnen, nog niet is voltooid. Zoals in de meeste steden is de stedelijke bodem in Hong Kong verwaarloosd, gefragmenteerd en in slechte staat. De bouwsector importeert in de meeste

7 Ivan Valin en Natalia Echeverri, 'Cities within the City, Density in the Territory: Public Housing Estates and the Transformation of Hong Kong', *MONU* 26 (2017), 96-103.

architecture schools. By bringing soil analysis, documentation and fabrication back into the conversation about the design and planning of the city, our library will build novel strategies for dealing with this disrupted ground.

As the TAL–L matures, we see two potential avenues for broadening its impact: the first through collaborations with experimental fabrication and construction labs and the second through engagement with Hong Kong's municipal engineering and development agencies. Emerging research using robotic tools and computer-numerically controlled (CNC) fabrication methods to work with low-cost materials have begun to show the potential of working precisely at multiple scales with granular materials and have yielded better understandings of complex material movements within a territory.[8] This work would be enhanced by engaging with the TAL–L's local soil databases and research on material properties. Our work on soil-based material behaviour can be integrated with non-deterministic fabrication methods to better simulate soil processes such as mass weathering, erosion and sedimentation. Hong Kong's government planning and development agencies have recently sought to partner with university research labs to develop solutions for poor urban soil resources in relation to public housing and the maintenance of green infrastructure. This represents an opportunity for the TAL–L to build collaborative, applied research initiatives with engineering and environmental research labs to develop solutions for the city's soil scarcity. Lightweight soil to increase greening opportunities on housing blocks, durable structural soils to improve opportunities for tree planting along the city's crowded, narrow sidewalks, or soil composites to reduce the cement consumption of the local construction industry represent potential outcomes of the TAL–L's strategies to capture and transform the city, from its *ground* up.

8 Bradley Cantrell, 'Responsive Topography Fluvial Landscapes', exhibition at the Harvard Graduate School of Design, Boston (27 October – 23 December 2016); Ilmar Hurkxkens et al., 'Robotic Landscapes: Designing Formation Processes for Large Scale Autonomous Earth Moving', in: Gengnagel et al. (eds.), *Impact: Design with All Senses* (Berlin: Springer, 2019), 69–81; Brett Milligan, 'Making Terrains: Surveying, Drones and Media Ecology', *Journal of Landscape Architecture* 14/2 (2019), 20–35.

gevallen materialen van over de hele wereld; landschapsarchitecten bestellen bodemmaterialen, bakstenen en aggregaten bij internationale leveranciers; landschapsarchitectuurstudenten krijgen nauwelijks de kans om met fysieke materialen te werken. Door de analyse en documentatie van de bodem en het bouwen met de bodem opnieuw aan de orde te stellen tijdens het gesprek over het ontwerp en de planning van de stad, draagt onze bibliotheek bij aan nieuwe strategieën om met deze ontwrichte bodem om te gaan.

Naarmate de TAL-L zich verder ontwikkelt, zien we twee mogelijkheden om de invloed van de bibliotheek te vergroten. Ten eerste door samen te werken met experimentele productie- en constructielaboratoria en ten tweede door samen te werken met de gemeentelijke ingenieurs- en ontwikkelingsinstanties van Hong Kong. Recent onderzoek, waarbij robotica en computer-numeriek gestuurde (CNC) productiemethoden werden gebruikt om met goedkope materialen te kunnen werken, laat zien dat het mogelijk is om op verschillende schalen met granulaire materialen te werken. Het gaf een beter inzicht in de complexe materiaalbewegingen binnen een bepaald gebied.[8] Dit kan nog worden versterkt door gebruik te maken van de lokale bodemdatabases van de TAL-L en door onderzoek naar materiaaleigenschappen. Ons werk op het gebied van het 'gedrag' van grondgebonden materialen kan worden geïntegreerd met niet-deterministische productiemethoden om bodemprocessen zoals massale verwering, erosie en sedimentatie beter na te bootsen. De gemeentelijke plannings- en ontwikkelingsinstanties van Hong Kong zijn onlangs een partnerschap aangegaan met universitaire onderzoekslaboratoria om oplossingen te bedenken voor het gebrek aan stedelijke bodemrijkdom, dit in samenhang met de volkshuisvesting en het onderhoud van groen. Dit is een kans voor TAL-L om samen met technische en ecologische onderzoekslaboratoria initiatieven voor toegepast onderzoek op te zetten en om oplossingen te ontwikkelen voor de bodemschaarste in de stad. Er is lichtgewicht grond nodig om de woonblokken te kunnen vergroenen, structureel duurzame grond om bomen langs de drukke, smalle trottoirs van de stad te kunnen planten, of grondcomposiet om het cementverbruik van de lokale bouwindustrie te verlagen. Dit zijn mogelijke resultaten van de strategieën die TAL-L hanteert om de stad vanaf de *grond* te documenteren en te transformeren.

Vertaling: InOtherWords, Maria van Tol

8
Bradley Cantrell, 'Responsive Topography Fluvial Landscapes', tentoonstelling in de Harvard Graduate School of Design, Boston (27 oktober – 23 december 2016); Ilmar Hurkxkens et al., 'Robotic Landscapes: Designing Formation Processes for Large Scale Autonomous Earth Moving', in: Christoph Gengnagel et al. (red.), *Impact: Design with All Senses* (Berlijn: Springer, 2019), 69-81; Brett Milligan, 'Making Terrains: Surveying, Drones and Media Ecology', *Journal of Landscape Architecture* 14/2 (2019), 20-35.

Livia Cahn

Gazing at the Ground: What Do Drill Cores Reveal (and Veil)?

Tucked away in the vast storage spaces of the Royal Museum for Central Africa (RMCA) in Tervuren is one of two Belgian federal collections of rock drill cores.[1] Drill cores are series of longitudinal, cylindrical samples obtained by drilling into the ground with a hollow steel tube, usually about 10 cm in diameter. These incisions provide geologists with cross sections of the ground, which can be used to study mineral or hydrocarbon deposits, stratigraphy and regional geological history. My proposal is to consider that there is nothing obvious about these cores and the way they are used to study the ground. To demonstrate different readings of the cores, I insist that it matters that most material in this collection comes hand in hand with colonial politics of mineral extraction. Drill cores are testimonies of sites that have since been dramatically altered, and mining companies continue to consider them as important sources for grasping the underground. It also matters that today the ground is rapidly degrading, and that climate change is now our problem. The study of drill cores is important for both of these reasons. By situating drill cores in their wider network of actors, disciplines, forces and specific contexts, tools emerge that both connect and disconnect the ground to socioeconomic and ecological urgencies.

Geo-logical

Core sections are just one of the samples of the ground that geologists base their interpretations on. Coring itself is often conducted along with the surface analysis of alluvial deposits. Geologists also work with fossil records, minerals, rock samples, lake and ocean sediments, stalactites and stalagmites, meteorites and soil maps. Robert Frodeman, environmental philosopher and geologist, points out that geology is a science with 'a host of problems that undercut its claims to knowledge'.[2] Indeed, geology deals with putting together a picture of very big questions, related to vast territories and timescales. Drill cores are a way of overcoming the technical difficulty of studying the underground: dark, deep, hard and full of unknowns. They are merely lineal incisions into the ground below. Though they do go particularly deep. Some drill holes go as deep as 12 km into the Earth's crust, almost reaching the mantle.[3] This is not trivial and alludes to the technical apparatus that drill coring requires. Cores have provided a consistent basis for analysis and allow geologists to make some sense of the ground.

Geologists curate both Belgian federal collections of cores that are hosted by scientific and public-facing institutions. Although cores from the geological collections are rarely exhibited, measures are taken to collect, house, maintain, catalogue and open the collection that is bulky and extensive. The cores are kept as archival *documents* that are interpreted and reinterpreted by geologists who visit the collections.[4] Since the cores are studied only by geologists, disciplinary blind spots are more likely to go unchallenged. Rather than solely considering cores as objects of scientific enquiries, this text is situated in the social sciences and proposes to consider the cores as the testimonies of a manner of approaching the underground. What follows are some early notes of enquiry, focusing on a segment of a drill core that I recently came across on the curators' desk of one of the geological collections. I found this drill core particularly charismatic because it clarified in a number of ways how drill cores can make the soil visible both literally and metaphorically.

1
The second collection is held at the Royal Belgian Institute of Natural Sciences (RBINS). I would like to thank curators Dr Marleen de Ceukelaire (RBINS) & Dr Florias Mees (RMCA) for having generously opened the doors of their collections to me since 2019.

2
Robert Frodeman 'Geological Reasoning: Geology as an Interpretive and Historical Science', *Geological Society of America Bulletin* 107 (1995), 960–968.

3
These drill cores go much deeper than soil sampling conducted for architects and engineers to check soil pollution and ground stability. These could also benefit from being situated under a wider societal lens.

4
Never an architect, not yet, according to the current curator of the RMCA.

Livia Cahn

Turen naar de grond: Wat laat de boorkern zien (of niet)?

Verscholen in de uitgestrekte opslagruimten van het Koninklijk Museum voor Midden-Afrika (KMMA) in Tervuren bevindt zich een van de twee Belgische federale collecties van boorkernen.[1] Boorkernen zijn langwerpige, cilindervormige monsters die worden genomen door met een holle stalen buis, meestal met een diameter van ongeveer 10 cm, in de grond te boren. Dankzij deze uitsneden beschikken geologen over dwarsdoorsneden van de grond die ze kunnen gebruiken om minerale en koolwaterstofafzettingen, stratigrafie en regionale geologische geschiedenis te bestuderen. Aan deze boorkernen is niets vanzelfsprekend, ook niet aan de manier waarop ze worden gebruikt om de bodem te bestuderen. Om de verschillende lezingen van de kernen te kunnen demonstreren, is het allereerst van belang te melden dat het meeste materiaal in deze collectie nauw verweven is met koloniale politiek en de winning van mineralen. De boorkernen representeren locaties die sindsdien ingrijpend zijn veranderd en ze worden door mijnbouwbedrijven nog steeds beschouwd als onmisbaar voor een goed begrip van de bodem. Een ander punt is dat de grond tegenwoordig snel degradeert en we te kampen hebben met klimaatverandering. Het bestuderen van boorkernen is om deze beide redenen belangrijk. Door boorkernen een plaats te geven in een breder netwerk van actoren, disciplines, krachten en specifieke contexten ontstaan er instrumenten die de bodem kunnen verbinden met, of loskoppelen van, socio-economische en ecologische kwesties.

Geo-logisch

De boorkern is maar één van de verschillende soorten grondmonsters waarop geologen hun interpretaties baseren. Het nemen van boorkernen gaat vaak samen met de oppervlakte-analyse van alluviale afzettingen. Geologen werken ook met fossielarchieven, mineralen, steenmonsters, meer- en oceaansedimenten, stalactieten en stalagmieten, meteorieten en bodemkaarten. De milieufilosoof en geoloog Robert Frodeman noemde de geologie 'een wetenschap met een waaier aan problemen die haar aanspraak op kennis ondermijnen'.[2] De geologie houdt zich dan ook bezig met het schetsen van een beeld van een aantal zeer grote vragen die betrekking hebben op immense territoria en tijdschalen. Het bestuderen van boorkernen is één manier om de technische moeilijkheden te overwinnen die aan bod komen bij het bestuderen van de grond, die immers donker, diep, hard en vol onbekende factoren is. Het zijn niets anders dan lijnrechte uitsneden uit de grond — maar ze gaan wel heel erg diep. Sommige boorgaten lopen wel 12 km diep de aardkorst in en bereiken bijna de mantel.[3] Dit is niet niks, en maakt duidelijk hoe het nemen van boorkernen hoogstaande technische apparatuur vereist. Boorkernen vormen een consistente basis voor analyse en stellen geologen in staat om de bodem enigszins te begrijpen.

De Belgische federale collecties van boorkernen die ondergebracht zijn in zowel wetenschappelijke als publiekstoegankelijke instellingen, worden beheerd door geologen. Hoewel boorkernen uit geologische collecties zelden worden tentoongesteld, worden wel pogingen gedaan om de volumineuze en uitgebreide collectie bijeen te houden, onder te brengen, te onderhouden, te catalogiseren en toegankelijk te maken. De boorkernen worden bewaard als archiefstukken en steeds weer geïnterpreteerd door geologen die de collecties bezoeken.[4] Omdat de boorkernen uitsluitend bestudeerd worden door geologen, is het aannemelijk dat blinde vlekken onopgemerkt blijven.

1
De tweede collectie wordt bewaard in het Koninklijk Belgisch Instituut voor Natuurwetenschappen (KBIN). Met dank aan de conservatoren, Marleen de Ceukelaire (KBIN) en dr. Florias Mees (KMMA), die de deuren van hun collecties sinds 2019 zo genereus voor mij hebben geopend.

2
Robert Frodeman, 'Geological Reasoning: Geology as an Interpretive and Historical Science', *Geological Society of America Bulletin* 107 (1995), 960-968.

3
Deze boorkernen komen van een veel grotere diepte dan de grondmonsters die architecten en ingenieurs nemen om te controleren op bodemverontreiniging en grondstabiliteit — en die trouwens ook baat zouden kunnen hebben bij een bredere maatschappelijke blik.

4
Nooit een architect, nog niet, volgens de huidige conservator van het KMMA.

Hidden in Plain Sight

The stump of a drill core segment lies on the desk of the curator of the RMCA collection. The core's entry in the database is about to be modified to note its transition from the rock collection to the mineral collection.[5] Accordingly, the segment will receive a new registration number. The piece is about 25 cm long and 3 cm in diameter. Cold to the touch. On its outer face fine ridges left by the movement of the diamond drill bit of the corer are discernible. They overlay hundreds of millions of years of petrification of matter that display a marbling of grey stone and lighter patches. Written in neat black ink lettering, the digits 37–67 refer to the depth, in metres, from which the sample originates. They mark the sample as an object of scientific study. This piece is only a small part of a 250-m-deep core that was dug up at Senzere, in the Kilo region of the Democratic Republic of the Congo in 1951 and studied by geologist Dr Constantin Sorotchinsky, from the Geological Institute of the University of Louvain with the Société des Mines d'Or de Kilo Moto.[6] In other words, the piece of core on the desk represents just 0,1 per cent of the total core, which for the most part lies arranged by depth, in fragments, in several, wide, wooden drawers of the rock collection — and once informed a mining project.

Today, precisely 70 years after having been dug up and sent to be stored in Belgium, a master's student in geology is taking another look at the core fragment.[7] This seems to be the first time since the core was obtained that anyone has come back to it. In an attempt to gain insight — this particular study conducted on the Senzere sample concerns the mineralisation of gold — thin slices of 30 microns of the section will be placed onto glass slides, under an optical microscope with polarizers that allow mineral identification. The mineralogical composition of samples can be analysed with X-ray diffraction, the fluid inclusions in quartz can be studied, X-ray tomography (sectioning of objects through the use of any kind of penetrating waves)

map the inside of the core without further damaging it. Analytical tests and equipment has evolved since the 1950s, but the sense of sight is still privileged in the analysis of drill cores and the high-tech devises shape the geologists' gaze.

Before the results of these recent studies had been published, the effects of taking these cores out of their drawers already changed things. Indeed, several weeks before I arrived at the curator's desk, a sparkle of gold in a fragment of the Kilo Moto core revealed itself to the geologists. Several gold streaks shimmer, subtle but proud, like loose threads spun into a wider web.[8] A vein of gold that is visible to the bare eye in a drill core is very rare. Often the percentage of gold in samples is so low, or the gold is so dispersed, that it is hardly visible. But the gold is not mentioned in the rock collection database, and gold would evidently not appear after sampling, so it seems the gold streak has always been there without having caught anyone's eye. If someone had spotted it, it is very unlikely this segment would have remained in the drawers of the rock collection until now.

Indeed, the core segment on the curators' desk is in transit from the otherwise matte colours of the same drill core in the drawers of the rock collection to the sparkle of the *mineral* collection. In the collection, cores invoke a stable ground for analysis of deep and slow time to which researchers return. The change of category of the Kilo Moto fragment is a reminder that the institutions that host the cores, and the researchers that work on them, are making adjustments to the collection in order to keep making sense. As the core fragment transits from one collection to the other, it is ironically more likely to leave the museum's backstage to be exhibited in glass cabinets where the most evocative pieces are shown to the public, giving museum

5 According to the curator the decision to assign a specimen to the rock or mineral collection can be a question of judgement. It happens occasionally that samples are moved from one collection to another.

6 Kilo and Moto are two distinct, separate mining areas; Senzere is in Kilo.

7 Thanks very much to Stijn Dewaele, geologist from Ghent University, for sharing this work.

8 I choose this term 'shimmer' intentionally, to chime in with anthropologist Deborah Bird Rose (2017), who uses it to describe a brilliance that brings us into 'a vibrant and vibrating world'. See: 'Shimmer: When All You Love Is Being Trashed', in: Anna Tsing et al. (eds.), *Arts of Living on a Damaged Planet* (Minneapolis: University of Minnesota Press, 2017).

In deze tekst worden de boorkernen niet uitsluitend beschouwd als objecten van wetenschappelijk onderzoek, maar ook bekeken als mogelijke dragers van sociale kwesties. Het voorstel is om de boorkernen te beschouwen als bewijs voor een bepaalde manier om de ondergrond te benaderen. Dan volgen enkele onderzoeksnotities bij een segment van een boorkern dat ik recent aantrof op het bureau van de conservator van een van de geologische collecties. Deze boorkern vond ik vooral zo charismatisch omdat hij op een aantal manieren verduidelijkte hoe boorkernen de bodem zowel letterlijk als metaforisch zichtbaar kunnen maken.

Verborgen in het volle zicht

Een stuk van een boorkernsegment ligt op het bureau van de conservator van de KMMA-collectie. De manier waarop deze boorkern is ingeschreven in de databank wordt binnenkort aangepast omdat hij verhuist van de collectie gesteenten naar de collectie mineralen.[5] Dit stuk krijgt dus een nieuw registratienummer. Het stuk is maar 25 cm lang en heeft een diameter van 3 cm. Het voelt koud aan. Op de buitenzijde zijn de fijne groeven te zien die ontstaan door de beweging van de diamantboor in de boorkroon. Deze overlappen honderden miljoenen jaren van versteende materie die een marmering van grijze steen en lichtere vlekken vertoont. Er staan in keurige zwarte inktletters de cijfers 37-67 op, voor de diepte in meters waarvan het monster afkomstig is. Deze cijfers geven aan dat het monster een voorwerp van wetenschappelijke studie is. Het stuk is maar een klein deel van een in 1951 tot op een diepte van 250 m genomen boorkern uit het mijngebied Senzere in de Kilo-regio in de Democratische Republiek Congo. Het is bestudeerd door de geoloog Constantin Sorotchinsky, die is verbonden aan het Geologische Instituut van de Universiteit Leuven, in samenwerking met de Société des Mines d'Or de Kilo Moto.[6] Het stuk boorkern op het bureau van de conservator vertegenwoordigt met andere woorden slechts 0,1 procent van de hele boorkern, die voor het grootste deel geordend naar diepte, in fragmenten, in verschillende, brede, houten laden van de collectie gesteenten ligt — en eens werd genomen ten behoeve van een mijnbouwproject.

En nu, precies 70 jaar nadat het boorkernfragment werd genomen en voor opslag naar België gezonden, werpt een masterstudent geologie er opnieuw een blik op.[7] Kennelijk is het de eerste keer sinds hij werd genomen dat er iemand naar kijkt in een poging meer zicht erop te krijgen — dit specifieke onderzoek naar het Senzere-monster gaat namelijk over de mineralisatie van goud. Daartoe worden dunne — 30 micron — plakjes van de doorsnede op glasplaatjes gelegd, onder een optische microscoop met polarisatoren om mineralen te identificeren. De mineralogische samenstelling van monsters kan worden geanalyseerd met röntgendiffractie, de vloeistofinsluitsels in kwarts kunnen worden bestudeerd, en via röntgentomografie (het doorsnijden van objecten met behulp van een soort doordringende golven) kan het inwendige van de kern in kaart worden gebracht zonder dat deze beschadigd raakt. Analytische tests en apparatuur zijn sinds de jaren 1950 geëvolueerd, maar bij de analyse van boorkernen gaat de voorkeur nog steeds uit naar het gezichtsvermogen, waarbij de hightech apparatuur de blik van de geoloog stuurt.

Het uit hun laden halen van deze boorkernen had al gevolgen, voordat de resultaten van dit recente onderzoek waren gepubliceerd. Enkele weken voordat ik bij het bureau van de conservator stond, namen de geologen een fonkeling van goud waar in een fragment uit de Kilo Moto-boorkern. Er glinsterden daar verschillende streepjes goud, subtiel maar fier, als gesponnen losse draden in een groter web.[8] Het komt bijna nooit voor dat een goudader met het blote oog zichtbaar is in een boorkern. Vaak is het percentage goud in zulke monsters zó laag, of is het goud zó verspreid, dat

5
Volgens de conservator kan de beslissing om een specimen toe te wijzen aan de collectie gesteenten of de collectie mineralen een kwestie van opvatting zijn. Het komt wel vaker voor dat stalen van de ene collectie naar de andere verhuizen.

6
Kilo en Moto zijn twee verschillende, afzonderlijke mijnstreken; Senzere is in Kilo.

7
Met dank aan Stijn Dewaele, geoloog aan de Universiteit Gent, voor het delen van dit werk.

8
Ik heb het woord 'glinsteren' (*to shimmer*) opzettelijk gebruikt om aan te sluiten bij antropologe Deborah Bird Rose die het gebruikt om een schittering te beschrijven, die ons in 'een bruisende en vibrerende wereld' brengt. Zie: Deborah Bird Rose, 'Shimmer: When All You Love Is Being Trashed', in: Anna Tsing et al. (red.), *Arts of Living on a Damaged Planet* (Minneapolis: University of Minnesota Press, 2017).

A drawer with the remaining Senzere drill cores, kept in the rock collection of the Royal Museum for Central Africa / Een lade met de overblijvende boorkernen van Senzere, bewaard in de gesteenten verzameling van het Koninklijk Museum voor Midden-Afrika

Drill cores in the storage of the Royal Belgian Institute of Natural Sciences / Boorkernen in de opslagplaats van het Koninklijk Belgisch Instituut voor Natuurwetenschappen

het nauwelijks zichtbaar is. Dit goud stond echter niet vermeld in de databank van de collectie gesteenten en omdat het goud natuurlijk niet pas na het nemen van het monster is opgedoken, lijkt het erop dat de streepjes goud er altijd al geweest zijn, zonder dat het ooit iemand is opgevallen. Immers, als iemand het had gezien is het zeer onwaarschijnlijk dat dit segment zo lang in de laden van de collectie gesteenten was blijven liggen.

Het kernsegment op het bureau van de conservator was in feite op doorreis, van de voor het overige doffe kleuren in de laden van de collectie gesteenten naar de schittering van de collectie mineralen. In de collectie zijn het de boorkernen die een stabiele basis vormen voor de analyse van de diepe en trage tijd waarnaar onderzoekers altijd terugkeren. De categoriewijziging van het Kilo Moto-fragment herinnert ons eraan dat de instellingen die de boorkernen bewaren en de onderzoekers die eraan werken, de collectie aanpassen om ervoor te zorgen dat deze inzichtelijk blijft. Als een kernfragment van de ene collectie naar de andere verhuist, is de kans ironisch genoeg groter dat het vanuit de coulissen van het museum tevoorschijn komt om te worden tentoongesteld in glazen vitrines waar de meest tot de verbeelding sprekende stukken aan het publiek worden getoond, zodat museumbezoekers ten onrechte de indruk krijgen dat geologen zich doorgaans met glinsterende mineralen bezighouden.[9] Dit duidt op een gebrek aan overeenstemming tussen onderzoeksinstellingen en museumafdelingen. En de bestudering van het Kilo Moto-fragment bracht nog een andere complicatie aan het licht.

Tussen twee vuren

Fundamenteel wetenschappelijk onderzoek wordt verricht door geologen die zijn verbonden aan een openbare universiteit, op een boorkern die is opgegraven door een particulier mijnbouwbedrijf in samenwerking met een andere openbare universiteit. Het nemen van een boorkern is een complexe aangelegenheid, die gespecialiseerde machines en tijd vereist. Het kan dagen, weken of zelfs maanden duren. Het is een manier om de bodem te benaderen die zó duur is dat onderzoeksinstellingen het maar zelden kunnen betalen. Geologen werken dus vaak met boorkernen die door mijnbouwbedrijven zijn genomen. Het boren zelf moet bijgevolg worden gezien als sterk doelgericht. Het is vooral gebaseerd op een logica die opdook in het begin van de negentiende eeuw, toen de ontginning van grondstoffen een politiek project werd dat verweven was met koloniale expansie. De collectie van het KMMA is aangelegd in een tijd dat de financiële kosten van het boren en de fysieke schade die het veroorzaakte niet zo belangrijk waren. Het aantal boorkernen dat ter voorbereiding van mijnbouw is genomen, suggereert dat het een doeltreffende strategie was. Mijnbouwbedrijven werken nog steeds met boorkernen en ook vandaag de dag worden de meeste boorkernen genomen ten behoeve van de ontginning. Maar niet allemaal. Recentelijk zijn er ook boorkernen geraadpleegd om plekken te vinden die geschikt zijn voor het bewaren van kernafval. Geologen verwijzen keer op keer naar boorkernen, zonder te hoeven verwijzen naar de oorspronkelijke reden voor de verwerving ervan. De conservatoren van de collecties zijn nog steeds bereid om boorkernen op te nemen, maar het is, nu de koloniale handel niet langer de transportkosten dekt, financieel steeds minder haalbaar om dergelijke kernen te versturen. En omdat de mijnbouwindustrie zich steeds meer losmaakt van de onderzoeksinstellingen, zijn particuliere bedrijven terughoudender met het delen van hun boorkernen, dit om te voorkomen dat zij uit naam van onderzoek belangrijke commerciële informatie 'prijsgeven'.[10]

Een boorkern kan alleen in een collectie worden opgenomen als zijn precieze herkomst bekend is. Toch worden ze niet vaak in een bredere context geplaatst. Zo is het verband tussen het monster uit de Kilo-regio en

9
Collecties van culturele voorwerpen en kunstcollecties spelen een veel grotere rol in het wetenschappelijke debat dan natuurhistorische collecties.

10
Zie voor een reactie op dergelijke tendensen het commentaar in: Noah Planavsky et al., 'Store and Share Ancient Rocks', *Nature* 581 (2020), 137–139.

visitors a false impression that geologists tend to grapple with shimmering minerals.[9] This points to incongruences between research institutions and museum departments. The study of the Kilo Moto section speaks to another complication, too.

9
Collections of cultural artefacts and art collections are much more present in scholarly debate than natural history collections.

10
For a reaction on such tendencies, see the comment in: Noah Planavsky et al., 'Store and Share Ancient Rocks', *Nature* 581 (2020), 137–139.

Between a Rock and a Hard Place

Fundamental scientific research is conducted by geologists from a public university on a core dug up by a private mining company in collaboration with another public university. Drill coring is a complex affair: it requires specialised machinery and time. Coring can take days, weeks, even months. It is a manner of approaching the underground that is so expensive that it can very rarely be afforded by research institutions. Geologists often work with cores drilled by mining companies. Coring itself must consequently be understood as very objective-driven. It was particularly driven by a logic that peaked in the early nineteenth century when resource extraction became a political project interwoven with colonial expansion. The RMCA collection was formed when the financial cost of boring and physical damages brought about by drilling were of lesser concern. The amount of cores dug in preparation for mining suggest they were effective for what they sought to do. Mining companies continue to work with cores and a lot of what is done with cores today still relates to extraction. But not everything. Recently cores have also been consulted to locate receptacles to contain nuclear waste. Geologists refer to drill cores again and again without necessarily referring to the initial impulse for their acquisition. Curators of the collections are still open to receiving drill cores, but it has become financially less feasible to send such cores now that colonial couriers no longer cover transportation costs. And as the mining industry is increasingly severed from research institutions, private companies are more hesitant to share their cores, to avoid 'giving up' important information, in the name of research.[10]

Cores can only be included in the collection if their precise provenance is provided. And yet the wider picture of these cores is not usually dealt with. For example, the relation between the sample from the Kilo region and its site is not clear. Is the drill core the most intact part of the site that still remains because the rest has been devastated by extraction? Perhaps the gold that twinkles in this core section is the only piece of gold from this vicinity that was not sold for imperial revenue? The detailed mining archives of the colonial mining company Société des Mines d'Or de Kilo Moto no longer exist. Based on sparse information in reports, it seems the mine was active until 1966. Before 1960, it produced about 120 tons of gold each month. This very high-grade deposit resulted in devastating anthropogenic extraction — current satellite images reveal some swampy remains. And the socioeconomic and ecological consequences exceeded the gloomiest expectations. Not considering the socioeconomic contexts in which the cores were drilled has shaped an understanding of the ground as a graspable, extractable and manageable entity, rather than vulnerable, living, active, social and natural, biotic and abiotic, organic and mineral, living and inert, biological and geological entanglement with economies of global politics.

The Kilo Moto core segment with its golden shimmer is rather spectacular. Relocating it from one collection to another made it even more attractive to use it for this attempt to look at the drill core in a different light. The drilling of a core, via its entry in a collection, to the analysis of thin slices thereof under the bright light of a microscope by geologists, entangles these objects of scientific enquiries in webs of meaning that make the cores revealers of the socioeconomic conditions that made them. They are therefore also potent tools for narrating novel geopolitical stories. These

de vindplaats niet duidelijk. Is deze boorkern het meest intacte deel van de vindplaats dat is overgebleven, omdat de rest door winning is verwoest? Misschien is het goud dat in dit kerngedeelte fonkelt, het enige stukje goud uit deze omgeving dat niet werd verkocht om de koninklijke kas te spekken? De gedetailleerde mijnbouwarchieven van de koloniale mijnbouwmaatschappij Société des Mines d'Or de Kilo Moto bestaan niet meer. Op basis van spaarzame informatie in verslagen lijkt het erop, dat deze mijn operationeel was tot 1966. Vóór 1960 werd er ongeveer 120 ton goud per maand geproduceerd. Het ging om een zeer hoogwaardige ertslaag die aanleiding gaf tot een verwoestende antropogene ontginning — op recente satellietbeelden zijn enkel nog wat moerassige resten te zien. Ook de sociaal-economische en ecologische gevolgen overtroffen de somberste verwachtingen. Er werd geen rekening gehouden met de sociaal-economische context waarin de boorkernen werden genomen, en de grond werd beschouwd als een makkelijke prooi die kon worden geëxploiteerd en beheerst in plaats van als een kwetsbare, levende, actieve, sociale en natuurlijke, biotische en abiotische, organische en minerale, levende en inerte, biologische en geologische eenheid die verstrikt was geraakt in het economische aandeel van de wereldpolitiek.

Het boorkernsegment uit de Kilo-regio is vanwege zijn gouden glinstering tamelijk spectaculair. Zijn verhuizing van de ene collectie naar de andere maakte het nog aantrekkelijker om hem te gebruiken voor deze poging om de boorkern in een ander licht te bezien. Het nemen van een boorkern, de opname ervan in een collectie en de analyse van dunne plakjes ervan onder het felle licht van een microscoop door geologen: dit alles verstrikt deze objecten van wetenschappelijk onderzoek in een web van betekenis dat de sociaal-economische omstandigheden waaronder ze zijn genomen, weergeeft. Ze kunnen dus ook een belangrijke rol spelen in nieuwe geopolitieke verhalen. Deze facetten worden door geologen meestal onbelicht gelaten. De mate van ecologische verwoesting en uitputting van grondstoffen vraagt om politiek actieve lezingen van de boorkernen. Deze alternatieve lezingen mogen de blik van de geologen natuurlijk niet ondermijnen, hoewel ze ongetwijfeld de aanvankelijke redenen waarom de kernen genomen, bewaard, bestudeerd en opnieuw gecatalogiseerd werden, ter discussie stellen.

Vertaling: InOtherWords, Maria van Tol

facets tend to be left unveiled by geologists. The degree of ecological devastation and resource depletion calls for politically active readings of the cores. These alternative readings should not, of course, undermine the geologists' gaze, although they undoubtedly call into question the initial reasons why the cores were taken, preserved, studied and re-catalogued.

Antoine Vialle

Stedenbouw terug schalen naar de fijne korrel: Een andere kijk op de stedelijke voetafdruk

In dit artikel wordt, op basis van een casestudy in West-Lausanne (Zwitserland), onderzocht hoe stedenbouw kan worden terug geschaald naar de fijne korrel en de afwisselende textuur van de stadsgrond. Door een nauwkeuriger beeld te schetsen van de stedelijke voetafdruk wordt het ruimtelijk en ecologisch belang van de bodem als een snel evoluerend materiaal aan het licht gebracht. Uiteindelijk kan deze benadering richting geven aan een noodzakelijk project voor de regeneratie van grond in het stedelijk gebied.[1]

Stedelijk territorium = zijn grond

Vanuit stedelijk perspectief is de bodem gewoonlijk onzichtbaar. Op bodemkaarten zijn stedelijke gebieden meestal weergegeven als witte vlekken, wat een vrij gebruikelijke epistemologische leemte illustreert. Deze armoedige visuele en culturele representatie is niet alleen te wijten aan het feit dat de natuurlijke en de door de mens gemaakte materie van de stadsgrond meestal ver uit het zicht begraven ligt. De stadsgrond blijft ook grotendeels buiten beschouwing, omdat het noodzakelijke 'afgewogen gebruik van het land/de grond' vaak wordt gebruikt als rookgordijn om een op grootschalige verstedelijking gericht beleid te rechtvaardigen. Dit type beleid wordt eerder gestuurd door de wens stadsuitbreidingen en verkeersstromen te beperken, dan door ampele overwegingen over het grote aandeel niet-bebouwde grond dat zo kenmerkend is voor het hedendaagse stedelijke gebied. Op Europees en Zwitsers niveau biedt de heersende tendens in het ruimtelijke-ordeningsbeleid, vanwege het toenemende bodemverbruik, inderdaad een betere bescherming van landbouwgrond en natuurlijke bodems — namelijk door ontwikkelingen te oriënteren op bestaand stedelijk gebied dat moet worden verdicht en geherstructureerd. Deze doelstelling, die wordt geformuleerd als 'inwaartse verstedelijking' of 'geen netto ruimtebeslag', zet de bodem in stedelijk gebied die voor geprioriteerde ontwikkeling is aangemerkt, onder druk.[2] Paradoxaal genoeg wordt ook het belang van de bodem als leverancier van allerlei ecosysteemdiensten in steden benadrukt en ontstaan er potentiële belangenconflicten over het gebruik van deze lokale hulpbron.

Het lijkt dringend noodzakelijk om de waarden die gewoonlijk aan de stadsgrond — als de negatieve contravorm van bebouwd stedelijk weefsel — worden toegekend, om te keren. Deze grond is niet alleen een economische, maar ook een ecologische reserve; deze reserve is potentieel inzetbaar ten behoeve van een duurzamere stedelijke ontwikkeling. Een dergelijke paradigmaverschuiving moet gecombineerd worden met originele en positieve representaties die het hedendaagse stedelijke gebied gelijkstellen met de grond, in plaats van zich ertegen af te zetten. Naast het behoud van natuurlijke landbouwgrond moeten er alternatieve verhalen komen die de verstedelijking niet alleen neerzetten als een bedreiging die het bodemkapitaal verteert, maar ook als een ontworpen proces van bodemtransformatie (antropogenese) en uiteindelijk als een actieve strategie van stedelijke bodemregeneratie en -valorisatie: als een specifiek 'project voor de grond'.[3]

Vooral grond die zich in een antropogene omgeving bevindt, wordt gekenmerkt door een grote kwantitatieve en kwalitatieve heterogeniteit. Zijn ruimtelijke en functionele kenmerken, zoals fractale, onregelmatige en microscopische aspecten, verschillen van andere ecosysteemcomponenten zoals

1
Antoine Vialle, *Our Common Soils: West Lausanne Urbanization as Anthropedogenesis: A Section through the Times and Spaces of Urban Soils* (proefschrift, Lausanne: EPFL, 2021).

2
Swiss Spatial Planning Act RS 700 (2014); Science for Environment Policy, *No Net Land Take by 2050?* (Bristol: Opgesteld voor de Europese Commissie DG Milieu door de Science Communication Unit, UWE, 2016).

3
Bernardo Secchi, 'Progetto di suolo', *Casabella* 520-521 (1986), 19-23.

An inversion of values: photographic negative of an aerial view of Renens (West Lausanne) in 1938 / Een omkering van waarden: negatief van een luchtfoto van Renens (West-Lausanne) in 1938

Antoine Vialle

Downscaling Urbanism to the Fine Grain of Urban Soils: Another Look at the Urban Footprint

On the basis of a case study conducted in West Lausanne (Switzerland), this article explores how downscaling urbanism to the fine grain and multiple textures of urban soils can reveal their spatial and environmental importance as a fast-evolving material by providing a more accurate perception of the urban footprint. Ultimately, this approach can guide a necessary project for the regeneration of the ground in the urban territory.[1]

The Urban Territory = Its Soils

From the urban perspective, soils are usually invisible. On soil maps, urban areas typically appear as white spots illustrating a fairly common epistemological gap. Such poor visual and cultural representations are not only due to the fact that the natural and man-made material of urban soils is mostly buried far from sight. Urban soils remain largely disregarded also because the necessary 'measured use of the land-soil' is often used as a smokescreen to justify various metropolisation-oriented policies. These polices are justified by the limitation of urban sprawl and traffic flows rather than by a thorough reflection on the high proportion of non-built-up soils that characterise contemporary urban areas. Motivated by ever-increasing soil consumption, the current trend of spatial planning policies at the European and Swiss levels is indeed promoting increased protection of arable and natural soils by reorienting development

1 Antoine Vialle, *Our Common Soils: West Lausanne Urbanization as Anthropedogenesis: A Section through the Times and Spaces of Urban Soils* (PhD thesis, Lausanne: EPFL, 2021).

watermassa's. Het niet-vloeibare karakter van grond vereist ook dat het tijdsverloop niet alleen in termen van stromen wordt beschouwd, maar ook in termen van deposities, archieven en allerhande materiaalrecyclering: een polygenese. Deze specifieke kenmerken bepalen het vermogen van grond om in mondiale en lokale ecosysteemdiensten te voorzien. Om een duurzaam project voor de regeneratie van de grond in het stedelijk territorium uit te werken, is het daarom dringend noodzakelijk de focus en tijdlijn waarmee het bewoonde gebied wordt gedocumenteerd en beheerd, aan te passen door de stedenbouw terug te schalen naar de fijne korrel en de afwisselende textuur van de stadsgrond. Hieronder worden twee voorlopige analyses belicht die gaan over representatie en besluitvorming.

<u>De stedelijke afdruk in de grond bepalen</u>

Ten eerste hebben recente ontwikkelingen in de bodemecologie de vooringenomen opvatting van grond als statisch kapitaal dat geleidelijk aan door de stedelijke groei zou worden opgeslokt, achter zich gelaten. De invloed van de verstedelijking op bodemveranderingen is niet onopgemerkt gebleven, evenmin als de zowel positieve als negatieve invloed die relatief 'jonge' overgangsbodems genereren.[4] Deze dynamische opvatting van tijd en ruimte met betrekking tot de stadsgrond effent de weg voor planning en ontwerp van toekomstige steden die in overeenstemming zijn met de geprognosticeerde stadsgrond van morgen, in plaats van alleen met de huidige. Met dit doel voor ogen moeten representaties van de stedelijke voetafdruk in staat zijn om onderscheid te maken tussen de voorbije en de toekomstige temporele evolutie van een stadsgrond, die onderhevig is aan processen die in lengte variëren van tien tot duizend jaar. Ze moeten oog hebben voor de complexe materialiteit van de stedelijke voetafdruk, waarvan de fijne korrel varieert van regionaal tot microscopisch.

4 Arlene J. Tugel et al., 'Soil Change, Soil Survey, and Natural Resources Decision Making', *Soil Science Society of America Journal* 69 (2005), 738-747.

Urbanization as an actor of soil changes: photographic negative of an aerial view of the construction of the A1 motorway in Renens (West Lausanne) c. 1960 / Verstedelijking als actor van bodemveranderingen: negatief van een luchtfoto van de aanleg van de A1-snelweg in Renens (West-Lausanne), ca. 1960

towards existing urban areas that must be densified and restructured. This objective, which is formulated as 'inward urbanisation' or 'no net land take', puts pressure on the soils situated within urban areas, which are cast as priority development targets.[2] Paradoxically, it also stresses the importance of soils as the providers of multiple ecosystem services in cities and points out potential conflicts of interest regarding the use of these local resources.

In this context, it seems urgent to invert the values that are usually associated with urban soils as the negative counter form of the built fabric. Those soils are not only economic but also ecological reserves, which represent a potential asset for a more sustainable urban development. Such a paradigm shift entails elaborating original and positive representations equating, instead of opposing, the contemporary urban territory with its soils. In addition to the preservation of natural-arable land, alternative narratives must consider urbanisation not only as a threat that is consuming the soil capital, but also as a designed process of soil transformation (anthropedogenesis) and ultimately as an active strategy of urban soil regeneration and valorisation: a specific 'project for the soil'.[3]

Especially when they are located in anthropised environments, soils are characterised by a high quantitative and qualitative heterogeneity. Their spatial and functional characteristics, including fractal, 'patchy' and microscopic dimensions, differ from other components of ecosystems such as bodies of water. The non-fluid character of soil also requires the course of time to not only be considered in terms of fluxes, but also in terms of depositions, archives and multiple material reprocessings: a polygenesis. These specificities determine soils' capacities to provide global and local ecosystem services. In order to elaborate a sustainable project for the regeneration of the ground in the urban territory, it is therefore urgent to adjust the focal length and timeline through which the inhabited territory is documented and managed, by downscaling urbanism to the fine grain and multiple textures of urban soils. In such a purpose, two analytical and prospective issues will be exposed here in relation to representation and decision making.

Recording the Urban Imprint on Soils

In the first place, recent developments in soil ecology have moved away from a partial vision of soil as a static capital that would be progressively consumed by urban growth. They have acknowledged urbanisation as an agent of soil changes, with both positive and negative influences generating relatively 'young' transitioning soils.[4] This dynamic consideration for/of urban soils opens the way to planning and designing future cities in accordance with a foresight of the urban soils of tomorrow, rather than only with their current quality. In this purpose, the representations of the urban footprint should be able to discern urban soils' past and future temporal evolution, the processes of which range from decadal to millennial, and their complex materiality, the fine granularity of which range from regional to microscopic.

Throughout the West Lausanne case study, soil has been mapped and sequenced as a system in five dimensions defined by three-dimensional volumes, surfaces and time dynamics. The obtained historical map series characterise the evolving intensity of various phenomena such as anthrosedimentation (earthworks), gardening (land cover changes), and related anthropedogenetic processes such as alterations in subtract or organic matter and nutrients cycles. Quantitative and proportional variations in the intensity of such phenomena reflect cultural, technical and morphotypological changes in the consideration for soil. In this, they relate to specific episodes in urban history, from the pre-existing agricultural landscape to the early industrialisation, then to the large-scale modernist developments.

2 *Swiss Spatial Planning Act* RS 700 (2014); Science for Environment Policy, *No Net Land Take by 2050?* (Bristol: Produced for the European Commission DG Environment by the Science Communication Unit, UWE, 2016).

3 Bernardo Secchi, 'Progetto di suolo', *Casabella* 520–521 (1986), 19–23.

4 Arlene J. Tugel et al., 'Soil Change, Soil Survey, and Natural Resources Decision Making', *Soil Science Society of America Journal* 69 (2005), 738–747.

In de casestudy in West-Lausanne is de bodem in kaart gebracht en geordend als een vijf dimensioneel systeem dat wordt gedefinieerd door driedimensionale volumes, oppervlakken en een temporele dynamiek. De verkregen historische kaartreeksen karakteriseren de ontstane intensiteit van diverse fenomenen zoals antro-sedimentatie (grondverzet), tuinieren (veranderingen in bodembedekking) en gerelateerde antropogenetische processen zoals veranderingen in ontgonnen of organisch materiaal en nutriëntencycli. Kwantitatieve en proportionele variaties in de intensiteit van dergelijke verschijnselen weerspiegelen culturele, technische en morfo-typologische veranderingen in de opvatting van de bodem. Zo houden zij verband met specifieke episoden in de geschiedenis van de stad, van het lang geleden bestaande agrarische landschap tot de vroege industrialisatie en vervolgens tot de grootschalige moderne ontwikkeling.

Dankzij innovatieve teledetectietechnieken kunnen antropische ecosystemen tegenwoordig met een ongebruikelijke resolutie worden weergegeven. In de casestudy in West-Lausanne werden de vormende factoren van de stadsgrond in kaart gebracht op de antropische schaal van architectonische ingrepen, waarbij elke cel van het raster overeenkomt met een vierkant van 50 x 50 cm. Een dergelijke hoge resolutie geeft goed het ruimtelijke en functionele belang aan van kleine stukjes stadsgrond — van plantgaten voor bomen tot tussenliggende bodemgebiedjes — die gewoonlijk niet te zien zijn doordat ze wegvallen bij de grove resolutie van de hectometrische kartering die wordt gebruikt om bodembedekking vast te leggen.

Vanuit esthetisch, semiotisch en wetenschappelijk oogpunt verschilt dit type representatie radicaal van een lijntekening die vectoren of polygonen definieert; hij is eerder vergelijkbaar met een fotogram. Het hier gevormde beeld verwijst niet naar een vooraf bepaald vocabulaire of formeel repertoire, maar komt voort uit de directe registratie van het land als een puntenwolk. Evenzo zijn de grijstinten van de kaarten geïnspireerd op een kortere dan wel langere blootstelling van fotografisch papier aan licht om een chronologische gradiënt grafisch weer te geven. Een dergelijke afdruk van de invloed van verstedelijking legt de materiële, performatieve en kwetsbare continuïteit van bodem en kaart vast, en biedt een originele representatie van het concept 'ecologische voetafdruk'.

De grond als het binnenste van het territorium

De resolutie van een territoriale representatie bepaalt vervolgens de ruimtelijk-functionele niveaus waarop de specifieke structuren en vormen van een territorium worden begrepen en gemanipuleerd: zijn korreligheid. Het tonen en uitvergroten van details van stadsgrond als een in tijd en ruimte dynamische materie is dan ook gerelateerd aan het probleem van de 'discretisatie' van territoriale representaties — dit is eerder geanalyseerd door de stedenbouwkundige Antoine Brès.[5] Deze ruimtelijke discretisatie — die kan worden gedefinieerd als 'het vaststellen van schaaldrempels in ruimte of tijd' — specificeert de maximale/minimale ruimte en tijd die als significant of verwaarloosbaar wordt beschouwd. Wanneer dit wordt toegepast op territoriale representaties, maakt discretisatie onderscheid tussen de ruimtelijk-functionele entiteiten die onderwerp zijn van *survey* of ontwerp, en is zij dus van zichzelf een specifieke interpretatie.

Grove bodembedekkingskaarten versterken vaak het topologische antagonisme tussen de grond en de stad, en hebben concrete gevolgen voor gepolariseerde stedelijke gebieden en landschapsonderhoud. Het in hoge resolutie weergeven van de fijne korrel en de wisselende textuur van de stadsgrond onthulde in West-Lausanne daarentegen de aanwezigheid van een andere ruimtelijk-functionele figuur. De stadsgrond zag eruit als de territoriale 'binnenkant' van het historische en eigentijdse stedelijke gebied: als een alomvattend

5 Antoine Brès, *Figures discrètes de l'urbain: À la rencontre des réseaux et des territoires* (Genève: MētisPresses, 2015).

Innovative remote-sensing techniques made it possible to render anthropic ecosystems with an unusual degree of resolution. In the West Lausanne case study, urban soils' forming factors were mapped at the anthropic scale of architectural interventions, with each cell of the grid corresponding to a 50 x 50 cm square. From tree pits to interstitial soil patches, such a high resolution reveals the spatial and functional significance of the small urban soil bodies that are usually invisible, as they fall under the coarse resolution of landcover hectometric mapping.

From an aesthetic, semiotic and scientific point of view, this type of representation differs radically from a line drawing defining vectors or polygons and is rather similar to a photogram. The image formed here does not allude to any predefined vocabulary or formal repertoire, but derives from the direct record of the land as a point cloud. Likewise, the grey shades of the maps take inspiration from the more or less long exposure of photographic paper to light in order to graphically represent a chronological gradient. Such an imprint of the impact of urbanisation establishes a material, performative and sensitive continuity between the soil and the map. It provides an original representation of the concept 'ecological footprint'.

Soils as Territorial Interior

Secondly, the resolution of a territorial representation determines the spatial-functional levels at which the specific structures and forms of a territory are understood and manipulated, its granularity. Revealing and magnifying the details of urban soils as a time and space dynamic matter therefore relates to the problem of the 'discretisation' of territorial representations as analysed by urbanist Antoine Brès.[5] The act of discretisation — defined as 'the establishment of scalar thresholds in space or in time' — specifies the

5 Antoine Brès, *Figures discrètes de l'urbain: À la rencontre des réseaux et des territoires* (Geneva: MētisPresses, 2015).

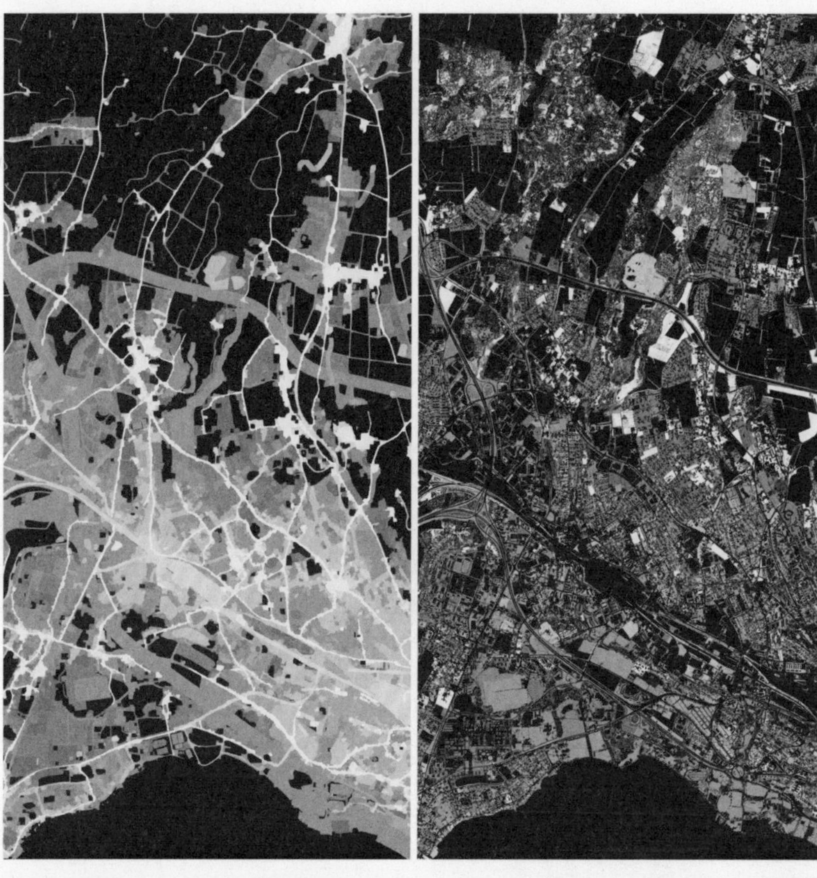

Recording the urban imprint on soils: series of historical maps representing the gradual emergence of anthrosediments (left) and the garden (right) in the course of the twentieth century / Vastleggen van de stedelijke afdruk op de bodem: historische kaartreeksen die het geleidelijke ontstaan weergeven van antrosedimenten (links) en de tuin (rechts) in de loop van de twintigste eeuw

multifunctioneel netwerk dat volledig tot bloei was gekomen en steeds sterker tot bloei zou kunnen komen.[6] De meerschalige focus op stadsgrond als territoriale 'binnenkant' is gerelateerd aan een langlopend debat over de uitgebreide ruimtelijke ontwikkeling in Zwitserland.[7] In dit debat staat de historische trend van decentralisatie en spreiding, die was geïnspireerd door het paradigma van de *inwaartse kolonisatie*, tegenover de huidige grootstedelijke trend die wordt aangedreven door het paradigma van *inwaartse verstedelijking*.[8]

Door de discretisatiedrempel die wordt toegepast op de representatie van stadsgrond te variëren, geven kaarten van de agglomeratie Lausanne-Morges twee uiteenlopende grafische visies op het stedelijk gebied en de daarmee samenhangende grondprojecten weer. Deze twee tegengestelde interpretaties van de ruimtelijke werkelijkheid definiëren de alternatieve kaders waarbinnen de doelstelling van 'inwaartse verstedelijking' kan worden toegepast.

De bovenste kaart discretiseert (in zwart) het niet grootstedelijke en landelijke domein van het bouwgebied (wit) dat in grote lijnen wordt opgevat als een gelegenheid voor stedelijke verdichting en maximale verzadiging. Daartussen definiëren de *non aedificandi* (niet bebouwbare) gebieden in de agglomeratieperimeter (grijs) een groene gordel die een grootschalige, grofkorrelige en radio-concentrische scheiding tussen bebouwbare, recreatieve en agrarische bodems introduceert. Omgekeerd geeft de onderste kaart de feitelijke voetafdruk van bestaande gebouwen (wit) weer als een kans voor een gedifferentieerde kwaliteitsverbetering en een beheerste verdichting. De feitelijke hoeveelheid niet bebouwbare, maar gedeeltelijk dichtgezette grond in het bouwgebied (grijs) omvat onbebouwde percelen, groene en openbare ruimten, achtertuinen en parkeerterreinen. Deze grondreserve komt dus naar voren als een ruimtelijke, ecologische en productieve hulpbron, een potentiële

6
André Corboz, 'Vers la Ville-Territoire', in: André Corboz, *Sonderdruck aus Ergänzungen Ergebnisse der wissenschaftlichen Tagung anlässlich der Einweihung des Ergänzungsbaus der Hochschule St. Gallen* (Bern: Paul Verlag, 1990), 631–635.

7
Sonia Hildebrand, 'Urbane Schweiz: Urbanistische Konzepte für die Schweiz von 1930 bis heute', in: Karsten Borgmann et al. (red.), *Das Ende der Urbanisierung? Wandelnde Perspektiven auf die Stadt, ihre Geschichte und Erforschung* (Berlijn: Humboldt University, 2006), 69–83.

8
Gedurende verschillende eeuwen heeft de doctrine van de *Innenkolonisation* het project van ruimtelijke ontwikkeling (bijvoorbeeld ontginning, vervolgens industriële landbouw) vooral in de Duitstalige gebieden van Europa sterk beïnvloed, met als doel bijna het hele lokale territorium volledig bewoonbaar en productief te maken.

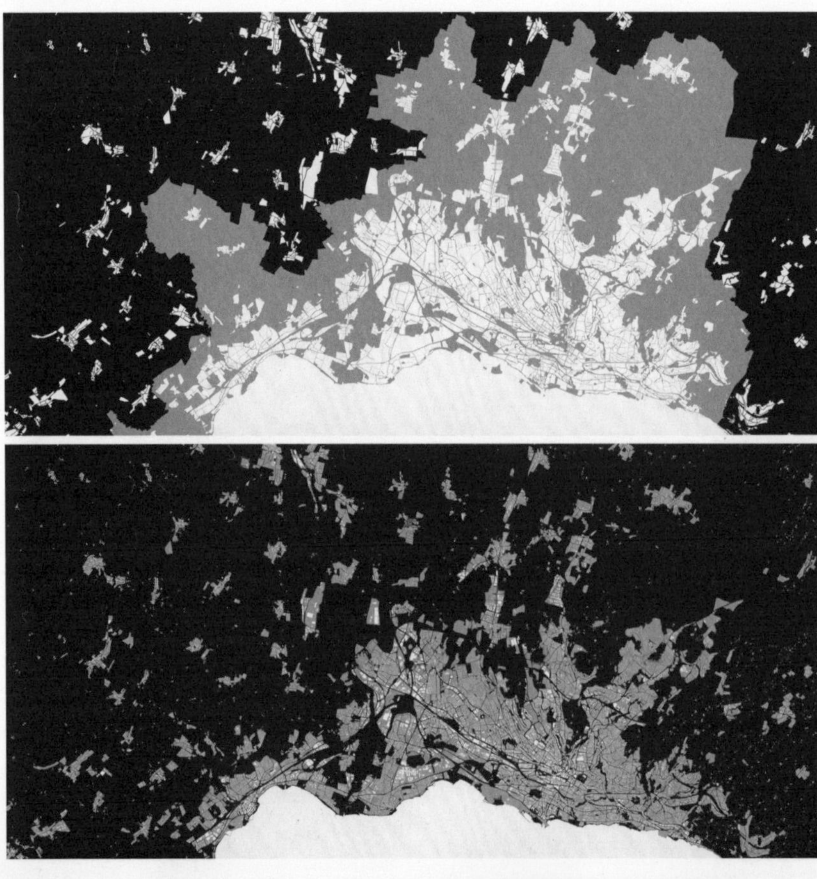

Two contrasting interpretations or visions of the urban territory and their related projects for the ground in the Lausanne-Morges agglomeration / Twee contrasterende interpretaties of visies van het stedelijk territorium en zijn gerelateerde projecten voor de bodem in de agglomeratie Lausanne-Morges

maximum/minimum dimensions and time spans that are recognised as significant or negligible. When applied to territorial representations, the discretisation discriminates the spatial-functional entities that are considered in a survey or design, and therefore contains in itself a specific interpretation.

Coarse landcover mappings oftentimes strengthen the topological antagonism of soil and city, and have concrete repercussions on polarised urban forms and land maintenance practices. In turn, rendering the fine grain and multiple textures of urban soils with high resolution revealed another spatial-functional figure in West Lausanne. Urban soils appeared thus as the territorial 'interior' of the historical and contemporary urban territory: a pervading multifunctional mesh that was — and could increasingly again become — fully thriving.[6] The transcalar focus on urban soils as a territorial 'interior' relates to a long-lasting debate regarding extended spatial development in Switzerland.[7] It opposes a historical trend of decentralisation and dispersion, which was inspired by the *inward colonisation* paradigm, to a current metropolisation trend that is driven by the *inward urbanisation* paradigm.[8]

By varying the discretisation threshold applied to the representation of urban soils, two maps of the Lausanne-Morges agglomeration graphically render two diverging visions of the urban territory and their related projects for the soil. These two contradictory interpretations of the spatial reality define the alternative frameworks within which the objective of 'inward urbanisation' can be implemented.

The upper map discretises (in black) the non-metropolitan and rural realm from the building area (white) indistinctly perceived as an opportunity of urban densification and maximum saturation. In between, the *non* ædificandi soils imbedded in the agglomeration perimeter (grey) define a green belt that

6
André Corboz, 'Vers la Ville-Territoire', in: André Corboz, *Sonderdruck aus Ergänzungen Ergebnisse der wissenschaftlichen Tagung anlässlich der Einweihung des Ergänzungsbaus der Hochschule St. Gallen* (Bern: Paul Verlag, 1990), 631-635.

7
Sonia Hildebrand, 'Urbane Schweiz: Urbanistische Konzepte für die Schweiz von 1930 bis heute', in: Karsten Borgmann et al. (eds.), *Das Ende der Urbanisierung? Wandelnde Perspektiven auf die Stadt, ihre Geschichte und Erforschung* (Berlin: Humboldt University, 2006), 69-83.

8
For several centuries, the doctrine of *Innenkolonisation* strongly influenced the project of spatial development (for example reclamation, then industrial agriculture), especially in the German-speaking areas of Europe, with the intention to make almost the entire local territory fully habitable and productive.

The fine grain and textures of urban soils. Views with a binocular microscope. From left to right and top to bottom: mineral aggregates, fragment of asphalt, organic matter, root hairs (5.6 to 72 times magnification) / De fijne korrel en de texturen van stedelijke bodems. Opnamen met een binoculaire microscoop. Van links naar rechts en van boven naar onder: minerale aggregaten, fragment asfalt, organisch materiaal, wortelharen (5,6 tot 72 maal vergroot)

stadstuin rondom woningen en werkplekken. In grote lijnen vormen alle niet bebouwbare oppervlakken binnen en buiten de agglomeratieperimeter (zwart) evenzo een complex netwerk dat zich uitstrekt tussen dorpen en tot in de stad — een potentiële ecologische infrastructuur bestaande uit bossen, velden, boomgaarden, verkeerscorridors en grote parken.

De sociale en ecologische rol die zo'n alomvattend grondnetwerk — opgevat als een territoriale 'binnenkant' — kan spelen, wijkt radicaal af van de gebruikelijke polariserende semantiek van de ruimtelijke ordening: open en boven elkaar in plaats van gesloten en naast elkaar in termen van structuur; verbindend in plaats van verdelend in termen van de status die aan de grond wordt toegekend; ruimten verbindend in plaats van scheidend; polyvalent in plaats van monofunctioneel in termen van gebruik; gedistribueerd en geconcentreerd in plaats van compact in termen van dichtheid; lokaal in plaats van afhankelijk in termen van hulpbronnen en diensten; daarnaast wordt de historische dynamiek van stedelijke spreiding geherinterpreteerd in plaats van er een oplossing voor te bedenken. In deze alternatieve territoriale figuur resoneert de Wastebelt Vision van landschapsstedenbouwkundige Alan Berger, die moet uitmonden in een gevarieerd stelsel van 'energiegordels', 'natte gordels' en 'restgordels'. Dergelijke nieuwe ruimtelijke en functionele patronen bieden een alternatief voor de traditionele groene gordels en ecologische corridors waarmee de verzadiging van het stedelijk weefsel gewoonlijk gepaard gaat. Zij kunnen derhalve de fragmentarische stadsgrondmozaïeken die het resultaat zijn van de geleidelijke stratificering van het grondgebruik, opnieuw interpreteren en valoriseren.[9]

Het terug schalen van de stedenbouw naar de specifieke korrel van de stadsgrond impliceert dan ook een herontwerp van de metriek en de morfologische patronen van het ruimtelijke netwerk dat het stadsgebied qua omvang, spreiding en toegankelijkheid kenmerkt. In aanvulling op de traditionele *grijze* dichtheid van gebouwen moeten er *groene*, *blauwe* en bruine dichtheden worden overwogen als drijvende kracht achter duurzame stedenbouw. In tegenstelling tot compactheid of forse verdichting zou een dergelijke omgekeerde dichtheid inspiratie kunnen putten uit de korreligheid van de grond, die wordt bepaald door de grootte van vaste deeltjes en holten in zijn structuur die de doorlatendheid van water, biologische activiteit en nutriëntencycli bevordert. Stadsgrondnetwerken vereisen een groot aandeel holten en actieve bodemoppervlakken op alle schaalniveaus, omdat de distributie en intensiteit van bodemdiensten correleert met de overlast die door hun toenemende kunstmatigheid wordt veroorzaakt. Het motto is dan niet langer alleen 'geen netto ruimtebeslag': de ambitie moet ook het delen van land omvatten — dit in tegenstelling tot 'zuinig omgaan met land'-strategieën — en gericht zijn op de verbetering van de prestaties en synergie van alle plantaardig-minerale grond in het gehele stedelijke territorium.[10]

De hier voorgestelde strategie, waarbij stedenbouw wordt terug geschaald naar de fijne korrel van de stadsgrond, sluit aan bij het recente pleidooi waarin de filosoof Bruno Latour 'landen op aarde' introduceert als een nieuwe beschrijving van onze levensomstandigheden — een herinterpretatie van wat het betekent om 'aards' te zijn.[11] Zijn pleidooi relateert de uitdaging van representatie, de geringe discretisering van onze dynamische stedelijk-ecologische voetafdruk, aan een ruimtelijk-functionele kwestie, namelijk de opvatting van stadsgrond als een territoriaal 'binnenste'. Een dergelijke conceptuele articulatie is essentieel voor de ontwikkeling van een omgekeerde benadering van dichtheid. Dit is de kern van het noodzakelijke 'project voor de regeneratie van de grond in het stedelijk territorium'.

Vertaling: InOtherWords, Maria van Tol

9
Alan M. Berger, 'Belting Future Suburbia', in: Alan M. Berger et al. (red.), *Infinite Suburbia* (New York: Princeton Architectural Press, 2017), 522–550.

10
Nina Zarrineh et al., 'Model-Based Evaluation of Land Management Strategies with regard to Multiple Ecosystem Services', *Sustainability* 10 (2018), 1–21.

11
Bruno Latour, *Critical Zones: The Science and Politics of Landing on Earth* (Cambridge, MA: MIT Press, 2020).

institutes a large-scale, coarse-grained and radio-concentric segregation between buildable, recreational and provisioning soils. Conversely, the bottom map acknowledges the actual footprint of existing buildings (white) as an opportunity of a differentiated requalification and circumscribed densification. The actual amount of unbuilt yet partially sealed soils in the building area (grey) includes undeveloped plots, green and public spaces, backyards and parking lots. This land reserve therefore emerges as a spatial, environmental and productive resource, a potential urban garden surrounding homes and workplaces. Likewise, when considered indistinctly, all the *non* ædificandi surfaces within and outside of the agglomeration perimeter (black) appear as a complex network stretching between villages and into the city — a potential ecological infrastructure made of woods, fields, orchards, transportation corridors and large-scale parks.

The social and ecological role potentially played by such a pervading mesh of soils — understood as a territorial 'interior' — differs radically from the usual polarising spatial planning semantics: open and superimposed instead of closed and juxtaposed in terms of structure; inclusive instead of divisive in terms of the status it assigns to soils; connecting instead of separating spaces; polyvalent instead of monofunctional in terms of uses; distributed and concentrated instead of compact in terms of density; localised instead of dependent in terms of resources and services; reinterpreting the historical dynamics of urban dispersion rather than seeking to counteract them. This alternative territorial figure echoes landscape urbanist Alan Berger's Wastebelt Vision, which is meant to become a varied set of 'energy belts', 'wet belts' and 'dross belts'. Such new spatial and functional patterns offer an alternative to the conventional green belts and ecological corridors that usually accompany the saturation of the urban fabric. They could therefore reinterpret and valorise the patchy mosaics of urban soils which results of the gradual stratification of land uses.[9]

Downscaling urbanism to the specific grain of urban soils therefore implies to redesign the metrics and morphological patterns of the spatial mesh that characterises the urban territory in terms of size, distribution and accessibility. In complement to the conventional *grey* density of buildings, a *green*, *blue* and *brown* density should be considered as a driver for sustainable urbanism. As opposed to compaction or bulk density, such a reversed density could take inspiration from the granularity of soil, which is defined by the size of solid particles and voids contained in its structure, favouring water percolation, biological activity and nutrient cycling. Urban soil meshes require a significant proportion of voids and active soil surfaces at all scales, because the distribution and intensity of soil services is correlated to the nuisances induced by their artificialisation. The motto is then no longer just 'no net land loss': the ambition should also encompass 'land sharing' as opposed to 'land sparing' strategies — and aim at improving the performances and synergies of all vegetal-mineral soils throughout the urban territory.[10]

The here-proposed strategy, downscaling urbanism to the fine grain of urban soils, echoes philosopher Bruno Latour's recent stance in favour of 'landing on earth' as a redescription of our living condition, entailing a reinterpretation of what being 'earthly' means.[11] It relates a challenge of representation, the low discretisation of our dynamic urban ecological footprint, to a spatial-functional question, the consideration of urban soil as a territorial 'interior'. Such a conceptual articulation is essential to develop a reversed approach to density, which is at the core of a necessary 'project for the regeneration of the soil in the urban territory'.

9 Alan M. Berger, 'Belting Future Suburbia', in: Alan M. Berger et al. (eds.), *Infinite Suburbia* (New York: Princeton Architectural Press, 2017), 522–550.

10 Nina Zarrineh et al., 'Model-Based Evaluation of Land Management Strategies with Regard to Multiple Ecosystem Services', *Sustainability* 10 (2018), 1–21.

11 Bruno Latour, *Critical Zones: The Science and Politics of Landing on Earth* (Cambridge, MA: MIT Press, 2020).

Alexandra Arènes

De bodemkaart van het Strengbach Kritische Zone Observatorium

De bodemkaart is de grafische verkenning van het Kritische Zone Observatorium. De Kritische Zone is de dunne laag van de Aarde die zich uitstrekt van de boomkruinen tot de bodem en het gesteente op grote diepte. Een observatorium is een stroomgebied dat wetenschappers monitoren om verstoringen van het leefmilieu te begrijpen. Hier, in dit gedeelte van het woud in de Vogezen, bij de rivier de Strengbach, gaan ze op zoek naar zwavelverontreiniging en zure regen, veroorzaakt door industrie.

De bodemkaart is een instrument om mee door het Kritische Zone Observatorium te navigeren: elk meetstation laat een deel zien van wat de onderzoekers observeren. De kaart kan echter desoriënterend werken, omdat ze conventionele referenties omverkegelt. De wereldbol, die tot nu toe onze relatie met de Aarde bepaalde, is als een handschoen binnenstebuiten gekeerd om je te helpen de compositie van de Kritische Zone beter te begrijpen. Als lezer van de kaart zweef je niet boven de grond, maar kijk je van onder de grond naar boven. De pijl in het midden van de kaart wijst naar de grond, niet naar het gebruikelijke noorden. De sferische vorm suggereert een begrenzing: de diepe gronden en gesteenten zijn op de rand geplaatst, aan de buitengrens van de kaart. De atmosfeer die je normaal gesproken niet weergeeft op een kaart, bevindt zich in het centrum, ingesloten door de gesteenten eromheen. Dit wijst op het feit dat atmosferische vervuiling, in dit geval zwavel, niet in de atmosfeer verdwijnt, maar naar ons terugkomt.

De kaart is ook een hulpmiddel, een model dat je kunt reproduceren voor je eigen observatorium. Om dit hulpmiddel te kunnen gebruiken, volgt hier een lijst met vragen die je helpen te identificeren wat belangrijk is in elk van deze cirkels.

1. Cirkel van de atmosfeer: welke chemische en fysische materialen zijn aanwezig in de lucht? Wat zijn de levende wezens en processen waaruit de atmosfeer bestaat?
2. Cirkel van de grond: Waaruit bestaat de grond, wat zijn de materialen waarop je leeft en in welke materialen leef je? Waar komen deze vandaan, hoe oud zijn ze? Waar komt het water vandaan, waarvan je afhankelijk bent. Hoe oud is het?
3. Diepe gesteenten: wat zijn de levende wezens en processen die het geologische landschap stabiliseren? Welke kunnen het beschadigen?

Inzicht in de Kritische Zone is van essentieel belang voor een versterking van ons begrip van de bodem. Een bodem die we vaak als vanzelfsprekend beschouwen. Grond is dieper, instabieler en staat in wisselwerking met veel meer entiteiten dan we denken (of vroeger dachten). Het veldwerk toont bewegingen van de bodem van binnenuit en brengt deze in kaart. Zo hopen we met de lezers een complexere, maar ook een ongelooflijk meer bevolkte bodem, te delen.

Vertaling: Elsbeth Ronner

Alexandra Arènes

The Soil Map of the Strengbach Critical Zone Observatory

The soil map is the graphic exploration of a Critical Zone Observatory. The Critical Zone is the thin layer of the Earth that extends from the tree canopy to the ground and rocks at depth. An observatory is a watershed that scientists monitor to understand environmental disturbances. Here, in this part of the Vosges forest, they trace sulphur pollution and acid rain caused by industrial gases.

The soil map is an invitation to navigate through the Critical Zone Observatory: each instrumented station reveals part of what the scientists are observing. However, you may feel disoriented by the map, as it overturns conventional references. The globe, which until now has influenced our relationship with the Earth, has been reversed like a glove to help you better understand the composition of the Critical Zone. Instead of being above the ground, you are below it. The arrow in the middle of the map points towards the soil, not towards the conventional north. The sphericity suggests a limit: the deep soils and rocks are placed on the edges, at the outer limit of the map, and the atmosphere that is not usually represented on a map is in the centre, trapped by the rocks around it, suggesting the fact that atmospheric pollution, here sulphur, does not disappear into the atmosphere, but comes back to us.

The map is also a tool, a model that you can reproduce for your own observatory. To use this tool, here is a list of questions to help you identify what is important to notice in each of these circles.

1. Circle of the atmosphere: What chemical and physical materials are present in the air? What are the beings and processes that compose your atmosphere?
2. Circle of the ground: What makes up the ground, what are the materials you live on and in which materials do you live? Where do they come from, how old are they? Where does the water on which you depend come from? How old is it?
3. Deep rock circle: What are the beings and processes that stabilise the geological landscape? Which ones can damage it?

Understanding the Critical Zone is essential for thickening our understanding of the soil. A soil that we often take for granted. Soil is deeper, more unstable and interacts with many more entities than we think (or used to think). The fieldwork surveys the movements of the soil from within and brings them together on a map. By doing so we hope to share with the readers a more complex, but also extraordinarily more populated soil.

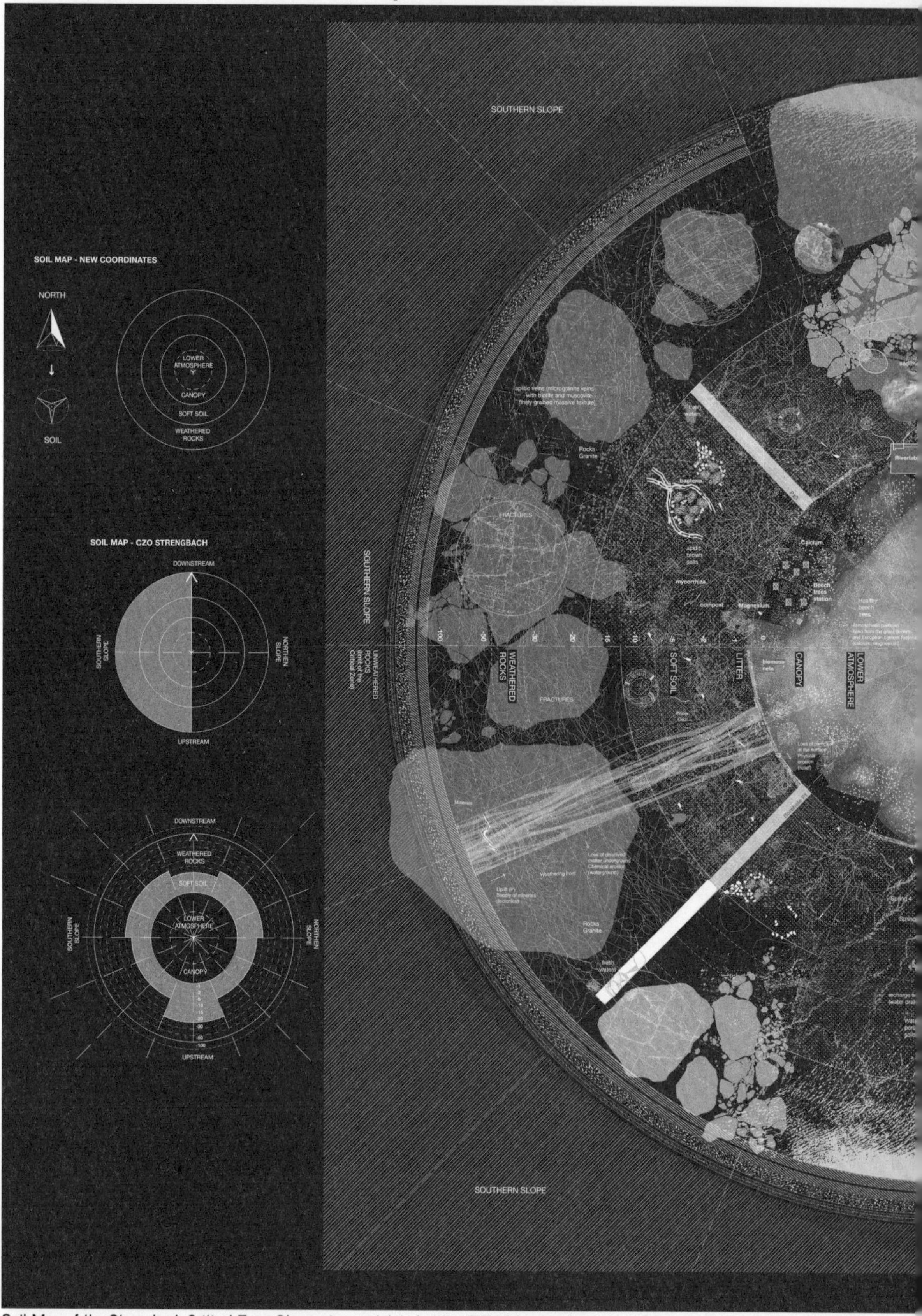

Soil Map of the Strengbach Critical Zone Observatory, exhibited at the ZKM Museum for Art and Media in Karlsruhe, for *Critical Zones: Observatories for Earthly Politics*, 2020 / Bodemkaart van het Strengbach Critical Zone Observatorium. Tentoonstelling *Critical Zones: Observatories for Earthly Politics*, ZKM Museum voor Kunst en Media, Karlsruhe, 2020

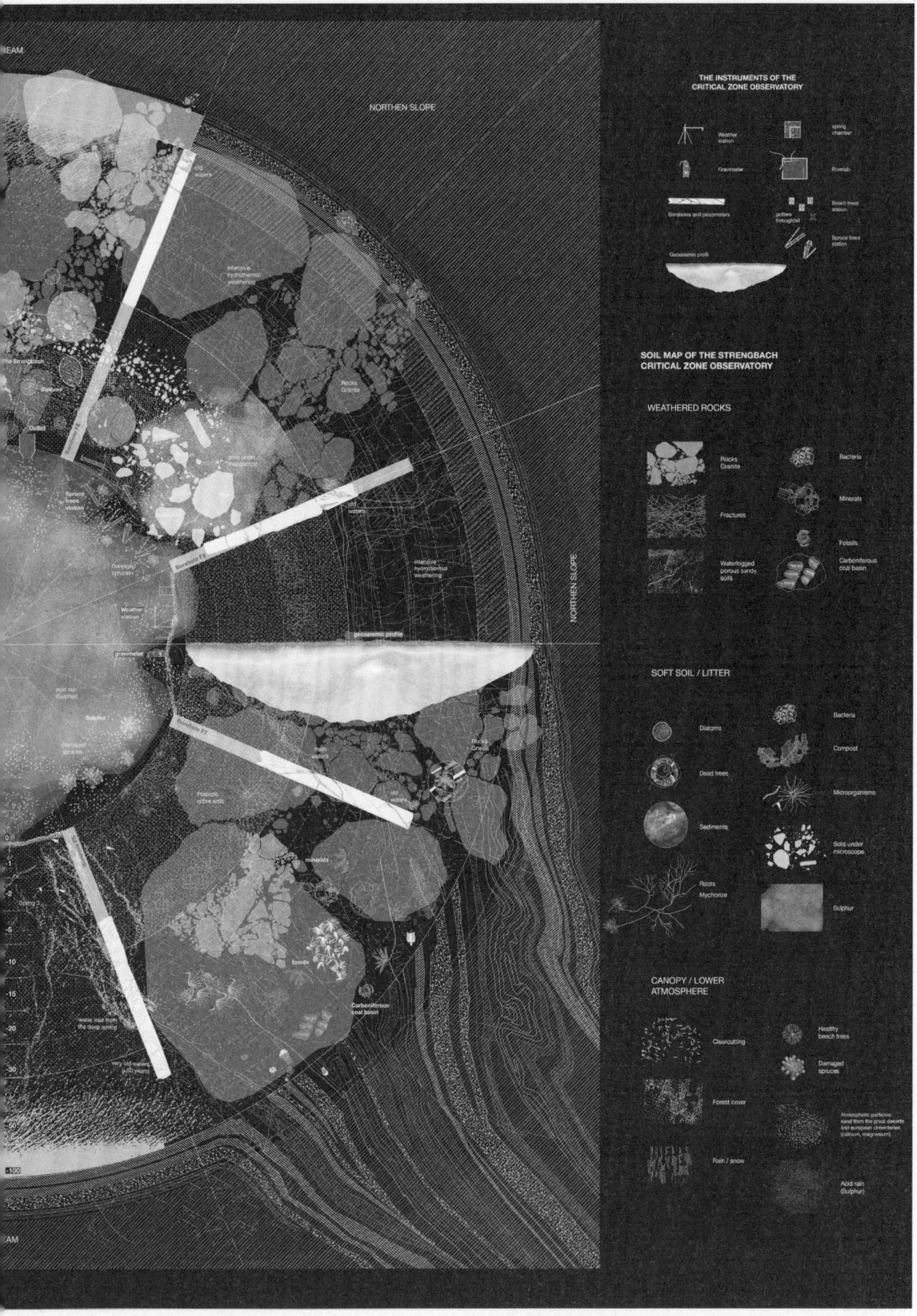
NORTHEN SLOPE
old waters
intensive hydrothermal weathering
Rocks Granite
The Strengbach
Outlet
Spruce trees station
Borehole F8
Damaged spruces
Weather station
geoseismic profile
gravimeter
acid rain (Sulphur)
Sulphur
Borehole F7
fresh waters
Rocks Gneiss
Podzolic ochre soils
minerals
fossils
Carboniferous coal basin
water inlet from the deep spring
very old waters (+50 years)
THE INSTRUMENTS OF THE CRITICAL ZONE OBSERVATORY
Weather station
spring chamber
Gravimeter
Riverlab
Boreholes and piezometers
gutters throughfall
Beech trees station
Spruce trees station
Geoseismic profil
SOIL MAP OF THE STRENGBACH CRITICAL ZONE OBSERVATORY
WEATHERED ROCKS
Rocks Granite
Bacteria
Minerals
Fractures
Fossils
Waterlogged porous sandy soils
Carboniferous coal basin
SOFT SOIL / LITTER
Diatoms
Bacteria
Compost
Dead trees
Microorganisms
Sediments
Soils under microscope
Roots Mychorize
Sulphur
CANOPY / LOWER ATMOSPHERE
Clearcutting
Healthy beech trees
Damaged spruces
Forest cover
Rain / snow
Acid rain (Sulphur)

Intermezzo 3: Nieuwe inventarisaties

Ruth Oldham

Golvende landschappen

'Grondverzet is een van de meest effectieve manieren om het land vorm te geven en de directe omgeving aan te passen aan de menselijke habitat. Grondverzet slaat een brug naar de prehistorie.'[1] Deze aantekening stond op het vierde paneel van Alison en Peter Smithson's project Burrows Lea Farm, dat ze in 1956 op CIAM 10 presenteerden, terwijl Team 10's kritische houding ten opzichte van het vooroorlogse modernisme aan het uitkristalliseren was. De toegenomen aandacht voor het grondvlak en voor de manier waarop (grote) gebouwen het aardoppervlak raken, moet worden gezien als onderdeel van een bredere heroriëntatie op een meer contextuele architectuur, één die is verbonden met een bepaalde plek en eerder 'geworteld' is dan 'balanceert'.[2]

Toen ik op zoek was naar enkele uitvoerige opvattingen over de aanpak van het pas bevrijde grondvlak in de vooroorlogse tabula rasa-stedenbouw stuitte ik op een fragment uit een artikel van Le Corbusier dat voor het eerst werd gepubliceerd in mei 1929. Hij merkt op dat de 'immens diepe funderingen van deze kantoorgebouwen de verwijdering van enorme hoeveelheden grond noodzakelijk zullen maken' en stelt voor om die grond niet op vrachtwagens en schuiten te laden en in de buitenwijken te dumpen, zodat 'de hele ondergrond van Parijs beetje bij beetje rond de stadsrand wordt opgestapeld', maar om hem naast de uitgravingen te laten 'accumuleren' tot heuvels en die te beplanten met bomen en in te zaaien met gras.[3]

Hoewel Le Corbusier het idee niet verder schijnt te hebben uitgewerkt, sloegen de twee door hem beschreven verschijnselen wel aan tijdens de wederopbouwhausse na de Tweede Wereldoorlog. In talrijke voorsteden en steden verrezen grote sociale woningbouwprojecten, waarvan de budgetten vaak niet toereikend waren om grote hoeveelheden grond te verwijderen. Pragmatisme bracht veel ontwerpers ertoe om deze aarde als grondstof te gebruiken. Huur een bulldozer en binnen een paar dagen heb je een nieuwe topografische situatie. Het nieuwe reliëf voorzag in tal van functies, zoals het

1
Alison en Peter Smithson, 'Burrows Lea Farm, 1956' in: Alison en Peter Smithson, *The Charged Void: Architecture* (New York: The Monicelli Press, 2001), 133.

2
Alison en Peter Smithson, *The Heroic Period of Modern Architecture* (Londen: Thames & Hudson, 1981), oorspronkelijk verschenen als een geïllustreerd essay in *Architectural Digest* in december 1965.

3
Willy Boesiger en Oskar Stonorov (red.), *Le Corbusier et Pierre Jeanneret: Oeuvre Complète: Vol. 1: 1910–1929* (Parijs: Éditions d'Architecture, 1937), 119.

André Malraux Park in Nanterre, designed by / ontworpen door landschapsarchitect / landscape architect Jacques Sgard, 1971–1979

Intermezzo 3: New Inventories

Ruth Oldham

Undulating Landscapes

'Earth moving is one of the most effective ways of moulding the land to make the immediate environment suit the human habitat. Its use provides a point of contact with pre-history.'[1] This annotation appeared on panel four of Alison and Peter Smithson's project Burrows Lea Farm, presented at CIAM 10 in 1956 as Team 10's critical stance towards pre-war modernism was crystallising. Paying closer attention to the ground plane and the way in which (big) buildings met the earth's surface was part of a wider reorientation towards a more contextual architecture, connected to a particular place, 'rooted' rather than 'poised'.[2]

In search of some detailed ideas for the treatment of the newly liberated ground plane in pre-war tabula rasa urbanism, I came across an excerpt in an article by Le Corbusier that was first published in May 1929. Noting that the 'immensely deep foundations of these office buildings will entail the removal of enormous quantities of soil', he suggested that instead of loading it onto lorries and barges to be dumped in the suburbs, 'the result of which little by little the whole of the subsoil of Paris has been piled up around its outskirts', it could be left to 'accumulate' in mounds beside the excavations, which would be planted with trees and sown with grass.[3]

Though Le Corbusier doesn't seem to have taken the idea any further, both of the phenomena that he described took hold during the post-war reconstruction boom. In numerous suburbs and towns, vast social housing schemes proliferated, whose budgets often didn't stretch to the removal of great volumes of soil. Pragmatism led many designers to turn this earth into a resource. Hire a bulldozer and new topographies could be created in a few days. This new relief provided numerous functions, such as structuring circulation and separating cars from pedestrians, or disguising technical installations. It also provided a means to generate playful, audacious landscapes: slopes to roll down, peaks to scale, mounds that, if you stand in the right place, might even make (big) buildings disappear, or the landscape beyond the buildings appear.

1
Alison and Peter Smithson, 'Burrows Lea Farm, 1956', in: Alison and Peter Smithson, *The Charged Void: Architecture* (New York: The Monicelli Press, 2001), 133.

2
Alison and Peter Smithson, *The Heroic Period of Modern Architecture* (London: Thames and Hudson, 1981), first published as an illustrated essay in *Architectural Digest* in December 1965.

3
Willy Boesiger and Oskar Stonorov (eds.), *Le Corbusier et Pierre Jeanneret: Oeuvre Complète: Vol. 1: 1910–1929* (Paris: Editions d'Architecture, 1937), 119.

Georges Valbon Park in La Courneuve, designed by / ontworpen door landscape architect / landschapsarchitect Alain Provost, 1970

regelen van het verkeer, het scheiden van auto's en voetgangers en het verbergen van technische installaties. Het was ook een middel om speelse, gewaagde landschappen mee te scheppen: hellingen om naar beneden te rollen, pieken om te beklimmen, heuvels die, zolang je maar op de goede plek stond, zelfs (grote) gebouwen konden doen verdwijnen of het landschap achter die gebouwen zichtbaar konden maken.

Park André Malraux in Nanterre door landschapsarchitect Jacques Sgard

Deze afbeelding van de aanleg van de Belvedère-heuvel in het park André Malraux (1971–1979) in Nanterre stamt uit 1972. Drie grote heuvels, opgetrokken uit ongeveer 1 miljoen m³ grond afkomstig van La Défense, bepalen de noordelijke grens van dit 25 ha grote park. Het is ontworpen door landschapsarchitect Jacques Sgard, wiens aanpak diepgaand werd beïnvloed door lange perioden van studie en reizen in Nederland en Scandinavië (1971–1979, 25 ha, 1 miljoen m³ aarde).

Park Georges Valbon in La Courneuve door landschapsarchitect Alain Provost

Deze afbeelding van het 415 ha grote departementale park Georges Valbon in La Courneuve in de noordelijke Parijse voorsteden stamt uit 1988. In het begin van de jaren 1970 gebruikte de landschapsarchitect Alain Provost meer dan 15 miljoen m³, uit het centrum van Parijs afkomstige aarde die was vrijgekomen bij de aanleg van het ondergrondse spoorwegknooppunt Les Halles. Er ontstond een volledig nieuwe, kunstmatige topografische situatie met heuvels, valleien, meren en watervallen. Vijftig jaar later is de beplanting volgroeid en de noordelijke hellingen van de heuvels zijn aangenaam bemost (1970, 415 ha, 15 miljoen m³ grond).

Park Jean Verlhac en woningbouwproject Villeneuve in Grenoble door landschapsarchitect Michel Corajoud (CCH)

Michel Corajoud, die eerder met Jacques Simon samenwerkte, legde een park van 20 ha aan (1973) in het hart van een groot, uit 7.000 woningen bestaand woningbouwproject in Villeneuve in het zuiden van Grenoble. Er is daar 120.000 m³ aarde gebruikt om negen afgeronde kunstmatige heuvels te creëren, sommige wel 10 m hoog, voorzien van stroken struikgewas en bomen. De heuvels meanderen over een vlakte gelegen tussen lange woonblokken van tussen de vijf en 25 lagen, tegen de achtergrond van een alpien silhouet van bergtoppen (1968–1973, 20 ha park en 54 ha

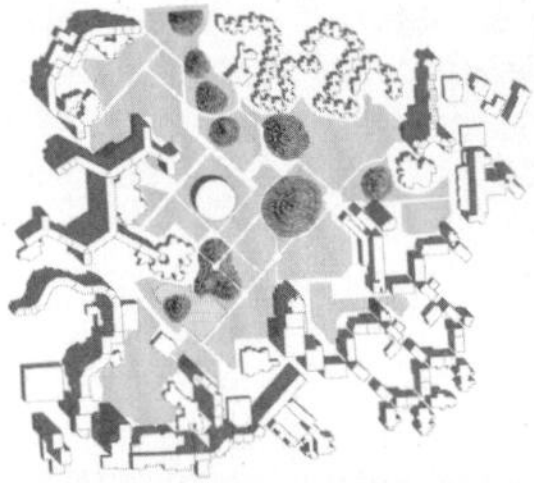

Jean Verlhac Park designed by landscape architect Michel Corajoud (CCH) and the Villeneuve housing project in Grenoble / Jean Verlhac Park ontworpen door landschapsarchitect Michel Corajoud (CCH) en het woningbouwproject Villeneuve in Grenoble, 1968–1973

André Malraux Park in Nanterre by landscape architect Jacques Sgard

This image of the creation of the Belvedere hill in the André Malraux Park (1971–1979) in Nanterre was taken in 1972. Three large hills, made with around 1 million m³ of earth from La Défense, define the northern limit of this 25-hectare park designed by landscape architect Jacques Sgard, whose approach was profoundly influenced by long periods of study and travel in the Netherlands and Scandinavia (1971–1979, 25 ha, 1 million m³ earth).

Georges Valbon Park La Courneuve by landscape architect Alain Provost

This image of the 415-hectare Georges Valbon departmental park in La Courneuve in the northern Paris suburbs was taken in 1988. In the early 1970s, using over 15 million m³ of earth extracted in the centre of Paris during the creation of the underground rail interchange at Les Halles, landscape architect Allain Provost created an entirely artificial topography of hills, valleys, lakes and waterfalls. Fifty years on the planting has matured and the northern slopes of the hills are pleasingly mossy (1970, 415 ha, 15 million m³ earth).

Jean Verlhac Park and the Villeneuve housing project in Grenoble by landscape architect Michel Corajoud (CCH)

Michel Corajoud, who had previously worked with Jacques Simon, created a 20-hectare park (1973) at the heart of a vast project of 7,000 housing units at Villeneuve in the south of Grenoble. Approximately 120,000 m³ of earth have been used to create nine rounded artificial hills, some as high as 10 m, latticed with bands of shrubs and trees. The hills wind their way across a plain, between long slabs of housing stepping from five to 25 storeys, and beyond, an alpine skyline of mountain peaks (1968–1973, 20 ha park and 54 ha mixed zone with park and housing, 120,000 m³ earth, 7,000 housing units).

Saint John Perse Park and the ZUP Croix-Rouge in Reims by landscape architect Jacques Simon

For eight days in the summer of 1968, landscape architect Jacques Simon directed a batterie of bulldozers and levellers to sculpt 50,000 m³ of earth, excavated for the adjacent 655-unit Croix-Rouge housing development, in the southern suburbs of Reims. The resulting 'green lung' of the housing estate, the Saint-John Perse Park, is formed of a shallow bowl connected to a

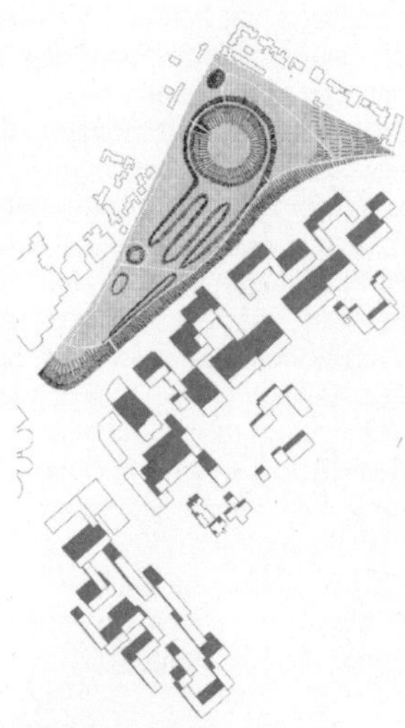

Saint John Perse Park and the ZUP (*Zone à Urbaniser en Priorité*) Croix-Rouge in Reims, designed by landscape architect / ontworpen door landschapsarchitect Jacques Simon, 1968–1973

gemengd gebied met park en woningen, 120.000 m^3 aarde, 7.000 woningen).

Park Saint-John Perse en deZUP Croix-Rouge in Reims door landschapsarchitect Jacques Simon

Landschapsarchitect Jacques Simon gaf in de zomer van 1968 acht dagen lang leiding aan een batterij bulldozers en egaliseermachines die 50.000 m^3 aarde, uitgegraven voor het uit 655 woningen bestaande aangrenzende woningbouwproject Croix-Rouge in de zuidelijke buitenwijken van Reims, moesten bewerken. Het resultaat, het park Saint-John Perse, de 'groene long' van dit woningbouwproject, bestaat uit een ondiepe kom die verbonden is met een lineaire ruimte die bestaat uit drie lage heuvelruggen. De 4 m hoge rand die de centrale concave grasvlakte omsluit, is beplant met acacia's, berken en esdoorns (1968-1973, 7 ha park en 25 ha gemengd gebied met park en woningen, 50.000 m^3 aarde, 655 woningen).

Robin Hood Gardens in Londen door de architecten Alison & Peter Smithson

Het hart van de *stress-free zone* tussen de twee golvende blokken van Robin Hood Gardens in Oost-Londen bestaat uit een 5 m hoge kegelvormige grasheuvel en vijf kleinere heuvels. Deze *range of hills* bestaat uit ongeveer 5.000 m^3 grond en voor de funderingen van de nieuwe gebouwen gewonnen puin — de restanten van de *spiritually dead* negentiende-eeuwse huurkazernes die waren gesloopt om plaats te maken voor het project. Omdat ze tegelijkertijd verwijzen naar prehistorische landvormen, middeleeuwse bouwsels, achttiende-eeuwse landschapsarchitectuur en industriegebieden waren heuvels voor de Smithson's van grote betekenis. De centrale hoofdheuvel is het enige deel van hun project dat — in een sterk gewijzigde vorm — zal blijven bestaan als de huidige sloop en nieuwbouw eenmaal zijn voltooid (1972, 0.8 ha tuin en 1.5 ha voor het hele woningbouwproject, 5.000 m grond en puin, 213 woningen).[4]

Vertaling: InOtherWords, Maria van Tol

4 Alle gecursiveerde termen zijn afkomstig uit een interview met Peter Smithson dat in 1972 verscheen in het september-nummer van *Architectural Digest*.

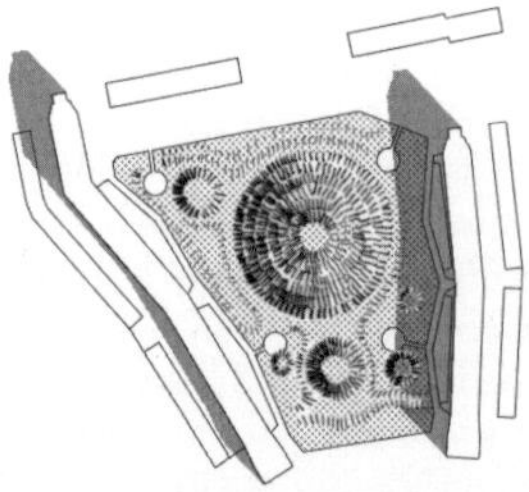

Robin Hood Gardens in London / Londen by / van Alison & Peter Smithson, 1972

linear space made up of of three low ridges. The 4-m-high ridge encircling the central concave expanse of grass is planted with acacia, birch and maple (1968–1973, 7 ha park and 25 ha of mixed zone with park and housing, 50,000 m^3 earth, 655 housing units).

Robin Hood Gardens in London by architects Alison and Peter Smithson

A 5-m-high cone-shaped grassy mound, accompanied by five smaller mounds, forms the heart of the *stress-free zone* between the two sinuous blocks of Robin Hood Gardens in East London. This *range of hills* was created with approximately 5,000 m^3 of soil (extracted for the new buildings' foundations) and rubble (of the *spiritually dead* nineteenth-century tenement housing demolished to make way for the scheme). Mounds, relating simultaneously to prehistoric landforms, medieval constructions, eighteenth-century landscaping and industrial landscapes, were charged with meaning for the Smithsons. The main central mound is the only part of their project that will remain (in some vastly altered form) once the current demolition and new development is completed (1972, 0.8 ha garden and 1.5 ha for the entire housing project, 5000 m^3 earth and rubble, 213 housing units).[4]

4
All the terms in italics are taken from an interview with Peter Smithson published in the September 1972 edition of *Architectural Digest*.

Chiara Pradel

Monumentaal grondverzet voor de bouw van de AlpTransit

In de Alpenboog, in het hart van Europa, wordt momenteel een aantal belangrijke hogesnelheidsspoorlijnen aangelegd. Eén daarvan, de Neue Eisenbahn-Alpentransversale (NEAT), verbindt Zuid-Duitsland met Noord-Italië via Zwitserland, een land waar ook nu al een derde van het oppervlak van dorpen en steden in beslag wordt genomen door transportinfrastructuur zoals wegen, spoorweginstallaties, luchthavens en vliegvelden.[1] Door de aanleg van de drie NEAT-basistunnels (de Lötschberg, Gotthard en Ceneri) moet verder landgebruik worden voorkomen, terwijl bovengronds tegelijkertijd een aantal kwetsbare en natuurlijke landschappen behouden blijft.

Naarmate de tunnelbouw vordert, komt de complexe relatie tussen de veeleisende, met de NEAT samenhangende bouwprocessen en het monumentale grondverzet dat dit teweegbrengt, steeds duidelijker in beeld. De uitgraving van de twee enkelsporige Ceneri-tunnels (2006-2020) betrof niet minder dan 10 miljoen ton inert afval en de totale aanleg van de Gotthard-as (1999-2016) heeft maar liefst meer dan 24 miljoen ton materiaal opgeleverd. Slechts een deel daarvan is hergebruikt voor de productie van beton- en spuitbetonaggregaten, terwijl de niet onaanzienlijke rest werd bestemd voor 'hercultivering' of 'milieuverbetering'.[2] Het resultaat is dat er alom, van Erstfeld in het kanton Uri tot Lugano in Tessin, geruisloos allerlei stortplaatsen, kunstmatige terpen en topografische veranderingen in het gebied rondom de bouwplaatsen van de NEAT zijn verschenen en daar de vorm van het altijd veranderlijke Zwitserse landschap hebben gewijzigd. Er zijn bijvoorbeeld tonnen, van de Gotthard-basistunnel afkomstig materiaal per trein en schip naar de delta van de rivier de Reuss in Zwitserland vervoerd. Daar is het óf gebruikt om het meer te dempen en om de voorheen geërodeerde riviermond opnieuw in te richten, óf verspreid over verschillende gebieden in de buurt van de NEAT-toegangspoort in de regio Sedrun, óf met een transportband door een buis getransporteerd en op de stortplaats van de gemeente Biasca gekiept om daar een puinkegel te creëren.

In dit artikel voorzien wij de fysieke toestand van vier belangrijke grondwerken van een grafisch kader. We illustreren hoe de hoeveelheid verplaatste grond uiteindelijk is terechtgekomen in een rivierdelta, een beboste vallei, een bergdorp en een stedelijke periferie. Hierbij zijn verschillende manieren van verwijdering toegepast die dringend aanleiding geven tot (onder andere) ecologische, topologische en formele ontwerpvragen.[3]

De gepresenteerde kaarten, topologische tekeningen en foto's plaatsen vraagtekens bij de sympoëtische transformatie van deze sites, waarbij grondverzet niet langer uitsluitend technisch wordt benaderd en het onherroepelijk grootschalige karakter ervan wordt ingekaderd als een potentiële basis voor toekomstig landschapsontwerp.

Vertaling: InOtherWords, Maria van Tol

1 Christian Schubarth en Felix Weibel, *Land Use in Switzerland: Results of the Swiss Land Use Statistics* (Neuchâtel: Federal Statistical Office, 2013), 8-9.

2 Paolo Lanfranchi, Emanuele Catelli en Thomas Bühler, 'Environmental Reclamation for the Gotthard Base Tunnel, Effects of Soil Management on Landscape', in: Daniele Peila, Giulia Viggiani en Tarcisio Celestino (red.), *Tunnels and Underground Cities: Engineering and Innovation meet Archaeology, Architecture and Art* (Londen: Taylor & Francis, 2019), 404-414.

3 Christophe Girot et al., *Landscript 3 Topology: Topical Thoughts on the Contemporary Landscape* (Berlijn: Jovis, 2013), 79-115.

The schematic map and section focus on the two main and most recent tunnels: the Gotthard base tunnel and the Ceneri base tunnel. In the middle column the selected earthworks are marked in black on the maps:
1 (a-b-c) The Delta Reuss disposal site
2 (a-b-c) The Sedrun access point and disposal sites
3 (a-b-c) The Biasca disposal site
4 (a-b-c) The Sigirino access point and disposal site

De schematische kaart en de doorsnede focussen op de twee belangrijkste en meest recente tunnels: de Gotthard- en de Ceneri-tunnel. In de middelste kolom zijn de geselecteerde grondwerken in zwart gemarkeerd:
1 (a-b-c) Stortplaats Delta Reuss
2 (a-b-c) Toegang en stortplaatsen van Sedrun
3 (a-b-c) Stortplaats Biasca
4 (a-b-c) Toegang en stortplaats Sigirino

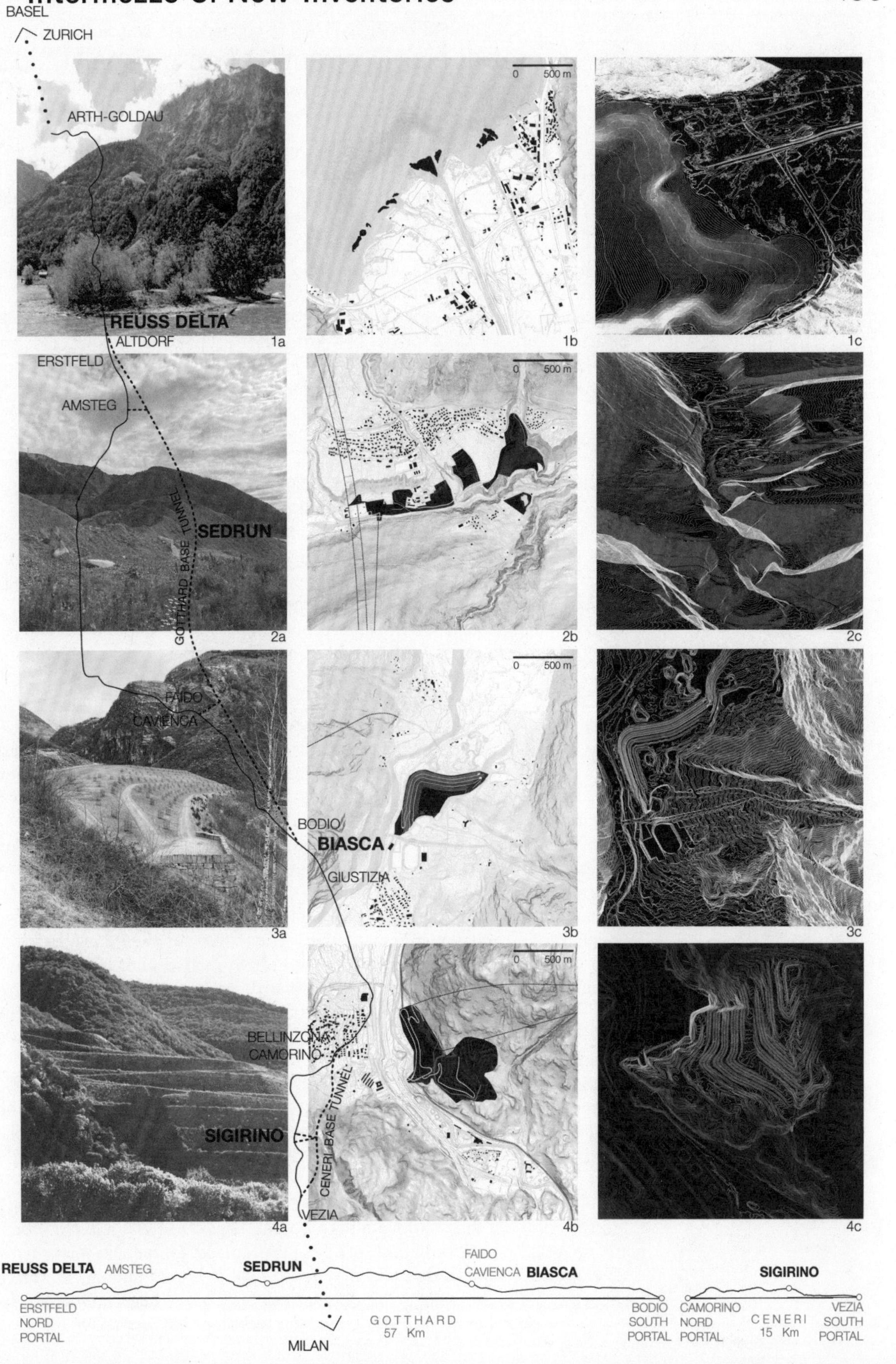
BASEL
ZURICH
ARTH-GOLDAU
REUSS DELTA
ALTDORF
1a
0 500 m
1b
1c
ERSTFELD
AMSTEG
GOTTHARD BASE TUNNEL
SEDRUN
2a
0 500 m
2b
2c
FAIDO
CAVIENCA
BODIO
BIASCA
GIUSTIZIA
3a
0 500 m
3b
3c
BELLINZONA
CAMORINO
CENERI BASE TUNNEL
SIGIRINO
VEZIA
4a
0 500 m
4b
4c
REUSS DELTA AMSTEG
SEDRUN
FAIDO
CAVIENCA BIASCA
SIGIRINO
ERSTFELD NORD PORTAL
GOTTHARD 57 Km
BODIO SOUTH PORTAL
CAMORINO NORD PORTAL
CENERI 15 Km
VEZIA SOUTH PORTAL
MILAN

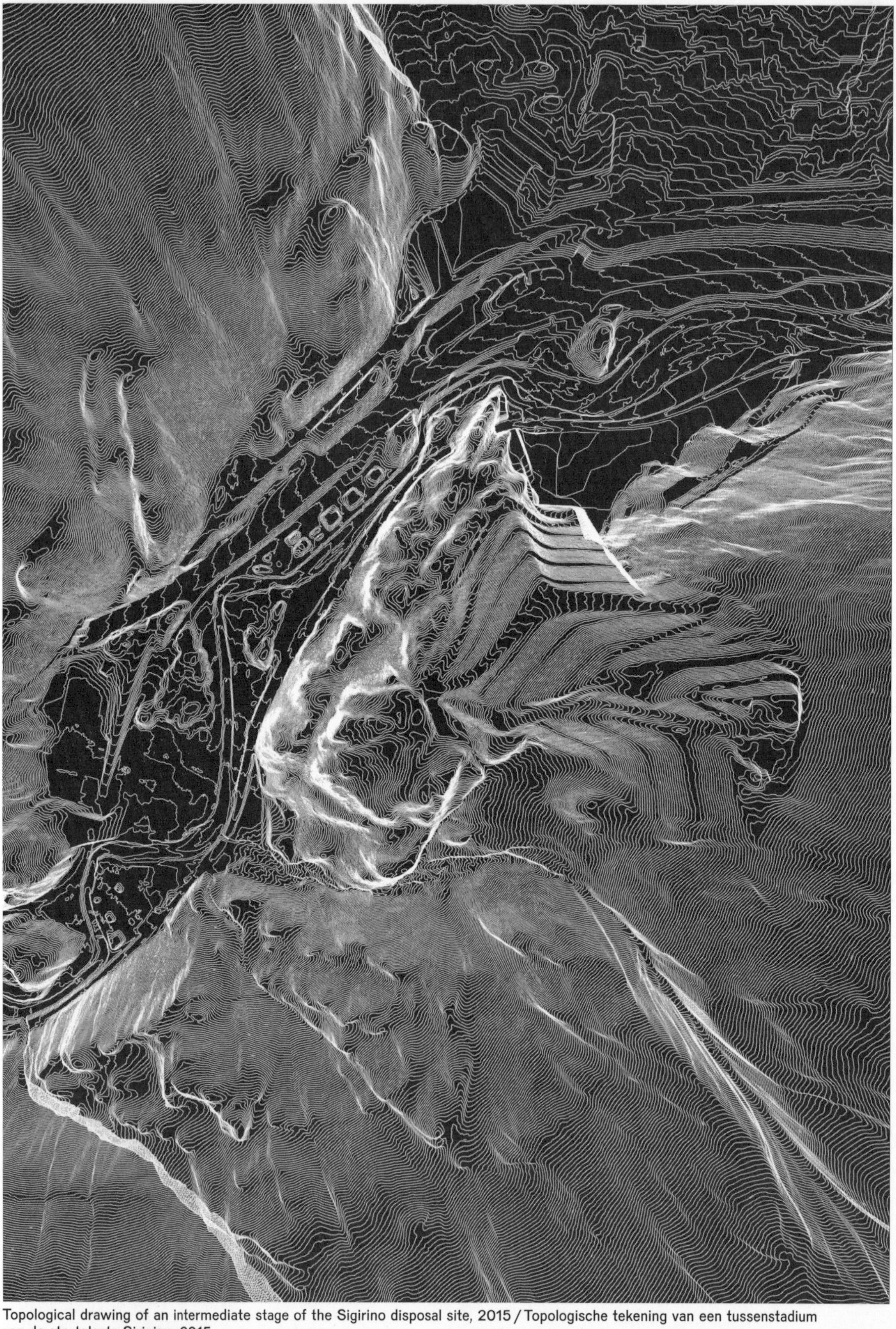

Topological drawing of an intermediate stage of the Sigirino disposal site, 2015 / Topologische tekening van een tussenstadium van de stortplaats Sirigino, 2015

Chiara Pradel

Monumental Earthworks for the Construction of the AlpTransit

In the Alpine arc, at the core of Europe, a number of major high-speed railways are currently under construction. One of them, the New Rail Link through the Alps (NRLA), connects Southern Germany to Northern Italy via Switzerland, a country where one-third of the settlement and urban surface area is already taken up by the transport system: roads, railway installations, airports and airfields.[1] The realisation of three NRLA base tunnels (the Lötschberg, Gotthard and Ceneri) avoids further land consumption, while at the same time preserving several fragile and natural aboveground environments.

As the tunnelling work progresses, the complex relationship between the challenging NRLA construction process and the monumental ground movements it produces is becoming increasingly visible. The excavation of the two single-track Ceneri tunnels (2006–2020) produced 10 million tonnes of inert waste, while the construction of the entire Gotthard axis (1999–2016) generated more than 24 million tonnes of material, of which only a portion has been reused for producing concrete and shotcrete aggregates, while a considerable surplus has been destined for 'recultivation requirements' or 'environmental restorations'.[2] As a result, from Erstfeld in Canton Uri to Lugano in Tessin, several landfills, artificial mounds and altered topographies have silently entered the territories close to the NRLA construction sites and reshaped the ever-changing Swiss landscapes. Tonnes of material from the Gotthard base tunnel have been transported by train and ship to the Delta Reuss, used to fill the lake and to redesign the previously eroded river mouth, have been spread in different areas near the Sedrun NRLA access point, or have been transported by conveyor belt through a spoil tunnel and dumped in the Biasca disposal site to recreate a talus cone.

This paper graphically frames the physical state of four main earthworks. We illustrate the amount of earth moved and ultimately relocated inside a river delta, a wooded valley, an alpine village and an urban periphery. Different disposal strategies were implemented, which urgently trigger (among others) ecological, topological and formal design questions.[3]

The presented maps, topological drawings and photographs interrogate the sympoietic transformation of these sites, disengaging earthworks from exclusively technical approaches and staging their irretrievably monumental character as a potential foundation for future landscape design solutions.

1
Christian Schubarth and Felix Weibel, *Land Use in Switzerland: Results of the Swiss Land Use Statistics* (Neuchâtel: Federal Statistical Office, 2013), 8–9.

2
Paolo Lanfranchi, Emanuele Catelli and Thomas Bühler, 'Environmental Reclamation for the Gotthard Base Tunnel, Effects of Spoil Management on Landscape', in: Daniele Peila, Giulia Viggiani and Tarcisio Celestino (eds.), *Tunnels and Underground Cities: Engineering and Innovation meet Archaeology, Architecture and Art* (London: Taylor & Francis, 2019), 404–414.

3
Christophe Girot et al., *Landscript 3 Topology: Topical Thoughts on the Contemporary Landscape* (Berlin: Jovis, 2013), 79–115.

Julian Meier

Van woestenij tot verzonken stad: Vernieuwing van de stedelijke bodem

Zwitserland telt ongeveer 38.000 terreinen met een verontreinigde bodem, waarvan er volgens het Federaal Milieu Agentschap 4.000 moeten worden gesaneerd. Een van deze restgebieden, het 290.000 m^2 grote Klybeck-gebied in Bazel, is door Ciba-Geigy en later Novartis meer dan 150 jaar voor chemische productie gebruikt. Met de eigendomsoverdracht aan twee pensioenfondsen in 2019 en de wens het gebied snel te herontwikkelen rnieuwing van het gebied uitsluitend bekeken vanuit een economisch perspectief. De bodem is daarbij slechts een tweedimensionaal goed dat gevangen zit in de verdichtingspolitiek van de stad, die geen aandacht heeft voor de toestand van haar bodem. De mogelijkheid tot sanering ten gunste van de ecologie, zoals voorgesteld door Ärztinnen und Ärzte für den Umweltschutz (een actiegroep van artsen die zich inzet voor de bescherming van het leefmilieu), wordt niet opgepakt.

From Wasteland to Sunken City, mijn afstudeerproject aan de leerstoel architectuur en ontwerp van de ETH Zürich, in de vorm van een speculatief ontwerpend onderzoek, probeert deze dominante visie ter discussie te stellen. Het doet dit in de vorm van een scenario dat de vervuiling, de gebruikelijke saneringsprocessen en internationale materiaalstromen analyseert en combineert. Door middel van een onderzoeks- en procesgestuurde aanpak wordt een mogelijk gevolg voor de lokale omgeving in beeld gebracht.

Een megastructuur, die de grootschalige afgraving hermetisch afsluit, introduceert een nieuwe horizon en verdeelt het gebied in twee dichotome werelden. Door de infrastructurele en programmatische behoeften van de omgeving bovenop de megastructuur te accommoderen, wordt voorkomen dat het bindweefsel van de stad door de sanering in stukken scheurt. Intussen graven tientallen arbeiders en zwaarbeveiligde machines langzaam in totaal 1,5 miljoen m^3 grond onder het dek uit. Net als op eerdere saneringslocaties in Bazel vervoeren grote vrachtschepen het verontreinigde materiaal — vanuit een geglobaliseerde logica — naar het buitenland, Duitsland of Nederland, waar het thermisch wordt gereinigd en verwerkt voor hergebruik in de cementindustrie of op stortplaatsen zoals dijken.

Op locatie, 700 km ten zuidoosten, blijft

View of Basel from Isteiner Klotz, painted by Peter Birmann in 1830 / Zicht op Bazel vanaf Isteiner Klotz, geschilderd door Peter Birmann, 1830

Julian Meier

From Wasteland to Sunken City: Regeneration of Urban Soil

Switzerland comprises around 38,000 sites with contaminated soils, of which the Federal Environmental Agency states that 4,000 are to be depolluted. One of these vestiges, the 290,000-m² Klybeck-Area in Basel, served Ciba-Geigy and later Novartis as a chemical production site for over 150 years. With the change of ownership to two pension funds in 2019 and the aim of swift redevelopment into a new city district, the renewal of the area is approached exclusively from an economic perspective. In this light the soil is translated into a mere two-dimensional commodity trapped by the city's politics of densification, without any regard for the state of its ground. The appeal to purify the soil in favour of ecology by Ärztinnen and Ärzte für den Umweltschutz (an action group of doctors working for the protection of the environment), has not been heeded.

From Wasteland to Sunken City, my master thesis at the Chair of Architecture and Design at the ETH Zurich, is a speculative design research that tries to challenge this prevalent vision by taking the form of a scenario that combines the analysis of the pollution, common remediation processes and international material flows. By means of a research- and process-driven approach, it portrays a possible consequence for the local environment.

A megastructure that hermetically seals the large-scale excavation, introduces a new horizon and divides the area into two dichotomous worlds. By accommodating the infrastructural and programmatic needs of the surroundings on its surface, it prevents the city fabric from rupturing as a result of the redevelopment. Meanwhile, dozens of workers and high-security machines slowly unearth a total of 1.5 million cubic tonnes of soil beneath the structure. As in previous remediation sites in Basel, large cargo vessels transport the contaminated material abroad — in a globalised logic — to Germany or the Netherlands, where it is thermally cleaned and processed for its reuse in the cement industry or landfills such as dikes.

At its origin, 700 km to the southeast, the Klybeck area is left with a 100,000-m² negative form. Under the megastructure, two gigantic holes with extensive groundwater

Basel with view to the North, photographed by Jules Vogt in 1965 / Bazel met zicht op het noorden, gefotografeerd door Jules Vogt, 1965

Decontamination / Sanering

Conversion / Omschakeling

Progression / Vooruitgang

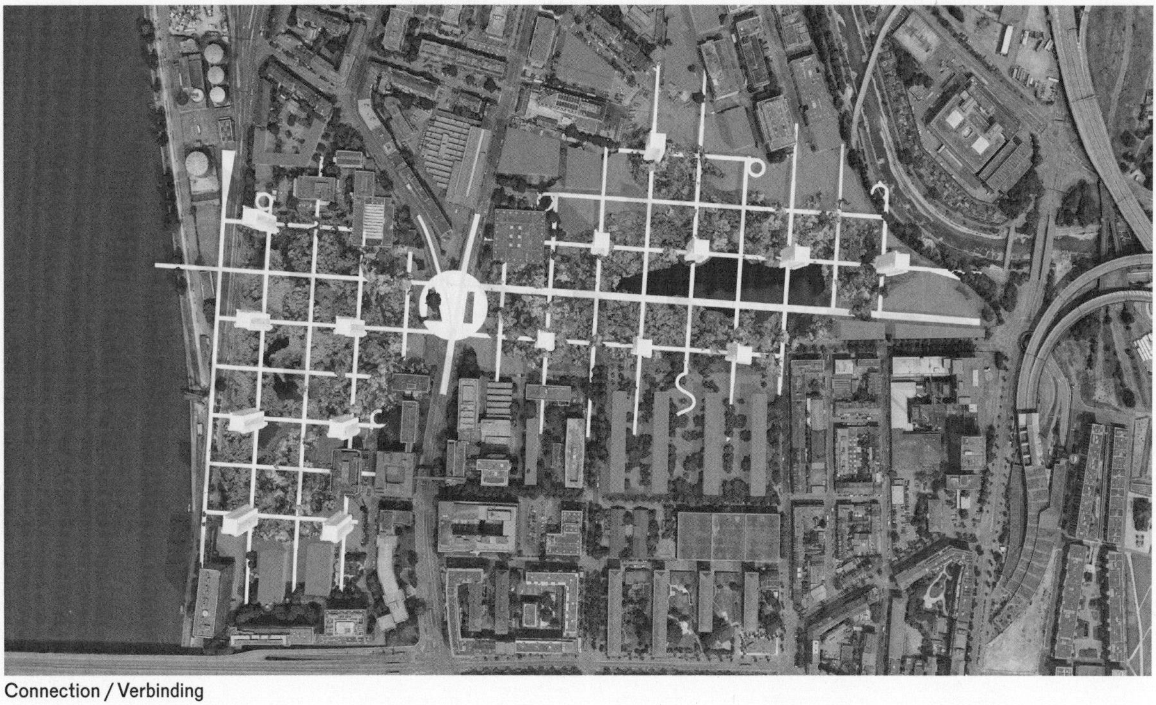

Connection / Verbinding

het Klybeck-gebied achter met een contravorm van 100.000 m². Onder de megastructuur geven twee reusachtige gaten in de vorm van uitgestrekte grondwaterbekkens een indruk van de massale grondverplaatsing. Terwijl soortgelijke projecten deze kwestie ruw hebben beantwoord door de gaten op te vullen met materiaal uit grindgroeves en al doende het ongewenste verleden hebben weggewerkt, moedigt het voorstel uit *From Wasteland to Sunken City* aan om het potentieel van het nieuw gewonnen terrein te omarmen. Nauw verwant aan de kenmerken van de nabijgelegen Petite Camargue in de Franse Elzas, bieden de groeves ruimte om een zeer biodivers, 'stalker-achtig' park te (her)ontwikkelen midden in Bazel. De ecologische ontwikkeling van deze natte gebieden wordt overgelaten aan de natuur: de ooit vervuilde grond zal veranderen in een uitgestrekt, bloeiend groen landschap.

Door de aanvankelijke horizontale scheiding op te heffen tussen wat zich boven of onder het aardoppervlak bevindt, verweeft het voorstel de twee sferen van stad en natuur. Het biedt perspectief hoe een voormalig niemandsland veroverd kan worden.

Vertaling: InOtherWords,
Jesse van der Hoeven

The pit / De kuil

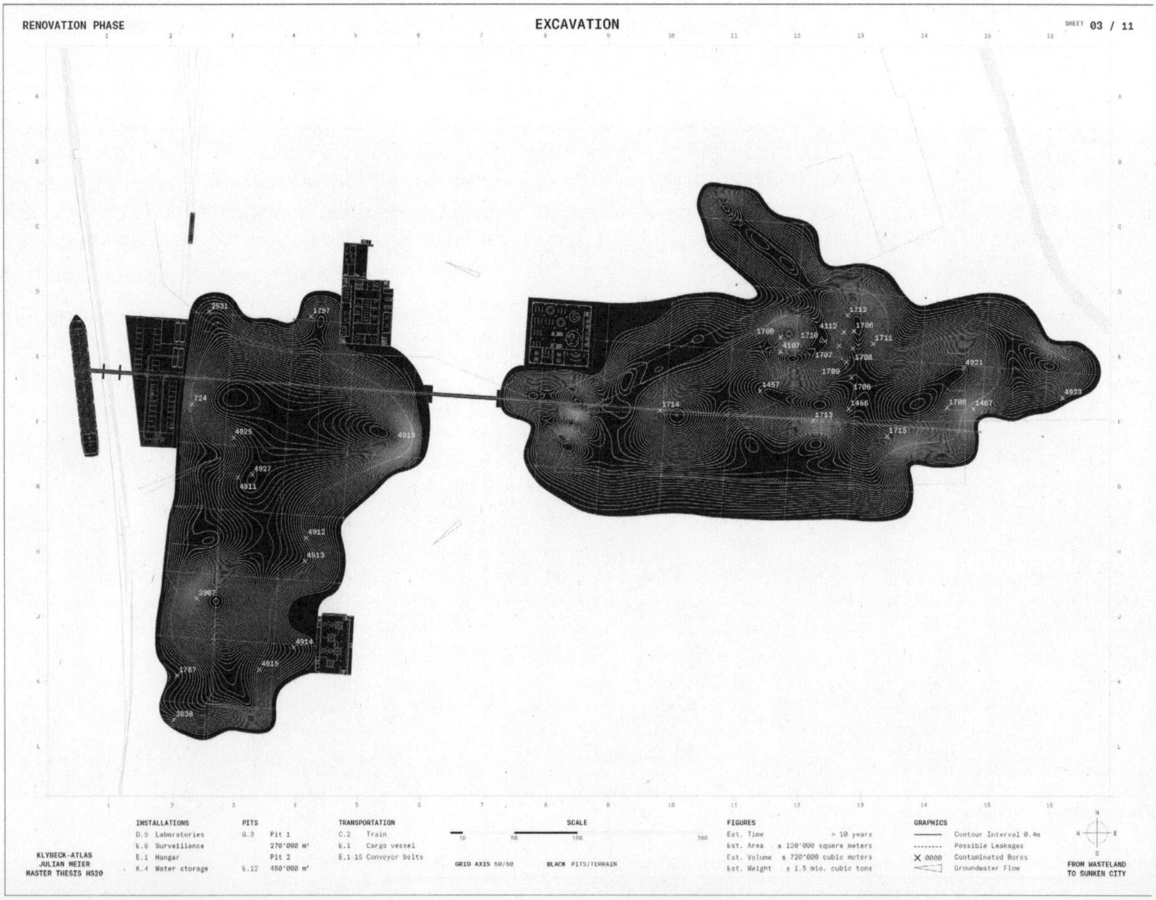

ponds depict the mass movement of the soil. While similar projects crudely answered this issue by refilling the holes with material from gravel mines, thereby levelling out an unwanted past, the *From Wasteland to Sunken City* proposal encourages embracing the potential of the newly won terrain. Closely related to the characteristics of the nearby Petite Camargue in the French Alsace, the pits offer space for a highly biodiverse, 'stalkeresque' park to (re)develop in the midst of Basel. The ecological development of these wetlands is left to nature's own principles: the once contaminated ground will transform into a vast, flourishing green landscape.

By dissolving the initial horizontal division between what exists above- and belowground, the proposal interweaves the two realms of city and nature. It displays a perspective of the conquest of former wasteland.

The park / Het park

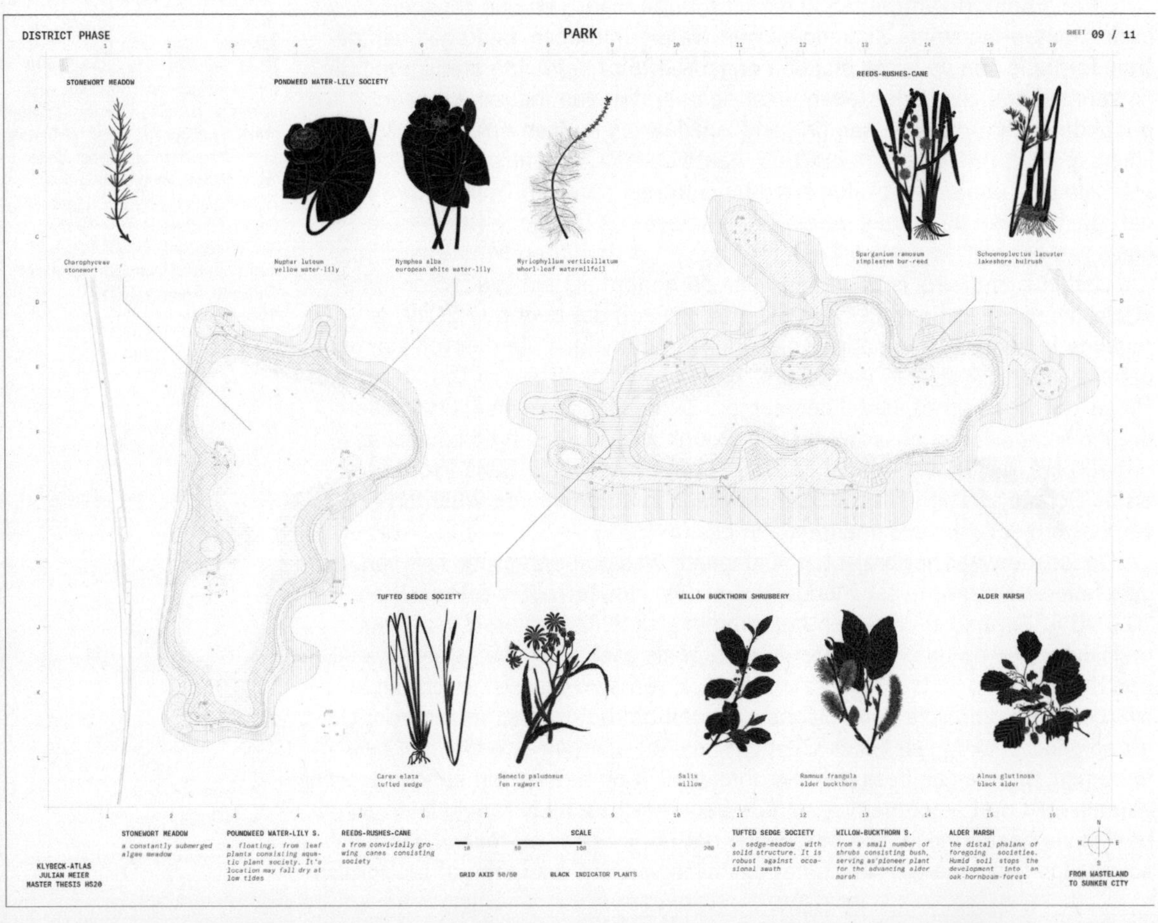

Deel 3: De bodem als stedelijke ontwerpopgave

Michele Bee en Gilles Clément

De bodem als ruimte voor besluiteloosheid

Het stadsproject beschouwt de bodem als een gelaagde steunpilaar om allerlei zaken met elkaar te verbinden en op te slaan. Er wordt vaak over de bodem gesproken in termen van zijn geologische kenmerken, het gemak waarbij hij kan worden doorzeefd met allerlei buizen (om mensen, vloeistoffen, elektriciteit, draden en dergelijke te vervoeren) en zijn vermogen om niet afbreekbare materialen en vervuilende vloeistoffen op te nemen en te absorberen. Zo gezien vertegenwoordigt de bodem dat wat de stad verwerpt: hij verbergt 'dat wat we niet in de stad willen zien'. In stadsvernieuwingsprojecten — vooral die in uitgestrekte verlaten gebieden, de overblijfselen van productiecycli die aan hun einde zijn gekomen — wordt dit 'verworpene' vaak louter als een obstakel beschouwd, vooral als er moet worden gesaneerd, wat bijzonder hoge kosten met zich meebrengt. Maar zelfs als de bodem vervuild is of lange tijd afgesloten is geweest van de werking van de atmosfeer, blijft hij krioelen van leven, dat zelfs door dikke lagen asfalt moeilijk in bedwang is te houden. Zodra er ook maar een beetje ruimte vrijkomt, staat het leven klaar om aan de slag te gaan en — helemaal uit zichzelf — een autonoom regeneratieproces in gang te zetten.

Deze autonome processen kunnen op twee manieren een rol spelen in de stadsvernieuwing. Zij kunnen, met weinig middelen, bijdragen aan de transformatie van de grote stukken ongebruikte of vervuilde stadsgrond die zo kenmerkend zijn voor steden waar de overstap van industriële naar postindustriële productie aan de gang is. Maar zij kunnen ook het verstedelijkingsproces zelf transformeren. Zo heeft Gilles Clément op verzoek van Michele Bee een project uitgevoerd bij cultureel centrum Manifatture Knos dat staat bij een in onbruik geraakte parkeerplaats in Lecce (Italië). Op basis van concepten als 'Le Tiers Paysage', 'Le Jardin en Mouvement' en 'Le Jardin Planétaire' is de inbreng van de bodem als actieve factor in het stedelijke regeneratieproces getest.[1] Het project, dat begon in 2012, is regelmatig onderbroken door tweejaarlijkse workshops die de cycli van de natuur volgen.[2] Aan deze workshops, genaamd Encounters of the Third Place, deed een groot aantal deelnemers uit heel Europa mee. Daarnaast dragen verschillende collectieven van stedenbouwkundigen en landschapsontwerpers, onder wie Labuat, Coloco, Lua, Paysagistes Sans Frontières en de School of Third Place (deze laatste is zelf een van de vruchten van het project), er fundamenteel aan bij.[3]

De locatie waar het project zich afspeelt, was ooit een grote, half verlaten geasfalteerde vlakte naast Manifatture Knos. Het terrein meet ongeveer 10.000 m² en had slechts één bestemming: tijdelijk parkeren. Het was onduidelijk wie de feitelijke eigenaar was, zoals vaak het geval is met braakliggende lappen grond. Het eigenaarschap leek verdeeld tussen verschillende overheidsinstanties die geen plannen hadden om het gebied te saneren. De groep onder leiding van Gilles Clément besloot allereerst *geen enkel besluit te nemen*, anders dan besluiten die onmiddellijk op het terrein konden worden gerealiseerd met inachtneming van de beperkte beschikbare middelen en de bestaande beperkingen. Dat betekende dat de groep voorafgaand aan haar activiteiten geen energie stak in het opstellen van een ontwerp- of beheerplan.

1
Michele Bee, *Commons as Third Places* (Lund: Trans Europe Halles, 2021); Gilles Clément, *Le jardin en mouvement* (Parijs: Sens et Tonka, 2017); Gilles Clément, *Manifeste du tiers paysage* (Parijs: Sens et Tonka, 2014), Gilles Clément, *Thomas et le Voyager: Esquisse du jardin planétaire* (Parijs: Albin Michel, 2011).

2
De Manifatture Knos is een 'derde plek' in een open ruimte van 4.000 m² bij een verlaten metaalbewerkersschool die op initiatief van burgers en kunstenaars aan de gemeenschap werd teruggegeven. Zie: Michele Bee, 'Setting Precedents: Manifatture Knos, Space of INDECISION', in: Maria Francesca De Tullio (red.), *Commons: Between Dreams and Reality* (Košice: Creative Industry Košice, 2020), 100–119.

3
Zie: Maria Giovanna Antoniacci en Giulia D'Antonio, *Storie di beni comuni* (Venetië: Università Iuav di Venezia, 2015), 61–221; zie ook: Pablo Georgieff, *Poetica della zappa: L'arte collettiva di coltivare giardini*, met een voorwoord van Gilles Clément (Rome: Derive e Approdi, 2018); Michele Bee, 'Manifatture Knos: Case Study/Interview with Gilles Clément', in: Sandy Fitzgerald (red.), *Models to Manifestos: A Conceptual Toolkit for Arts and Culture* (Londen: Olivearte Cultural Agency, 2019), 155–160.

Part 3: Soil as Urban Design Challenge

Michele Bee and Gilles Clément

Soil as Space of Indecision

The urban project conceives of the soil as a layered support for connection and accumulation. It is often considered in terms of its geological features, its aptitude to be riddled by all kinds of channels (to carry humans, liquids, electricity, fibres and so forth), and its capacity to contain and absorb non-disposable materials as well as polluting fluids. From this perspective, the soil represents the city's *rejection*: it conceals the 'what we don't want to see' of urban life. In urban regeneration projects — especially for extensive abandoned areas, the remains of productive cycles that have come to an end — this 'deposit' is often seen as a mere obstacle, especially if its remediation entails particularly high costs. However, even if polluted or long isolated from atmospheric agents, the soil continues to teem with life that is hard to keep down under thick layers of asphalt. As soon as there is 'room' available, life is ready to take over and activate — with its own resources — an autonomous series of regeneration processes.

These autonomous processes can have a twofold role in the urban regeneration project. They can, with very few resources, help to transform large unused urban areas or abused soils, typical of cities in transition from industrial to post-industrial production. But they can even transform the urban project itself. For example, at Michele Bee's request, Gilles Clément carried out a project at the Manifatture Knos cultural centre, which is located near a disused car park in Lecce (Italy). Taking off from concepts like the 'Le Tiers Paysage', 'Le Jardin en Mouvement' and 'Le Jardin Planétaire', the capacity of the soil as an active agent within an urban regeneration process was tested.[1] Launched in 2012, this project has been regularly punctuated by biannual workshops following the natural cycles.[2] These workshops, called Encounters of the Third Place, have seen the collaboration of many participants from all over Europe, as well as the fundamental collaboration of several collectives of urbanists and landscape designers including Labuat, Coloco, Lua, Paysagistes Sans Frontières and the School of Third Place (the latter is itself one of the fruits of this experience).[3]

The location chosen for the project was at the time a large semi-abandoned asphalt esplanade adjacent to Manifatture Knos. This area of around 10,000 m² had only one use: occasional parking. As is often the case with disused areas, who actually owned the place was unclear. It was shared between different public entities that had no interest in taking on its rehabilitation. The initial decision of the group guided by Gilles Clément was *to not make any decisions*, other than those that could be taken directly on the site with the limited means available and the existing constraints. For this group, it meant no expense of initial energy in drawing up a design and management plan prior to any action. Any such plan could only have meant suspending all action pending the arrival of substantial funds to implement any plan to transform such a vast area. On the contrary, experimentation was based on opening the project up to the *unexpected*.[4] As if it had only been awaiting a sign, the soil responded to this openness beyond all expectations.

After an initial workshop exploring the place and some hesitation over how and where to start, the unexpected came with the first blow of the

1
Michele Bee, *Commons as Third Places* (Lund: Trans Europe Halles, 2021); Gilles Clément, *Le jardin en mouvement* (Paris: Sens et Tonka, 2017); Gilles Clément, *Manifeste du tiers paysage* (Paris: Sens et Tonka, 2014); Gilles Clément, *Thomas et le Voyager: Esquisse du jardin planétaire* (Paris: Albin Michel, 2011).

2
Manifatture Knos is a 'third place' located in an open space of 4,000 m² at an abandoned school for metalworkers, which was returned to the community thanks to the free initiative of citizens and artists. See Michele Bee, 'Setting Precedents: Manifatture Knos, Space of Indecision', in: Maria Francesca De Tullio (ed.), *Commons: Between Dreams and Reality* (Košice: Creative Industry Košice, 2020), 100–119;

3
See: Maria Giovanna Antoniacci and Giulia D'Antonio, *Storie di beni comuni* (Venice: Università Iuav di Venezia, 2015), 61–221; see also: Pablo Georgieff, *Poetica della zappa: L'arte collettiva di coltivare giardini*, with a foreword by Gilles Clément (Rome: Derive e Approdi, 2018); Michele Bee, 'Manifatture Knos: Case Study/Interview with Gilles Clément', in: Sandy Fitzgerald (ed.), *Models to Manifestos: A Conceptual Toolkit for Arts and Culture* (London: Olivearte Cultural Agency, 2019), 155–160.

4
In the same spirit, see: Patrick Bouchain et al., 'Manifeste de la Preuve par 7', in: Ariella Masboungi (ed.), *Un urbanisme de l'inattendu* (Paris: Parenthèses, 2019); Yona Friedman, 'Manifesto Architecture Mobile', in: *L'architecture mobile (1958–2020): Vers une cité conçue par ses habitants eux-mêmes* (Paris: Éditions de l'Éclat, 2020).

Zo'n plan had er alleen maar voor gezorgd dat alle activiteiten hadden moeten worden opgeschort, in afwachting van het beschikbaar komen van geld voor de uitvoering van een transformatieplan voor dit uitgestrekte gebied. De experimenten daarentegen waren erop gericht om het project open te stellen voor *het onverwachte*.[4] Alsof hij slechts op een teken had gewacht, reageerde de bodem boven alle verwachting op deze openheid.

Na een eerste workshop om de locatie te verkennen — en na enige aarzeling over hoe en waar te beginnen — bracht de eerste slag van het pikhouweel een verrassing met zich mee. Uit deze eerste spontane actie volgden de anderen als vanzelf. Het asfalt werd chemisch geanalyseerd en inert verklaard. Het kon dus vrijelijk en voor verschillende toepassingen op het terrein worden gebruikt en hoefde niet als speciaal afval naar de stortplaats te worden gebracht. Het werd geleidelijk aan en op verschillende manieren verwijderd (met de hand, met pikhouwelen, met graafmachines). Er werd een aantal proefopstellingen gemaakt om de verschillende bodemreacties te testen, bijvoorbeeld gelijkmatige stukken asfalt waar op verschillende manieren mee werd omgegaan. De categorieën waren: 1. niet aankomen; 2. pionier planten neerzetten; 3. bomen planten, enzovoort. Sommige pionier planten werden opzettelijk naar de locatie gebracht om het proces katalyserend te beïnvloeden; andere, zoals wilde knoflook, cichorei en vooral lampenpoetsersgras, kwamen op eigen houtje hun toevlucht zoeken in een gebied waar niet werd ingegrepen. Deze koloniseerden de spleten in de grond, de randen tussen het asfalt en de omringende muren.

Door op deze manier te werken werd de ruimte uitnodigend voor zowel menselijke als niet-menselijke bewoners. In korte tijd en tegen relatief lage kosten kreeg de wijk er een nieuwe *asfalttuin* bij: een rijke en geurige plek waar plaats was voor het onverwachte. De spontaniteit van de bodem

4
Zie in dezelfde geest: Patrick Bouchain et al., 'Manifeste de la Preuve par 7', in: Ariella Masboungi (red.), *Un urbanisme de l'inattendu* (Parijs: Parenthèses, 2019); Yona Friedman, 'Manifesto Architecture Mobile', in: Yona Friedman, *L'architecture mobile (1958-2020): Vers une cité conçue par ses habitants eux-mêmes* (Parijs: Éditions de l'Éclat, 2020).

First regular cuts of portions of asphalt, November 2013 / De eerste, regelmatige afsnijding van stukken asfalt, november 2013

pickaxe. From this first spontaneous act, the others naturally followed. The asphalt was chemically analysed and declared inert. Thus, it was handled freely and left on the site for various uses, with no need to be taken to the landfill as special waste. It was removed gradually with various methods (by hand, with pickaxes, excavators). A variety of configurations were set up to test different responses of the soil, including regular cuts of portions of asphalt for different kinds of implementation: 1. non-intervention; 2. installation of pioneer plants; 3. tree planting, etcetera. Some pioneers were brought to the field to catalyse the process, but others arrived on their own, finding refuge in the areas left open to non-intervention, such as wild garlic, chicory and above all *Pennisetum* (fountain grasses), which colonised the crevices of the ground up to the edges between the asphalt and the surrounding wall.

With this sequence of operations, the space was made more welcoming to the inhabitants, human and non-human. In a short span of time and at a relatively low cost, the neighbourhood gained a new *asphalt garden*: a rich and fragrant place, open to the unexpected. The spontaneity of the soil and wandering plants responded to the unexpected actions of the workshop participants, who acted freely in the field. From a single use (a parking lot), this space has moved on to a multiplicity of different uses that include cars, but do not exclude walking, resting, playing, meeting, reveries. On gradually removing small portions of asphalt we noticed a singular phenomenon, unforeseen at the beginning of the process. The asphalt that remained around the plants protected their growth by preserving soil moisture during the dry periods of summer (implying that preliminary removal of all the asphalt might not have been the best solution). As a result, maintenance of the garden took far less effort than expected, encouraging the group to continue cutting out other portions of asphalt.

The cuts in the spring, April 2014 / De uitsnijding in de lente, april 2014

en de zich uitzaaiende planten was een reactie op de ongeplande acties van de workshopdeelnemers, die hier naar hartenlust en eigen inzicht konden handelen. Van een plek die incidenteel werd gebruikt (als parkeerplaats), veranderde deze ruimte in een plek met allerlei gebruiksmogelijkheden waar plaats was voor auto's, maar ook voor wandelen, rusten, spelen, ontmoeten of mijmeren. Bij het beetje bij beetje verwijderen van stukjes asfalt merkten we een bijzonder fenomeen op, dat we bij aanvang van het proces niet hadden voorzien. Het asfalt dat rond de planten bleef liggen, droeg bij aan hun groei door het vocht in de bodem vast te houden tijdens droge perioden in de zomer (wat impliceert dat het vooraf verwijderen van al het asfalt waarschijnlijk niet de beste oplossing was geweest). Daardoor kostte het onderhoud van de tuin veel minder moeite dan verwacht, wat de groep aanmoedigde om door te gaan met het verwijderen van stukken asfalt.

Deze onderneming kreeg een vervolg met een rapport, genaamd 'De kracht van *besluiteloosheid*', dat op 20 december 2016 door de gemeenteraad van Lecce werd goedgekeurd waardoor het stadsvernieuwingsprogramma als onderdeel van het stedenbouwkundig masterplan van Lecce werd aangevuld en geactualiseerd.[5] In dit document wordt een aantal nieuwe gebieden aangewezen die ook moeten worden opgewaardeerd via een openbaar regeneratieproces en spontane ontmoetingen tussen burgers en bodem.[6] Zo heeft het blootleggen van de grond op de parkeerplaats naast Manifatture Knos het niet alleen mogelijk gemaakt dat een groot, sinds lang verlaten gebied is getransformeerd met minimale middelen die al in de bodem aanwezig waren, maar het heeft er ook voor gezorgd dat een klassiek, administratief stadsplanningsinstrument zich heeft opengesteld voor onvoorziene menselijke en natuurlijke processen — met andere woorden, voor de besluiteloosheid uit de titel van het document.[7]

5
Zie de verslagen van het overleg van de gemeenteraad van Lecce, nr. 73/2010 en nr. 100/2016.

6
Dit document, dat werd goedgekeurd overeenkomstig de regionale wetten nr. 20/2001 en nr. 21/2008, stelde de stad Lecce in staat om in 2018 en 2019 een aanvraag in te dienen bij de regionale oproepen tot het indienen van voorstellen voor financiering van stadsvernieuwing (zie overlegverslag GC nr. 508/2017).

7
Geïnspireerd door deze onderneming volgden andere experimenten in dezelfde geest — in 2018 op de Place de la Nation in Parijs (met Coloco) en in 2019 op de Place du Vallon in Lausanne (met het collectief Olga, de School of Third Place en het EPFL Laboratory of Urbanism) — waardoor de onderneming van Lecce een stedelijk prototype werd.

Subsequent transformations, November 2018 / Achtereenvolgende transformaties, november 2018

The venture was followed up with a report on 'The Powers of Indecision', which was approved by the city council of Lecce on 20 December 2016 as supplementing and updating the Programmatic Document for Urban Regeneration of the General Urban Plan of Lecce.[5] This document adds new areas to be revalorised through the grassroots regeneration process resulting from spontaneous encounters between citizens and soil.[6] Thus, uncovering the soil in the car park adjacent to Manifatture Knos made it possible not only to transform a large, long abandoned area using minimal resources already present on the ground, but also to open up a classical administrative instrument of urban planning to unforeseen human and natural processes — in a word, to indecision, as indicated by the title of the document.[7]

5
See the Lecce city council deliberations no. 73/2010 and no. 100/2016.

6
Approved according to the Puglia Regional Laws no. 20/2001 and no. 21/2008, this document allowed the City of Lecce to apply in 2018 and 2019 to regional calls for urban regeneration funding (see deliberation GC no. 508/2017).

7
Taking inspiration from this venture, other experiments followed in the same vein — in 2018 in Place de la Nation in Paris (with Coloco), and in 2019 in Place du Vallon in Lausanne (with the collective Olga, the School of Third Place and the EPFL Laboratory of Urbanism) — making the Lecce venture an urban prototype.

The expression 'power of indecision' comes from Clément's reflection 'Le Tiers Paysage', where it is said that indecision should have the same political status as decision. This comes from the observation that we cannot envisage a rigidly established programme when we have to deal with the living. The space of indecision (which was the subject of the workshops held in Lecce) is both a territory and a duration in time. In this space it is possible to intervene (to invent) immediately in the field or to wait, or even to do nothing. The intervention appears as a 'creation' — an unforeseen realisation. One may plan to remove certain asphalt surfaces in order to regain the soil and its life, but the form and location of these interventions are determined at the last moment, directly on the spot — the exact opposite of a technocratic vision where everything is programmed in accordance with a vision of a controlled world.

Indecision, meant here in the terms of last-minute decision, can be understood through the idea of biological opportunism. Imagine a wolf running after a swift deer and getting tired. In its pursuit the wolf comes

The 'garden of asphalt', April 2020 / De 'asfalttuin', april 2020

De uitdrukking 'de macht van *besluiteloosheid*' is afkomstig van Clément's beschouwing 'Le Tiers Paysage', waarin wordt gesteld dat besluiteloosheid dezelfde politieke status zou moeten hebben als besluitvaardigheid. Dit idee berust op de observatie dat we ons met betrekking tot alles wat leeft geen strak vaststaand programma kunnen voorstellen. De ruimte van besluiteloosheid (het onderwerp van de workshops in Lecce) is zowel een territorium als een verstrijken van tijd. In deze ruimte kan er onmiddellijk worden ingegrepen (uitgevonden), er kan worden gewacht of er kan zelfs helemaal niets worden gedaan. De interventie doet zich voor als een 'creatie': een onvoorziene realisatie. Het plan was om bepaalde stukken asfalt te verwijderen om de grond en het leven daarin terug te winnen, maar de vorm en de plaats van deze ingrepen werden op het laatste moment bepaald, direct en ter plaatse — precies het tegenovergestelde van het handelen volgens een technocratische visie waarin alles geprogrammeerd wordt overeenkomstig het beeld van een gecontroleerde wereld.

Besluiteloosheid, hier bedoeld als het wachten tot het laatste moment alvorens een besluit te nemen, kan worden begrepen aan de hand van het idee van biologisch opportunisme. Stel: een wolf rent achter een snel hert aan en wordt moe. Tijdens zijn achtervolging komt de wolf een schaap tegen dat gevangen zit in een gemakkelijk toegankelijke omheining. Waarom zou hij zoveel moeite doen als het eten bij wijze van spreken op tafel staat? Uiteindelijk zal het schaap de wolf die dag tot voedsel dienen en niet de mooie ree. De grond leent zich zo goed voor deze benadering, omdat de levende wezens waarmee we in de tuin te maken hebben — planten, dieren — elke dag met iets nieuws komen. We hebben geen controle over de inventieve kracht van levende wezens en bovendien weten we helemaal niet, waar ze mee bezig zijn. Het is onmogelijk om een lange-termijnschema

The 'garden of asphalt', April 2020 / De 'asfalttuin', april 2020

across a sheep trapped in an easily accessible enclosure. Why waste so much effort when manna is right there? In the end, it is the sheep that will serve as food on that day and not the pretty roe deer. The soil lends itself so well to this approach because the living entities we interact with in the garden — plants, animals — invent something new every day. We cannot control the inventive power of living entities and, above all, we do not know what their project is. It is impossible to draw up a long-term schedule of interventions because the context we intervene in is constantly changing. Like the garden, the soil of the urban project changes from day to day.[8] This also means that any decision made on the site is likely to leave room for unforeseen decisions.[9]

In these times of health crisis, we meet each new day with indecision accompanied by opportunism that is more economic than biological. However, we should approach this disconcerting experience as a manifestation of the inventive power of life. It is up to the citizen to behave like a gardener: abandon what was planned the day before and act in a direction that favours life at the last moment. This presupposes our adoption of a humble attitude. We must prefer the surprise and common-sense answer to imaginary certainties and accept that we are the peers of plants and animals — not their rulers. This approach shows us a way to conceive the economic aspects of the urban project quite different from the usual ones: based on the diversity hosted by the soil, transformations and maintenance do not require enormous resources and human intervention can be limited to a minimal care. Much remains to be done. We start with the soil on which everything rests and thrives. The beings that inhabit it are also our allies because they allow plants to thrive, to interconnect and to produce the wealth of basic food that we cannot do without.

Considering the soil in the urban project merely as layered support for connection and accumulation means failing to take into account a diversity that swarms in the dark, just a few centimetres away from the urban business. Of course, taking due account of the soil in the urban project can mean preventing this diversity from being damaged. However, this same inclusion may also expose us to a danger: loss or reduction of this diversity. This risk arises especially when inclusion of the soil in the urban project means including it in a plan to bring under human control an area that has hitherto escaped control and has thus remained open to the diversity normally relegated to the margins of our cities. On the other hand, this inclusion can be an opportunity to question the very idea of the urban project, opening up the canonical planning tools to indecision.

Opening up the soil of cities to the diversity that can spontaneously emerge or be hosted there means rethinking the way we usually manage what is under the asphalt. This means seeing the urban project as a means to create the right conditions for everything that is not already planned or anticipated to find a place and flourish. It also means managing in such a way as to allow the indecision zone that is the soil under the asphalt to persist in indecision even when there is no more asphalt — to let it as far as possible continue to welcome the diversity rejected everywhere else. Taking care of the soil, rather than trying to control it, means welcoming the gardeners' assistants, such as worms or moles, and including them in the project and its team; it means embracing darkness, silence and what is still unknown — without exposing it to permanent exploitation. Tearing the asphalt skin of cities open to the unexpected is a perilous operation. A minimum of care is needed to be able to wait until the last moment — before making a decision.

8
Gardeners can make predictions, but these are only conjectures. Their so-called management plan changes over time. They plan pruning, mowing or weeding and at the last moment may decide to water and sow a seedling because the weather conditions and the lunar calendar favour this type of intervention. See: Clément, *Le jardin en movement*, op. cit. (note 1).

9
In the same spirit, see: Lucius Burckhardt, 'Bauen: ein Prozess ohne Denkmalpflichen', in: Jesko Fezer and Martin Schmitz (eds), *Wer plant die Planung? Architektur, Politik und Mensch* (Berlin: Martin Schmitz Verlag, 2004), 26–45.

van interventies op te stellen, omdat de context waarin we interveniëren voortdurend verandert. Net als de tuin, verandert de bodem van het stedelijk project van dag tot dag.[8] Dit betekent ook dat elk besluit dat ter plaatse wordt genomen waarschijnlijk ruimte laat voor onvoorziene besluiten.[9]

In deze tijd van gezondheidscrises zien we elke nieuwe dag tegemoet met een besluiteloosheid die gepaard gaat met een opportunisme dat meer economisch dan biologisch is. Toch moeten we deze onthutsende ervaring benaderen als een manifestatie van de inventieve kracht van het leven. Het is aan de burger om zich te gedragen als een tuinier: afzien van wat de dag tevoren is gepland en er op het laatste moment voor kiezen te doen wat het leven ten goede komt. Dit veronderstelt dat we een bescheiden houding aannemen. We moeten de verrassing en het antwoord van het gezond verstand verkiezen boven denkbeeldige zekerheden en aanvaarden dat we de gelijke van planten en dieren zijn — niet hun overheersers. Deze benadering laat ons een manier zien om de economische aspecten van het stedelijke project heel anders op te vatten dan gebruikelijk: als we uitgaan van de diversiteit die de bodem herbergt, vereisen veranderingen en onderhoud geen enorme middelen en kan de menselijke tussenkomst tot een minimum aan zorg worden beperkt. Er moet nog veel gebeuren. We beginnen met de bodem waarop alles rust en gedijt. De wezens die de bodem bewonen zijn ook onze bondgenoten, omdat zij de planten in staat stellen te gedijen, zich met elkaar te verbinden en de rijkdom aan basisvoedsel te produceren waar we niet zonder kunnen.

Als de bodem in het verstedelijkingsproces enkel wordt opgevat als een gelaagde drager voor verbinding en opslag betekent dit dat er geen rekening wordt gehouden met de diversiteit die zwermt in het donker, op slechts enkele centimeters van de stedelijke bedrijvigheid vandaan. Een stedelijk project dat rekening houdt met de bodem kan natuurlijk voorkomen dat deze diversiteit wordt aangetast. Maar diezelfde inpassing kan ons ook blootstellen aan het gevaar van verlies of vermindering van diversiteit. Dit risico doet zich vooral voor, wanneer het betrekken van de bodem bij het stedelijk project betekent dat deze wordt opgenomen in een plan om een gebied onder menselijke controle te brengen. Het gaat dan om een gebied dat zich tot nu toe aan die controle heeft onttrokken en daardoor open is blijven staan voor een diversiteit die gewoonlijk naar de marge van onze steden wordt verbannen. Anderzijds kan dit betrekken van de bodem een kans zijn om het hele idee van een stedelijk project ter discussie te stellen en de canonieke planningsinstrumenten open te stellen voor de besluiteloosheid.

Als we de bodem van steden openstellen voor de diversiteit die er spontaan kan ontstaan of kan worden toegelaten, moeten we ook opnieuw nadenken over de manier waarop we gewoonlijk omgaan met wat zich onder het asfalt bevindt. Dit betekent dat we het stedelijke project moeten zien als een middel om de juiste omstandigheden te scheppen, waar alles wat nog niet is gepland of voorzien, een plaats kan vinden en tot bloei kan komen. Het betekent ook: beheren op een manier die de besluiteloze zone, die de bodem onder het asfalt is, in een staat van besluiteloosheid laat voortbestaan, zelfs als er geen asfalt meer is — opdat die zone zoveel mogelijk de diversiteit die overal elders wordt afgewezen, blijft verwelkomen. Zorg dragen voor de bodem, in plaats van te proberen hem te beheersen, betekent: tuinhulpjes zoals wormen of mollen verwelkomen en hen opnemen in het project en het team; het betekent de duisternis, de stilte en het onbekende omarmen — zonder hem bloot te stellen aan permanente exploitatie. De asfalthuid van de stad openen voor het onverwachte is een hachelijke onderneming. Er is daarvoor een minimale zorgvuldigheid nodig om te kunnen wachten tot het laatste moment — alvorens een besluit te nemen.

Vertaling: InOtherWords, Maria van Tol

8 Tuiniers kunnen wel voorspellingen doen, maar het zijn altijd maar gissingen. Hun zogenaamde beheerplannen veranderen in de loop van de tijd. Ze plannen het snoeien, maaien of wieden wel, maar kunnen op het laatste moment besluiten om water te gaan geven of zaailingen uit te gaan zetten omdat de weersomstandigheden of de maankalender hier gunstig voor zijn. Zie: Clément, *Le jardin en mouvement*, op. cit. (noot 1).

9 Zie in dezelfde geest: Lucius Burckhardt, 'Bauen: ein Prozess ohne Denkmalpflichen', in: Jesko Fezer en Martin Schmitz (red.), *Wer plant die Planung? Architektur, Politik und Mensch* (Berlijn: Martin Schmitz Verlag, 2004), 26–45.

Rosetta S. Elkin and Joanna Lombard

Tabula Rasa: Designing South Florida

The earth is no longer the background of human action. Now, more than ever, we can only speak of design in relation to the mobile, spontaneous and less than predictable landscape that is participating fully in our lives. Here, landscape is the surface of the earth, the iterant living ground that enables terrestrial populations to develop, evolve, prosper and decline. The drive to modify the natural or given landscape so that it will be safer, more abundant, religiously meaningful, pleasing or productive is as old as humankind. Human history now accounts for each industrial plot, railway line and urban expanse that restructures the landscape, but such violent procedures do little to address our future. Today, with environmental catastrophes looming on all sides, recognition of the landscape as the temporal and geological dynamic under our feet provides realisations that challenge present-day urbanism in order to inform a more equitable and inclusive future.

As case in point, consider the unique physical geology that underlies South Florida. The patterns of urbanisation across South Florida suggest a consideration of tabula rasa, the longstanding cultural habit of regarding the land as a blank slate. In particular, the assemblage of coupled material processes between additive and subtractive operations, namely the extraction of oolitic limestone, and the additive regimes of real estate reveal the extensive effort to 'wrest land from the sea', as John Edward Hoffmeister out forth in *Land from the Sea*, his seminal work on the geologic history of South Florida.[1] The great Florida platform, with its long history as a seabed, continues to resist the historicity of each extractive and additive process — it is precisely the pedosphere that can never be fully integrated into capitalist designs.

Through the vast majority of its history, South Florida has been underwater. Imagining it not to be underwater again in its future history is probably unwise.[2]

The thickness of the Florida platform stabilises the excitement of 10 million residents across the sandy surface where investment is fixed. Geologically, the platform under the soil is thick and ancient, and its exposed surface is thin and young. Yet the surface is where we dwell, and supports the soils humans rely upon. Surface and substrate mingle with the reprise of oceans, the intensity of hurricanes, the mobility of sand, the impressions of concrete practicalities and the salty, algal permanence of seawater. The varying patterns of human settlement across South Florida do little to trace the deeply temporal subtleties of its physical morphology, in relation to the challenges of climate disintegration that ruptures everyday lives. Moreover, dynamics cycle across a profile that merely represents present-day Florida. A moment in time. Landscapes undergo modification, transformation and conversion at various scales across millions of years. Changes are the mingled outcome of biotic, geologic, ecologic, anthropogenic and atmospheric drifts. When changes are instigated by design, they tend to be prompted by shifts in policy or fluctuations in political structure.[3] And these changes tend to be short-lived, reproducing fixed-model procedures. In geologic time the thickness of the Florida platform archives the changing climate, while the surface only tracks superficial, episodic change.

Problems between settlement and substrate occur in our society when we try and solidify and standardise the environment around us, an effort that is

1 John Edward Hoffmeister, *Land from the Sea: The Geologic Story of South Florida* (Coral Gables, FL: The University of Miami Press, 1974).

2 The quotes in this essay are by geoscientist Dr Sam Purkis, chair of the department of Marine Geosciences at the University of Miami in Florida. The interview with the authors took place on 8 February 2021.

3 On the concept of tabula rasa in relation to how policy impacts space, see: Keller Easterling, Nikolaus Hirsch and Markus Miessen, *Subtraction*, Critical Spatial Practice 4 (Berlin: Sternberg Press, 2014).

Rosetta S. Elkin en Joanna Lombard

Tabula rasa: Het ontwerpen van Zuid-Florida

De aarde is niet langer het toneel van menselijk handelen. We kunnen het, nu meer dan ooit, alleen nog maar over ontwerp hebben in relatie tot een beweeglijk, spontaan en weinig voorspelbaar landschap dat een hoofdrol speelt in ons leven. In deze context verwijst 'landschap' naar het aardoppervlak, naar de iteratieve, levende bodem die de bevolking van de aarde in staat stelt zich te ontwikkelen, te evolueren, te bloeien en te vergaan. De drang om een natuurlijk of gegeven landschap aan te passen om het veiliger, overvloediger, van grotere religieuze betekenis, aangenamer of productiever te maken, is zo oud als de mensheid zelf. De menselijke geschiedenis is nu verantwoordelijk voor elk industriegebied, elke spoorlijn en elk stedelijk gebied die de structuur van het landschap hebben veranderd, maar zulke gewelddadige interventies zijn niet uitgevoerd met het oog op onze toekomst. Nu aan alle kanten milieurampen dreigen, levert de erkenning dat het landschap de enige temporele, geologische, dynamische vaste bodem onder onze voeten is, ons inzichten op die de huidige stedenbouw aansporen om een rechtvaardiger, inclusiever toekomst mogelijk te maken.

De ondergrond van Zuid-Florida is met zijn unieke fysische geologie een goed voorbeeld. Overal in Zuid-Florida lijken de verstedelijkingspatronen gebaseerd op een tabula rasa en is het land dus, in lijn met een aloude culturele gewoonte, als een onbeschreven blad beschouwd. Met name de wisselwerking tussen gerelateerde materiële processen — extractieve en additieve activiteiten zoals de winning van oölitische kalksteen en de bouw

In many coastal locations such as Florida, Barrier Islands are a natural interface where surface drainage associates with oceanic hydrology / In veel kustgebieden, zoals Florida, vormen barrière-eilanden een natuurlijke waterscheiding tussen de afwatering vanaf het vasteland en de hydrologie van de oceaan

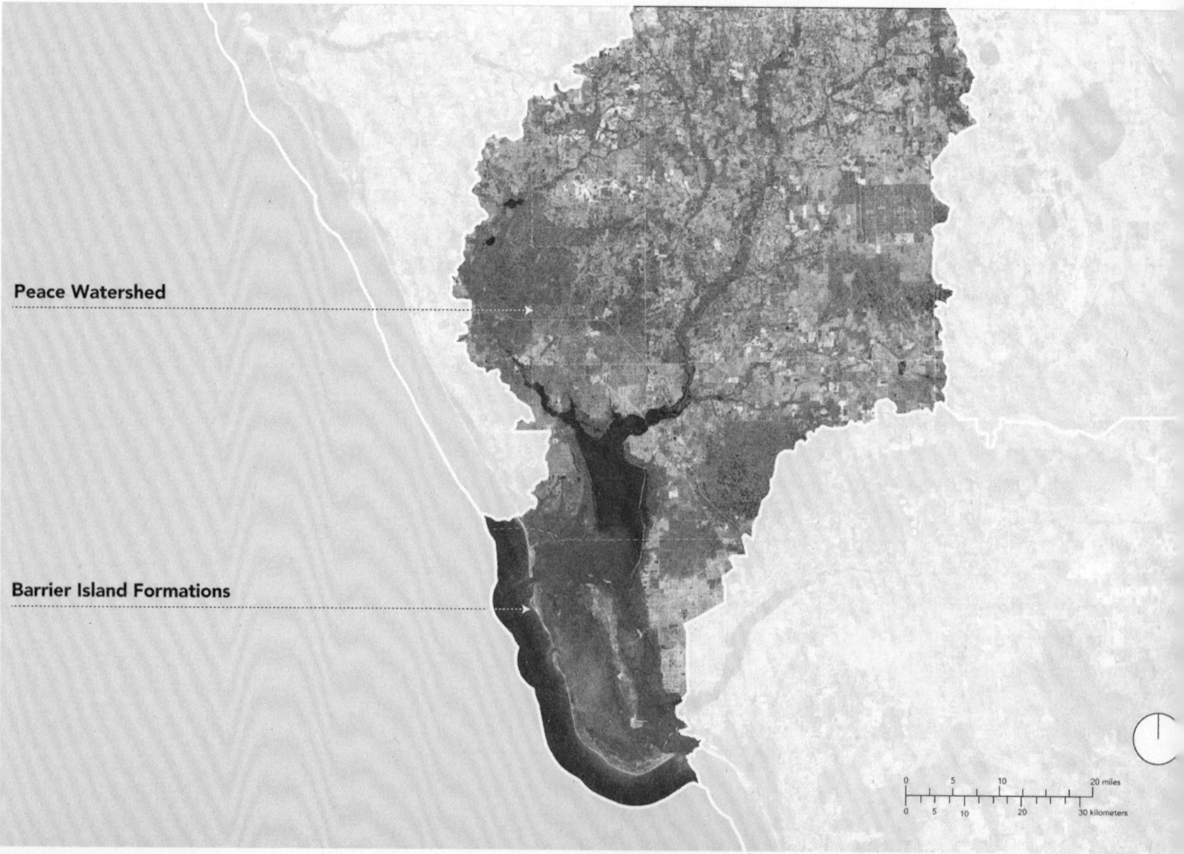

diametrically opposed to nature. And that's where we start running into problems. Modern society is out of kilter with the dynamics of the fertile, mobile, prosperous areas like barrier islands.

The history of South Florida is a record of human struggle against the soil, traced by settler societies that obliterate extant lands and customs. The ensuing decades of rapid investment and calculated enterprise pacify the mobility of geologic formation; the sandy, mucky, iterant soils that slip across the dense substrate of the Florida platform. This scrimmage between the desire for permanence and predictability in a location that is literally fluid and always at the mercy of dynamic weather systems (that even to this day defy complete atmospheric modelling) is most evident in Florida's barrier islands. If the southern peninsula's aqueous soul is misunderstood, then the 'to and fro' of the sandy barrier island formation is actively attacked, as island chains are linked by road, rail and causeway seemingly tethering them to the mainland. These great chapters of design inform South Florida's future, forming a communal heritage that defies precedent and invites us to ask: Can we shake the inheritance of past settlement?

South Florida is sort of a microcosm for a barrier island. It doesn't move around quite as much, but even a slight change in sea level greatly changes South Florida.

South Florida is fringed by barrier island formations. Miami Beach is a barrier island, so too is Amelia Island, Key Biscayne, Treasure Island, Casey key, Sanibel and Captiva Islands. In fact, barrier formations make up more than 1,100 km of Florida's' coastline. Barrier islands are quite young geologi-

Most of Florida's substrate is made up of Oolitic Limestone, also called Miami Oolite. This porous limestone was deposited in thin layers during the Sangamon interglacial, a time when South Florida was under a shallow sea / De meeste ondergrond van Florida bestaat uit oölitische kalksteen. Deze poreuze steen-soort werd in dunne lagen afgezet tijdens het Sangamon inter-glaciaal, waarin zuidelijk Florida onder een ondiepe zee lag

van onroerend goed — maakt duidelijk hoever men bereid is te gaan om 'land aan de greep van de zee te ontworstelen', zoals John Edward Hoffmeister het omschreef in zijn baanbrekende werk over de geologische geschiedenis van Zuid-Florida, *Land from the Sea*.[1] Het uitgestrekte Floridaplateau, met zijn lange bestaan als zeebodem, blijft zich intussen verzetten tegen de historiciteit van extractieve en additieve processen — vooral de bodem (de pedosfeer) laat zich nooit volledig integreren in kapitalistische plannen.

In het verleden heeft Zuid-Florida het grootste deel van de tijd onder water gelegen. Het is waarschijnlijk onverstandig om te denken dat het in de toekomst niet wéér onder water zal liggen.[2]

De dichtheid van het Floridaplateau stabiliseert de opschudding van 10 miljoen inwoners die hun investeringen hebben gerealiseerd op dit zanderige oppervlak. Geologisch gezien is het plateau onder de bodem dicht en oud, terwijl het open oppervlak dun en jong is. Maar het oppervlak is de laag waarop wij wonen, de laag die de vaste bodem onder onze voeten vormt. Oppervlakte en substraat vermengen zich met het getij van de zee, de intensiteit van orkanen, de beweeglijkheid van zand, de voetsporen van concrete, praktische zaken en de zilte, algenrijke bestendigheid van het zeewater. De verschillende patronen van menselijke bewoning in Zuid-Florida houden, mede in relatie tot de klimaatdesintegratie die het dagelijks leven ontwricht, nauwelijks rekening met de sterk temporele subtiliteiten van de fysieke morfologie van de regio. Bovendien doorloopt de dynamiek een cyclus met een profiel dat alleen het huidige Florida vertegenwoordigt — een moment in de tijd dus. Maar landschappen ondergaan miljoenen jaren achtereen veranderingen, transformaties en omzettingen op verschillende schaalniveaus. Veranderingen zijn het gecombineerde resultaat van biotische, geologische, ecologische, antropogene en atmosferische verschuivingen. Veranderingen die het resultaat zijn van ontwerp komen meestal voort uit beleidsveranderingen of fluctuaties in politieke structuren.[3] En deze veranderingen hebben de neiging van korte duur te zijn, omdat ze telkens dezelfde modellen produceren. In geologische termen vormt het dichte Florida-plateau het archief van de klimaatverandering, terwijl op het oppervlak alleen sporen van oppervlakkige, incidentele veranderingen zijn te zien.

In onze samenleving ontstaan problemen tussen vestiging en substraat wanneer we proberen de omgeving om ons heen te consolideren en te standaardiseren, een streven dat absoluut tegen de natuur ingaat. En dan raken we in de problemen. De moderne samenleving loopt niet meer in de pas met de dynamiek van vruchtbare, beweeglijke, rijke gebieden als de barrière-eilanden.

De geschiedenis van Zuid-Florida vormt een verslag van de strijd tussen mens en bodem, geschreven door kolonisten die het bestaande land en zijn gewoonten hebben vernietigd. In de daaropvolgende decennia van snelle investeringen en berekenende ondernemingszin werd de beweeglijkheid van de geologische formatie — de zanderige, modderige getijdebodem die over het dichte substraat van het Floridaplateau beweegt — gepacificeerd. Deze schermutseling tussen het verlangen naar permanentie en voorspelbaarheid op een plek, die letterlijk vloeibaar was en altijd overgeleverd aan de genade van dynamische weersystemen (en die zich zelfs tot op de dag van vandaag tegen volledige atmosferische modellering verzet), is het duidelijkst waarneembaar op Florida's barrière-eilanden. Hoewel de waterige ziel van het zuidelijke

1
John Edward Hoffmeister, *Land from the Sea: The Geologic Story of South Florida* (Coral Gables, FL: The University of Miami Press, 1974).

2
De citaten in deze tekst zijn afkomstig van geowetenschapper Dr Sam Purkis, hoofd van de faculteit Marine Geosciences van de University of Miami in Florida. Het interview met de auteurs vond plaats op 8 februari 2021.

3
Zie over het concept tabula rasa in relatie tot de manier waarop beleid de ruimte beïnvloedt: Keller Easterling, Nikolaus Hirsch en Markus Miessen, *Subtraction*, Critical Spatial Practice 4 (Berlijn: Sternberg Press, 2014).

cally, having piled up sediment on shallow sea bottoms, moved by wave action, long short-drift and periodic hurricanes across 4,000 years or so. Barrier islands accumulate as chains, bordering more stable milieus, such as the oolite limestone that underlies South Florida.[4]

The porous rock formed during the last interglacial period approximately 119 to 124 thousand years ago, a period characterised by sea levels that were 3 to 6 m above current levels. During this period, Miami was underwater, and the Florida platform was rising.

The Florida platform is a fascinating lump of rock. It is also called the West Florida Shelf, a whole continental margin that goes from West Florida out into the Gulf of Mexico. It was an atoll-like reef system 100 million years ago, imagine that Florida once looked like the Maldives, numerous small atolls not one aggregate state.

Early speculators noted that Florida is the land of 'five-cent trees and five-dollar holes'. In other words, there was no 'soil' in the traditional sense so planting a tree was not a simple task of digging a hole into rich, temperate ground. Rather, planting trees required drills and dynamite because there is really no soil in Florida. The limestone bed of the southern peninsula is barely overlaid with sand, and even that was scraped to make early roads and walks while rock was blasted to flatten and advance. Mary Barr Munroe, wife of author Kirk Munroe and an early Coconut Grove pioneer, described her dislike of the rockscape in her journal entry of 21 May 1896, explaining: 'The main drawback in Miami at present is the rocks — rocks in the streets, rocks on the sidewalks, rocks everywhere.'[5] At the turn of the century, Munroe viewed the geologic foundations of this environment as a surface in need of reformation.

4
Richard A. Davis, *Barrier Islands of the Florida Gulf Coast Peninsula: The Most Complicated Barrier Island System in the World* (Sarasota, FL: Pineapple Press, 2016).

5
Mary Barr Munroe, 'Thursday May 21', in: Ann Spach Chesney et al. (eds.), *Miami Diary 1896: A Day by Day Account of Events that Occurred the Year Miami Became a City* (Miami, FL: Miami Centennial, 1996), 73.

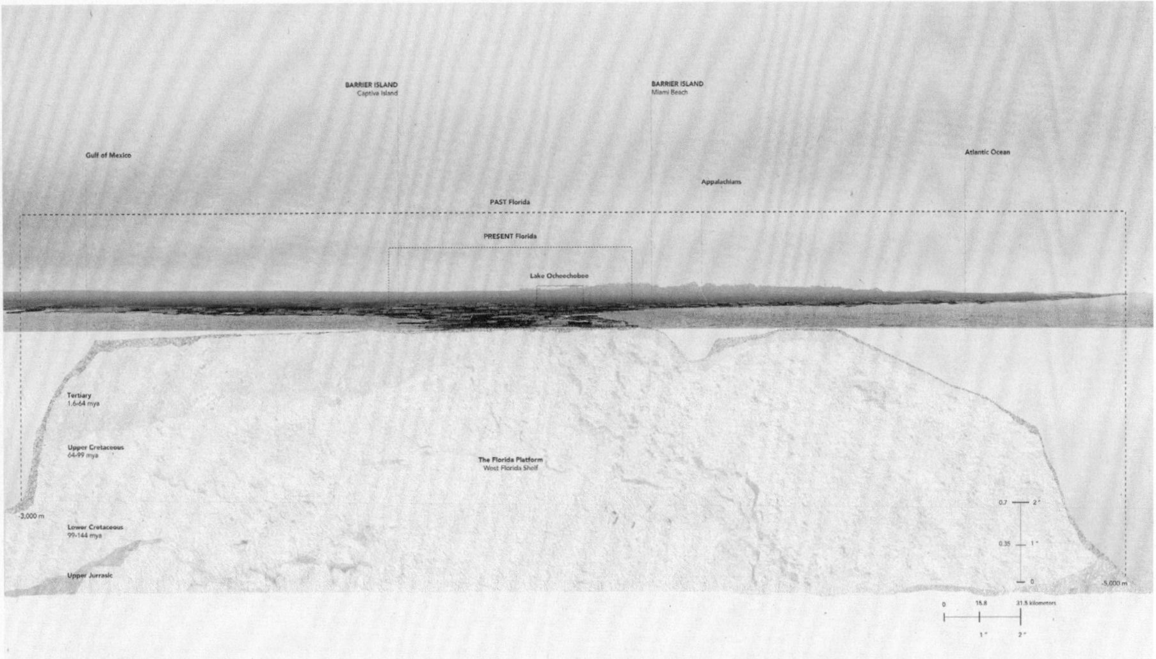

The maximum elevation across Florida is only 105 m and much of South Florida is virtually flat, with only a few metres of relief / De maximale hoogte in heel Florida bedraagt slechts 105 m; een groot deel van het Zuid-Florida platform is vrijwel vlak, met slechts een paar meter reliëf

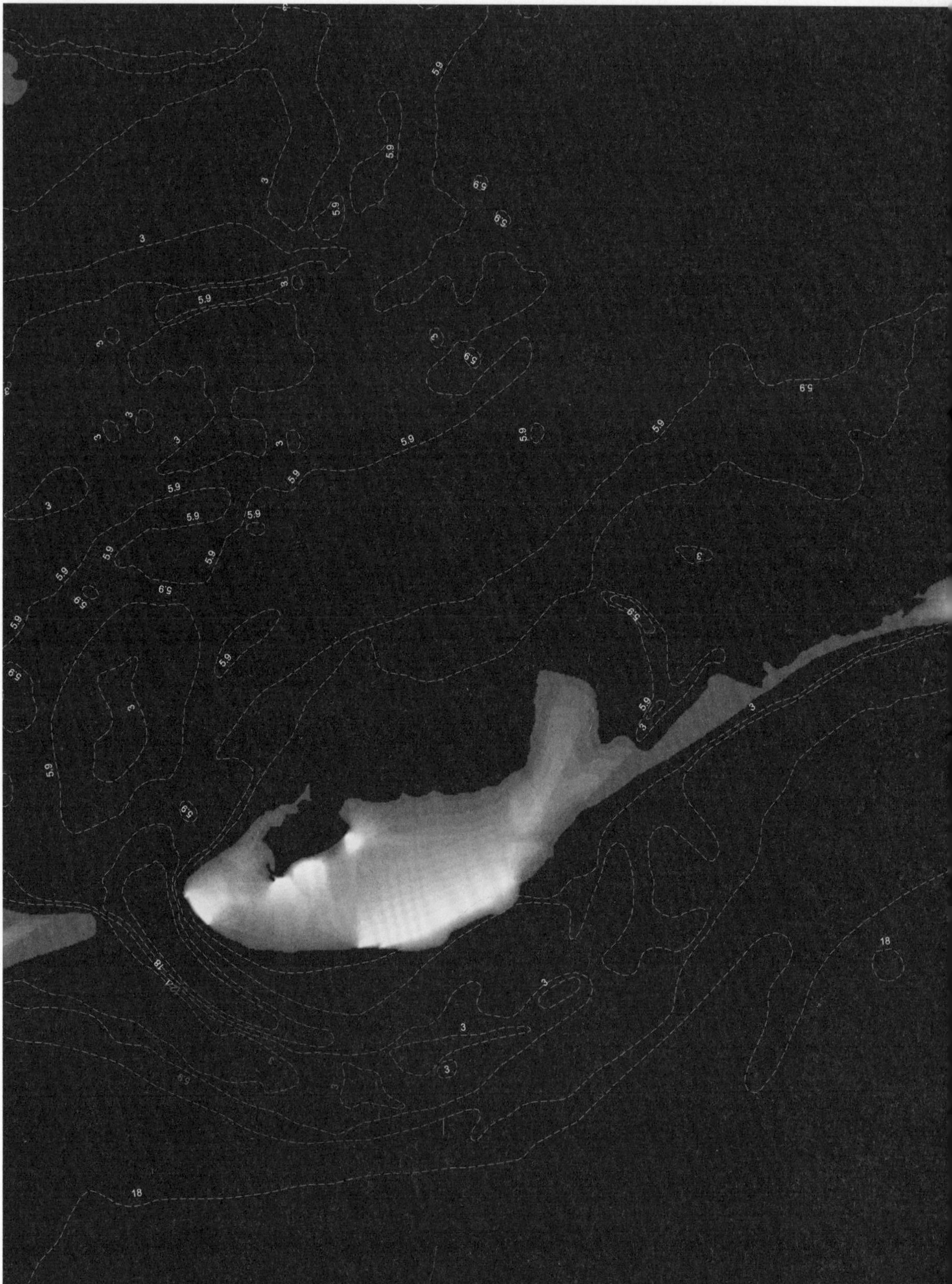

A digital elevation model of Captiva Island, a sandy barrier island on the west coast of Florida / Een digitaal hoogtemodel van Captiva Eiland, een van de zanderige barrière-eilanden aan de westkust van Florida die bedreigd worden door stedelijke ontwikkeling

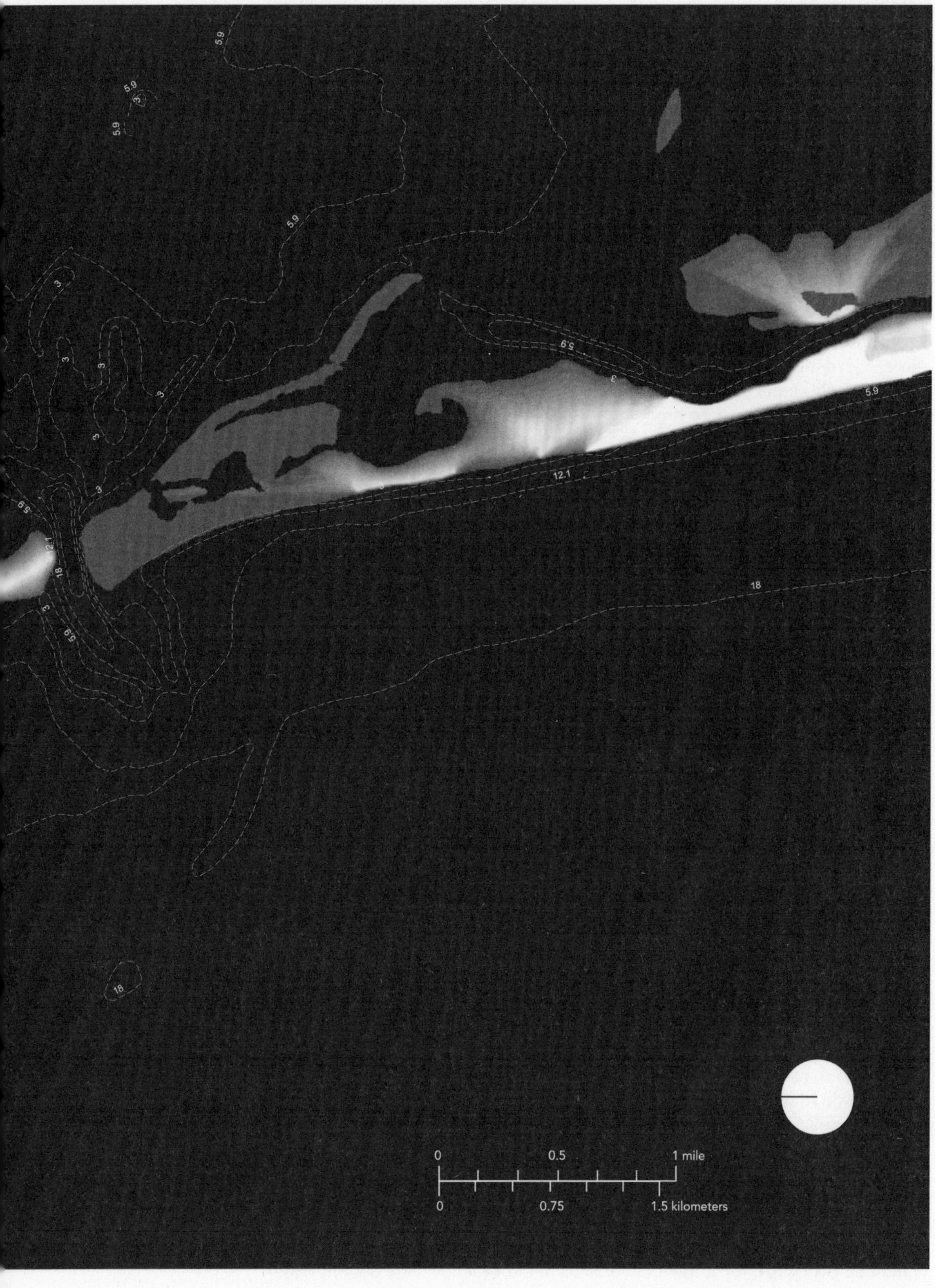
5.9
3
12.1
18
0
0.5
1 mile
0
0.75
1.5 kilometers

schiereiland misschien verkeerd wordt begrepen, worden de zanderige ketens van barrière-eilanden met hun getijdestromen wel doelbewust aangevallen en verbonden door wegen, spoorwegen en dijken die hen — schijnbaar — aan het vasteland vastklinken. Deze belangrijke hoofdstukken uit de ontwerpgeschiedenis van de regio beïnvloeden de toekomst van Zuid-Florida en vormen een gemeenschappelijke erfenis die elk precedent tart en ons uitnodigt ons af te vragen: Kunnen we de erfenis van eerdere vestiging afschudden?

Zuid-Florida is een soort barrière-eiland in het klein. Het beweegt niet zo veel, maar zelfs de kleinste verandering van het zeeniveau heeft enorme veranderingen tot gevolg.

Zuid-Florida wordt omringd door formaties van barrière-eilanden. Miami Beach is een barrière-eiland, net als Amelia Island, Key Biscayne, Treasure Island, Casey Key, Sanibel en Captiva Island. In feite bestaat meer dan 1.100 km van Florida's kustlijn uit barrière-eilanden. In geologische termen zijn barrière-eilanden vrij jong: het zijn opeenstapelingen van sediment op ondiepe zeebodems die over een periode van zo'n 4.000 jaar door golfslag, het op en neer gaan van de branding en periodieke orkanen zijn ontstaan. Barrière-eilanden rijgen zich aaneen als ketens en grenzen aan stabielere milieus, zoals die van oölietkalksteen die onder Zuid-Florida ligt.[4]

Dit poreuze gesteente is ontstaan tijdens de laatste interglaciale periode, ongeveer 119.000 tot 124.000 jaar geleden, in een periode waarin het zeeniveau tussen de 3 en 6 m boven het huidige niveau lag. Gedurende deze periode lag Miami onder water en bewoog het Florida-plateau zich opwaarts.

Het Florida-plateau is een fascinerende steenklomp. Het wordt ook wel het West-Florida-plat genoemd en beslaat de hele continentale rand die van West-Florida tot in de Golf van Mexico loopt. Het was 100 miljoen jaar lang een atol-achtig riffenstelsel — stel je een Florida voor dat eruitziet als de Malediven en uit talloze kleine atollen bestaat, in plaats van één grote staat.

Vroege speculanten noemden Florida het land van de goedkope bomen en de dure plantgaten' (*five-cent trees and five-dollar holes*). Daarmee verwezen ze naar de afwezigheid van een bodem in de traditionele zin van het woord; het planten van een boom was niet eenvoudigweg een kwestie van een gat graven in een rijke, gematigde grond. Nee, er moest voor geboord worden en er kwam dynamiet bij kijken, want er is in Florida gewoon geen grond. Op de kalksteenlaag van het zuidelijke schiereiland lag een dun laagje zand en zelfs dat werd er in het begin afgeschraapt om wegen en paden te maken, terwijl rotsen werden opgeblazen om het land te egaliseren en zich een weg vooruit te banen. Mary Barr Munroe, de echtgenote van de schrijver Kirk Munroe en een vroege inwoner van Coconut Grove, beschreef haar afkeer van het rotslandschap in een dagboekaantekening van 21 mei 1896, waarin ze zegt: 'Het grootste nadeel van Miami momenteel de rotsen zijn — rotsen in de straten, rotsen op de trottoirs, overal rotsen.'[5] Rond de eeuwwisseling beschouwde Munroe de geologische basis van deze omgeving als een oppervlak dat nodig moest worden aangepast.

Dus werden de heuvelruggen met hun subtropisch hardhout leeggehaald om plaats te maken voor woonwijken en werden de moerassen met hun vruchtbare bodem gedraineerd, afgewaterd en bespoten om de grond verder te temmen en Zuid-Florida leefbaarder te maken. Enerzijds doemt hier het probleem op van iedere poging om 'bodem' te definiëren, anderzijds roept het vragen op over onze territoriale onverschilligheid tegenover de bodem onder onze voeten. Deze onverschilligheid speelt niet alleen bij vestigingspatronen,

4
Richard A. Davis, *Barrier Islands of the Florida Gulf Coast Peninsula: The Most Complicated Barrier Island System in the World* (Sarasota, FL: Pineapple Press, 2016).

5
Mary Barr Munroe, 'Thursday May 21', in: Ann Spach Chesney et al. (red.), *Miami Diary 1896: A Day by Day Account of Events that Occurred the Year Miami Became a City* (Miami, FL: Miami Centennial, 1996), 73.

Most people think of Florida in terms of its land portion outlined by the state boundary. This boundary is primarily outlined by infrastructural support including sea walls. Less visible are the substrate amendments such as beach renourishment, a process of replenishment that adds sand or dredge sediment to beaches to maintain the prescribed ownership lines / Florida is meer dan het land / de staat, afgebakend door onder meer zeeweringen. Minder zichtbaar zijn de aanpassingen aan het substraat, zoals het herstel van stranden, waarbij zand of baggersediment aan de kust wordt toegevoegd om de voorgeschreven eigendomslijnen te handhaven

As a counterpoint, the subtropical hardwood hammocks were cleared for home sites and the soil-rich marshes were drained, ditched and sprayed, further pacifying the ground in order to make South Florida more liveable. While this brings up the multiplicity of trying to define 'soil', it also raises questions of our territorial indifference towards the ground under our feet. This indifference is marked beyond patterns of settlement to the intersections of health, cultural landscape, plants and climate change. One of the more violent transgressions of the landscape is the endless cycle of beach renourishment, the process of dredging sand from *ex-situ* environments and superimposing it along shorelines to maintain beachfront property, tourism and pleasure grounds.

Beach renourishment is upping the amount of sediment to build up islands, again and again. Normally, you wouldn't need to do that but in this case the sediment supply has been interrupted, perhaps by ports along the shore, which are stopping the sediment from moving. Renourishment wouldn't be necessary if the longshore motion of the sediment continued in its natural sense, but of course we don't let that happen.

Each of the quotes in this reflective essay are by geoscientist Sam Purkis, who describes the dynamic process of Florida's rivers, eroding the fossils embedded in the rock of the Florida platform, depositing materials on the barrier island that acquire layers of sand and gravel, occasionally seeded with airborne materials flown in from the Caribbean and mainland Florida. In thinking geologically, Dr Purkis reasons through and with time, reminding us that to consider the pedosphere is to engage with temporal processes quite outside human lifespans. Consider sea level rise, which is increasing quickly

maar heeft ook raakvlakken met gezondheid, cultureel landschap, plantleven en klimaatverandering. Een van de meest gewelddadige schendingen ten opzichte van het landschap is de eindeloze cyclus van strandherstel waarbij zand elders wordt opgebaggerd en gebruikt om kustlijnen op te spuiten, zodat strandhuizen, toerisme en recreatiegebieden kunnen voortbestaan.

Voor strandherstel is steeds meer sediment nodig om eilanden op te hogen. Normaal gezien zou dat niet nodig zijn, maar in dit geval is de aanvoer van sediment onderbroken, misschien door havens langs de kust die de doorstroming van het sediment blokkeren. Strandherstel zou niet nodig zijn als de branding het sediment op een natuurlijke manier zou kunnen meevoeren, maar dat laten wij natuurlijk niet gebeuren.

Alle citaten in dit reflecterende essay waren van de hand van geowetenschapper Sam Purkis, die het dynamische proces van de rivieren van Florida beschrijft. De rivieren eroderen de fossielen die zijn ingebed in het gesteente van het Florida-plateau en zetten het materiaal af op de barrière-eilanden. Daar verzamelen zich lagen zand en grind, soms afgewisseld met materiaal dat vanuit de lucht wordt aangevoerd uit het Caribisch gebied en het vasteland van Florida. Purkis denkt geologisch, redeneert door en met de tijd en herinnert ons eraan dat het bestuderen van de bodem inhoudt dat we ons bezighouden met temporele processen die de levensduur van de mens overstijgen — denk aan de stijging van de zeespiegel, die naar menselijke maatstaven snel stijgt terwijl hij in de context van recente geologische gegevens juist zeer traag stijgt. De zeespiegel stijgt nu tien keer langzamer dan een paar duizend jaar geleden, toen we uit de laatste ijstijd kwamen.

In een poging om aan het land vast te houden, werpt de soepele kwaliteit van het beschermende barrière-eiland een dam op tegen de tijdelijke mobiliteit en de voortdurende kans op radicale veranderingen die elk orkaanseizoen met zich meebrengt. Als gevolg van de geschiedenis van tabula rasa brengen orkanen geen nieuwe mogelijkheden meer met zich mee, maar gaan ze in plaats daarvan de strijd aan met het beton en vechten ze tegen de dichtheid die de plaats van de flexibiliteit heeft ingenomen. Architecten en ingenieurs spreken niet graag over dit soort zaken. De meeste architecten zijn te zeer gewend aan de generalisaties van hun beroep, aan het weglaten van ontwikkelingsprocessen uit beoordelingen. Elke procedure herhaalt het geweld dat het oppervlak wordt aangedaan en dat valt af te lezen aan de onmiskenbare verschuiving in het plantenleven, van het struikgewas aan de kust tot de dicht beplante tropische landschappen en de open gazons die blijk geven van een culturele voorkeur voor een plaagvrije omgeving. Moerasgrassen wijken voor investeerders terwijl de modder wordt gedraineerd om het land te ontwikkelen, en stroken mangrovebos net zo snel weer worden vernietigd als ze worden hersteld. Deze arrogantie bij het bouwen steunt op tabula rasa en onthult een diepgaand verschil tussen de gefixeerde infrastructuur van de ambitie en de beweeglijke manier waarop de barrière-eilanden tot stand komen.

De planten, dieren en andere organismen hebben geen andere keuze dan te reageren op de stijgende grondwaterstanden, het toegenomen zoutgehalte, de verschuivingen in de afwisseling van de seizoenen en de extremere weersomstandigheden. De mangrovesoorten langs de randen van de baaien van de barrière-eilanden verplaatsen zich verder landinwaarts om te overleven, waardoor herbivoren dichter bij de immobiele gazons en golfbanen komen. Afgezien van de ecologische en esthetische risico's van het doen alsof bestaand land een tabula rasa is, draagt de resulterende verwaarlozing van de werkelijke grond en het fijnzinnige netwerk van levende planten, dieren en micro-organismen bij tot de verdere achteruitgang van juist die aspecten

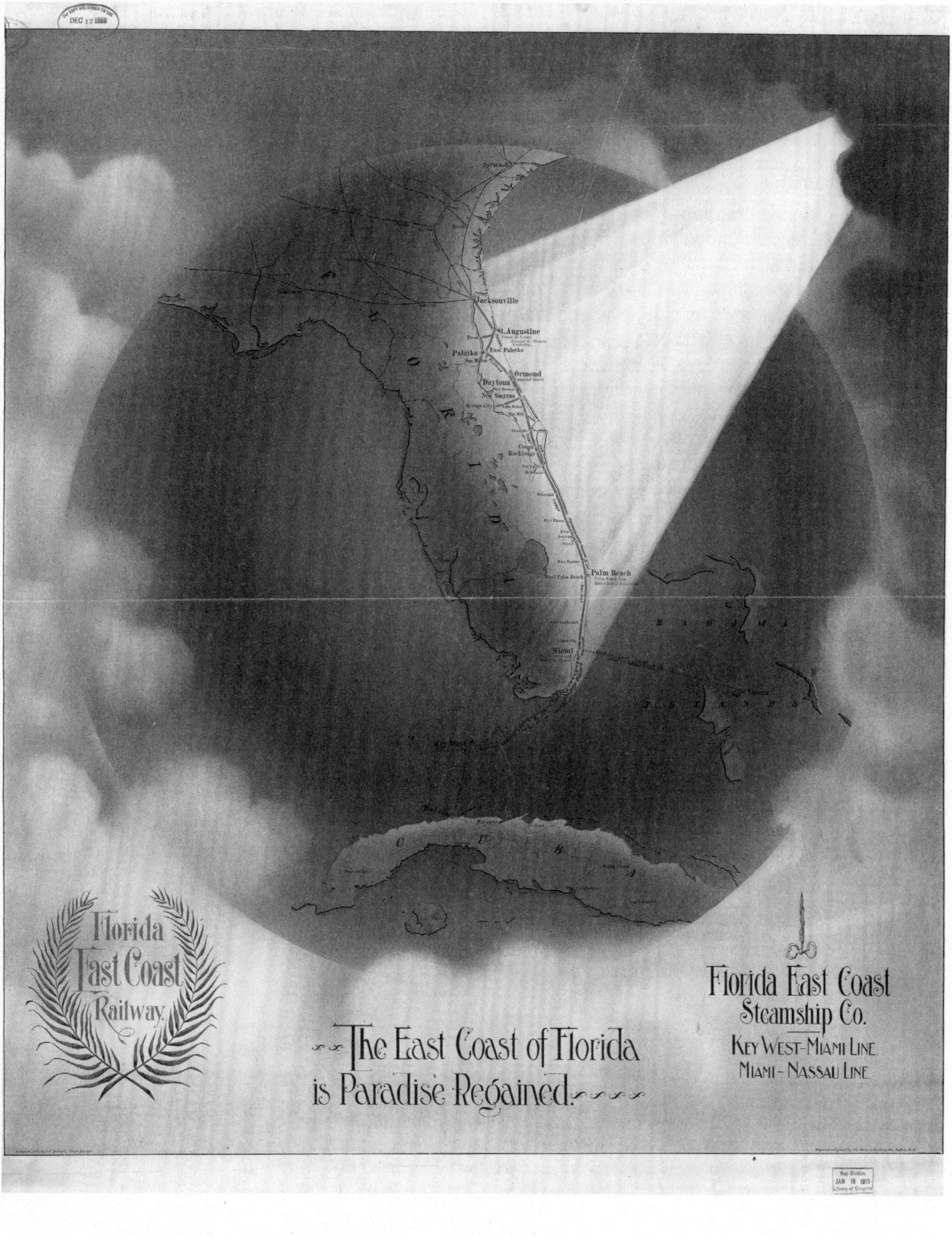

Infrastructure contours the coast, connecting islands and inlets as causeway foundations fasten the northern part of the state to the watery south / Infrastructuur volgt de contouren van de kust, verbindt eilanden en inhammen via een systeem van verhoogde wegen dat het noordelijke deel van de staat met het waterrijke zuiden verbindt

die deze plek ooit zo aantrekkelijk maakten. Barrière-eilanden zijn niet langer gemakkelijk bereikbaar per spoor en bieden geen zonnige horizonten, zomerse briesjes en vers fruit meer. Barrière-eilanden worden geteisterd door rood getij, blauwalgen, grof baggerzand en geïmporteerde voedingsmiddelen. In het huidige Zuid-Florida bestaan beide perspectieven naast elkaar; ze creëren vreugde én verwarring, schoonheid én wanhoop.

Het overlappen van deze twee perspectieven is duidelijk geen toeval: de bruutheid van de inbreuk komt overeen met de bruutheid van de gevolgen ervan. De strijd tegen de harde, poreuze grond en het zoemende moeras heeft helden voortgebracht en fortuinen gemaakt. Nu staat de erfenis van deze helden ter discussie. De meedogenloze pressie van klimaatomstandigheden in Zuid-Florida onthult een erfenis van ecologische en sociale onderdrukking die de creatie van een denkbeeldig landschap en een denkbeeldige verstedelijking mogelijk heeft gemaakt. Als men zich bewust wordt van de werkelijke geschiedenis van het land, van de verhalen van zijn bevolking en de bewegingen van zijn planten en dieren, dan kan dat zowel een heroverweging van de huidige toestand als nieuwe mogelijkheden voor de toekomst opleveren. Het zou zo langzamerhand duidelijk moeten zijn dat een mens onmogelijk een fortuin kan vergaren zonder dat dit epische, wereldwijde gevolgen heeft. Als we nu voor de vraag staan, wat de redenen zijn dat wij veranderen, uitvinden, ingrijpen en in onze geschiedenis plaatsmaken voor de ander, dan moeten wij kritische aandacht besteden aan het feit dat ontwerpen — alsof het land een tabula rasa is — de ultieme belediging is. Het feit dat deze geschiedenis schokkend is, moet voldoende reden zijn om haar niet te herhalen.

Vertaling: InOtherWords, Maria van Tol

by human standards, but very slowly in the context of the recent geologic record. Sea level is rising ten times slower than it was a few thousand years ago, as we were coming out of the last ice age.

In an effort to hold onto the land, the lithe quality of nourishing barrier island works counter to the temporal mobility and the constant potential for radical change that every hurricane season presents. Rather, due to the history of tablula rasa design, hurricanes do not carry potential, rather they battle concrete, and fight solidity over flexibility. Neither architects nor engineers are eager to tell these kinds of histories. Most architects are too tightly tied to the generalisations of their professions: removing the processes of development from the assessment. Each procedure reiterates violence to the surface, read through a profound shift in plant life, from coastal shrub-land to densely planted tropical landscapes, and open lawns driven by cultural preferences for a pest free environment. Marshland grasses succumb to investment as muck is drained for development, as fringes of mangrove are destroyed as quickly as they are restored. These conceits of construction rely on tabula rasa, revealing a structural difference between fixed ambition infrastructure and mobile barrier island formation.

The plants, animals and other organisms have no choice but to respond to rising water tables, increased salinity, the shifts in the timing of the seasons, and the higher concentrations of weather events. Along bayside edges of barrier islands, the mangrove species push further inland to survive, pushing herbivory closer to the lawns and fairways that are fixed in place. Aside from the ecological and aesthetic peril of treating the land as a tabula rasa, this resulting neglect of the actual ground and the intricate network of life among plant, animal and microorganismic life contribute to the further decline of the very aspects of place that once made it attractive. Barrier islands are no longer easily accessed by rail, offering sunny horizons, shelly breezes and fresh fruit. Barrier islands are beset by red tide, blue-green algae, coarse dredge sand, and imported foodstuffs. In present-day South Florida, both prospects coexist, creating joy and confusion, attraction and despair.

The overlapping of these two prospects is evidently no accident: the brutality of intrusion corresponds with the brutality of its consequences. Struggling against the hard, porous ground or the buzzing swamp engendered heroes and created fortunes. Today, the hero legacy is subject to consideration. The relentlessly pressing climate conditions of South Florida reveal a legacy of environmental and social suppression that enabled the establishment of an imagined landscape and urbanism. Realisations of the actual history of the land, the narratives of its peoples, the journeys of its plants and animals has the potential to inspire reconsideration of the present condition and new possibilities for the future. It should be evident now that no one individual can make a fortune without epic global consequences. If the question now is that of the causes able to make us change, invent, act or allow us to open our histories to others, then we must pay discerning attention to tabula rasa design as the ultimate insult. These histories shock us, which ought to be reason enough to leave them in the past.

Taneha Kuzniecow Bacchin en Isabel Recubenis Sanchis

Bodem, planning en klimaatcrisis in de Nederlandse bovendelta

De bodem heeft een belangrijke rol gespeeld bij de totstandkoming van het Nederlandse grondgebied, een veranderlijk deltalandschap dat wordt gekenmerkt door erosie en bodemvorming.[1] Door de eeuwen heen zijn zowel de betekenis, het gebruik en de beïnvloeding van de bodem, als het effect daarvan op de bebouwde en natuurlijke omgeving, herhaaldelijk veranderd.

De vroegste bewoners (tussen de 2700 en 2175 v.Chr.) zagen de waarde in van verhoogde zandruggen: veilig en zeer vruchtbaar land in gebieden die blootstonden aan zee-, rivier- en grondwaterfluctuaties.[2] Vanaf de elfde eeuw vond er in dit gebied stedelijke en economische ontwikkeling plaats, dankzij de beheersing van technieken om de inherent dynamische toestand van de delta door middel van drainagesystemen en dijken te beheersen en te reguleren. Gedurende de zoektocht naar droge en stabiele ondergrond gaf de bewerking van de bodem vorm aan het Nederlandse landschap van polders en dijken, molens, kanalen en meren.[3]

In een reactie op een reeks overstromingen in het rivierengebied en als gevolg van de toenemende bezorgdheid over ecologische achteruitgang ontstond in de jaren 1970 een nieuw planningsparadigma. In lijn hiermee werd stedelijke ontwikkeling aangestuurd door open ontwerpkaders die konden worden aangepast aan (steeds onbestendiger) maatschappelijke, economische en klimatologische veranderingen.[4] Deze vorm van open ontwerp — of 'casco-concept' — ging gepaard met een nieuwe opvatting van de bodem als een ontwerp- en planningsinstrument dat richtinggevend was voor duurzame regionale ontwikkelingen.

Nu we geconfronteerd worden met de gevolgen van de klimaatcrisis is een herziening van de rol van de bodem in planningskaders noodzakelijk, omdat de werking van de bodem moet worden aangewend bij het beheer van extreme rivier- en grondwaterfluctuaties.

Plan Ooievaar: lezing met nadruk op de bodem

Een uitstekend voorbeeld van duurzame regionale ontwikkeling op basis van de bodem — en een toepassing van het casco-concept — is de winnende inzending van de prijsvraag voor de ontwikkeling van de regio Rivierenland, het 'Plan Ooievaar' uit 1985.[5] In dit plan wordt de strategie om te ontwerpen met onzekerheid uitgewerkt door de mate van verandering van verschillende vormen van landgebruik — landbouw, gemengd gebruik en natuur — te koppelen aan de mogelijkheden om de mate van natheid van de bodem te beïnvloeden. Als gevolg hiervan worden drie verschillende planningsdomeinen onderscheiden.[6]

Aan de zachte en natte kleibekkens (A1) wordt in het plan de ontwikkeling van intensieve landbouw toegewezen. Dit type grondgebruik wordt bepaald door seizoensgebonden veranderingen zoals wisselbouw, verandering van eigenaar of agrarische beslissingen waardoor de oriëntatie, vorm en positie van de polder veranderen. Het hoge tempo van de veranderingen (of de sterke dynamiek) in de intensieve landbouw gaat gepaard met de mogelijkheid om de frequente verstoringen die zo kenmerkend zijn voor rivierklei met een oppervlakkige grondwaterspiegel, onder controle te houden.

Voor de vruchtbare zandruggen (B1) wordt in het plan de ontwikkeling van gemengd gebruik voorgesteld. Deze achter beschermende dijken gelegen gebieden staan niet meer onder invloed van periodieke rivieroverstromingen. Hierdoor kunnen hier woningbouw en commerciële projecten worden ontwikkeld, mits er op middellange termijn onderhoud aan de dijken plaatsvindt.

1
Han Meyer, *The State of the Delta: Engineering, Urban Development and Nation Building in the Netherlands* (Nijmegen: VanTilt, 2017).

2
Jan Albert Bakker, 'TRB Settlements Patterns on the Dutch Sandy Soils', *Analecta Praehistorica Leidensia: Publications of the Institute for Prehistory of the University of Leiden* 15 (1982), 87-124.

3
Bodemtechniek verwijst naar de beweging van water: (1) van de ondergrond naar de oppervlakte en (2) wég van bewoonde gebieden.

4
Michiel van der Meulen et al., 'Regional Sediment Deficits in the Dutch Lowlands: Implications for Long-Term Land-Use Options', *Journal of Soils and Sediments* 1 (2007), 9-16.

5
Juval Portugali en Egbert Stolk (red.), *Complexity, Cognition, Urban Planning and Design. Post-Proceedings of the 2nd Delft International Conference* (Berlijn: Springer, 2016).

6
De notie van verschillende planningsgebieden in doorsneden is een extrapolatie van het onderzoek over deze regio dat is uitgevoerd door Dick de Bruin, Dick Hamhuis, Lodewijk van Nieuwenhuijze, Willem Overmars, Dirk Sijmons en Frans Vera. Zie: Dick de Bruin et al., *Ooievaar: de toekomst van het rivierengebied* (Arnhem: Stichting Gelderse Milieufederatie, 1987), 29-40.

Taneha Kuzniecow Bacchin and Isabel Recubenis Sanchis

Soil, Planning and Climatic Crisis in the Dutch Upper Delta

Soil has been a founding element in the making of the Dutch territory, tied to a delta landscape of inherent flux, erasure and terraforming.[1] Its meaning, use and manipulation has changed throughout time, producing a different impact in the built and natural environment.

The first settlers (between 2700 and 2175 BC) were those who recognised the value of elevated sandy ridges as safe and highly productive land in areas subjected to sea, riverine and groundwater fluctuations.[2] From the eleventh century onwards, urban and economic development followed with the mastering of techniques to control and regulate the inherent dynamic condition of the delta through drainage systems and dikes. In the search for dry and motionless substrata, the engineering of the soil gave shape to the Dutch landscape of polders and dikes, windmills, canals and lakes.[3]

Reacting to a series of floods in the river area and due to an increased concern with environmental decay, a new paradigm in planning emerged in the 1970s. Under this new paradigm, urban development was guided by open frameworks of design adaptable to the (increasingly uncertain) social, economic and climatic changes.[4] This form of open design — or 'casco concept' — came along with a new understanding of soil as a design and planning tool with which to guide sustainable regional developments.

As we are now being confronted with the effects of the climate crisis, a revision of the role of soil in planning frameworks is necessary to unlock its agency in managing extreme riverine and groundwater fluctuations.

Reading Plan Ooievaar from the Soil's Point of View

A key example of sustainable regional development guided by soil — and an application of the casco concept — is the winning competition entry for the development of the Rivierenland region called Plan Ooievaar (Dutch for Plan Stork) in 1985.[5] In this plan, the strategy to design with uncertainty consists of articulating the degree of change of different land uses — agriculture, mixed use and nature — with the possibilities to manipulate the degree of wetness of the soil. As a result, three different planning areas are identified.[6]

On the soft and wet clay basins (A1), the framework assigns the development of intensive agriculture. This land use type is defined by seasonal changes, such as crop rotations, changes in land ownership or farming decisions that modify the orientation, shape and position of the polder. The high pace of change (or high dynamicity) of intensive agriculture is paired with the possibility to control the frequent disturbances that are so characteristic of riverine clay soils with superficial groundwater tables.

On ridges of fertile sandy material (B1), the framework assigns the development of mixed uses. Inside the protection of dikes, these areas are no longer under the influence of periodic riverine inundation. This condition allows for the development of residential and commercial areas, tied to the medium-term maintenance of dikes.

On the active river and sandy floodplains (C1), the framework assigns the development of nature. In this section, the slow but steady process of land formation shapes a riparian ecosystem that buffers the intensity at which river discharges occur. In this sense, the interrelation between soil, nature development and mitigation of floods is established. A relation that later in time is used as a design principle ('building with nature') in large-scale planning initiatives like the Sand Engine or Room for the River.[7]

1
Han Meyer, *The State of the Delta: Engineering, Urban Development and Nation Building in the Netherlands* (Nijmegen: VanTilt, 2017).

2
Jan Albert Bakker, 'TRB Settlements Patterns on the Dutch Sandy Soils', *Analecta Praehistorica Leidensia: Publications of the Institute for Prehistory of the University of Leiden* 15 (1982), 87–124.

3
Engineering of the soil refers to the movement of water: (1) from the substratum to the surface and (2) away from inhabited areas.

4
Michiel van der Meulen et al., 'Regional Sediment Deficits in the Dutch Lowlands: Implications for Long-Term Land-Use Options', *Journal of Soils and Sediments* 1 (2007), 9–16.

5
Juval Portugali and Egbert Stolk (eds.), *Complexity, Cognition, Urban Planning and Design. Post-Proceedings of the 2nd Delft International Conference* (Berlin: Springer, 2016).

6
The understanding of the different planning areas in section comes as an extrapolation of the research conducted on this region by Dick de Bruin, Dick Hamhuis, Lodewijk van Nieuwenhuijze, Willem Overmars, Dirk Sijmons and Frans Vera. See: Dick de Bruin et al., *Ooievaar: de toekomst van het rivierengebied* (Arnhem: Stichting Gelderse Milieufederatie, 1987), 29–40.

7
Huib de Vriend, Mark van Koningsveld and Stefan Aarninkhof, 'Building with Nature: the New Dutch Approach to Coastal and River Works', *Proceedings of the Institution of Civil Engineers–Civil Engineering* 1 (2014), 18–24; Marcel Stive et al., 'A New Alternative to Saving Our Beaches from Sea-Level Rise: The Sand Engine', *Journal of Coastal Research* 5 (2013), 1001–1008; Dirk Sijmons et al., *Room for the River: Safe and Attractive Landscapes* (Wageningen: Uitgeverij Blauwdruk, 2017).

De dynamische rivier- en zandige uiterwaarden (C1) zijn volgens het plan geschikt voor de ontwikkeling van natuur. In dit gedeelte ontwikkelt zich door het langzame, maar gestage proces van landvorming een oeverecosysteem dat een buffer vormt tegen de intensiteit van de rivierafvoer. Zo ontstaat er een onderlinge relatie tussen de bodem, natuurontwikkeling en beheersing van overstromingen, een relatie die later als ontwerpprincipe ('bouwen met natuur') wordt opgepakt in grootschalige planningsinitiatieven als de Zandmotor en Ruimte voor de Rivier.[7]

Het Plan Ooievaar speelt in op een dringend noodzakelijke verschuiving van het planningsparadigma en benoemt maatschappelijke, economische en klimatologische onzekerheden. Het voorstel is om de bodem op te vatten als verweven met de diverse typen landgebruik. Het belangrijkste is dat in het plan de vraag aan de orde komt of de bodem een levend systeem is, omdat hij erosie- en sedimentatieprocessen versterkt die het oeverecosysteem kunnen herstellen en de gevolgen van overstromingen beperken. Deze strategie zou in het licht van de stijging van de mondiale zeespiegel en de bodemdaling in de hele regio Rivierenland kunnen worden toegepast.

Crisistoestand en bodemgeoriënteerde ontwerpuitgangspunten: Samenwerking en onvoorspelbaarheid

De nieuwe klimaatveranderingsfrequenties versnellen het tempo van stromingen en processen die op de schaal van de ondergrond plaatsvinden, zoals grondwaterfluctuaties, overstromingsritmes, erosie en sedimentatie. Deze verschuivingen vormen een uitdaging voor plannings- en ontwerpkaders die berusten op het hebben van een statische bodem binnen de dijken. In die zin is er dringend behoefte aan een herziening van de bestaande kaders, waarbij opnieuw moet worden uitgevonden hoe bodemschommelingen kunnen worden ingepast in stedelijke en landelijke projecten.[8]

Als de bodem de ruimte voor ontwerp wordt, wat voor invloed heeft dat dan op ontwerp- en planningsstrategieën en welke kansen komen hieruit voort? Uit de intrinsieke relatie tussen klimaatcrisis en bodem — die in het Rivierenland al zijn uitgetest in de buitendijkse ruimte — komen twee principes naar voren.

Ten eerste het besef van de bodem als een ruimte die onvoorspelbaar is, waarbij de bodem in wisselwerking staat en in dialoog is met de veranderende klimatologische omgeving. Ruimtelijk kan onvoorspelbaarheid vertaald worden in twee activiteiten. Enerzijds de aanvaarding van grondwaterfluctuaties in kleibekkens om de gevolgen van overstromingspieken te verzachten; anderzijds de uitbreiding van het rivierennetwerk voorbij de dijken om piekafvoer te vertragen en te minimaliseren.[9]

Ten tweede dat van de bodem als een ruimte van samenwerking, waarbij de aanwezige materiële, ecologische en culturele praktijken met elkaar verbonden worden. Zo is de verdeling van het grondgebruik op regionaal niveau verstrengeld met overstromingsrisicobeheer, de cultuur van het land en landschapsherstel.

Herziening van Plan Ooievaar in het licht van bodemgeoriënteerde ontwerpuitgangspunten

Gezien het tempo waarin veranderingen plaatsvinden en gezien de huidige kritische toestand van het stedelijke en landelijke project in deltalandschappen, stellen wij hier voor aan de hand van een tweeledige logica te beginnen met de herziening van het oorspronkelijke casco-concept. Ten eerste wordt het planningsdoel bijgestuurd, waarbij de nadruk wordt verlegd van landgebruik naar sediment- en waterbeheer. Ten tweede wordt de planningsstrategie herzien, waarbij de nadruk wordt verlegd van een kader dat wordt bepaald

7
Huib de Vriend, Mark van Koningsveld en Stefan Aarninkhof, 'Building with Nature: the New Dutch Approach to Coastal and River Works', *Proceedings of the Institution of Civil Engineers-Civil Engineering* 1 (2014), 18–24; Marcel Stive et al., 'A New Alternative to Saving Our Beaches from Sea-Level Rise: The Sand Engine', *Journal of Coastal Research* 5 (2013), 1001–1008; Dirk Sijmons et al., *Room for the River: Safe and Attractive Landscapes* (Wageningen: Uitgeverij Blauwdruk, 2017).

8
Van der Meulen et al., 'Regional Sediment Deficits in the Dutch Lowlands', op. cit. (note 4) bespreekt de effecten van sedimenttekorten in de Nederlandse delta en de onvermijdelijkheid van het accepteren van een gedeeltelijke vernatting van het laagland om het overtollige water de ruimte te geven.

9
Ibid.

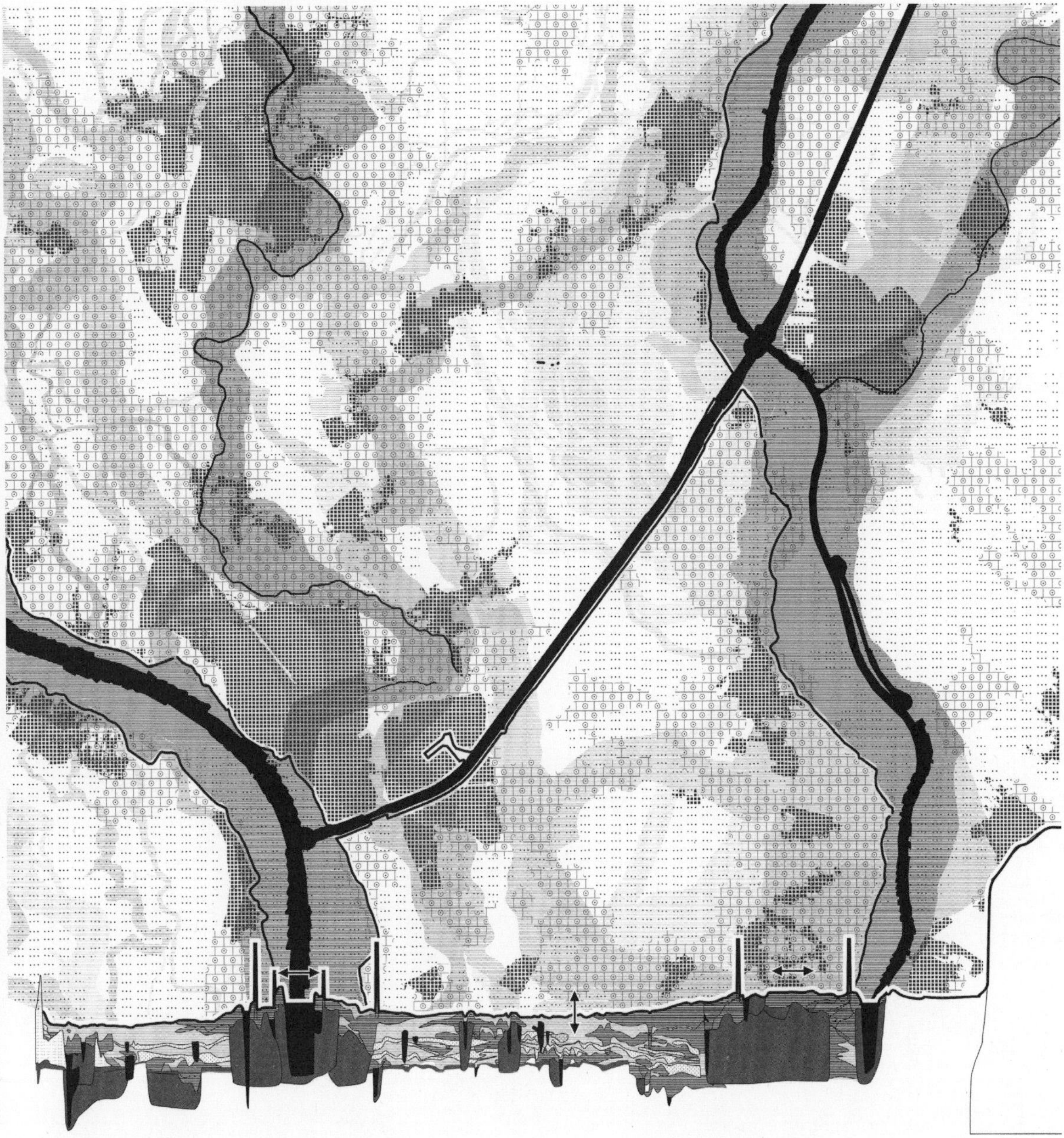

Substratum
- Floodplain deposits (klei)
- Bank deposits (sand, klei)
- Residual channel deposits (clay, peat)
- Bed deposits (sand, gravel)
- Peat
- age of abandonment of water channels

Surface
- Urban areas
- Agricultural land
- Pasture land

↕ Groundwater fluctuations
↔ Riverine fluctuations: water, sediments and nutrients

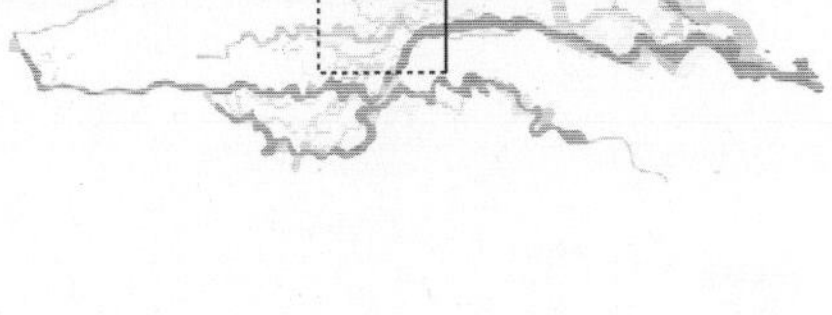

Interrelation surface-subsurface in the Dutch Rivierenland /
De relatie tussen oppervlakte en ondergrond in het Nederlandse Rivierenland

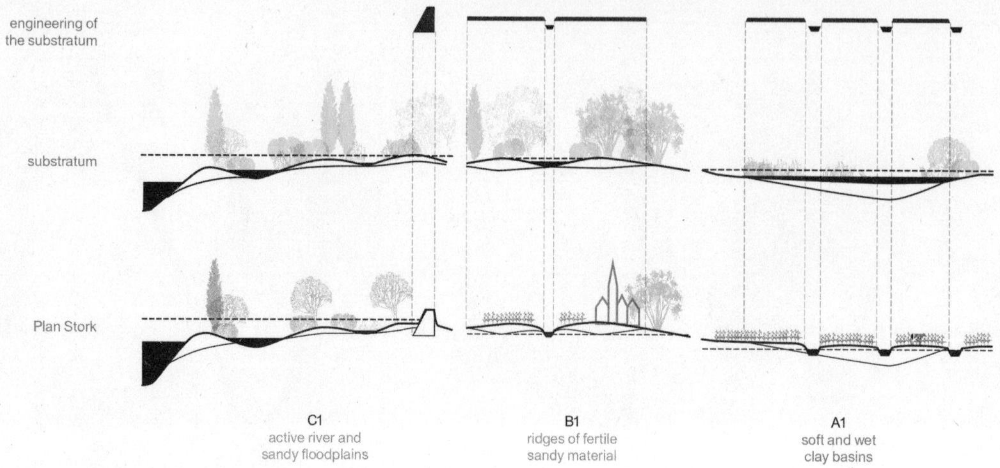

**Reading of Plan Ooievaar from the soil's point of view in section /
Lezing van Plan Ooievaar vanuit het standpunt van de grond, in doorsnede**

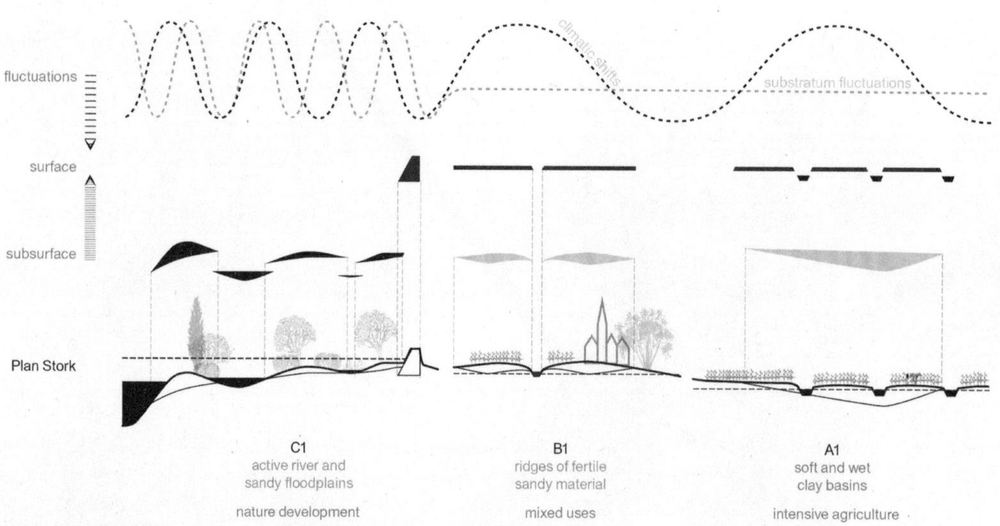

**Reading plan Ooievaar: disassociation atmosphere – occupation – substratum /
Lezing van Plan Ooievaar: disassociatie atmosfeer – invulling – substraat**

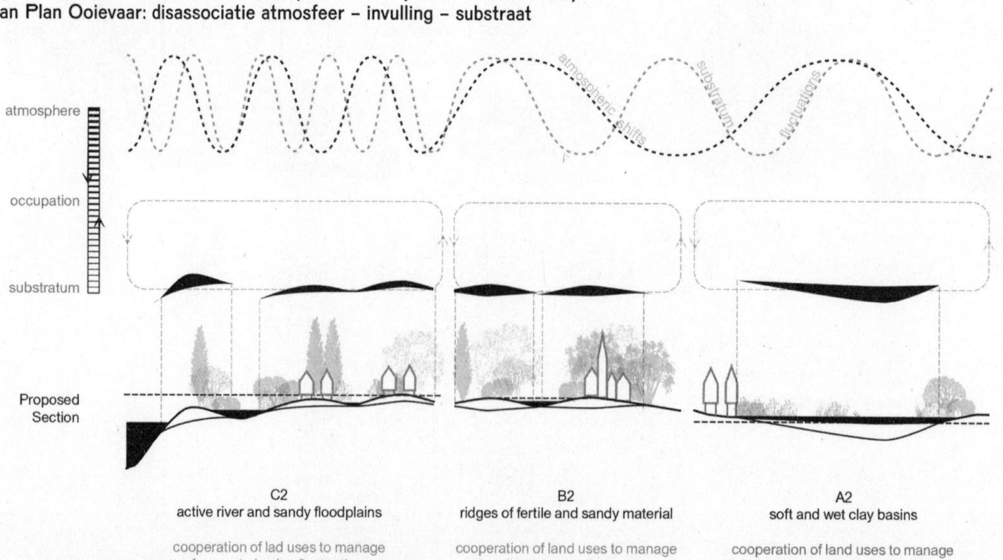

**Revision plan Ooievaar : association atmosphere – occupation – substratum /
Herziening plan Ooievaar : associatie atmosfeer – invulling – substraat**

Plan Ooievaar responds to an urgently needed shift in the planning paradigm, acknowledging social, economic and climatic uncertainty, proposing an understanding of soil in its intertwined relation with land use systems. Most importantly, the plan opens the question of soil as a living system, as it enhances processes of erosion and sedimentation that restore the riparian ecosystem while mitigating riverine flood events. A strategy that, in light of the rise in global sea level and land subsidence, has the potential to be expanded to the full Rivierenland region.

State of Crisis and Soil-driven Design Premises: Cooperation and Contingency

New frequencies in climatic change are accelerating the pace of flows and processes happening at the substratum level such as groundwater fluctuations, flood pulses, erosion and sedimentation. These shifts are challenging planning and design frameworks that rely on the engineering of static grounds inside the dikes. In this sense, there is an urgency for a revision of existing frameworks, reinventing how to embrace soil fluctuations within the urban and territorial project.[8]

If the substratum becomes the space of design, how does this space inform design and planning strategies and what are the opportunities that arise from it?

Learning from the intrinsic relation between climate crisis and the substratum —already tested in the Rivierenland for the space outside the dikes — two principles arise.

The first is soil as a space that embraces contingency where soil interacts and enters into dialogue with a changing climatic environment. Spatially, contingency is translated into two actions. On the one hand the acceptance of groundwater fluctuations in clay basins in order to mitigate flood peaks. On the other the expansion of the riverine stream network beyond the dikes to delay and minimise peak discharges.[9]

The second is soil as a space of cooperation, where situated material, ecological and cultural practices are interlinked. In this sense, the distribution of land uses at a regional level is entangled with flood risk management opportunities, cultures of the land and landscape restoration.

Revision of Plan Ooievaar in Light of Soil-Driven Design Premises

Reflecting on the pace of change and current criticality of the urban and territorial project in delta landscapes, we propose here the start of a revision of the original casco concept with a twofold logic. First, it redirects the object of planning, moving from a land use focus to a land management focus of sediments and water. Second, it reviews the planning strategy moving from a framework guided by the pace of change of different land uses towards a framework guided by vertical and horizontal fluctuations of the soil.[10] With this new logic the planning areas described by in Plan Ooievaar will now consist of different forms of contingency and cooperation.

On the soft and wet clay basins (A2), contingency is enabled by dismantling the artificial drainage of the soil, allowing groundwater dynamics to restore the wet and soft conditions of these soils. The fluctuating degree of wetness in the clay accommodates atmospheric moisture and river discharge shifts, mitigating extreme events.[11]

Low-density residential, commercial and industrial areas are here coupled with the natural development of wetland ecosystems and aquacultures. Land owners manage and maintain their (now) wet plots, which in sum, compose a productive wetland. In this sense a cooperation of farmers/residents collectively share the role of flood mitigation and wetland restoration.

8
Van der Meulen et al., 'Regional Sediment Deficits in the Dutch Lowlands', op. cit. (note 4) discusses the effects of sediment deficiency in the Dutch Delta and the inevitability of accepting a partial wettening of the lowlands in order to accommodate excess water.

9
Ibid.

10
The proposed revision is based on a year-long research carried out by Recubenis Sanchis. See Isabel Recubenis Sanchis, *Restoring Systemic Proximities: Towards the Re-Territorialization of the Dutch Rivierenland* (Delft: Delft University of Technology, 2020).

11
Michael Acreman and Joseph Holden, 'How Wetlands Affect Floods', *Wetlands* 33/5 (2013), 773–786.

door het tempo van verandering van de verschillende vormen van grondgebruik naar een kader dat wordt bepaald door de verticale en horizontale fluctuaties van de bodem.[10] Aan de hand van deze nieuwe logica sluiten de door Plan Ooievaar beschreven planningsgebieden verschillende vormen van onvoorspelbaarheid en samenwerking in.

In de zachte en natte kleibekkens (A2) wordt ruimte gemaakt voor het toeval door te stoppen met de kunstmatige drainage van de bodem, zodat de grondwaterdynamiek de natte en zachte toestand in de bekkens kan herstellen. Klei van wisselende natheid kan verschuivingen in atmosferisch vocht en rivierafvoer opvangen en zo extreme gebeurtenissen beperken.[11]

Woningbouw plus commerciële en industriële projecten, allemaal met een lage dichtheid, worden hier gekoppeld aan de natuurlijke ontwikkeling van draslandecosystemen en aquacultuur. Grondeigenaren beheren en onderhouden hun (nu) natte percelen die uiteindelijk een productief drasland vormen. Zo speelt een samenwerkingsverband en collectief van boeren en bewoners een rol bij de beheersing van overstromingen en het herstel van uiterwaarden.

Op de binnendijkse zandruggen (B2) wordt extreme en onzekere rivierafvoer opgevangen door vertakkingen van de hoofdrivieren (Waal, Nederrijn en Lek). Door middel van het graven van kleine waterstromen ontstaat er in de binnendijkse zandruggen een verspreid en decentraal waternetwerk. Zo wordt niet één oplossing voor een specifieke waterveiligheidsdoelstelling bedacht, maar een voorstel voor een open systeem van transformatie.[12]

In dit plangebied zijn woningbouw, plus commerciële en industriële ontwikkelingen van middelhoge tot hoge dichtheid verstrengeld met de natuurlijke ontwikkeling van oeverecosystemen en landbouw. Sporadische hoogwaterstanden binnen de nieuw uitgegraven vertakkingen van waterstromen

10
De voorgestelde herziening is gebaseerd op een eenjarig onderzoek van Recubenis Sanchis. Zie: Isabel Recubenis Sanchis, *Restoring Systemic Proximities: Towards the Re-Territorialization of the Dutch Rivierenland* (Delft: TU Delft, 2020).

11
Michael Acreman en Joseph Holden, 'How Wetlands Affect Floods', *Wetlands* 33/5 (2013), 773-786.

12
Vóór het initiatief konden de buitendijkse riviergebieden 12.000 m^3/s bij Lobith verwerken. In het licht van extreme omstandigheden is de waterveiligheidsdoelstelling opgewaardeerd naar 16.000 m^3/s in 2018 en naar 18.000 m^3/s in 2100. Mark van Twist et al., *Tussenevaluatie PKB Ruimte voor de Rivier* (Rotterdam: Berenschot/ Erasmus University, 2011).

On the sandy ridges inside the dikes (B2), extreme and uncertain river discharges are embraced by the ramification of the main rivers (Waal, Nederrijn and Lek) by means of the excavation of small water streams as a dispersed and decentralised water network within the sandy ridges inside the dikes. In this sense, rather than designing one solution for a specific water safety objective, an open-ended system of transformation is proposed.[12]

In this planning area, medium- to high-density residential, commercial and industrial uses are entangled with the natural development of riparian ecosystems and agriculture. Sporadic high-water levels within the newly excavated ramification of water streams bring sediments and the development of riparian corridors. Land owners, farmers/residents, cooperate in pruning and cleaning, maintaining an adequate dimension of the water streams, ensuring certain levels of water storage when needed. In return, a rich and productive land provides the dispersed network of land managers with fruit, vegetables and wood, and the local economy coming from the riparian ecology is included in the diverse lives of the urban inhabitants.

On the sandy ridges outside the dikes (C2), extreme river discharges are embraced by the ramification of the main rivers (Waal, Nederrijn and Lek) in secondary water streams outside the dikes. By allowing the rivers enough room, they can self-regulate, adapting to an expected increase in river discharge.[13]

Low-density, commercial and industrial areas are here coupled with the natural development of riparian ecosystems and aquaculture/agriculture. Similar to the planning area on the ridges inside the dikes, a cooperation of farming activities is coupled with the maintenance of certain levels of rejuvenation of water streams. In contrast, the high frequency of floods in these areas is paired with the need to maintain juvenile riparian corridors.[14]

The proposed rereading of the casco concept opens a different configuration

12
Prior to the initiative, the river areas outside the dikes could accommodate 12,000 m^3/s at Lobith. In light of extreme events, the water safety objective was upgraded to 16,000 m^3/s in 2018 and 18,000 m^3/s by 2100. Mark van Twist et al., *Tussenevaluatie PKB Ruimte voor de Rivier* (Rotterdam: Berenschot/Erasmus University, 2011).

13
Frans Klijn, Nathalie Asselman and Dennis Wagenaar, 'Room for Rivers: Risk Reduction by Enhancing the Flood Conveyance Capacity of the Netherlands' Large Rivers', *Geosciences* 8/6 (2018), 224.

14
Saskia van Vuren, Andries Paarlberg and Hendrik Havinga, 'The Aftermath of "Room for the River" and Restoration Works: Coping with Excessive Maintenance Dredging', *Journal of Hydro-Environment Research* 9/2 (2015), 172–186.

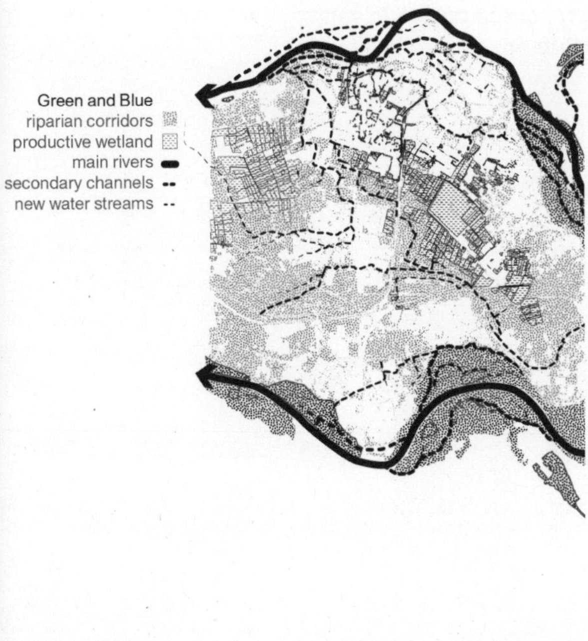

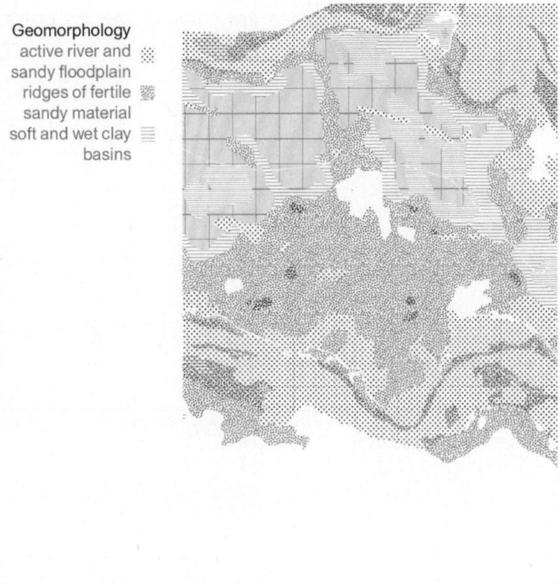

Arnhem–Nijmegen regional transformation / Regionale transformatie Arnhem–Nijmegen

brengen sedimenten en de ontwikkeling van oevercorridors met zich mee. Grondeigenaren, boeren en bewoners werken samen bij het snoeien en schoonmaken, zorgen ervoor dat het water in de stromen op peil blijft en handhaven bepaalde niveaus van wateropslag wanneer dat nodig is. In ruil daarvoor voorziet een rijk en productief land het verspreide netwerk van landbeheerders van fruit, groenten en hout en gaat de lokale economie die voortkomt uit de oeverecologie deel uitmaken van de uiteenlopende levens van de stadsbewoners.

Op de buitendijkse zandruggen (C2) wordt extreme rivierafvoer opgevangen door de vertakkingen van de hoofdrivieren (Waal, Nederrijn en Lek) in buitendijkse secundaire waterstromen. Door de rivieren voldoende ruimte te geven, kunnen zij hun zelfregulerende vermogen uitoefenen en zich aanpassen aan een verwachte toename van de rivierafvoer.[13]

Commerciële en industriële projecten met een lage dichtheid worden hier gekoppeld aan de natuurlijke ontwikkeling van oeverecosystemen en aquacultuur/landbouw. Net als in het plangebied op de binnendijkse ruggen wordt een samenwerking van landbouwactiviteiten gekoppeld aan de instandhouding van een bepaalde mate van verjonging van waterstromen. De hoge overstromingsfrequentie in deze gebieden is daarentegen gekoppeld aan de noodzaak om jonge oevercorridors in stand te houden.[14]

De voorgestelde herziening van het casco-concept maakt plaats voor een andere configuratie van relaties tussen lucht-, oppervlakte- en ondergrondsystemen, waarbij landgebruikssystemen en water- en sedimentfluctuaties de dialoog met elkaar aangaan. Door de bodem te erkennen als een samenwerkingsruimte die berust op toevalligheden, opent het herziene model nieuwe perspectieven in het discours over klimaatverandering: de passieve benadering verandert in een proactieve benadering. Het doel is een verschuiving van een opvatting waarbij men zich afvraagt hoe de bebouwde omgeving kan worden aangepast aan de klimaatcrisis, naar een benadering waarbij het gebruik een rol speelt bij het herstel van het evenwicht in de veranderende omgeving. Zo gaat het planningskader gepaard met een meer synergetische vorm van gebruik, die inspeelt op onbestendige en extreme ecologische omstandigheden. Het herstel van de relatie met de bodem (oppervlakte/ondergrond) maakt de toe-eigening van veranderingsprocessen mogelijk: van sedimentatie, opvolging en verjonging aan de oppervlakte en van grondwaterfluctuaties in de ondergrond.

Vertaling: InOtherWords, Maria van Tol

13
Frans Klijn, Nathalie Asselman en Dennis Wagenaar, 'Room for Rivers: Risk Reduction by Enhancing the Flood Conveyance Capacity of the Netherlands' Large Rivers', *Geosciences* 8/6 (2018), 224.

14
Saskia van Vuren, Andries Paarlberg en Hendrik Havinga, 'The Aftermath of "Room for the River" and Restoration Works: Coping with Excessive Maintenance Dredging', *Journal of Hydro-Environment Research* 9/2 (2015), 172-186.

of relations between air, surface and subsurface systems, where land use systems, water and sediment fluctuations enter into dialogue. By acknowledging soil as a space of cooperation that embraces contingency, the revised model opens a different perspective in climate change discourses, from a passive to a proactive approach. It aims to move from an approach that questions how the built-up environment adapts to climate crisis towards an approach that includes the role of occupation in the rebalancing of a changing environment. In this sense, the planning framework guides a more synergistic form of occupation, responsive to uncertain and extreme environmental conditions. The restoration of the relation with the ground (surface-substratum) allows the appropriation of processes of change: sedimentation, succession and rejuvenation on the surface and groundwater fluctuations in the subsurface.

Martina Barcelloni Corte en Pascal Boivin

Bodemtransities: Naar een stedenbouw van de 'levende bodem'

Sinds enkele jaren is in de wereldsteden een nieuw seizoen van onderzoek naar hun toekomst en visievorming gaande.[1] Wat deze inspanningen kenmerkt en verenigt, is de lange termijn waarop ze betrekking hebben (2030, 2050, 2100), de centrale positie die de milieucrisis inneemt en het vertrouwen om ideeën en scenario's te bedenken voor agglomeraties van enkele miljoenen inwoners. Deze agglomeraties worden gekenmerkt door hybride en uitgestrekte gebieden, waarin bebouwde en open ruimten sterk met elkaar zijn verweven. Uit deze inspanningen tot visievorming kwam een beperkte reeks vraagstukken en gemeenschappelijke kenmerken voort. Zo is er al herhaaldelijk gerapporteerd over het ontstaan van een nieuw soort stedelijke samenleving op planetair niveau, én van een 'nieuwe stedelijke uitdaging' die wordt beschreven in termen van de groeiende kloof tussen arm en rijk en steeds verraderlijker milieu- en mobiliteitscrises. Dit is het kader van wat tegenwoordig bekendstaat als de 'stedelijke en ecologische transitie'. Hoewel de nadruk ligt op de extreme verscheidenheid aan grootstedelijke ruimten en het feit dat zij op maat gesneden strategieën nodig hebben, is er een vruchtbaar debat nodig over hun mogelijke overeenkomsten. Alle inspanningen bij elkaar zullen een basis leggen voor een brede reflectie op de noodzakelijke herformulering van het stedelijke en territoriale project. Tegen deze achtergrond heeft een onderzoeksproject gelopen, dat samen met het Habitat Research Centre (EPFL) is uitgevoerd, om een visie (2050) op te stellen voor het grondgebied van Groot-Genève, waarbij het team kon verkennen hoe de bodem zich gedraagt in het licht van deze uitdaging.[2] In het onderzoek lag de nadruk op het controversiële karakter van de 2050-horizon en de noodzaak om snelle, radicale en soms visionaire maatregelen te nemen om toekomstige klimatologische omslagpunten te voorkomen. Als de bodem wordt beschouwd als een vierdimensionaal, levend lichaam dat wordt voortgedreven door vitale functies en dat volledig in wisselwerking staat met andere levende entiteiten, dan kan hij functioneren als een hoeksteen die niet alleen het stedelijke en territoriale project kan heroriënteren, maar ook een overgangsproces op gang brengen en faciliteren.

In Groot-Genève, een grensoverschrijdend en uitgestrekt gebied (2.000 km^2, 946.000 inwoners) dat de Zwitserse kantons Genève en Vaud en de Franse departementen Ain en Haute-Savoie omspant, komt de bodem steeds meer onder druk te staan door de snelle stedelijke expansie en de aanzwellende roep om voedselproductie. Deze dubbele dynamiek wordt nog versterkt door de klimaatverandering en de daarmee gepaard gaande toename van extreme weersomstandigheden.[3] Langs de grens komt de ongelijke concentratie van rijkdom tot uiting in sociaal-ruimtelijke conflicten en territoriale polarisatie via een steeds uitgesprokener dynamiek van verdichting (Zwitserse kant) en suburbanisatie (Franse kant). De onevenwichtige geografie wordt gestuurd door een dubbele afhankelijkheid: Zwitserland is afhankelijk van Frankrijk voor voedselproductie en goedkope grond voor huisvesting, en Frankrijk is afhankelijk van Zwitsersland voor de invulling van banen. De bodem reflecteert deze dynamiek volledig en toont zich door een ongelijke verdeling van kwaliteit en kwantiteit aan weerszijden van de grens asymmetrisch. De snelle en gulzige verstedelijking van vruchtbare landbouwgrond, gekoppeld aan een uitbreiding van de hoeveelheid ondoordringbare oppervlakken aan de ene kant, wordt weerspiegeld door 'inwaartse verdichting' en intensieve landbouwpraktijken aan de andere kant.[4]

Aan beide kanten brengen de voortschrijdende opsplitsing van het grondgebruik in landbouw-, natuur-, bos- en bebouwd gebied en het respectieve

1
Bijvoorbeeld: NY 2030, *Le Grand Pari(s)*, Brussel 2040; New Moscow, *Visions prospectives pour le Grand Genève*, Luxembourg in transition.

2
'On Soil and Labour. The Transition, a New Biopolitical Project' (2020), uitgevoerd door het Habitat Research Centre (EPFL), teamleider Paola Viganò.

3
Volgens de meest recente klimaatscenario's voor Zwitserland (NCCS, 2018) is het mogelijk dat Groot-Genève binnen 40 jaar op een mediterrane omgeving lijkt, hoewel het is ontworpen en uitgerust om bescherming te bieden tegen kou in plaats van extreme hitte of overstromingen (op dit moment wonen er in Zwitserland 1,1 miljoen mensen in overstromingsgevoelige gebieden).

4
De lange geschiedenis van de intensief gebruikte grond in het Zwitserse laagland verklaart zijn lage gehalte aan organische stoffen (70 procent scoort onder het vitale minimum), dat contrasteert met die van de voor landbouw gebruikte weide- en coulisselandschappen aan de Franse kant.

Martina Barcelloni Corte and Pascal Boivin

Soils for Transition: Towards an Urbanism of 'Living Soil'

In the past few years, major metropolises around the world have started a new season of research into their future and the formation of their visions.[1] What characterises and unites these efforts is the long term adopted (2030, 2050, 2100), the centrality of the environmental crises and the trust in the possibility to imagine visions and scenarios for agglomerations of several million inhabitants, characterised by hybrid and vast territories in which built and open spaces are strongly intertwined. What emerges from these efforts is a limited set of questions and their commonality. The emergence of a novel urban condition at planetary level and of a 'new urban question' described in terms of a growing divarication between rich and poor, increasingly insidious environmental crises and the crises of mobility have been reported on multiple occasions and frames today what we call the 'urban and ecological transition'. These efforts, while highlighting the extreme variety of metropolitan spaces requiring tailor-made strategies, open up a fertile debate on possible comparisons and lay the foundations for a wide reflection on the necessary rearticulation of the urban and territorial project. Against this background, a research project, carried out jointly with the Habitat Research Centre (EPFL), was conducted in order to draw up a vision (2050) for the territory of Greater Geneva, allowing the team to explore how the soil behaves in the face of this challenge.[2] The research highlighted the controversiality of the 2050 horizon and the urgency of implementing rapid, radical and at times visionary actions to avoid forthcoming climatic tipping points. If conceptualised as a four-dimensional, living body driven by multiple, vital functions and fully interacting with other living entities, soil can constitute a territorial keystone, able not only to rearticulate the urban and territorial project but also to trigger and facilitate the process of transition.

In Greater Geneva, a transboundary and vast territory (2.000 km^2, 946.000 inhabitants) straddling the Swiss cantons of Geneva and Vaud, and the French departments of Ain and Haute-Savoie, soil is under increasing stress due to rapid urban expansion and the rising demand for food production. This double dynamic is exacerbated by climate change and the related increase in extreme weather events.[3] Along the border, the uneven concentration of wealth materialises through sociospatial conflict and territorial polarisation via increasingly marked densification (Swiss side) and suburbanisation (French side) dynamics. An unbalanced geography driven by a double dependence: the Swiss dependence on the French territory for food production and cheap land for housing, and the French dependence on the Swiss territory for job allocation. Soil fully embodies this dynamic and displays, along the two sides of the border, its asymmetries through an unequal distribution of its quality and quantity: rapid and voracious urbanisation of rich agricultural land coupled with the expansion of impermeable surfaces on one side is mirrored by 'inward densification' and intensive farming practices on the other.[4]

On both sides, the progressive division of land use into agricultural, natural, forest and built-up areas and of the respective policies, highlights the inadequacy of current planning tools leading to the neglect of fundamental resources and of the related opportunities they could create.

By taking the concept of 'living soil' seriously, beyond the two dimensions of a surface-based approach and in strong relation with the design process, the project made the effort to confront territorial imbalances by paying new attention to the relationship between soil and urbanisation, and towards

1 For example: NY 2030, *Le Grand Pari(s)*, Brussels 2040, New Moscow, *Visions prospectives pour le Grand Genève*, Luxembourg in transition.

2 'On Soil and Labour: The Transition, a New Biopolitical Project' (2020), carried out by the Habitat Research Centre (EPFL), Paola Viganò team leader.

3 According to new climate scenarios for Switzerland (NCCS, 2018) in 40 years' time Greater Geneva could resemble a Mediterranean territory but designed and equipped to protect against cold, not extreme heat or flooding (1.1 million people live in flood-prone areas in Switzerland today).

4 The long history of heavily exploited soils in the Swiss plain explains the low organic matter content (70 per cent of the surfaces are below the vital minimum) and contrasts with the meadow/bocage agriculture on the French side.

beleid de ontoereikendheid van de huidige planningsinstrumenten aan het licht. Deze leiden tot de verwaarlozing van fundamentele hulpbronnen en, in het verlengde daarvan, van de kansen die zij zouden kunnen creëren.

Door het concept 'levende bodem' serieus te nemen, spant men zich met dit project in om territoriale onevenwichtigheid te pareren en een sterke band met het ontwerpproces te ontwikkelen. En dit gaat veel verder dan een louter op de oppervlakte gebaseerde benadering. Het ging om een heroriëntatie op de relatie bodem/stedenbouw en het neutraliseren van een verdere degradatie van de bodem. Een volledige erkenning van onze afhankelijkheid van de ecosysteemdiensten die de bodem levert (voorzienende, regulerende, ondersteunende en culturele), waaraan wij de waarde 'bodemkwaliteit' toeschrijven, is van het grootste belang. Het idee bij het onderzoek was dat de stad de bodem niet alleen vernietigde, maar ook regenereerde — via de bemiddeling van mens en ontwerp (antropo-pedogenese) — en aldus in staat was in de verschillende delen van haar grondgebied nieuwe ecologische en sociaal-economische kansen te bieden.

Rurban soils: een breder perspectief

Met de ambitie om paradoxen en onevenwichtigheden via een heroriëntering op territoriale bewoonbaarheid op meerdere niveaus aan te pakken, werd het thema van de bodem aangekaart. Dat verliep volgens een voorstel om het perspectief om te keren en de paradigmaverschuiving in twee stappen te realiseren. Ten eerste werd de status van landbouwgrond herzien, door naast zijn rol als voedselproducent ook zijn vermogen om een breed scala aan ecosysteemdiensten te leveren, vast te leggen. Ten tweede werd de stadsgrond — meestal volledig over het hoofd gezien — voor het voetlicht gebracht.

De stadsgrond die door de mens uit verwijderd, verstoord of gereconstrueerd materiaal wordt geproduceerd, met het doel er grote stukken landbouwgrond

Excerpt (5 x 5 km) of the *Rurban Soils Map* elaborated within the Greater Geneva Project. The map highlights the quantitative impact and spatial distribution of urban soils within the territory of Greater Geneva / Uitsnede (5 x 5 km) uit de *Rurban Soils*- kaart (de dorpen Bernex en Cartigny) die de kwantitatieve invloed en ruimtelijke spreiding van stedelijke bodems op het grondgebied van Groot-Genève weergeeft

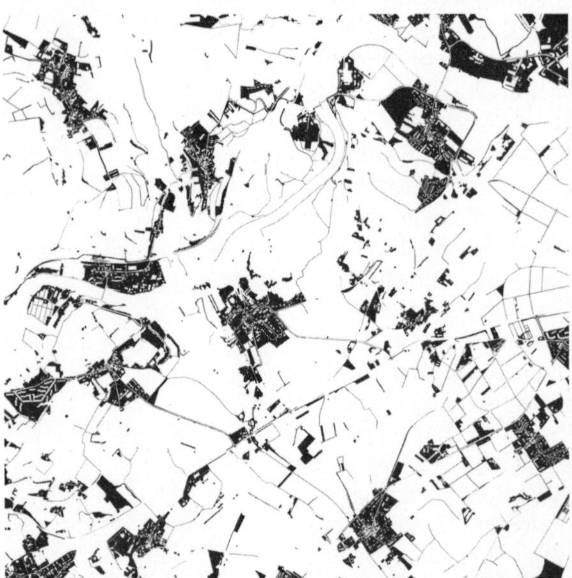

Urban soils (left) include / Stedelijke bodems (links) omvatten:
- lawns / gazons
- bare ground / kale grond
- hard surfaces / verharde oppervlakken
- gravel pits / grindkuilen
- railway tracks / spoorwegen
- urban woods / stadsbos
- isolated and aligned trees / geïsoleerde / aaneengesloten boom(groepen)
- intensive grasslands (selection) / intensief benut grasland (selectie)

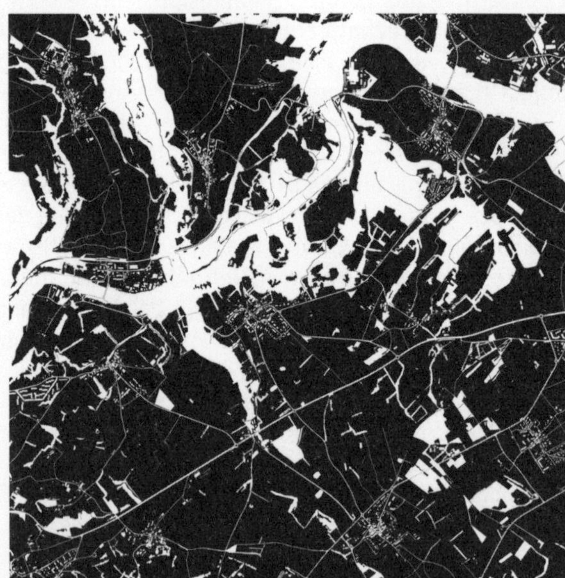

Urban and Agricultural soils (right) include (in addition to urban soils) / Stedelijke en agrarische bodems (rechts) omvatten (naast stedelijke bodems):
- intensive grasslands (selection) / intensief benut grasland (selectie)
- extensive grasslands / extensief benut grasland
- dry grasslands / droog grasland
- arable land / akkers
- fallow land / braakland
- vineyards / wijngaarden
- orchards / boomgaarden
- vegetable gardens / moestuinen

an overall land degradation neutrality. A full acknowledgment of our dependency on soil ecosystem services (provisioning, regulating, supporting, cultural), to which we ascribe the value of 'soil quality', is paramount. Besides being soil-destructive, the city was imagined to be soil-regenerative — through the agency of man and design (anthropo-pedogenesis) — and thus capable of developing new environmental and socioeconomic opportunities in the different parts of its territory.

Rurban Soils: Widening the Gaze

With the ambition of tackling identified paradoxes and imbalances through the rearticulation of territorial inhabitability on multiple levels, the project addressed the topic of the soil, proposing to reverse the gaze and deploy a paradigm shift in two moves. On one side agricultural soils were reframed in relation to their ability to perform a wide range of ecosystem services, beyond their potential for food production. In a second move the figure of urban soils — generally greatly overlooked — was brought forward.

Produced by man from removed, disrupted or reconstructed materials with the aim of 'equipping' large swaths of agricultural land becoming 'city', urban soils are characterised by very diverse attributes (as they are sealed, polluted, compacted) and constantly re-managed through urban and territorial operations such as excavations, embankments or terracing. They are generally recognised as being of poor quality and, most interestingly, often regularly maintained by the intervention of a labour force 'in place' that — for the sake of the project — is redirected towards practices of ecological regeneration and repair.

From the ambition to maximise soils' agency — by encouraging every surface, no matter how small, to perform one or more ecosystem services — urban soils represent a fundamental but 'hidden' component to articulate an alternative urban and territorial project. In Greater Geneva, within the 'urban-rural' equation, the 'urban' factor was particularly surprising: in 2016 (Canton Geneva) urban soils accounted for 27 per cent of the non-built land which, compared with the 35 per cent dedicated to agriculture, was a particularly significant (and rising) number. Such a shift, leading us to consider agricultural and urban soils comparable to natural ones for their potential environmental agency, constituted the premise for the emergence of a new multifunctional entity: *rurban soils*, in which all soils — 'urban', 'natural' and 'rural' — were considered together, as a system. This constitutes a new concept and a physical entity that had never before been considered in all its potentialities, neither by soil scientists nor by urbanists.

In the context of increased environmental stress and of constraints linked to the lack of space, this entity currently represents a valuable reservoir of multiple functionalities. The term *rurban soils* contributes to both mitigation and adaptation to climate change (water infiltration, mitigation of heat islands, carbon anchoring, biodiversity relay, etcetera) and to a thoughtful management of the built environment.

The emergence of a figure of this kind not only entailed a radical change in associated practices, but also a strong modification of the landscape with the intention of regenerating and repairing the soil. In the agricultural milieu, the project envisaged a set of complementary moves, such as the subsidised development of agroforestry or the planting of hedges or grassy strips to enhance plant biomass and biodiversity; the diversification of rotations with the application of a mandatory, permanent cover for all soils or the life-extension of all temporary grasslands. In the urban milieu a de-permeabilisation campaign was associated with multiple operations, such as the diversification of lawn types and the massive introduction of urban forestry, the territorial

mee te bedekken en ze zo om te vormen tot stadsgrond, heeft verschillende eigenschappen (hij is immers afgedicht, vervuild en ingeklonken geweest). Ook wordt hij voortdurend opnieuw veranderd door stedelijke en territoriale ingrepen zoals afgraven, ophogen of terrasseren. Hij wordt over het algemeen als van slechte kwaliteit beschouwd en interessant genoeg vaak regelmatig onderhouden door tussenkomst van een 'ter plaatse aanwezig' arbeidspotentieel dat, in het belang van het project, wordt ingezet voor ecologische regeneratie- en herstelpraktijken.

Vanuit de ambitie om de 'werking' van de bodem te maximaliseren — door te proberen aan ieder oppervlak, hoe klein ook, één of meer ecosysteemdiensten te ontlokken — vertegenwoordigt de stadsgrond een fundamentele, maar 'verborgen' component om een alternatief stedelijk en territoriaal project te articuleren. In Groot-Genève was de factor 'stedelijk' binnen de vergelijking 'stedelijk/landelijk' verrassend: in 2016 (kanton Genève) maakte stadsgrond 27 procent uit van de onbebouwde grond wat, in vergelijking met de 35 procent die voor landbouw bestemd was, een bijzonder significante (en groeiende) hoeveelheid was. Zo'n verschuiving, die maakt dat we stadsgrond en landbouwgrond voor wat betreft hun potentiële milieutechnische doorwerking gaan beschouwen als zijnde vergelijkbaar met natuurlijke bodems, vormde de premisse voor het ontstaan van een nieuwe multifunctionele entiteit: *rurban soils*. Alle bodems — 'stedelijke', 'natuurlijke' en 'landelijke' — worden daarbij als één systeem beschouwd. De term verwijst naar een nieuw concept en een fysische entiteit waarvan noch bodemwetenschappers, noch stedenbouwkundigen alle mogelijkheden al hebben doorgrond.

Door de toegenomen druk op het milieu en de beperkingen in verband met het ruimtegebrek vertegenwoordigt deze entiteit een waardevol reservoir aan diverse functies. De term *rurban soils* draagt van alles in zich: de beperking

Route de Chancy, Bernex, Geneva. Paved surface with gravel deposit (foreground), fallow land, and private garden with fruit trees (background) / Verhard oppervlak met opslag van grind (voorgrond), braakliggend terrein en privétuin met fruitbomen (achtergrond)

development of water reservoirs or small-scale wetland spaces and vegetated ditches, the incentive for optimisation of the local carbon cycle, including the local production of biochar for technosols and the setting-up of a composting system at the source.

Agricultural landscapes would be highly enriched with vast vegetation covers and wooded fields, thick planted fringes imagined along and within urban environments, impervious soils and large expanses of clear-cut lawns fragmented and transformed into archipelagos of tree groves. In the medium-long term a transition from land degradation neutrality to land degradation negativity was expected. Considering urban, rural and natural soil as a unit provided interesting scenarios for the circular economy. From this perspective, soil that has been moved and/or used for urbanisation is never lost and does not lose its quality. Within the circular economy, soil can be carefully moved and reused, depending on its composition. The local management and the systematised recycling of materials according to their quality is now technically feasible and should be imposed: from simple soil reconstitution, which requires a certified storage, to waste engineering.

Paradoxes and Reform

From the perspective of policies, where planning instruments for 'soil protection' (PS SDA) directly conflict and contradict those aiming at an 'effective organisation of urbanisation' (LAT: Loi Fédérale sur l'Aménagement du Territoire), the shortfall of existing measures becomes apparent and emerging paradoxes are rapidly outlined.[5]

In Greater Geneva, the criteria for soil protection measures (PS SDA) are still based on inadequate parameters. It is not possible to assess and enhance soil quality. The Swiss Federal Law on Planning (LAT), which prescribes

5
The *Plan Sectoriel des Surfaces d'Assolement* (PS SDA) has been defined (art. 26 OAT2) according to parameters that indicated soils' 'potential capacity' of ensuring (only) biomass production and that varied very little (or not at all) over time. From 2006, complementary, more dynamic criteria have been added (quality at the time of census), but they are still largely insufficient to thoroughly assess/enhance soil quality.

Route de Chancy, Bernex, Geneva. Roadside verges (foreground), potato field (centre), private gardens and lawns (background) / Bermen (voorgrond), aardappelveld (midden), privétuinen en gazons (achtergrond)

maar ook aanpassing aan klimaatverandering (waterinfiltratie, minder hitte-eilanden, opslag van koolstof, ondersteuning van biodiversiteit en dergelijke) en aan een zorgzaam beheer van de gebouwde omgeving.

Het ontstaan van een dergelijke figuur bracht niet alleen een radicale verandering van aanverwante praktijken met zich mee, maar ook ingrijpende aanpassingen in het landschap, met de intentie om de bodem te regenereren en te herstellen. In de landbouwsector voorzag het project in een reeks elkaar aanvullende maatregelen, zoals de gesubsidieerde ontwikkeling van agrobosbouw en de aanplant van heggen of grasstroken om de plantaardige biomassa en de biodiversiteit te vergroten. En verder in wisselbouw, door een permanente bedekking van alle bodems en de verlenging van de levensduur van al het tijdelijke grasland verplicht te stellen. In het stedelijk milieu was er een ontharдingscampagne om een grotere doorlatendheid van de bodem te realiseren. Deze campagne ging gepaard met maatregelen zoals de diversificatie van gazontypen en de massale invoering van stadsbosbouw, de territoriale aanleg van waterreservoirs of kleinschalige draslanden en begroeide sloten, de optimalisering van de lokale koolstofcyclus, met inbegrip van de plaatselijke productie van biokool voor technosols en het opzetten van een compostering aan de bron.

Agrarische landschappen zou je sterk kunnen verrijken door ze te bedekken met vegetatie en door de velden te bebossen. Denk aan dicht beplante stroken langs en in het stedelijk gebied, of aan ondoorlaatbare grond en grote stukken glad gemaaid gazon die worden onderbroken door eilanden van groepjes bomen. In het onderzoek nam men aan dat er op de middellange termijn een omslag zou plaatsvinden van een geneutraliseerde naar een negatieve degradatie van grond. Het beschouwen van stedelijke, landelijke en natuurlijke grond als een eenheid leverde interessante scenario's op voor de circulaire economie. Vanuit dat perspectief gaat grond, die is verplaatst en/of gebruikt voor verstedelijking, immers nooit verloren en verliest deze ook niet aan kwaliteit. Binnen de circulaire economie kan grond, naargelang de samenstelling, zorgvuldig worden verplaatst en hergebruikt. Het lokale beheer en de systematische recyclering van materialen overeenkomstig hun eigenschappen is vandaag de dag technisch haalbaar en zou verplicht moeten worden: van de eenvoudige reconstitutie van grond, waarvoor een gecertificeerde opslag nodig is, tot technisch afvalbeheer.

Paradoxen en hervormingen

Vanuit het oogpunt van beleid — waarin planologische instrumenten voor de 'bescherming van de bodem' (PS SDA) rechtstreeks in strijd zijn met instrumenten voor de 'doeltreffende organisatie van de verstedelijking' (LAT: Loi Fédérale sur l'Aménagement du Territoire) — schieten de bestaande maatregelen duidelijk tekort en zijn de paradoxen gemakkelijk aan te wijzen.[5]

Op het grondgebied van Groot-Genève zijn de criteria voor bodembeschermingsmaatregelen (PS SDA) nog steeds gebaseerd op ontoereikende parameters. Het is niet mogelijk de bodemkwaliteit er mee te beoordelen en te verbeteren. De Zwitserse Federale Wet op de Ruimtelijke Ordening (LAT), die een beperkte toename/bevriezing/afname van nieuw stedelijk gebied (in de richting van een 'inwaartse verstedelijking) voorschrijft, veroordeelt de bodem in de stad tot de plaats waar verstedelijking de prioriteit krijgt, ondanks de milieuwaarde die de bodem er intrinsiek kan hebben (steden liggen vaak op de meest vruchtbare bodems).[6]

De uitdaging voor het project bestond er dus in, de contouren en toepassingsmethoden van beide planningsinstrumenten radicaal te herdefiniëren en ze in directe relatie tot elkaar te plaatsen. De bodembeschermingsmaatregelen zouden door middel van een nieuw type kwaliteitsbeoordeling, waarin alle ecosysteemfuncties en periodieke metingen (om de vijf of tien jaar) van

5
Het *Plan sectoriel des surfaces d'assolement* (PS SDA) is opgesteld (art. 26 OAT2) volgens parameters die de 'potentiële capaciteit' van de bodem aangaven om (uitsluitend) biomassa te produceren, en die zeer weinig (of helemaal niet) varieerden in de tijd. Vanaf 2006 zijn aanvullende, meer dynamische criteria toegevoegd (kwaliteit op het tijdstip van meting), die echter nog steeds grotendeels ontoereikend zijn om de bodemkwaliteit grondig te beoordelen/verbeteren.

6
Het project benadrukte de kwetsbaarheid van het concept 'inwaartse verstedelijking' dat de bodemkwaliteitsindex koppelt aan een 'uitbreidingsindex'.

a limited increase/freeze/reduction of new urban areas (towards an 'inward urbanisation'), condemns soils in cities to be urbanised as a priority, despite the environmental value they may intrinsically have (cities are often located on the most fertile soils).[6]

The challenge for the project was thus to radically redefine the outlines and application methods of both planning instruments and to place them in direct relation to each other. The soil protection measures would be broadened to *all* soils through a new type of quality assessment, including all ecosystem functions and periodic measurements (every five or ten years) of dynamic criteria. Planning legislation would be based on parameters that are not just surface-based, but take full account of the multifunctionality of the soil. It would allow a double shift, potentially leading to a new set of regeneration, reuse and densification policies aimed at a deep rearticulation of the existing material stock of soil.

Among the different scenarios explored by the project, the pervasive implementation, within the Greater Geneva territory, of the 4/1000 initiative is noteworthy.[7] Launched in 2015 during the COP 21 climate conference in Paris, the 4/1000 initiative claims that an annual growth rate of 0.4 pro cent (or 4 pro mille) of soil carbon stocks per year in the first 30 to 40 cm of soil on a global scale, would fully offset emissions from fossil sources. The initiative invites all partners to set up application-oriented actions to store carbon in the soil, for example through conservation agriculture, agroecology or agroforestry. In the Greater Geneva vision, the project proposed to extend the 4/1000 initiative to all soils (agricultural and urban), converting farming and gardening practices towards overall 'conservation strategies'. These follow the principles of conservation agriculture that, by increasing the content of organic matter in the soil, improve its functionality, including the storage of greenhouse gases.[8] Besides securing the territory, a move of this kind would entail a strong modification of the landscape together with the introduction of new economies/jobs. Conservation agriculture case studies (in the Canton Geneva) demonstrate that the deficit of organic matter in soils makes the sequestration of organic carbon one of the most relevant and economical levers to contrast climate change. A growth rate of 15 to 20/1000 of the soil carbon stock is feasible, with the implementation of appropriate incentives and a carbon market for organic matter content.[9] The obstacles are currently primarily related to the mistrust of stakeholders. This concerns a cultural battle, for which it is crucial to implement extensive information, monitoring and support platforms, both in the public and private sectors and for both the agricultural and urban environments.[10] Valorisation and progressive remuneration of ecosystem services provided by soils represent a fundamental lever that must be rapidly activated.[11]

And There Was the Garden

When Bernardo Secchi published 'Progetto di suolo', it constituted a turning point in the Italian debate on the urban project that — with the gradual transformation of the city from a compact organism to a mosaic of fragments — was experiencing a deep epistemological crisis.[12] The expansion of the city in the territory and the resulting transition from an enclosed and well-ordered spatiality to an expanded one opened a long season of revision of the Modern Movement's main principles.

Today, within the urban and ecological transition, as the soils in cities become widely and increasingly recognised as a fundamental territorial resource, the 'project of the ground' requires a shift towards a 'project of the soil' in which the open space, the 'space between things', demands to be understood as a living thickness, a volume in four dimensions. This is a significant move, which also has strong consequences from a political perspective in which

6 The project stressed the fragility of the 'inward urbanisation' concept that couples the soil quality index with a 'sprawl index'.

7 See: www.4p1000.org/.

8 The Climate Plan of Canton Geneva shows that from the end of the twentieth century we have gone from cultivated land emitting carbon (– 4/1000 each year) to land that sequesters carbon (+ 9/1000 currently).

9 Cédric Deluz et al., 'Evaluation of the Potential for Soil Organic Carbon Content Monitoring with Farmers', *Frontiers in Environmental Science* 8/113 (2020).

10 Pilot projects (Canton Geneva) have demonstrated that conservation agriculture allows farmers not only to achieve gross margins higher than or equal to those they currently have, but, in some cases, thanks to the release of labour force, to obtain a progressive increase of their total annual yields.

11 Nowadays in Switzerland, CO2 emissions are taxed at 200 CHF/tonne, which, if applied to agriculture, would have a great impact on earnings and on farming practices. By working through pilot projects (of eight years) on a set of technical/legal measures, a remuneration system for ecosystem services provided by soils could be implemented in ten to 15 years.

12 Bernardo Secchi, 'Progetto di suolo', *Casabella* 520–521 (1986), 19–23.

dynamische criteria zouden worden opgenomen, van toepassing worden op álle grond. De planningswetgeving zou worden gebaseerd op parameters die niet alleen op oppervlakte zijn gebaseerd, maar volledig rekening houden met de multifunctionaliteit van de bodem. Dit zou een dubbele verschuiving mogelijk maken, die zou kunnen leiden tot nieuw beleid rond regeneratie, hergebruik en verdichting, gericht op een intensieve heroriëntatie op de bestaande fysieke bodemvoorraad.

Van de verschillende scenario's die in het project zijn onderzocht, is de wijdverspreide toepassing van het 4/1000-initiatief op het grondgebied van Groot-Genève het beschrijven waard.[7] Het 4/1000-initiatief, dat in 2015 tijdens de klimaatconferentie COP21 in Parijs werd gelanceerd, beweert dat een jaarlijkse mondiale groei van 0,4 procent (of 4 promille) van de voorraad koolstof, opgeslagen in de eerste 30 à 40 cm van de bodem, de uitstoot van fossiele bronnen volledig zou compenseren. Via het initiatief worden alle partners uitgenodigd toepassingsgerichte acties op te zetten om koolstof in de bodem op te slaan, bijvoorbeeld via conserveringslandbouw, agro-ecologie of agrobosbouw. In de visie voor Groot-Genève is voorgesteld het 4/1000-initiatief uit te breiden tot alle bodems (landelijke én stedelijke). Landbouw- en tuinbouwpraktijken zouden daarbij worden omgevormd in lijn met algemene 'conserveringsstrategieën'. Deze volgen de beginselen van de conserveringslandbouw die, door het gehalte aan organisch materiaal in de bodem te verhogen, de werking van de bodem verbetert, met inbegrip van de mogelijkheid broeikasgassen op te slaan.[8] Zo'n maatregel zou niet alleen het grondgebied veiligstellen, maar ook het landschap ingrijpend veranderen en nieuwe economieën/banen opleveren. Het onderzoek naar conserveringslandbouw (in het kanton Genève) toont aan dat het tekort aan organische stof in de bodem de opslag van organiscæhe koolstof tot een van de meest relevante en economische

7
Zie: www.4p1000.org/.

8
Het klimaatplan van het kanton Genève toont aan dat landbouwgrond die koolstof uitstoot (- 4/1000 per jaar) vanaf het einde van de twintigste eeuw is veranderd in grond die koolstof vastlegt (momenteel + 9/1000).

Route d'Aire-la-Ville, Bernex, Geneva. Gravel pit (foreground), agricultural field and wood (background) / Grindgroeve (voorgrond), landbouwveld en bos (achtergrond)

human and non-human ecologies find themselves definitely entangled. A new interpretation of the 'project of the ground' into a 'project of the soil', being the result of an integrative vision capable of connecting the present to the long term and of moving from merely protective to constructive/coevolutionary measures, touches on the common while retracing neglected yet extremely fertile itineraries. Within a rapidly evolving and increasingly heterogeneous city territory already facing the consequences of the climate crisis, *rurban soils*, although degraded and fragmented, call to be looked upon with a new gaze aimed at the construction of a shared, productive and inhabited nature. The challenge is to modify our perception of these spaces, which potentially represent the fabric of the 'garden' of the city territory of tomorrow: a space offering — through regeneration and reinvestment — a strong potential, also in relation to obsolete elements such as brownfields and infrastructural space, or declining places like deteriorated or impoverished rural areas. At the heart of the ecosystem, *rurban soils* offer a new and precious basis for an epistemological revision of the urban project which finds new possibilities in an 'urbanism of living soil'. The invitation is to rapidly prepare the ground for implementation and evaluation, to put in place concrete design and action proposals, prototypes able to build a new and solid imagery of transition, to provide conceptual elaborations of the shift that would be necessary if a radical move was to be suddenly implemented.

The underlying hypothesis is that, by preserving and enhancing the quantity and quality of diversified open and cultivable spaces already present in the territorial fabric, urban and metropolitan areas would no longer have to be a problem, but could also be part of the solution.

Chemin de Mennesy, Bernex, Geneva. Roadside verges (foreground), fallow fields, and small wood in the background / Bermen (voorgrond), braakliggende akkers en een klein bos op de achtergrond

hefbomen kan maken om klimaatverandering tegen te gaan. Een groei van 15 tot 20/1000 van de koolstofvoorraad in de bodem is haalbaar, met de invoering van geschikte stimuleringsmaatregelen en een koolstofmarkt voor organische stoffen.[9] Bestaande belemmeringen hebben vooral te maken met een gebrek aan vertrouwen onder de belanghebbenden. Het gaat hier om een culturele strijd, waarbij het van cruciaal belang is uitgebreide platforms voor informatie, monitoring en ondersteuning op te zetten, zowel in de openbare als in de particuliere sector en zowel voor het landelijke als voor het stedelijke milieu.[10] De valorisatie en voortschrijdende beloning van door bodems geleverde ecosysteemdiensten vormen fundamentele hefbomen die snel moeten worden geactiveerd.[11]

En daar was de tuin

Toen Bernardo Secchi zijn 'Progetto di Suolo' lanceerde, vormde dit een keerpunt in het Italiaanse debat over het stedelijk project dat — dankzij de geleidelijke transformatie van de stad van een compact organisme naar een mozaïek van fragmenten — een diepe epistemologische crisis doormaakte.[12] De uitbreiding van de stad naar het achterland en de overgang van een besloten en goed geordende ruimte naar een versnipperde ruimte markeerde het begin van een lange periode van heroriëntatie van de belangrijkste beginselen van de Moderne Beweging.

Gegeven de stedelijke en ecologische transitie vraagt de bodem vandaag de dag, nu de grond in de steden op grote schaal en in toenemende mate wordt erkend als een fundamentele grondstof, om een verschuiving van een 'project van de grond' naar een 'project van de bodem' waar de open ruimte als 'ruimte tussen de dingen' moet worden begrepen als een levende en dikke laag, een volume in vier dimensies. Dit is een belangrijke verschuiving, die ook grote gevolgen heeft vanuit een politiek perspectief waarin menselijke en niet-menselijke ecologieën definitief met elkaar verstrengeld zijn. De herinterpretatie van het 'project van de grond' in het 'project van de bodem', als resultaat van een integrerende visie die in staat is het heden met de lange termijn te verbinden en van louter beschermende maatregelen over te stappen op constructieve/co-evolutionaire acties, raakt aan het gemeengoed. Daarbij worden lang verwaarloosde, maar uiterst vruchtbare denkrichtingen gevolgd. In een zich snel ontwikkelend en steeds heterogener stedelijk gebied, dat nu al te kampen heeft met de gevolgen van de klimaatcrisis, vraagt de gedegradeerde en gefragmenteerde *rurban soil* om een nieuwe blik, gericht op de bouw van een gedeelde, productieve en bewoonde natuur. We moeten onze perceptie wijzigen van deze ruimten die mogelijk het weefsel van 'de tuin' van het stedelijk territorium van morgen zijn: een ruimte die — door regeneratie en herinvestering — een sterk potentieel biedt, ook als het gaat om voormalige steenkoolgebieden, verouderde infrastructuur of verwaarloosd en verpauperd platteland. In het hart van het ecosysteem bieden *rurban soils* een nieuwe, waardevolle basis voor een epistemologische herziening van het stedelijk project met nieuwe kansen voor een 'stedenbouw van de levende bodem'. De uitdaging is om het terrein snel voor te bereiden voor implementatie en evaluatie; om concrete ontwerp- en actievoorstellen te doen; om prototypen te bouwen die een nieuw en solide beeld van de transitie kunnen geven, en om de verschuivingen die nodig zijn als er plotselinge, radicale veranderingen optreden, conceptueel uit te werken.

De onderliggende hypothese is dat, door het behoud en de verbetering van de kwantiteit en de kwaliteit van gediversifieerde, open en cultiveerbare ruimten die al in het territoriale weefsel aanwezig zijn, stedelijke en grootstedelijke gebieden niet langer een probleem hoeven te zijn, maar ook deel kunnen worden van de oplossing.

Vertaling: InOtherWords, Maria van Tol

9 Cédric Deluz et al., 'Evaluation of the Potential for Soil Organic Carbon Content Monitoring with Farmers', *Frontiers in Environmental Science* 8/113 (2020).

10 Proefprojecten (in het kanton Genève) hebben aangetoond dat boeren dankzij de conserveringslandbouw niet alleen brutomarges kunnen behalen die hoger zijn dan of gelijk zijn aan hun huidige marges, maar dat zij in sommige gevallen, dankzij het vrijkomen van arbeidskrachten, ook een geleidelijke verhoging van hun totale jaarlijkse opbrengst kunnen realiseren.

11 In Zwitserland wordt de CO2-uitstoot momenteel belast tegen 200 CHF/ton wat, indien toegepast op de landbouw, een grote invloed zou hebben op de inkomens en manier van werken. Door via proefprojecten (van acht jaar) een reeks technische/wettelijke maatregelen uit te werken, kan in tien tot 15 jaar een vergoeding voor door de bodem geleverde ecosysteemdiensten worden ingevoerd.

12 Bernardo Secchi, 'Progetto di suolo', *Casabella* 520–521 (1986), 19–23.

Michaël Stas and Carmen Van Maercke

Desealing as Multifold Action

Flanders is one of Europe's most mineralised territories. This predisposes the region to the loss of biodiversity, flooding, heat stress, drought, etcetera. In an attempt to change this, the Flemish Department of the Environment and Spatial Development started its desealing programme 'Vlaanderen breekt uit', to test in practice, through projects and themes, how soil can be made accessible.

Desealing entails much more then literally scraping off asphalt or the demolition of buildings. The best way to deseal is in fact to not seal at all in the first place. In Flanders, new pavement is laid every day. An initiative like 'Vlaanderen breekt uit' therefore seems like a drop in the ocean. To meet future challenges, besides actually opening up the soil, there is an important task for urban planning.

On the planning level, various projects in this programme are searching for key elements to change existing regulations, governance models and urban planning tools (such as the adaptation of standard specifications for the construction of roads, or the setup of a desealing fund) in order to facilitate and further stimulate the action of desealing, or prevent mass sealing projects. As least as important it the mental shift, to both create awareness and stimulate behavioural change (for example in the case of the 'disappearance' of a road or parking lot). Various 'Vlaanderen breekt uit' projects make use of temporary interventions to test the limits of action and show the advantages and qualities through new and alternative uses of these desealed spaces.

New Actors in the Field of Spatial Development

The first call for pilot projects for 'Vlaanderen breekt uit' was in September 2018, followed by a second call in 2019. This realisation- and learning-oriented programme had the support of a broad team of experts: project coordinators, design and process guidance, financial and juridical experts, support in communication and participation, and experts in the fields of biodiversity and soil (pollution). The first call was meant to broaden the field and find the main shared challenges, obstacles and opportunities for desealing actions and projects in Flanders. The second deepened a few of the shared desealing themes, such as 'more space for water', 'healthier school environments' and 'more mobility with fewer paved roads'. Out of both calls, 44 new initiatives from all over Flanders were chosen to set up experiments over a period of three years, in dialogue and in collaboration with the experts and with each other. What are the challenges and issues and how can they be specified? How can the process of desealing be accelerated? After all, this programme concerns a totally new process and project: not only in terms of scale, but also in terms of the actors involved, the challenges being faced and the lessons that can be learned.

Desealing: Towards a Territorial Project

The programme 'Vlaanderen breekt uit' makes it possible to unlock soil on a larger scale than purely on a project basis. The aim is to make desealing the subject of a debate on a territorial scale. The diversity of the programme's projects and a shared communication has set in motion a bigger movement. Several local administrations, such as the cities of Kortrijk and Antwerp, are taking this task seriously by including desealing in their policy plans, and upscaling its implementation in ongoing and new projects. Following this

Michaël Stas en Carmen Van Maercke

Ontharding van de bodem als meervoudige actie

Vlaanderen is een van de gebieden in Europa met de meeste verharding. Dit maakt de regio vatbaar voor verlies van biodiversiteit, overstromingen, hittestress, droogte, enzovoort. Om hierin verandering te brengen heeft het het Departement Omgeving van de Vlaamse Overheid het programma 'Vlaanderen breekt uit' opgezet, om in de praktijk via projecten en thema's te testen hoe de bodem kan worden ontsloten.

Bij het ontharden van de bodem denkt men altijd eerst en vooral aan het wegschrapen van asfalt of het neerhalen van gebouwen. Maar de beste manier om de grond open te breken is in de eerste plaats: door hem niet te verharden. In Vlaanderen komen er nog elke dag verhardingen bij. Een initiatief zoals 'Vlaanderen breekt uit' lijkt daarom een druppel op een gloeiende plaat. Om toekomstige uitdagingen het hoofd te bieden, is er naast het daadwerkelijk openen van de bodem een belangrijke taak weggelegd voor de planologie.

Op planologisch niveau wordt er in verschillende projecten uit het programma gezocht naar sleutelelementen om bestaande regelgeving, bestuursmodellen en stedenbouwkundige instrumenten te veranderen (bijvoorbeeld door de aanpassing van standaardspecificaties voor de aanleg van wegen, de oprichting van een grond-onthardingsfonds, enzovoort) om het openbreken van de bodem te vergemakkelijken en te stimuleren, of om massale verhardingsprojecten te verhinderen. Even belangrijk en noodzakelijk is een mentaliteitsverandering om zowel bewustwording te creëren als gedragsverandering te stimuleren (bijvoorbeeld bij het 'verdwijnen' van een weg of parkeerplaatsen). Verschillende projecten van 'Vlaanderen breekt uit' testen door middel van tijdelijke interventies de grenzen van het handelen, en tonen door middel van nieuw en alternatief gebruik de voordelen en goede eigenschappen van deze ontsloten ruimten.

Nieuwe actoren in deruimtelijke ordening

De eerste oproep van 'Vlaanderen breekt uit' voor proefprojecten was in september 2018; de tweede volgde in 2019. Dit op uitvoering en lering gerichte programma werd ondersteund door een uitgebreide groep deskundigen: projectcoördinatoren, ontwerp- en procesondersteuners, financiële en juridische experts, communicatie- en participatie- ondersteuning, en experts op het gebied van biodiversiteit en bodem (-verontreiniging). De eerste oproep was bedoeld om het werkgebied uit te breiden en vast te stellen wat de belangrijkste gezamenlijke uitdagingen, obstakels en kansen voor bodemontharding en bodemonthardingsprojecten in Vlaanderen waren. De tweede oproep ging dieper in op een aantal van de gezamenlijke thema's, bijvoorbeeld 'meer ruimte voor water', 'een gezondere schoolomgeving' en 'meer mobiliteit met minder verharde wegen'. Uit de resultaten van de twee oproepen werden 44 nieuwe, uit heel Vlaanderen afkomstige initiatieven gekozen om gedurende een periode van drie jaar experimenten op te zetten en daarbij samen te werken met de experts en onderling. Om welke uitdagingen en thema's gaat het en hoe die te specificeren? Op welke manier kan het proces van grondontharding versneld worden? Dit programma betreft immers een totaal nieuw proces en project: niet alleen qua schaal, maar ook qua betrokken actoren, uitdagingen en wat ervan is op te steken.

Bodemontsluiting: naar een territoriaal project

Met het programma 'Vlaanderen breekt uit' kan de bodem op grotere schaal ontsloten worden dan louter op projectbasis. Doel is het ontharden van de bodem onderwerp te maken van een debat op territoriale schaal. De diversiteit van de projecten in het programma en de communicatie over en weer hebben

success, the Flemish government launched a third call in 2021 in order to further stimulate ambitious municipalities that want to become more climate robust through active desealing. Over the next years this third trajectory aims to tackle both more complex cases of desealing and to support actions where quick results can be obtained.

A big achievement of the ongoing programme is the activation of more and a wider range of actors, including local governments, but also schools, neighbourhoods, nature organisations and co-housing initiatives. Some started by setting up new coalitions with citizens as the driving force; others found new partnerships with the local governments and organisations. They are reconfiguring streets, squares, neighbourhoods, parks and playgrounds. All together, these projects are contributing to bigger blue and green strategic figures on a territorial scale, such as the Senne and Nete valleys, the ecological corridors around Genk and the green structure around Antwerp. Although directly linked to their context, these projects can serve as representative cases for future initiatives in Flanders.

Besides the increasing number of actors who work (in)directly with desealing, new tendencies are also starting to appear: various actors do not literally deseal, but enable others to do so. Citizen movements such as GruunRant are taking up a new role in the desealing discourse and offer services to support initiatives, for example by sharing and collecting knowledge.

For example, one of the systemic projects focusses on the desealing of Flanders' oversized and heavily mineralised road network. This project, entitled RE-MOVE, developed a clear methodology to scan and show desealing opportunities, but also ways to use the asphalt surfaces differently — why, for instance, are new bicycle highways being built while the existing

Samples of the desealing project, by Green With Grey, exhibited during the Desealing Forum on 14 September 2018 / Voorbeelden van het onthardingsproject, door Green With Grey, vertoond tijdens het Onthardingsforum, 14 september 2018

Experimental desealing. Test installation for the transformation of the Boulevard Evence Coppée in Genk, 2019 / Experiment met ontharding. Testinstallatie voor de transformatie van de Evence Coppéelaan in Genk, 2019

een grotere beweging in gang gezet. Verschillende lokale overheden, zoals die van steden als Kortrijk en Antwerpen, nemen deze taak serieus: zij nemen grondontharding op in hun beleidsplannen en nemen de uitvoering ervan op in lopende en nieuwe projecten. Naar aanleiding van dit succes heeft de Vlaamse regering in 2021 een derde oproep gelanceerd om ambitieuze gemeenten die klimaatbestendiger willen worden door hun grond actief te ontsluiten, verder te stimuleren. Dit derde traject beoogt de komende jaren niet alleen acties te ondersteunen waarmee snel resultaten kunnen worden geboekt, maar ook complexere gevallen van ontharding aan te pakken.

Een klinkend succes van het lopende programma is het activeren van meer en andere typen betrokkenen of actoren, waaronder zowel plaatselijke overheden als scholen, buurten, natuurorganisaties of huisvestingsinitiatieven. Sommige betrokkenen zijn begonnen met het opzetten van nieuwe coalities waarbij burgers de drijvende kracht zijn; anderen gingen nieuwe partnerschappen aan met lokale overheden of organisaties. Er worden straten, pleinen, buurten, parken en speelplaatsen opnieuw ingericht. Alles bij elkaar dragen deze projecten bij aan meer blauwe en groene strategische figuren op regionale schaal, bijvoorbeeld in de Zennevallei en de Netevallei, de ecologische corridors rondom Genk en de groene structuur rondom Antwerpen. Hoewel deze projecten gebonden zijn aan hun context, kunnen ze een voorbeeld zijn voor toekomstige projecten in Vlaanderen.

Er is niet alleen een toenemend aantal actoren direct of indirect betrokken bij onthardingsprojecten, maar er tekenen zich ook nieuwe tendensen af: verschillende partijen wagen zich niet zelf aan ontharding, maar stellen anderen in staat dat te doen. Burgerbewegingen zoals GruunRant nemen een nieuwe rol op zich in het onthardingsdiscours en bieden hun diensten aan om initiatieven te ondersteunen, bijvoorbeeld door kennis te delen of te vergaren.

Een van de systemische projecten is bijvoorbeeld gericht op de ontsluiting van de grond van het veel te uitgebreide en sterk verharde wegennet van Vlaanderen. In dit project, RE-MOVE genaamd, is niet alleen een duidelijke methode ontwikkeld om kansen voor ontharding te scannen en te demonstreren, maar ook manieren om het asfalt anders te gebruiken — waarom worden, bijvoorbeeld, nieuwe fietssnelwegen aangelegd als de bestaande parallelwegen al te groot en/of onderbenut zijn? Om de mogelijkheden te vergroten en een cultuur van bodemontharding op te schalen, zijn de initiatiefnemers van RE-MOVE nu een non-profitorganisatie aan het oprichten onder de naam 'Breekijzer'. Samen met andere enthousiastelingen willen zij de RE-MOVE-methodiek uitdiepen, kansen opsporen, lokale overheden ondersteunen en coaches opleiden om lokale initiatieven te helpen met hun onthardingsprojecten. Zulke organisaties en initiatieven zijn nodig als aanvulling op het programma 'Vlaanderen breekt uit' en zullen leiden tot meer acties en een bredere verspreiding van de opgebouwde expertise.

Aangezien de meeste initiatieven tot op heden sterk afhankelijk zijn gebleken van het enthousiasme van de initiatiefnemers, kunnen we ons afvragen of het ontharden of openbreken van de bodem en de vereiste opschaling van de bodembeweging wel van binnenuit kunnen worden georganiseerd. Nu ontharding haar plaats in onze ruimtelijke gereedschapskist heeft ingenomen en er veel positieve dynamiek rondwaart, is het tijd om over te gaan tot een meer structurele aanpak en de verschillende typen bodemontharding een actievere rol in de uitvoering van Vlaamse projecten te laten spelen. Dit kan noch volledig van bovenaf worden opgelegd, noch volledig van onderop worden geïnitieerd. Om een territoriaal onthardingsproject te realiseren, zullen (lokale) overheden, het maatschappelijk middenveld en gemotiveerde burgers die non-profitorganisaties ondersteunen, gecoördineerd moeten samenwerken.

Vertaling: InOtherWords, Maria van Tol

P

Illustrated overview of the different desealing pilot projects /
Geïllustreerd overzicht van de verschillende proefprojecten voor ontharding

parallel roads are already oversized and/or underused? To broaden its potential and to upscale the desealing culture, the initiators of RE-MOVE are now setting up a non-profit organisation called 'Breekijzer'. Together with other enthusiasts, they are aiming to expand the RE-MOVE methodology, scan desealing opportunities, support local governments and train coaches to help local initiatives with desealing projects. Such organisations and other initiatives are necessary in parallel to the 'Vlaanderen breekt uit' programme, and will allow a further multiplication of actions and a wide distribution of the accumulated expertise.

Since, to this day, most of the initiatives are highly dependent on the enthusiasm of the initiators, the question is whether or not the action of desealing and the required upscaling of the desealing movement can be organised from within. Now that 'desealing' has claimed its position in our spatial toolbox and a lot of positive dynamics are present, it is time to move towards a more structural approach and to direct the multiple desealing actions more actively into the collective realisation of Flemish projects. This can neither fully be done top-down, nor entirely bottom-up. The coordinated collaboration of (local) governments, civil society and motivated citizens in support of non-profit organisations is required to achieve a territorial desealing project.

Thierry Kandjee

Een spons(park) op een (grondwater)spiegel

Voor de Brussels Urban Landscape Biennial (2018–2019) opperde de Brusselse praktijk voor stedenbouw en architectuur Taktyk het idee om de historische parken op de rijke zandgronden van het Brussels Gewest te transformeren in sponsparken. Het is een nieuw type infrastructuur, vitaal, openbaar toegankelijk en in staat verschillende stroomgebieden te bestrijken. Met het sponsparkconcept is geëxperimenteerd via het ontwerp van een actieplan voor de verbetering van het waterbeheer en de biodiversiteit in het iconische Josaphatpark in Brussel. Waar gaat het om? We hebben hier te maken met een echte paradox. Het Josaphatpark werd ontworpen als onderdeel van een vallei, maar het huidige waterbeheer besteedt geen enkele aandacht aan deze topografische toestand. Bovengronds ontwierp architect Edmond Galopin het park oorspronkelijk als een opeenvolging van natuurtaferelen langs verschillende vijvers van zeer slechte biologisch-ecologische kwaliteit. Ondergronds brengt een uitgebreid netwerk van leiding- en pompsystemen het water naar het hoogste punt van het park, naar een kleine waterval. De ontwerpstudie die in nauwe samenwerking met hydrologen en biodiversiteitsexperts werd opgesteld, laat zien dat zandgrond het water kan vasthouden boven de kleilaag. We kwamen erachter dat de beboste heuvels van het park kunnen functioneren als een enorm waterreservoir, zodat er een constante stroom water naar de vijvers wordt gevoerd. Ons voorstel houdt rekening met de ecologische situatie van de vallei en is een alternatief voor het verouderde technische ontwerp van het park. In onze aanpak wordt het pittoreske niet opgevat als een scenografische constructie, maar wordt een holistische poging gedaan om plaatsen te ontwerpen voor levende menselijke en niet-menselijke systemen.

Een sijpelend park

Als we het park op een nieuwe manier in de vallei laten gronden, doen zich verschillende kansen voor ruimtelijke aanpassingen voor. De grondwaterspiegel raakt de klei op verschillende plaatsen en waar dit gebeurt, levert dat meer steun op voor een ontwerpvoorstel dat verdeeld is in vier onderling samenhangende doelen. Het eerste doel is de verbetering van de waterdoorstroming en waterkwaliteit in het park (1). Hierdoor kunnen robuuste ecosystemen ontstaan (2). Deze ecosystemen verbeteren de verkoelende functie van het park (3), wat meer en verschillende soorten gebruik oplevert (4). Het voorstel maakt slim gebruik van een eigenschap van de Brusselse bodem die onzichtbaar is: wanneer zandbeddingen aan kleilagen raken, sijpelt er ondergronds water dwars door de grenslagen tussen zand en klei heen, waarvan de werking vaak uit het oog wordt verloren. De afgelopen vier jaar is dit verschijnsel verkend via praktijkonderzoek. Dit resulteerde in een leidraad voor de aanpassing van het water- en biodiversiteitsbeheer in het Josaphatpark in de vorm van een ambitieus stappenplan dat de bodem als een grondstof opvat. De uitvoering van het stappenplan verloopt in drie fasen. Tussen 2021 en 2023 worden vier proefprojecten gestart in het hart van het park; tegen 2025 zal de infiltratie in de zanderige randgebieden van het park zijn verbeterd en uiteindelijk zal de beek Josaphat tegen 2050 schoon de rivier de Zenne bereiken.

Vertaling: InOtherWords, Maria van Tol

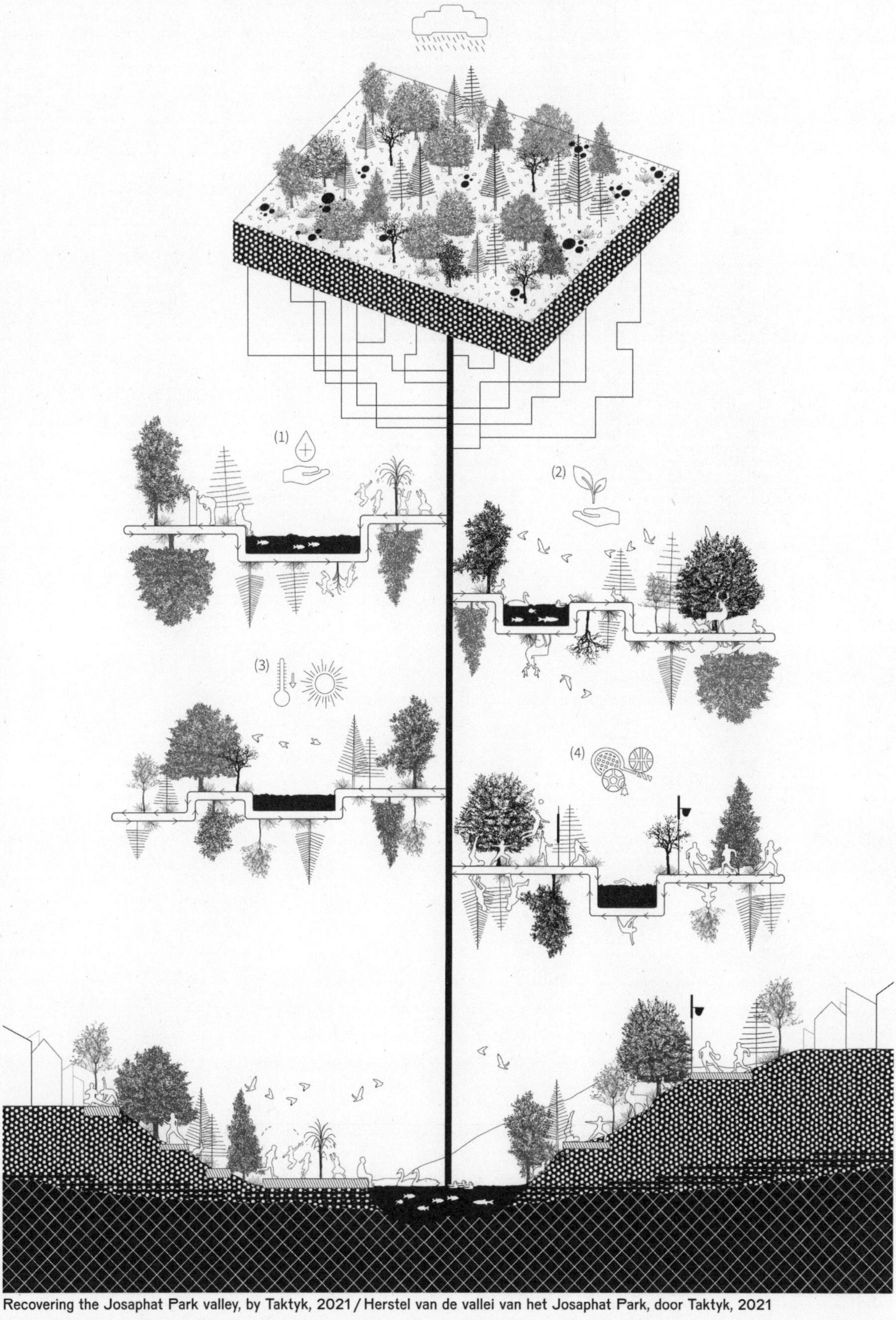

Recovering the Josaphat Park valley, by Taktyk, 2021 / Herstel van de vallei van het Josaphat Park, door Taktyk, 2021

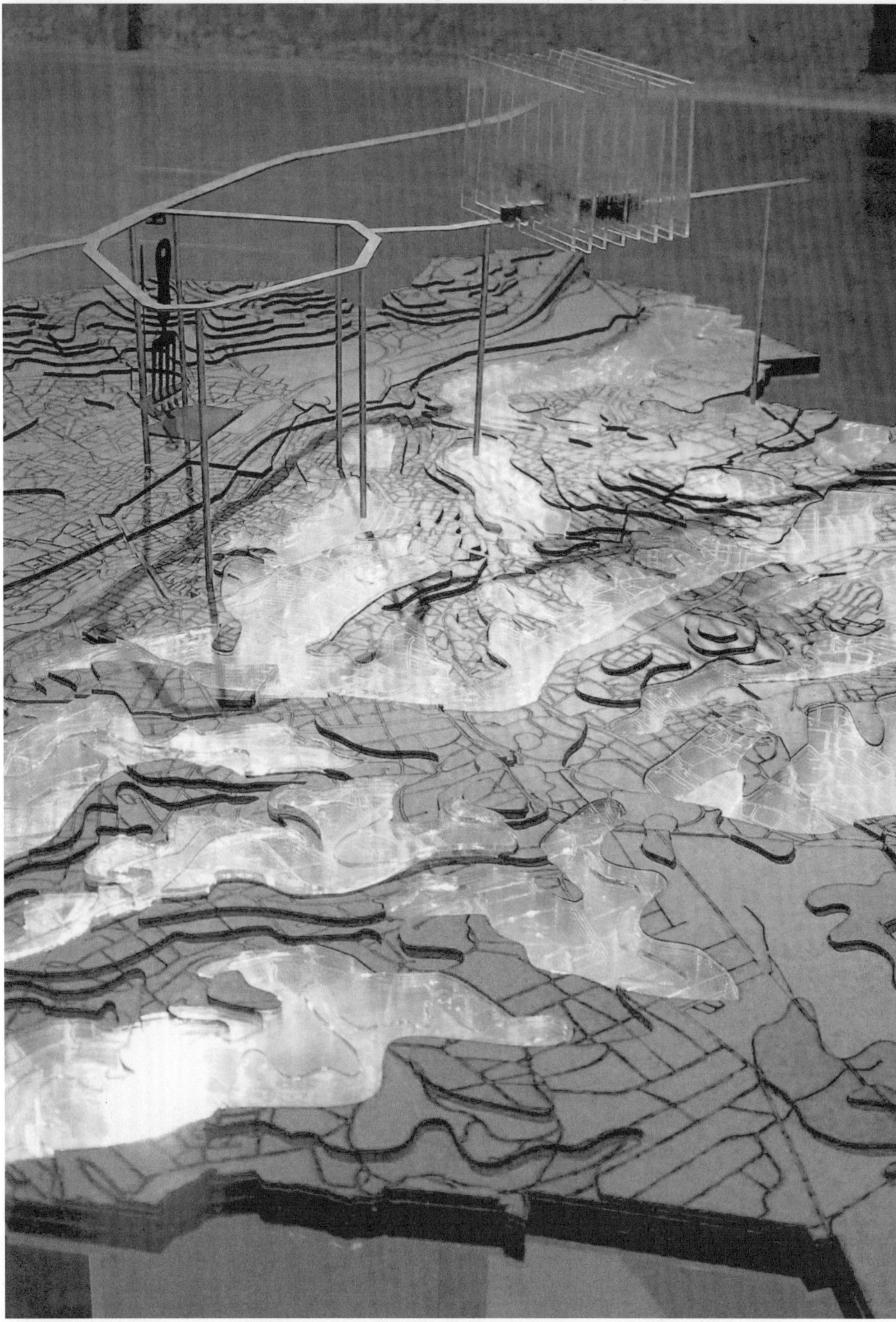

Sandy grounds as design materials. A contribution to the Brussels Urban Landscape Biennale (BULB) by Taktyk, 2019 /
Zandgrond als ontwerpmateriaal. Een bijdrage aan de Brussels Urban Landscape Biennale (BULB) door Taktyk, 2019

Thierry Kandjee

A Sponge (Park) on a (Water) Table

In the context of the Brussels Urban Landscape Biennial (2018–2019), the Brussels office for urbanism and architecture Taktyk highlighted the potential of heritage parks located in the rich sandy soil of the Brussels region to become sponge parks, a new and vital public infrastructure at the scale of several watersheds. The hypothesis of these sponge parks was tested through the design of an action plan for water and biodiversity improvement in Josaphatpark, an iconic Brussels park. What is at stake? We're dealing with a real paradox here. The park was conceived as part of a valley, but its water management entirely ignores this topographical condition. Aboveground, architect Edmond Galopin originally designed the park as a succession of scenes of nature along several ponds of very poor biological/ecological quality. Under the ground, a vast network of pipes and pumping systems leads the water to the highest point in the park, which features a small cascade. Working closely with hydrologists and biodiversity experts, the design research shows the potential of the sandy ground to retain water above the layer of clay. We discovered that the wooded hills of the park can become a vast water reservoir that enables the supply of a constant flow of water into the pond system. Our proposition acknowledges the ecology of the valley as an alternative to the obsolete technological design of the park. In our proposal, the picturesque is understood not as a scenographic construction, but as a holistic attempt to design places for living human–nonhuman systems.

An Oozing Park

Regrounding the park in the valley system opens up several opportunities to adapt it spatially. The water table encounters the clay at several locations and each encounter supports a design proposal that targets one of four interrelated objectives. The first is an improvement of water flow and water quality in the park (1). This enables the creation of robust ecosystems (2). These ecosystems allow for an improvement of the cooling of the park (3), supporting a greater diversity of uses (4). This proposition addresses the potential of an invisible soil condition in Brussels: when sand beds touch clay layers, subterranean water oozes through the liminal spaces between sand and clay, the effect of which is often overlooked. Over the last four years this condition has been investigated through a practice-based research. This resulted in a guide plan for water and biodiversity adaptation of the Josaphatpark, which is an ambitious roadmap that acknowledges soil as a resource. The implementation of the roadmap is foreseen in three stages. Between 2021 and 2023 four pilot projects will be initiated in the core of the park, and by 2025 the infiltration in the sandy fringes of the park will be improved. Ultimately, by 2050, the Josaphat Stream will be clean when it reaches the Senne River.

Intermezzo 4: Coda — Briefkaarten vanuit de toekomst

Atabile Gwagwa, Romeo Dipura en Isabella Baranyk

Van koffer tot burgemeester: Een subversieve politiek van bodemzorg

In zijn kracht om te voeden en iemands aanwezigheid op een plek veilig te stellen, behoort grond tot het politieke domein. Door de grond samen te bewerken herinneren we ons hoe waardevol menselijk contact is. De tuinders van de informele Napier Settlement laten zien hoe grond geactiveerd kan worden als politieke ruimte voor de dagelijkse strijd om burgerschap.[1] De tuinders vormen een gemeenschap van ruim 400 bewoners met diverse nationaliteiten en van verschillende generaties die in zelfgemaakte bouwsels aan de rand van het toeristische dorp Napier ten oosten van Kaapstad wonen. Volgens de term van socioloog Asef Bayat beoefenen ze de 'kunst van de aanwezigheid' door stukken grond in te nemen met wat ze voorhanden hebben.[2] Zo komen ze de overheid tegemoet én weerstaan deze, om zodoende op subtiele wijze een nieuwe ruimtelijke werkelijkheid te vormen. Dit artikel vraagt zich af, voortbouwend op Chiara Tornaghi and Chiara Certomà's concept van het politieke tuinieren, wat voor soort politiek ontstaat wanneer bezitloze stedelingen deze praktijk toepassen bij de bewerking van grond in eigendom van de overheid.[3] We presenteren hier de biografie van een specifieke tuinder uit de Napier Settlement om zo'n praktijk vast te leggen, verzameld tijdens een week van gemeenschappelijk etnografisch onderzoek in februari 2020.[4]

Professor is een 35 jaar oude man die van de Oostkaap naar Napier verhuisde en een expert is in groentekweek. Een belangrijk deel van zijn identiteit wordt gevormd door zijn kindertijd waarin hij leerde tuinieren. Daarnaast werkte hij acht jaar op commerciële boerderijen. Professor begon zijn tuin in Napier in 2017 uit noodzaak wegens werkeloosheid. Nadat hij in de stad arriveerde, kreeg hij van de gemeente een klein lapje grond toegewezen in Napier, waar hij zijn huis kon bouwen — een vorm van landbezetting die vaak wordt omschreven als 'informeel', maar hier onderdeel is van overheidsbeleid. Nadat hij zijn huis had gebouwd, was de overgebleven ruimte op het perceel zo klein dat Prof zijn tuin niet in de grond begon, maar in een koffer die hij vulde met aarde en spinaziezaad. Sindsdien heeft hij zijn werkzaamheden uitgebreid naar het resterende deel van zijn perceel en naar lapjes grond van buren, die net als hij leven op bezette gemeentegrond. Terwijl de percelen worden toegewezen aan individuen, trekken de tuinen zich weinig aan van deze grenzen. Er ontstaat een alternatieve ruimtelijke werkelijkheid die Prof's relatie met de buren reflecteert en tegelijkertijd hun levensonderhoud buiten de markt om waarborgt. Met de rustige, dagelijkse praktijk van het tuinieren, eigenen Prof en de anderen zich niet alleen de grond van de stad toe om te overleven. Ook wijzigen ze de bebouwde omgeving door groene ruimte toe te voegen en de grenzen tussen percelen sneller te laten vervagen.

Professor droomt dat zijn gemeenschap toegang heeft tot 'dat speciale eten, vers uit onze eigen grond'.[5] In plaats van te hopen op geld om boodschappen te doen, hoopt hij op meer ruimte om voedsel te verbouwen voor iedereen. Hij deelt zijn producten al met zijn buren en heeft zelfs de mogelijkheid afgeslagen om deze te verkopen in Kaapstad, ondanks de befaamde lekkere smaak van zijn opbrengst in vergelijking met de 'vermoeide' groenten uit de winkels. Prof heeft met de gemeente onderhandeld om op een nabijgelegen stuk grond een grotere gemeenschapstuin op te zetten. Zijn praktijk van gemeenschappelijk grondgebruik, in gebruik name en het delen van gratis voedsel vertegenwoordigt een specifieke politiek van gemarginaliseerde stedelijke ruimte — *een subversieve politiek van zorg*. Hij maakt zichzelf tot een volwaardige burger door het opzetten van een coöperatie, het invullen van juridische documenten en diverse andere acties die bijdragen aan bureaucratische rechtsgeldigheid. Hij combineert het 'gebruik van formele, legale strategieën met informele overlevingspraktijken in het levensonderhoud en met het voeren van oppositie'. Alleen wanneer het strikt noodzakelijk is, houdt hij zich bezig met de interactieve koppeling overheid/burger, om deze interactie uiteindelijk te ondermijnen met 'contra-hegemonische bewegingen' naar zorg. Weg van de neoliberale marktlogica![6]

Professor kwam via tuinieren in een koffer en de toe-eigening van kleine stukken land in Napier Settlement, tot het inschakelen

1
Sophie Oldfield, Geetika Anand en Alma Viviers (red.), *Present and Visible: Napier Settlement and Its Stories* (Cape Town: African Centre for Cities, 2021). Het veldwerk was georganiseerd door Sophie Oldfield, University of Cape Town, in samenwerking met de ngo People's Environmental Planning, uitmondend in *Present and Visible*. Het onderzoek werd gedaan door studenten van UCT en de University of Basel. Onderzoeker en bewoner van Napier Atabile Gwagwa interviewde de tuinders leverde, met haar achtergrond in plantenwetenschap, de kennis over agricultuur.

2
Asef Bayat, *Life as Politics: How Ordinary People Change the Middle East* (Amsterdam: Amsterdam University Press, 2010).

3
Chiara Tornaghi en Chiara Certomà (red.), *Urban Gardening as Politics* (New York/Londen: Routledge, 2018).

4
Rebekah Lee, 'Reconstructing "Home" in Apartheid Cape Town: African Women and the Process of Settlement', *Journal of Southern African Studies* 31 (2005), 611–630.

5
Interview met Professor, 2020.

6
Faranak Miraftab, 'Insurgent Planning: Situating Radical Planning in the Global South', *Planning Theory* 8 (2009), 35–37.

Intermezzo 4: Coda — Postcards from the future

Atabile Gwagwa, Romeo Dipura and Isabella Baranyk

From Suitcase to Mayor: A Subversive Politics of Soil Care

In its power to nourish, to secure one's presence in a place and to remember human intimacies sowed through labour, soil is a domain of the political. Cultivating the soil together reminds us of how valuable human contact is. The gardeners of the informal Napier Settlement show how soils can be activated as political spaces of everyday struggles of citizenship.[1]

1 Sophie Oldfield, Geetika Anand and Alma Viviers (eds.), *Present and Visible: Napier Settlement and Its Stories* (Cape Town: African Centre for Cities, 2021). The field research was organised by Sophie Oldfield, University of Cape Town, in collaboration with the NGO People's Environmental Planning, culminating in *Present and Visible*. The research was conducted by students from UCT and the University of Basel. Researcher and Napier resident Atabile Gwagwa interviewed settlement gardeners and with her background in plant sciences provided agricultural knowledge.

Green gardens creeping onto the road in Napier Settlement, February 2020 /
Groene tuinen kruipen de weg op in Napier Settlement, februari 2020

van de burgemeester om toegang te krijgen tot overheidsgrond. Zijn inspanningen om ongebruikte gemeentegrond te kunnen benutten, demonstreren de discrete en volhardende manier waarop stedelijke bezitlozen 'stilletjes binnendringen', zich de grond van de stad toe-eigenen om te overleven en tegelijkertijd inbreken in bestaande machtscentra.[7] Elk beroep dat hij doet op stedelijke grond, betekent een platform om van daaruit nieuwe claims te maken. Professor hanteert een visie van een alternatieve politiek en toekomst. Niet een visie van eigendom, maar één van zorg, die in het 'hier en nu' tot stand komt via zijn relatie met de grond en de gemeenschap.

Vertaling: Elsbeth Ronner

7
Bayat, *Life as Politics*, op. cit. (noot 2).

Professor tending to his garden in Napier Settlement / Professor verzorgt zijn tuin in Napier Settlement

The gardeners form a multinational, multigenerational community of over 400 residents who live in self-built structures on the edge of a tourist village east of Kaapstad. They exercise what sociologist Asef Bayat terms the 'art of presence', claiming space in the soil using what they have on hand.[2] In so doing, they simultaneously encounter and resist the state, shaping new spatial realities in subtle ways. Building on Chiara Tornaghi and Chiara Certomà's concept of political gardening, this article questions what kind of politics emerge through the practices of the urban dispossessed in working the soil of the city.[3] We employ homestead biographies to trace the practices of one particular gardener, collected during a week of collaborative ethnographic work in Napier Settlement in February 2020.[4]

Professor is a 35-year-old transplant to Napier from the Eastern Cape, and an expert vegetable grower. An important part of his identity comes from a childhood spent learning to garden. He also worked for eight years on commercial farms. Professor started his Napier garden in 2017 out of necessity while unemployed. After he arrived in town, the municipality allocated him a small plot of land in the settlement on which to build his house — a manner of land occupation often described as 'informal', but inscribed here in state processes. After building his house, the remaining space in the plot was so small that Prof began his garden not in the ground, but by filling a suitcase with soil and spinach seeds. He has since expanded his practice to the remainder of the plot and to patches of soil offered up by neighbours who, like him, live on occupied municipal land. While plots are allocated to individuals, the garden resists these boundaries. It sets up an alternative spatial reality that reflects Prof's close neighbourly relations and simultaneously provides sustenance outside of the market. Through the quiet, everyday practices of gardening, Prof and others do not merely appropriate the soil of the city for their own survival, but in so doing also reconfigure the built environment, adding green space and blurring plot borders.

Professor dreams that his community will have access to 'that special food, fresh from our soil'.[5] He doesn't hope for cash to buy groceries, but rather more space to grow food for all. He already shares his produce with neighbours and has even declined an opportunity to sell in Cape Town, despite his food's notorious deliciousness compared with the 'tired' vegetables in stores. Prof has been in negotiations with the municipality to establish a larger community garden on a nearby piece of land. His practices of communal land use, occupation and free food sharing constitute a particular politics characteristic of marginalised urban spaces, a *subversive politics of care*. He renders himself a proper citizen by establishing a co-op, filling out legal documents, and various other actions towards bureaucratic legibility. He combines the 'use of formal, legal strategies with informal survival livelihood practices and with oppositional practices', entering the state-citizen interface only where necessary to eventually subvert it through 'counter-hegemonic moves' towards care and away from the neoliberal market logic.[6]

Professor has gone from gardening in a suitcase to appropriating small spaces around the settlement, to engaging the mayor over access to the very soil of the city. His efforts to make use of discarded municipal land epitomise the discreet and persistent ways through which the urban dispossessed 'quietly encroach', appropriating the city's soil for survival while impinging on existing centres of power.[7] Every claim he makes on the city's soil becomes a platform from which further claims can be made. Professor maintains a vision of an alternative politics and future, not of ownership, but of care, practiced materially in the present through his relationship to the soil and the community.

2
Asef Bayat, *Life as Politics: How Ordinary People Change the Middle East* (Amsterdam: Amsterdam University Press, 2010).

3
Chiara Tornaghi and Chiara Certomà (eds.), *Urban Gardening as Politics* (New York/London: Routledge, 2018).

4
Rebekah Lee, 'Reconstructing "Home" in Apartheid Cape Town: African Women and the Process of Settlement', *Journal of Southern African Studies* 31 (2005), 611–630.

5
Interview with Professor, 2020.

6
Faranak Miraftab, 'Insurgent Planning: Situating Radical Planning in the Global South', *Planning Theory* 8 (2009), 35–37.

7
Bayat, *Life as Politics*, op. cit. (note 2).

Louisa King, Urtzi Grau

Ontdooid stof: Een verkenning van de relaties tussen mens en microbe op Antarctica

De oostelijke provincie van Antarctica, die ongeveer twee derde van de landmassa van het continent beslaat, herbergt enkele van de oudste, koudste en meest voedselarme (oligotrofe) bodems op aarde.[1] De afwezigheid van sneeuw in deze landschappen betekent niet dat het om een minder ruig milieu gaat. Integendeel, deze landschappen behoren tot de droogste plaatsen op aarde.[2] De vrieskou, dorheid en verarmde permafrost bieden de geschikte omgeving voor endolithische soorten, organismen met een optimale groei in klimatologische condities die een uitdaging vormen voor op koolstof gebaseerde levensvormen. Zij houden van de kou en kunnen overleven door zich te voeden met sporen van ijzer, kalium, zwavel en koolstof. Het 'Protocol inzake milieubescherming bij het Antarctisch Verdrag', dat in 1991 werd ondertekend, was bedoeld om de bescherming van dergelijke milieus te vergroten. Artikel 7 van het protocol bevatte een belangrijke zin: 'Elke (Antarctische) activiteit met betrekking tot minerale rijkdommen, met uitzondering van wetenschappelijk onderzoek, is verboden.'[3] Deze clausule vormt een probleem voor het ontginnen van de bodem op Antarctica: privébedrijven kunnen niet legaal materiaal uit de bodem halen of winnen voor commercieel gebruik. De nederzettingen en activiteiten op Antarctica beperken zich tot het monitoren van het klimaat en de ecologie.[4] Echter, de zeldzaamheid van nieuwe Antarctische bodems en hun bijzondere biologische functies maken van het continent een waardevolle, doch onbereikbare bron voor de biogeneeskunde of de agrotechnologie.

De afgelopen twee jaar heeft een groep onderzoekers van de School of Architecture van de University of Technology Sydney (UTS), in samenwerking met het Institute for Marine and Antarctic Studies (IMAS) in de stad Hobart en de Australian Antarctic Division, het extractieproces bestudeerd. Ons doel was de ruimtelijke, economische en materiële relaties tussen onderzoek en bodemlandschappen in Antarctica in kaart te brengen om zo verschillende ontwerpvoorstellen te formuleren. Ontwerpvoorstellen die aangeven hoe het werken in deze precaire context die van globaal belang is, kan worden verbeterd.

1
Oligotrofe bodems hebben een tekort aan voedingsstoffen, benodigd voor plantengroei.

2
Eden Zhang et al., 'Lifting the Veil on Arid-to-Hyperarid Antarctic Soil Microbiomes: A Tale of Two Oases', *Microbiome* 8/37 (2020).

3
Het artikel kan online worden geraadpleegd: www.ats.aq/e/protocol.html.

4
90 procent van alle menselijke activiteit op het continent Antarctica houdt verband met wetenschappelijke monitoring; de veldwerkstations liggen in het verlengde van de permanente, hoofdzakelijk aan de kust gelegen nederzettingen. Voor meer informatie: National Research Council, *Science and Stewardship in the Antarctic* (Washington, DC: National Academy Press, 1993).

Iron oxide-tainted soils, flowing from the tongue of Taylor Glacier onto the ice-covered surface of McMurdo Dry Valleys / Met ijzeroxide verontreinigde grond, die van de tong van de Taylor-gletsjer op het met ijs bedekte oppervlak van de McMurdo Dry Valley stroomt

Louisa King, Urtzi Grau

Defrosted Dust: Exploring Human Microbial Relations in Antarctica

The eastern province of Antarctica, which constitutes up to two-thirds of the continent's landmass, is home to some of the oldest, coldest and poorest (oligotrophic) soils on earth.[1] The absence of snow in these landscapes does not infer a less harsh environment. Quite the opposite, they are the driest recorded places on earth.[2] The resulting conditions of freezing, arid and depleted permafrost afford a suitable environment for endolithic species, organisms that show optimal growth in conditions that are challenging for carbon-based lifeforms. They love the cold and can survive by feeding on traces of iron, potassium, sulphur and carbon. Signed in 1991, the 'Protocol on Environmental Protection to the Antarctic Treaty' was designed to reinforce the protection of such environments. Article 7 of the protocol included an important sentence: 'Any (Antarctic) activity relating to mineral resources, other than scientific research, shall be prohibited.'[3] This clause

1
Oligotrophic soils are deficient in nutrients needed for plant growth.

2
Eden Zhang et al., 'Lifting the Veil on Arid-to-Hyperarid Antarctic Soil Microbiomes: A Tale of Two Oases', *Microbiome* 8/37 (2020).

3
The article can be consulted online: www.ats.aq/e/protocol.html.

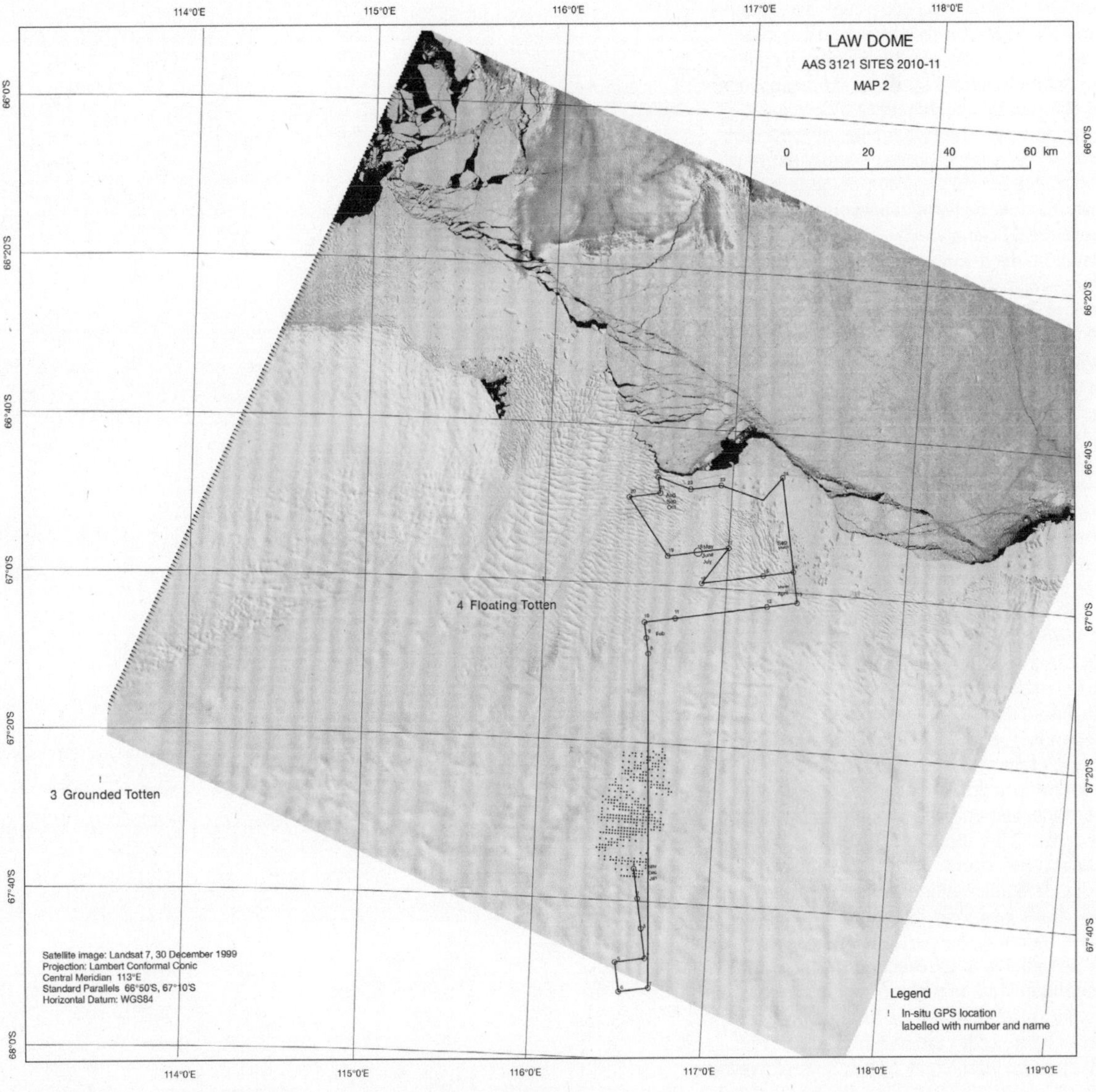

Planned field work for rapid ice or soil collection in Law Dome hypothesis /
Gepland veldwerk voor het snel verzamelen van ijs of grond bij proefproject Law Dome

Law Dome ligt 6.000 km ten zuiden van het stoffige centrum van het Australische continent. Sinds het Mioceen, 23 miljoen jaar geleden, is er voortdurend sneeuw op Law Dome neergedwarreld, als sporen waarmee een intensieve klimaatgeschiedenis kan worden gereconstrueerd. Door de heersende continentale winden waait Australische aarde en stof rechtstreeks naar het zuiden om op Law Dome te landen. De ijsmonsters die de onderzoekers van het IMAS verzamelden, bevatten atmosferisch gebonden, van de grond afkomstig stof. Isotopische eigenschappen van de lucht, samen met cruciale aerosol- en temperatuurgegevens, rapporteren de jaarlijkse schommelingen in de degradatie van de toplaag van de bodem, de monocultuur van pollen, en de aanwezigheid van roetige koolstofdeeltjes, afkomstig van de verwoestende bosbranden uit 2019. Agrotechnologiebedrijven die dit type onderzoek meefinancieren, zijn bijzonder geïnteresseerd in deze gegevens; de concentratie chloor en zout in de bodem reageert op de schommelingen van el Niño en la Niña, tegengestelde klimaatpatronen die verantwoordelijk zijn voor het veroorzaken van droogte en ander extreem weer. Als zodanig worden de gegevens over de door de lucht aangevoerde grond van essentieel belang voor de ontwikkeling van landbouwtechnieken voor een steeds onzekerder klimatologische toekomst. In overleg met dr. Mark Curran, paleoklimatoloog bij het IMAS, heeft de UTS Antarctica ontwerp- en onderzoeksgroep de ruimtelijke organisatie voor het verzamelen van ijskernmateriaal opnieuw bedacht, om zo de bewegingen rond de verzamellocaties te verbeteren. De grotere wendbaarheid die uit dit nieuwe ruimtelijke model naar voor komt, helpt bij het opvangen van rondzwervende ijsstofstormen, wat de meest accurate en actuele informatie oplevert over bodems die onder invloed van het klimaat worden verrijkt.

In 2002 veranderde een antropogeen smeltproces de droge grond in de McMurdo Dry Valley in moerasland. De vaak tientallen jaren oude doorsneden om de bodemstructuur te meten werden bedolven onder sediment, aangevoerd door een stortvloed van gletsjerstromen. Veel variabelen in bodembiota en zonne-energiegegevens veranderden volledig van koers. De dooi bracht 30 jaar bodemonderzoek in de war, waarbij het starre, bevroren landschap, dat door de onderzoekers zowel wordt bestudeerd als bewoond, zijn voetafdruk compleet reconfigureerde. De werk- en woonplek in de vallei is in zijn rudimentaire vorm tegelijkertijd instrument en schuilplaats, zwaar geschoord om de hevige winden te weerstaan, zodat cruciaal onderzoek ter plaatse kan worden uitgevoerd. Het plotseling vloeibaar worden van deze dooiende grond vroeg om een architectuur die inspeelt op veranderingen in de wereld van microben. De lange duur van bodemonderzoeksprojecten, de instabiliteit van de huisvesting die deze projecten mogelijk maakt, de commerciële druk op het niet aangeboorde kapitaal van Antarctica en de almaar slinkende overheidsfinanciering voor onderzoek, bepalen niet alleen de studie van de Antarctische bodem — ze drukken er ook de politisering van uit.

Vertaling: InOtherWords,
Jesse van der Hoeven

presents a problem for soil harvesting in Antarctica: private companies cannot legally extract or harvest material from the soil for commercial use. Settlements and activities in Antarctica are restricted to the monitoring of climate and ecology.[4] The rarity of novel Antarctic soils and their peculiar biological functions, however, render the continent a valuable yet unattainable resource for biomedicine or agrotechnology.

In the last two years, a group of researchers from the School of Architecture at the University of Technology Sydney (UTS), in cooperation with the Institute for Marine and Antarctic Studies (IMAS), Hobart and the Australian Antarctic Division, has explored these extractive processes. Our goal was to map the spatial, economic and material relationships between research and soil landscapes in Antarctica in order to formulate several design proposals on how to improve the working conditions in this precarious context of global importance.

Law Dome lies 6,000 km due south of the dusty centre of the continent of Australia. Snow has been settling continuously on Law Dome since the Miocene epoch 23 million years ago, depositing deep climatic history as it lands. Following prevailing continental winds, Australian soil and dust blow directly south onto Law Dome. The ice samples collected by IMAS's researchers contain atmospheric bound terrestrial dust. Airborne isotopic inscriptions, along with crucial aerosol and temperature data, report the annual fluctuations in topsoil degradation, pollen monoculturalism, and the flourish of sooty-carbon emissions from the devastating 2019 bush fires. The agrotechnology companies that co-fund these research projects are especially interested in this data; the concentration of chlorine and salt in the soil responds to the fluctuations of el Niño and la Niña, opposing climate patterns responsible for causing droughts and other extreme weather. As such, the airborne soil data becomes essential for developing farming technology for an ever-increasing precarious climatic future. In conversation with Dr Mark Curran, a Palaeoclimatologist at IMAS, the UTS Antarctica design research group remodelled the architecture of ice core collection to enhance the mobility around collection sites. This increased agility aids in the capture of roaming ice-dust storms, resulting in the most accurate real-time climate enriched soil data.

In 2002, an anthropogenically caused melt-event converted the dry soils to marshland in McMurdo Dry Valley. As decades-old soil measuring transects were buried in sediments, transported by the intensity of a torrential glacial stream flow, multiple variables in soil biota and solar-energy data completely flipped their bearings. The melt confused 30 years of soil finding as the rigid, frozen landscape, which the camps both study and inhabit, completely reconfigured its footprint. In rudimentary form, the valley settlement must perform as both instrument and shelter, heavily braced to resist the severe winds, so crucial research can be conducted on-site. The sudden liquefaction of this thawing ground demanded an architecture that responds to microbial resettlements. The long durations of soil-science projects, the instability of the architecture that facilitates these projects, the commercial pressure over Antarctica's untapped capital and the ever-diminishing public research funding not only frame the study of Antarctic soil — they also stage its politicisation.

4
90 per cent of all human activity on the continent of Antarctica is related to scientific monitoring; fieldwork stations are an extension of permanent, mainly coastal settlements. For further information: National Research Council, *Science and Stewardship in the Antarctic* (Washington, DC: National Academy Press, 1993).

Pu Hsien Chan en Kevin Westerveld

Als de bodem beweegt: Het begin van een glossarium

De tekst hieronder is (het *begin* van) een woordenlijst van handelingen. Hij bevat een aantal door ons gekozen termen die verwijzen naar manieren om de aarde te veranderen of te beïnvloeden. Het belang van de grond wordt vaak uitsluitend beoordeeld op basis van technische en ecologische prestaties. Als reactie op deze tendens willen wij de manier waarop de waarde van grond wordt bepaald, verruimen en een aanzet geven tot een esthetische herwaardering. Juist omdat de grond van nature al complex is en geladen met betekenissen, kunnen de eenvoudigste ingrepen nieuwe conceptuele ideeën — variërend van sociale commentaren tot culturele en politieke beschouwingen — overbrengen. In dit glossarium proberen wij dit te illustreren door interventies op te sommen die diepgaande ideeën en interpretaties oproepen — wanneer de bodem (ons) beweegt.

Planten

Een belangrijk voorbeeld van het maatschappijkritische potentieel van de bodem treffen we aan in 'Wheatfield: A Confrontation' (1989). Agnes Denes regelde dat er over een oppervlakte van 2 ha grond werd verspreid op een stortplaats van bouwafval in het centrum van Manhattan en beplantte die met tarwe. De stortplaats als opzettelijke buur van het financiële epicentrum van New York was niets anders dan een ideologische provocatie.[1] Het werk liet ook zien dat een ingreep als het beplanten van de bodem, hoe eenvoudig en banaal ook, de aanzet kan geven tot reflecties over landgebruik, ecologie en stedelijkheid.

Verharden

Een van de vele manieren waarop de mens ingaat tegen de entropische kracht van de natuur is door zich te verzetten tegen de beweging van de bodem — omdat we denken dat een stabiele bodem een noodzakelijke voorwaarde is voor een stabiele samenleving. Toshio Shibata's foto's van sterk gemanipuleerde landschappen maken dit verzet zichtbaar: ze tonen stijve lagen beton die tegen onstabiele hellingen zijn gespoten om erosie en aardverschuivingen te voorkomen. De kracht van fotografie — tot een beeld versteende werkelijkheid — vestigt hier de aandacht op onze afhankelijkheid van de grond, een omstandigheid die we geneigd zijn te vergeten. Om onszelf aan de gang te houden, verharden we uiteindelijk de grond. Door deze antropocentrische ingreep wordt de grond bevroren in tijd en ruimte en wordt alle beweging onder controle gebracht.[2]

Vlak maken

Deze behoefte aan controle is ook diepgeworteld in het vlak maken van de bodem. Als bewoning één van de primaire doelen van de architectuur is, dan is het platte vlak wellicht het resultaat van een poging om de onzekerheden van een onstabiele, onregelmatige en ongelijke ondergrond te beheersen. Bernard Cache conceptualiseert architectuur als de introductie van intervallen in de aarde om wat hij 'kaders van waarschijnlijkheid' noemt te creëren. Op basis hiervan zou je kunnen zeggen dat de vlakheid van de grond of de horizontaliteit van de vloer een teken is van de voorspelbaarheid van menselijke activiteiten die erbovenop plaatsvinden, of het nu gaat om de voorbereiding van de grond voor bouwwerkzaamheden, de efficiëntie van de fabrieksvloer of de enscenering van de grond in een theaterontwerp.[3]

Inkaderen

De architect Kazuo Shinohara wilde in zijn Tanikawa Residence (1972–1974) juist van deze voorspelbaarheid af. De manier waarop hij de aarde inkaderde — hij liet het natuurlijke materiaal van de heuvel doorlopen in het huis — kan worden opgevat als kritiek op onze relatie met onze omgeving, die wordt gekenmerkt door onze niet-aflatende behoefte aan controle. De aarde wordt hier als katalysator gebruikt en werkt samen met het kader (het huis) om te suggereren dat we, om ons meer verbonden te voelen met onze omgeving, ook en misschien wel vooral de instabiliteit moeten omarmen, die de architectuur vaak juist probeert te ontlopen.[4]

Wegscheppen

Zand heeft, net als andere aardse substanties, de natuurlijke neiging om op een hoop te gaan liggen. De vorm daarvan wordt rechtstreeks bepaald door de zwaartekracht. De vraag is, wanneer een hoop zand onderdeel wordt van de grond. Met behulp van 800 Peruaanse vrijwilligers probeert kunstenaar Francis Alÿs iets schijnbaar onmogelijks te doen: een berg verzetten. 'Ik weet niet of de berg nu echt verzet is, maar er is wel iets gebeurd in die 4 uur dat we daar onder de brandende zon stonden.' De zorgvuldig geplande uitvoering straalt een onvoorwaardelijk geloof in de maakbaarheid van de wereld uit. Het motto achter *When Faith Moves Mountains* (2002) was echter 'maximale inspanning, minimaal resultaat'. Nadat het zand is verplaatst, is er zo te zien niets veranderd.[5]

1 Agnes Denes, 'Wheatfield: A Confrontation', in: Brian Wallis (red.), *Environmental and Land Art* (Londen: Phaidon, 1982), 261.

2 Zie voor Shibata's foto's de Michael Hoppen Gallery: www.michaelhoppengallery.

3 Bernard Cache, *Earth Moves: The Furnishing of Territories* (Cambridge, MA: MIT Press, 1995), 21–25.

4 Kazuo Shinohara, 'Rationalism Featured with Chaos', in: Kazuo Shinohara (red.), *Irmtraud Schaarschmidt-Richter* (Berlijn: Ernst & Sohn, 1994), 133.

5 Francis Alÿs, *When Faith Moves Mountains*, geraadpleegd op francisalys.com.

Agnes Denes, 'Wheatfield: A Confrontation', New York–Manhattan, 1982

Toshio Shibata, Shizuoka City / de stad Shizuoka, Japan, 1996

Kazuo Shinohara, Tanikawa House, Japan, 1972

Pu Hsien Chan and Kevin Westerveld

When Soil Moves: A Hint of a Glossary

The following text is (a *hint* of) a glossary of gestures. It contains a curated selection of terms used to modify or act upon the earth. The importance of soil is often judged solely on its technical and ecological performances. In reaction to this tendency, we would like to broaden the ways in which soil can be revalued, and instigate an aesthetic reappraisal. Precisely because soil is already inherently complex and loaded with meanings, the simplest of gestures can convey new conceptual ideas — ranging from social commentary to cultural and political reflections. The glossary seeks to illustrate this by selecting gestures that evoke profound ideas and interpretations — when soil *moves*.

Planting

An important example of the ground's potential for societal critique can be observed in 'Wheatfield: A Confrontation', in which Agnes Denes orchestrated the laying of two acres of soil and the planting of wheat on top of a construction landfill in 1989 downtown Manhattan. Its intentional proximity to the financial epicentre was an ideological provocation.[1] It demonstrated that the act of planting in the soil, however simple and banal of a gesture, can instigate reflection on land use, ecology and urbanity.

Petrifying

Among the many human attempts to go against the entropy of natural forces, we find ourselves often resisting the *movement* of earth — taken that a stable ground is fundamental for a stable society. Toshio Shibata's photographs of highly engineered landscapes show this resistance: rigid layers of concrete sprayed against unstable hillsides to prevent erosion and landslides. Here, the power of photography, the *petrifying* of reality into image, draws the attention to how we depend on the ground, a fact that we tend to forget. In order to keep ourselves going, we are ultimately petrifying the ground. This anthropic act freezes the ground in time and space, with all motions controlled.[2]

Flattening

Keeping control is also deeply rooted in the flattening of the ground. If inhabitation is one of architecture's primal purposes, then the flat surface might be the outcome of trying to control the uncertainties brought on by unstable, irregular and uneven ground. Bernard Cache conceptualises architecture as the introduction of intervals in the earth

1
Agnes Denes, 'Wheatfield: A Confrontation', in: Brian Wallis (ed.), *Environmental and Land Art* (London: Phaidon, 1982), 261.

2
For Shibata's photos see Michael Hoppen Gallery: www.michaelhoppengallery.

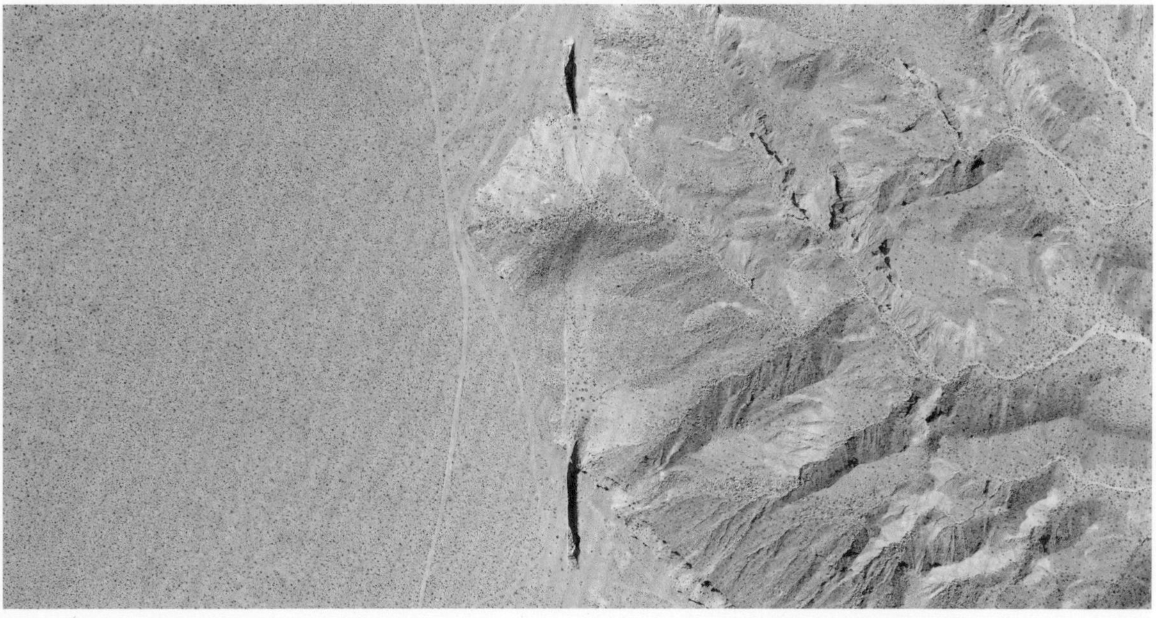

Michael Heizer, 'Double Negative', Nevada (VS), 1969

Uithakken

Het werk van Alÿs zal in de orale traditie worden doorgegeven, maar andere makers hebben duurzamere benaderingen onderzocht. Michael Heizer's *Double Negative* (1969), een uitgegraven sleuf zonder architecturale schaal in de woestijn van Nevada, demonstreert de veelheid aan betekenissen en interpretaties die een medium als grond (of de afwezigheid ervan) kan oproepen. In tegenstelling tot traditionele doeleinden als monumentaliteit en spektakel had het uithakken van de vorm in de grond hier geen praktisch of ceremonieel doel. De concepten en de vorm verwijzen naar zichzelf en het werk staat dus meerdere interpretaties toe.[6]

Verwaarlozen

Hoewel sommige mensen er bewust voor kiezen om het vermogen van de grond te gebruiken om conceptuele ideeën over te brengen, zijn er ook situaties waarin juist het tegenovergestelde, dus de ontkenning van de grond, aanzet tot eenzelfde soort activiteiten. Ook in het diffuse hedendaagse stedelijke weefsel vinden we onbestemde ruimten die buiten de normale stedelijke organisatie vallen, omdat ze niet geschikt zijn om een primaire functie te vervullen. Wat Ignasi de Solà-Morales *terrain vague* noemt, lijkt schijnbaar tegenstrijdige betekenissen — vaagheid zowel als territorialiteit — te kunnen combineren en maakt alternatieve manieren van toe-eigening mogelijk: ze maken nóg een ingreep mogelijk.[7]

Vertaling: InOtherWords, Maria van Tol

6
Michael Albert Hedger, *Larger Than Life: Size, Scale and the Imaginary in the Work of Land Artists Michael Heizer, Walter De Maria and Dennis Oppenheim* (proefschrift, Sydney: University of New South Wales, 2014).

7
Ignasi de Solà-Morales, 'Terrain Vague', in: Cynthia Davidson (red.), *Anyplace* (Cambridge, MA: MIT Press, 1995), 118-123.

to create what he calls 'frames of probability'. From this given, you can say that the flatness of the ground or the horizontality of the floor is an index of the predictability of human activities happening on top of it, whether it concerns the ground preparation for construction works, the efficiency of the factory floor or the staging of the ground in theatre design.[3]

Framing

It is the concept of predictability that architect Kazuo Shinohara in his Tanikawa Residence (1972–1974) sought to diverge from. His way of framing the earth, achieved by letting the natural earth of the hill continue through the house, can be read as a way of criticising our relationship with our environment, characterised by our incessant need for control. The earth is used here catalytically and works together with the framing device (the house) to suggest that, in order to feel more connected with the surroundings, the very instability that architecture often seeks to avoid should be embraced.[4]

Shovelling

Sand, among other earthly substances, has the natural tendency to form a mound when heaped. Its form is directly defined by gravity. One can ask when the mound becomes part of the ground? With the help of 800 Peruvian volunteers, artist Francis Alÿs endeavours to do the seemingly impossible: to move a mountain. 'I don't know if the mountain has really moved now, but something happened in those four hours we stood there under the burning sun.' The carefully planned performance radiates an unconditional belief in the malleability of the world. However, the motto that drove *When Faith Moves Mountains* (2002) was 'maximum effort, minimal result'. After shovelling the sand, nothing has visibly changed.[5]

Cutting

While the work of Alÿs will be passed on like an oral tradition, others have examined a more eternal approach. Michael Heizer's *Double Negative* (1969), an excavated trench with no architectural scale in the desert of Nevada, demonstrates the multiplicity of meanings and interpretations that the medium of the ground (or the absence of it) can provoke. Contrasting with the traditional purposes of monumentality and spectacle, the cutting of the ground had no practical or ceremonial purpose here. Instead, the concepts and form are self-referential, and thus provoke multiple ways of interpreting the work.[6]

Neglecting

While some deliberately choose to use the capability of the ground to convey conceptual ideas, there are also situations where the very opposite, or the negation of the ground, incites resembling acts. In the diffuse contemporary urban fabric, we find these indeterminate spaces that fall out of the normal urban organisation due to their inefficiency to serve a primary function. What Ignasi de Solà-Morales coined a *terrain vague* appears to combine seemingly contrasting meanings of both vagueness and territoriality, and to hold a strong potential for alternative ways of appropriations: the potential for yet another act.[7]

3
Bernard Cache, *Earth Moves: The Furnishing of Territories* (Cambridge, MA: MIT Press, 1995), 21–25.

4
Kazuo Shinohara, 'Rationalism Featured with Chaos', in: Kazuo Shinohara (ed.), *Irmtraud Schaarschmidt-Richter* (Berlin: Ernst & Sohn, 1994), 133.

5
Francis Alÿs, *When Faith Moves Mountains*, consulted on francisalys.com/.

6
Michael Albert Hedger, *Larger Than Life: Size, Scale and the Imaginary in the Work of Land Artists Michael Heizer, Walter De Maria and Dennis Oppenheim* (PhD dissertation, Sydney: University of New South Wales, 2014).

7
Ignasi de Solà-Morales, 'Terrain Vague', in: Cynthia Davidson (ed.), *Anyplace* (Cambridge, MA: MIT Press, 1995), 118–123.

Eduardo Abrantes
Eduardo Abrantes is a sound artist and artistic researcher. His practice includes performative strategies, site-specificity and collaborative compositional processes in its approach to sound art, installation and intervention. He has a PhD in Philosophy/ Phenomenology of Sound (2016) and his most current research project is an interdisciplinary exploration of potential intersections between sound art strategies and mental health environments. He is affiliated to VISPER (Visual Culture and Performance Design), a research group at Roskilde University.

Eduardo Abrantes is geluidskunstenaar en artistiek onderzoeker. Zijn praktijk omvat performatieve strategieën, locatiespecificiteit en collaboratieve compositorische processen in de benadering van geluidskunst, installatie en interventie. Hij is gepromoveerd op het onderwerp Filosofie/Fenomenologie van Geluid (2016); zijn meest recente onderzoeksproject is een interdisciplinaire verkenning van mogelijke raakvlakken tussen geluidskunststrategieën en omgevingen voor geestelijke gezondheidszorg. Hij is verbonden aan VISPER (Visual Culture and Performance Design), een onderzoeksgroep aan de Universiteit van Roskilde.

Alexandra Arènes
Alexandra Arènes is an architect and PhD researcher at the University of Manchester. Her interests include the Anthropocene and the study of the scientific initiative Critical Zone to renew Earth visualisations. She cofounded SOC (Société d'Objets Cartographiques) in 2016. Her works include an installation at the ZKM Museum for Art and Media in Karlsruhe, for the exhibition 'Critical Zones: Observatories for Earthly Politics' (2020) and the book *Terra Forma, manuel de cartographies potentielles* (2019).

Alexandra Arènes is architect; ze doet promotieonderzoek aan de Universiteit van Manchester. Haar interesses zijn onder andere het Antropoceen en de studie van het wetenschappelijk initiatief Critical Zone om de visualisaties van de Aarde te vernieuwen. Ze was medeoprichter van SOC (Société d'Objets Cartographiques) in 2016. Haar werk omvat een installatie in het ZKM Museum voor Kunst en Media te Karlsruhe tijdens de tentoonstelling 'Critical Zones: Observatories for Earthly Politics' (2020), en het boek *Terra Forma, manuel de cartographies potentielles* (2019).

Tulay Atak
Tulay Atak is an architect and an architecture historian. She obtained her degree in Architecture from the METU in Ankara and her PhD from the UCLA in Los Angeles. Her writing has been published in several journals, such as *Future Anterior, Journal of the Society of Architectural Historians (JSAH)*, and *Publications of the Modern Language Association* (PMLA), as well as in books, including *Byzantium/Modernism: The Byzantine as Method in Modernity, L'Invention d'un Architecte, No Touching, No Spitting, No Praying* and *Fragile City*. She teaches at the Cooper Union and Pratt Institute.

Tulay Atak is architect en architectuurhistoricus. Ze behaalde haar architectuurdiploma aan METU in Ankara en haar doctoraat aan UCLA in Los Angeles. Haar werk is gepubliceerd in verschillende tijdschriften, zoals *Future Anterior, Journal of the Society of Architectural Historians (JSAH*) en *Publications of the Modern Language Association (PMLA)*, en in boeken, waaronder *Byzantium/ Modernism: The Byzantine as Method in Modernity, L'Invention d'un Architecte, No Touching, No Spitting, No Praying* en *Fragile City*. Ze doceert aan Cooper Union en het Pratt Institute.

Taneha Kuzniecow Bacchin
Taneha Kuzniecow Bacchin is an architect, researcher and educator. Professor in Urban Design Theory and Methods at the Faculty of Architecture and the Built Environment at Delft University of Technology, where she is coordinator of research in the Section of Urban Design and research leader in the Delta Urbanism Interdisciplinary Research Program. Her research and projects lie on the intersection of landscape architecture, infrastructure and urban form. Her current work deals with the changing nature of the territorial project, addressing spatial, political and economic aspects of extreme weather and resource scarcity.

Taneha Kuzniecow Bacchin is architect, onderzoeker en docent. Zij is hoogleraar in de theorie en methoden van stedelijk ontwerp aan de faculteit Bouwkunde en Gebouwde Omgeving van de TU Delft, waar zij onderzoekscoördinator is bij de sectie stedenbouw en onderzoeksleider voor het Delta Urbanism Interdisciplinary Research Program. Haar onderzoek en projecten liggen op het snijvlak tussen landschapsarchitectuur, infrastructuur en stedelijke vorm. Haar huidige werk gaat over de veranderende aard van het territoriale project, waarbij ze ruimtelijke, politieke en economische aspecten van extreem weer en grondstoffen schaarste aan de orde stelt.

Isabella Baranyk
Isabella Baranyk is an MA candidate in Critical Urbanisms at the University of Basel. Her research interests include sacred architecture in virtual reality, food security, global migrant worker housing infrastructure and capitalist time. She previously worked as a Global Writing Fellow at New York University Shanghai, where she assisted with the Zaanheh Project, an interdisciplinary investigation of Shanghai's ecological history.

Isabella Baranyk volgt een masteropleiding Critical Urbanisms aan de Universiteit van Bazel. Ze is geïnteresseerd in sacrale architectuur in virtuele realiteit, voedselzekerheid, infrastructuur voor de huisvesting van migrantenarbeiders wereldwijd en kapitalistische tijd. Eerder werkte ze als Global Writing Fellow aan de New York University Shanghai, waar ze assisteerde bij het Zaanheh Project, een interdisciplinair onderzoek naar de ecologische geschiedenis van Shanghai.

Martina Barcelloni Corte
Martina Barcelloni Corte holds a PhD in Urbanism, is architect and professor of Landscape Urbanism at the Faculty of Architecture, University of Liège. She was a scientific coordinator at the Habitat Research Centre (EPFL) and a scientific collaborator at the Laboratory of Urbanism (EPFL). She collaborated with international architectural offices and taught in the field of architecture and urbanism at international schools, including the EPFL, IUAV Venice, Politecnico Milano, GSAPP Columbia University and National University Singapore. She is currently carrying out a research project on urban/rural soils.

Martina Barcelloni Corte, doctor in de stedenbouw, is architect en hoogleraar *Landscape Urbanism* aan de faculteit architectuur van de Universiteit Luik. Zij was wetenschappelijk coördinator bij het Habitat Research Centre (EPFL) en wetenschappelijk medewerker bij het Laboratory of Urbanism (EPFL). Zij werkte samen met internationale architectenbureaus en gaf les op het gebied van architectuur en stedenbouw aan internationale opleidingen als EPFL, IUAV Venetië, Politecnico Milano, GSAPP Columbia University, National University Singapore. Momenteel voert zij een onderzoeksproject uit over stedelijke/landelijke bodems.

Michele Bee
Michele Bee is senior lecturer in History of Economic and Political Thought at the Universities of Lausanne and Neuchâtel. He is currently completing a manuscript for Routledge entitled *Adam Smith's Harmonic Society*. He is cofounder of the cultural centre Manifatture Knos in Lecce and was the chairperson of the European network of grassroots cultural centres entitled *Trans Europe Halles*. With the School of Third Place, he promotes projects of urban transformation in Italy, France and Switzerland.

Michele Bee is hoofddocent in de geschiedenis van het economische en politieke denken aan de Universiteit van Lausanne en de Universiteit van Neuchâtel. Hij legt momenteel de laatste hand aan een manuscript voor Routledge getiteld *Adam Smith's Harmonic Society*. Hij is medeoprichter van het cultureel centrum Manifatture Knos in Lecce en is voorzitter geweest van het Europese netwerk van *grassroots* culturele centra, genaamd *Trans Europe Halles*. Samen met de School of Third Place promoot hij projecten voor stedelijke transformatie in Italië, Frankrijk en Zwitserland.

Cristina Bianchetti
Cristina Bianchetti, architect and doctor in territorial planning, is full professor in Urbanism at the Polytecnico di Torino, where she was deputy dean. Her teaching and research areas are Critical Theory, Urban Design and Urban Planning. She has coordinated numerous research projects and written about 300 texts. Coordinator (2015–2017) of the Architecture Area within the ANVUR-VQR, she has been president of the evaluation board of the IUAV in Venice since 2016.

Cristina Bianchetti, architect en doctor in territoriale planning, is hoogleraar stedenbouw aan de Polytecnico di Torino, waar zij adjunct-decaan is geweest. Haar onderwijs- en onderzoeksgebieden zijn kritische theorie, stadsontwerp en stedelijke planning. Zij heeft talrijke onderzoeksprojecten gecoördineerd en ongeveer 300 teksten geschreven. Coördinator (2015–2017) van het architectuurdomein binnen de ANVUR-VQR, is zij sinds 2016 voorzitter van de evaluatiecommissie van de IUAV in Venetië.

Pascal Boivin

Pascal Boivin is professor at the University of Applied Sciences of Western Switzerland where he leads the Soils and Substrates group. He is president of the European Confederation of the Soil Science Societies and member or former member of several editorial boards of journals in soil science. He authored more than 70 international journal articles, covering a large range of topics in soil science. His major contributions are in soil physics and soil physical quality assessment. He is involved in large research projects dealing with soil quality and soil organic carbon, with a strong interconnection with climate issues.

Pascal Boivin is hoogleraar aan de Universiteit voor Toegepaste Wetenschappen van West-Zwitserland waar hij de onderzoeksgroep bodems en substraten leidt. Hij is voorzitter van de European Confederation of the Soil Science Societies en is (of was) lid van verschillende redactieraden van tijdschriften in de bodemkunde. Hij is auteur van meer dan 70 internationale tijdschriftartikelen, die een breed scala van onderwerpen in de bodemkunde bestrijken. Zijn belangrijkste bijdragen betreffen de bodemfysica en de beoordeling van de fysische kwaliteit van de bodem. Hij is betrokken bij grote onderzoeksprojecten op het gebied van bodemkwaliteit en organische koolstof in de bodem, met een sterke koppeling met klimaatkwesties.

Livia Cahn

Livia Cahn, trained in Anthropology at the University of Cambridge and EHESS in Paris, is currently based in Brussels. She works closely with and on soils, to contribute to debates in matters relating to ecologies. She has published work both in and outside the academic sphere and is co-author of *Terres des Villes, Enquêtes potagères de Bruxelles aux premières saisons du 21e siècle* (Éditions de l'Éclat, 2017), a growing series of picture essays on urban soils.

Livia Cahn, opgeleid in antropologie aan de Universiteit van Cambridge (GB) en EHESS in Parijs, is momenteel gevestigd in Brussel. Ze werkt met en over bodems, om bij te dragen aan het debat over zaken die met ecologie samenhangen. Zowel binnen als buiten de academische wereld heeft ze haar werk gepubliceerd; ze is coauteur van *Terres des Villes, Enquêtes potagères de Bruxelles aux premières saisons du 21e siècle* (Éditions de l'Éclat, 2017), een groeiende reeks beeldessays over stedelijke bodems.

Pu Hsien Chan

Pu Hsien Chan is an architect active between Amsterdam and Brussels. He holds a Master's degree in Architecture from Delft University of Technology and has operated in Amsterdam, Hong Kong and Tokyo. Since 2020, he is a collaborator of 51N4E. After graduating on the act of (un)framing (*Three Polemics on the Frame*, 2019), he has further explored the subject of the ground as catalyst for instability and ambiguity within architecture.

Pu Hsien Chan is architect en actief tussen Amsterdam en Brussel. Hij behaalde een master in architectuur aan de TU Delft en werkte in Amsterdam, Hong Kong en Tokyo. Sinds 2020 is hij medewerker van het bureau 51N4E. Na zijn afstudeerproject over de handelwijze van het (ont)kaderen (*Three Polemics on the Frame*, 2019), heeft hij het onderwerp van de bodem als katalysator voor instabiliteit en ambiguïteit binnen de architectuur verder uitgediept.

Gilles Clément

Gilles Clément is a botanist, horticultural engineer, landscape gardener and writer. But he is above all a gardener who travels the planet and pursues theoretical and practical works in three areas of research: Le Jardin en Mouvement, Le Jardin Planétaire and Le Tiers Paysage. He taught at Ecole Nationale Supérieure du Paysage and at the Collège de France. He is the author of several influential essays, including *Manifeste du tiers paysage* and *Le jardin en mouvement*.

Gilles Clément is botanicus, horticultureel ingenieur, landschapsarchitect en schrijver. Maar hij is vooral een tuinman die de planeet rondreist en theoretisch en praktisch werk verricht in drie onderzoeksdomeinen: Le Jardin en Mouvement, Le Jardin Planétaire en Le Tiers Paysage. Hij gaf les aan de École Nationale Supérieure du Paysage en aan het Collège de France. Hij is de auteur van verschillende invloedrijke essays, waaronder *Manifeste du Tiers Paysage* en *Le Jardin en Mouvement*.

Michiel Dehaene

Michiel Dehaene is associate professor in Urbanism at the department of architecture and spatial planning of Ghent University, where he teaches courses in Urban Analysis and Design. With Chiara Tornaghi he led the JPI SUGI project 'Urbanising in Place', which defined building blocks for an agroecological urbanism together with communities of practice in Rosario, Riga, Brussels and London. Tornaghi and Dehaene recently edited the volume *Resourcing an Agroecological Urbanism* (2021).

Michiel Dehaene is universitair hoofddocent stedenbouw aan de vakgroep architectuur en stedenbouw van de Universiteit Gent waar hij stadsanalyse en -ontwerp doceert. Samen met Chiara Tornaghi leidde hij het JPI SUGI-project 'Urbanising in Place' waar bouwblokken voor een agro-ecologische stedenbouw werden gedefinieerd, samen met praktijkgemeenschappen in Rosario, Riga, Brussel en Londen. Tornaghi en Dehaene stelden recent het boek *Resourcing an Agroecological Urbanism* (2021) samen.

Romeo Dipura

Romeo Dipura is an MPhil candidate in Southern Urbanism at the University of Cape Town. His research interests include understanding community development planning, insurgent planning, urban food systems, land policy, green infrastructure and climate change. He was previously a research assistant at the University of Zimbabwe, where he co-authored various publications. He presented his research at the Conference on Land Policy in Africa (CLPA) in 2019.

Romeo Dipura is bezig met een postdoctoraal onderzoeksmaster Zuidelijke Stedenbouw aan de Universiteit van Kaapstad. Zijn onderzoeksinteresse omvatten ontwikkelingsplanning voor gemeenschappen, activistische planning, stedelijke voedselsystemen, grondbeleid, groene infrastructuur en klimaatverandering. Hij was eerder onderzoeksassistent aan de Universiteit van Zimbabwe, waar hij coauteur was van verschillende publicaties; hij presenteerde zijn onderzoek op de Conference on Land Policy in Africa (CLPA) in 2019.

Rosetta Elkin

Rosetta S. Elkin is a landscape architect, principal of Practice Landscape, associate professor at McGill University in Montréal and research associate of the Harvard Arnold Arboretum. Elkin's work considers living environments with a particular focus on plant life and climate change, suggesting that design has generally overlooked the role of other organisms in shaping our shared climate.

Rosetta S. Elkin is landschapsarchitect, directeur van Practice Landscape, universitair hoofddocent aan McGill University in Montréal en onderzoeksdocent aan het Harvard Arnold Arboretum. Elkin's werk gaat over leefomgeving met een bijzondere focus op planten en klimaatverandering, waarbij ze suggereert dat ontwerp over het algemeen de rol van andere organismen over het hoofd heeft gezien bij het vormgeven van ons gemeenschappelijke klimaat.

Teresa Galí-Izard

Teresa Galí-Izard is professor of Landscape Architecture at the ETH Zurich and director of the Masters of Science in Landscape Architecture programme. She is a principal of ARQUITECTURA AGRONOMIA, a landscape architecture firm based in Barcelona. Galí-Izard is the author of the book *The Same Landscapes: Ideas and Interpretations* and trained to be an agronomist at the Polytechnic University of Catalonia.

Teresa Galí-Izard is hoogleraar landschapsarchitectuur aan de ETH Zürich en directeur van het masterprogramma landschapsarchitectuur. Zij is directeur van ARQUITECTURA AGRONOMIA, een landschapsarchitectuurbureau gevestigd in Barcelona. Galí-Izard is de auteur van het boek *The Same Landscapes: Ideas and Interpretations* en is opgeleid als landbouwkundige aan de Polytechnische Universiteit van Catalonië.

Urtzi Grau

Urtzi Grau graduated from the School of Architecture of Barcelona in 2000, was awarded a Master at Columbia University in 2004, and is currently completing his PhD at Princeton University on the 1980s urban renewal of Barcelona. He taught at Cooper Union, Princeton, Columbia and Cornell Universities and holds the Cullinan Visiting Professorship at Rice University School of Architecture. His work and writings have been published in international journals such as *AV*, *Bauwelt*, *Domus*, *Log*, *Plot*, *Praxis* and *Volume* and exhibited at the Bienal de Buenos Aires, RMIT Design Hub, Shenzhen Biennale, Storefront and the Venice Biennale.

Urtzi Grau studeerde in 2000 af aan de School voor Architectuur van Barcelona, behaalde in 2004 zijn masterdiploma aan Columbia University en promoveert momenteel aan Princeton University op de stadsvernieuwing van Barcelona in de jaren 1980. Hij heeft lesgegeven aan Cooper Union, Princeton, Columbia en Cornell University en is op dit moment in het kader van het Cullinan Visiting Professorship verbonden aan de Rice University School of Architecture. Zijn werk en teksten zijn gepubliceerd in internationale tijdschriften zoals *AV*, *Bauwelt*, *Domus*, *Log*, *Plot*, *Praxis* en *Volume* en tentoongesteld op de Bienal de Buenos Aires, RMIT Design Hub, Shenzhen Biennale, Storefront en de biënnale van Venetië.

Claire Guenat

Claire Guenat holds a PhD in Soil Science. She works as a scientific collaborator at the EPFL and teaches at several universities in Switzerland. Her research interests include floodplains and the impact of human activities on fragile ecosystems, with a focus on pedogenesis and soil restoration. In 2019, she published a book in collaboration with Jean-Michel Gobat entitled *Sols et paysages: Types de sols, fonctions et usages en Europe moyenne.*

Claire Guenat is doctor in de bodemkunde. Zij is wetenschappelijk medewerker aan de EPFL en geeft les aan verschillende universiteiten in Zwitserland. Haar onderzoeksinteresse omvat overstromingsgebieden en de invloed van menselijke activiteiten op fragiele ecosystemen, met een focus op bodemvorming en -herstel. In 2019 publiceerde ze in samenwerking met Jean-Michel Gobat het boek *Sols et paysages: Types de sols, fonctions et usages en Europe moyenne.*

Atabile Gwagwa

Atabile Gwagwa is 28 years old and comes from a rural area of the Eastern Cape, where she used to play with soil, planting using just her grandmother's knowledge. While in school, she started to like plants, and then studied Agricultural Sciences in Senior Secondary School. She dropped out of secondary, but then returned to study plant science. She now holds two certificates in plant science.

Atabile Gwagwa is 28 jaar en komt uit een landelijk gebied in de Oostkaap, waar zij vroeger met aarde speelde en plantte, met alleen de kennis van haar grootmoeder. Toen ze op school zat, begon ze van planten te houden en ze studeerde landbouwwetenschappen op de middelbare school. Ze stopte met de middelbare school, maar keerde terug om plantkunde te studeren. Ze heeft nu twee certificaten in plantkunde in handen.

Luke Harris, Cara Turett, Bonnie Kate Walker

Luke Harris, Cara Turett and Bonnie Kate Walker are research associates at the Institute for Landscape and Urban Studies at the ETH Zurich. They hold Masters in Liberal Arts (MLA) from the University of Virginia, and worked as landscape designers in New York City prior to joining ETH. They cofounded the landscape design and research collective Office of Living Things.

Luke Harris, Cara Turett en Bonnie Kate Walker zijn onderzoeksmedewerkers aan het Instituut voor Landschap en Stedelijke Studies aan de ETH Zürich. Ze hebben MLA-diploma's (Master in Liberal Arts) behaald aan de Universiteit van Virginia, en werkten als landschapsontwerpers in New York City voordat ze bij ETH kwamen. Zij zijn medeoprichters van het landschapsontwerp- en onderzoekscollectief Office of Living Things.

Ilmar Hurkxkens

Ilmar Hurkxkens is post-doctoral researcher at Gramazio Kohler Research and a lecturer in the Master of Science in Landscape Architecture, ETH Zurich. His work focuses on adaptive and resilient design solutions in natural granular material systems through the development of computational modelling tools and dynamic fabrication processes in terrain. Currently, he is working on the forthcoming publication *Robotic Landscapes,* to be published by Park Books in Zurich.

Ilmar Hurkxkens is post-doctoraal onderzoeker bij Gramazio Kohler Research en docent in de masteropleiding landschapsarchitectuur aan de ETH Zürich. Zijn werk richt zich op adaptieve en veerkrachtige ontwerpoplossingen in natuurlijke granulaire materiaalsystemen via de ontwikkeling van computergestuurde modelleringsinstrumenten en dynamische fabricageprocessen op terreinen. Momenteel werkt hij aan de publicatie *Robotic Landscapes,* die zal verschijnen bij Park Books in Zürich.

Thierry Kandjee

Thierry Kandjee graduated as landscape architect at the ENSP Versailles, where he taught for ten years. In 2005 he established TAKTYK Paris-Brussels [landscape + urbanism] with architect-urbanist Sebastien Penfornis, as a platform for research and action. His PhD (RMIT Architecture and Design, 2013) investigates the multiple roles of the gardener-urbanist in creating robust landscapes. He holds the Landscape Chair at the Faculty of Architecture La Cambre Horta of the ULB in Brussels, where he promotes research and teaches on landscape creation and innovation.

Thierry Kandjee studeerde af als landschapsarchitect aan ENSP Versailles, waar hij tien jaar lesgaf. Hij richtte in 2005 TAKTYK Parijs-Brussel [landschap + stedenbouw] op, samen met de architect-stedenbouwkundige Sebastien Penfornis, als een platform voor onderzoek en actie. In zijn proefschrift (RMIT Architecture and Design, 2013) onderzoekt hij de meervoudige rollen van de tuinier-stedenbouwer om robuuste landschappen te creëren. Hij bekleedt de leerstoel landschap aan de faculteit architectuur La Cambre Horta van de ULB te Brussel, waar hij onderzoek promoot en lesgeeft over landschapsvorming en -vernieuwing.

Louisa King

Louisa King is a landscape architect currently completing a PhD at RMIT University. Her research explores post-representational thought. In applying this critical materialist attention to the global, distributed influences of climate change, her recent work examines the role of design within landscapes of extreme climate. Working with Australian Antarctic researchers, King is currently investigating the collaborative potential of science and landscape design in the Polar South and Southern Oceans.

Louisa King is landschapsarchitect en bezig te promoveren aan de RMIT University in Melbourne. Haar onderzoek verkent het post-representatief denken. Door deze kritische materialistische aandacht toe te passen op de wereldwijde, verspreide invloeden van klimaatverandering, onderzoekt ze in haar recente werk de rol van ontwerp binnen landschappen met een extreem klimaat. In samenwerking met Australische onderzoekers op Antarctica onderzoekt King momenteel of wetenschap en landschapsontwerp in het polaire zuiden en de zuidelijke oceanen kunnen samenwerken.

Paul Landauer

Paul Landauer is an architect, who holds a PhD and an HDR (Habilité à diriger des recherches). He is professor and chair at the École Nationale Supérieure d'Architecture de la Ville et des Territoires Paris-Est, where he is also director of the research department OCS/AUSser (UMR CNRS 3329). He is cofounder of ABC (Architects Building for Capacity) and a member of the Commission du Vieux Paris.

Paul Landauer is architect en gepromoveerd, met een HDR (Habilité à diriger des recherches). Hij is hoogleraar en leerstoelhouder aan de École Nationale Supérieure d'Architecture de la Ville et des Territoires Paris-Est, waar hij ook directeur is van de onderzoeksafdeling OCS/AUSser (UMR CNRS 3329). Hij is medeoprichter van ABC (Architects Building for Capacity) en lid van de Commission du Vieux Paris.

Linda Lapiņa

Linda Lapiņa is a researcher, a dancer and a psychologist. She works as assistant professor of Cultural Encounters at Roskilde University. Grounded in feminist theory, her research focuses on affects in contested urban spaces; race and whiteness, based on her own

shifting migrant positions in Denmark; and intergenerational loss and more-than-human embodied memory. She is working on developing affective, embodied methodologies for exploring multi-layered urban spaces, inspired by her earlier work with feminist-, sensory- and arts-based methods. She is affiliated with the research group Cultural Encounters at Roskilde University.

Linda Lapiņa is onderzoeker, danser en psycholoog. Ze werkt als universitair docent in het domein van culturele ontmoetingen aan de Universiteit van Roskilde. Haar onderzoek, dat geworteld is in de feministische theorie, richt zich op affecten in betwiste stedelijke ruimten; ras en blankheid, gebaseerd op haar eigen verschuivende migratiepositie in Denemarken; en intergenerationeel verlies en meer-dan-menselijk belichaamd geheugen. Ze werkt aan de ontwikkeling van affectieve, belichaamde methodologieën om gelaagde stedelijke ruimten te onderzoeken, geïnspireerd op haar eerdere werk met feministische, zintuiglijke en op kunst gebaseerde methoden. Ze is verbonden aan de onderzoeksgroep Cultural Encounters aan de Universiteit van Roskilde.

Joanna Lombard

Joanna Lombard is an architect and professor at the University of Miami School of Architecture with a joint appointment in the Miller School of Medicine. Her scholarship explores the influence of the cultural landscape on the living environment over time, centring on climate migration, managed retreat and the transformation of South Florida.

Joanna Lombard is architect en hoogleraar aan de School of Architecture van de University of Miami met een gecombineerde aanstelling aan de Miller School of Medicine. Haar onderzoek richt zich op de invloed van het culturele landschap op de leefomgeving in de loop der tijd, met de nadruk op klimaatmigratie, beheerste terugtrekking en de transformatie van Zuid-Florida

Julian Meier

Julian Meier recently graduated with highest honours from the Department of Architecture at the ETH Zurich. He gathered practical experience at agps architecture ltd., as well as the chair of Architectural Design of Prof Dr Marc Angélil and the chair of Sociology of Prof Dr Christian Schmid as student assistant. His particular interest in interdisciplinary discourse and research-driven design led to his thesis project, supervised by Prof Dr Elli Mosayebi and Prof Günther Vogt.

Julian Meier studeerde onlangs summa cum laude af aan de afdeling architectuur van de ETH in Zürich. Hij deed praktijkervaring op bij agps architecture ltd., aan de leerstoel architectuurontwerp van prof. dr. Marc Angélil en de leerstoel sociologie van prof. dr. Christian Schmid als student-assistent. Zijn bijzondere interesse in interdisciplinair discours en ontwerp op grond van onderzoek leidde tot het onderwerp van zijn scriptie onder supervisie van prof. dr. Elli Mosayebi en prof. Günther Vogt.

Germain Meulemans

Germain Meulemans obtained his PhD in Anthropology from the Universities of Aberdeen and Liège in 2017. He then moved to the EHESS in Paris and the University of Grenoble, where he has worked extensively alongside artists, science historians and urbanists. His research focuses on the significance of urban soils in the soil sciences, urban planning and gardening activism, and on the development of experimental, collective ethnographies for addressing the politics of urban surfacing.

Germain Meulemans behaalde in 2017 zijn doctoraat in de antropologie aan de Universiteiten van Aberdeen en Luik. Daarna maakte hij de overstap naar EHESS in Parijs en de Universiteit van Grenoble, waar hij uitgebreid heeft samengewerkt met kunstenaars, wetenschapshistorici en stedenbouwkundigen. Zijn onderzoek richt zich op de betekenis van stedelijke bodems in de bodemwetenschappen, stadsplanning en tuindersactivisme, en op de ontwikkeling van experimentele, collectieve etnografieën voor de aanpak van het beleid omtrent stedelijke verharding.

Stefano Munarin

Stefano Munarin is doctor in Urbanism and professor of Urban Design at the IUAV Venice, where he is a faculty board member of the PhD programme in Urbanism. He is broadly interested in how welfare state policies affect both the physical and the socioeconomic aspects of urban environments. He took part in numerous Italian and international research projects studying the evolution of urban settlements.

Stefano Munarin is doctor in de stedenbouw en hoogleraar stedenbouwkunde aan de IUAV te Venetië, waar hij in het faculteitsbestuur zit voor het promotietraject stedenbouw. Zijn interesse gaat uit naar de manier waarop het beleid van de verzorgingsstaat zowel de fysieke als sociaal-economische aspecten van de stedelijke omgeving beïnvloedt. Hij heeft deelgenomen aan talrijke Italiaanse en internationale onderzoeksprojecten waarin de evolutie van stedelijke nederzettingen werd bestudeerd.

Ruth Oldham

After studying at the Bartlett in London, and working in France and the UK, Ruth Oldham recently registered as an independent architect in France and is currently building a pair of terraced houses in the Paris suburbs. She translates from French to English for the architectural press and recently completed a Master in Architecture History at Paris-Saclay University, in which she researched artificial topographies in twentieth-century architecture, building on a long-term interest in man-made mountains.

Na haar studie aan de Bartlett in Londen en werk in Frankrijk en Groot-Brittannië heeft Ruth Oldham zich onlangs als zelfstandig architect in Frankrijk laten registreren; momenteel bouwt zij een aantal rijtjeswoningen in de Parijse buitenwijken. Ze vertaalt van het Frans naar het Engels voor de architectuurpers en voltooide onlangs een masteropleiding in architectuurgeschiedenis aan de Universiteit Paris-Saclay, waar ze onderzoek deed naar kunstmatige topografieën in de architectuur van de twintigste eeuw, voortbouwend op een langdurige belangstelling voor door de mens gemaakte bergen.

Chiara Pradel

Chiara Pradel is graduated as an architect from IUAV Venice and has a postgraduate research Master from AAM in Mendrisio. Her professional experience has developed around landscape architecture and she has worked for over ten years as a landscape designer in Switzerland with Paolo L. Bürgi. She is now a PhD candidate at the Politecnico di Milano with a research that explores ground movements in landscapes, focusing on complex infrastructural construction sites.

Chiara Pradel is afgestudeerd als architect aan de IUAV te Venetië en behaalde een postdoctoraal onderzoeksmaster aan AAM te Mendrisio. Ze heeft professionele ervaring in de landschapsarchitectuur; ze werkte meer dan tien jaar als landschapsarchitect, samen met Paolo L. Bürgi, in Zwitserland. Ze bereidt een proefschrift voor aan de Politecnico di Milano met een onderzoek naar grondbewegingen in landschappen, met de nadruk op complexe infrastructurele bouwplaatsen.

Sara Protasoni

Sara Protasoni, Phd, is associate professor in Landscape Architecture at the Politecnico di Milano, where she is the head of the Master programme in sustainable architecture and landscape design. She is currently part of the board of the PhD programme in Landscape Architecture at La Sapienza University in Rome. She has collaborated with different magazines, including *Domus* and *Casabella*, and was twice editor of the magazine *Rassegna*, directed by Vittorio Gregotti.

Sara Protasoni is doctor en docent in landschapsarchitectuur aan de Politecnico di Milano, waar zij hoofd is van de masteropleiding in duurzame architectuur en landschapsontwerp. Ze maakt momenteel deel uit van het bestuur van het doctoraatsprogramma in landschapsarchitectuur aan de La Sapienza Universiteit in Rome. Zij heeft samengewerkt met verschillende tijdschriften, waaronder *Domus* en *Casabella*, en was tweemaal redacteur van het tijdschrift *Rassegna* onder leiding van Vittorio Gregotti.

Isabel Recubenis Sanchis

Since 2018, Isabel Recubenis Sanchis has been a researcher and designer in the Delta Urbanism Interdisciplinary Research Program at Faculty of Architecture and the Built Environment of Delft University of Technology. Trained as an architect and urbanist at the Polytechnical University of Valencia and Delft University of Technology, her interest lies at the intersection of urbanism, ecology and infrastructure in regard to the design and planning

of critical territories, specialising in water-sensitive design in the context of aggravating climatic conditions.

Isabel Recubenis Sanchis is sinds 2018 onderzoeker en ontwerper bij het Delta Urbanism Interdisciplinary Research Program van de faculteit Bouwkunde en de Gebouwde Omgeving aan de TU Delft. Opgeleid als architect en stedenbouwkundige aan de Polytechnische Universiteit van Valencia en de TU Delft, ligt haar interesse op het snijvlak tussen stedenbouw, ecologie en infrastructuur met betrekking tot het ontwerp en de planning van kritieke gebieden, met een specialisatie in watergevoelig ontwerp in de context van verslechterende klimatologische omstandigheden.

Kristine Samson

Kristine Samson is an associate professor, urbanist and ecologist interested in landscape formations in pasts, presents and speculative futures. As a researcher she engages with affective, situated and embodied forms of knowing and is currently interested in walking and listening as ways of exploring cultural and environmental ecologies. She has published widely on urbanism, citizenship, urban culture and informal architecture. She is affiliated to VISPER (Visual Culture and Performance Design), a research group at Roskilde University.

Kristine Samson is universitair hoofddocent, stedenbouwkundige en ecoloog met een interesse in landschapsformaties in het verleden, heden en de theoretische toekomst. Als onderzoeker houdt zij zich bezig met affectieve, gesitueerde en belichaamde vormen van weten; momenteel is zij geïnteresseerd in wandelen en luisteren als manieren om de ecologie van cultuur en milieu te onderzoeken. Ze heeft uitvoerig gepubliceerd over stedenbouw, burgerschap, stedelijke cultuur en informele architectuur. Ze is verbonden aan VISPER (Visual Culture and Performance Design), een onderzoeksgroep aan de Universiteit van Roskilde.

Michaël Stas

Michaël Stas is an engineer-architect and urbanist graduated from KULeuven and IUAV in Venice. He has worked at Architecture Workroom Brussels and at Studio Paola Viganò. From 2018 to 2020, he unrolled the desealing programme 'Vlaanderen breekt uit' at the Flemish Department of Environment and Spatial Planning. He now works as an architect and urbanist at fallow, a practice for architecture, urbanism and landscape, and teaches at the Oslo School of Architecture and Design.

Michaël Stas is ingenieur-architect en stedenbouwkundige, afgestudeerd aan de KULeuven en IUAV te Venetië. Hij heeft gewerkt bij Architecture Workroom Brussels en Studio Paola Viganò. In de periode 2018–2020 ontrolde hij het onthardingsprogramma 'Vlaanderen breekt uit' bij het Vlaams Departement Omgeving. Nu werkt hij als architect en stedenbouwkundige bij fallow, een praktijk voor architectuur, stedenbouw en landschap, en geeft hij les aan de Oslo School of Architecture and Design.

Anaïs Tondeur

Anaïs Tondeur is a visual artist. She creates speculative narratives and engages in investigations through which she experiments with other conditions of being-in-the-world. Graduate from the Royal College of Art (2010) and Central Saint Martin (2008), she is the recipient of an Ars Electronica Honorary Mention (2019). She has presented her work in international institutions such as Centre Pompidou (Paris), Bozar (Brussels), Nam June Paik Art Center (Seoul), Spencer Art Museum (USA).

Anaïs Tondeur is beeldend kunstenares. Ze creëert beschouwende narratieven en doet onderzoek waarmee ze experimenteert met andere voorwaarden voor het-in-de-wereld-zijn. Afgestudeerd aan het Royal College of Art (2010) en Central Saint Martin (2008), beide in Londen, heeft ze een Ars Electronica Honorary Mention (2019) ontvangen. Ze heeft haar werk gepresenteerd bij internationale instellingen zoals Centre Pompidou (Parijs), Bozar (Brussel), Nam June Paik Art Center (Seoul) en Spencer Art Museum (VS).

Maria Chiara Tosi

Maria Chiara Tosi is a doctor in Urbanism and professor in Urban Design at the IUAV Venice, where she is faculty board member of the PhD programme in Urbanism. She is broadly interested in how welfare state policies affect both the physical and the socioeconomic aspects of urban environments. She took part in numerous Italian and international research projects studying the evolution of urban settlements.

Maria Chiara Tosi is doctor in de stedenbouw en hoogleraar stedenbouwkunde aan de IUAV te Venetië, waar zij in het faculteitsbestuur zit voor het promotietraject stedenbouw. Zij is vooral geïnteresseerd in de wijze waarop het beleid van de verzorgingsstaat zowel de fysieke als sociaal-economische aspecten van de stedelijke omgeving beïnvloedt. Zij heeft deelgenomen aan talrijke Italiaanse en internationale onderzoeksprojecten waarin de evolutie van stedelijke nederzettingen werd bestudeerd.

Susanne Trumpf

Susanne Trumpf is a senior lecturer in the Division of Landscape Architecture at the University of Hong Kong, where she teaches in Design, Media and Technology. She previously taught at the Hong Kong Polytechnic University, the AA Visiting School (Hong Kong) and Hong Kong Design Institute. Trumpf has practiced in Berlin and Hong Kong and is founder of Indialogue, a collaborative design and research platform.

Susanne Trumpf is hoofddocent aan de afdeling landschapsarchitectuur aan de Universiteit van Hong Kong, waar zij lesgeeft in ontwerp, media en techniek. Eerder gaf ze les aan de Polytechnische Universiteit van Hong Kong, de AA Visiting School (Hong Kong) en het Hong Kong Design Institute. Trumpf heeft gewerkt in Berlijn en Hong Kong, en is oprichter van Indialogue, een collaboratief ontwerp- en onderzoeksplatform.

Ivan Valin

Ivan Valin is an associate professor of Practice in the Division of Landscape Architecture at the University of Hong Kong, where he teaches a Landscape Design studio and technology courses. Ivan's research is focused on the disciplinary origins and contemporary practices of landscape architecture in Asia. He is a founding partner of the Hong Kong-based VALECHE Studio, a research and design consultancy devoted to exploring new roles for nature and ecology in the city.

Ivan Valin is universitair hoofddocent in ontwerppraktijk aan de afdeling landschapsarchitectuur van de Universiteit van Hong Kong, waar hij landschapsontwerpstudio's en technisch vakonderwijs geeft. Valin's onderzoek richt zich op de disciplinaire oorsprong en de hedendaagse praktijk van de landschapsarchitectuur in Azië. Hij is medeoprichter van de in Hong Kong gevestigde VALECHE Studio, een onderzoeks- en ontwerpbureau dat zich toelegt op het onderzoeken van nieuwe rollen voor natuur en ecologie in de stad.

Hans Vandermaelen

Hans Vandermaelen is a PhD researcher at the Department of Architecture & Urban Planning of Ghent University and at the Flemish Research Institute for Agriculture, Fisheries and Food. His work focuses on the agroecological reproduction of soil fertility and the issue of public farmland, both in the light of an agroecological urbanism. He participated in the SUGI-project 'Urbanising in Place' (urbanisinginplace.org).

Hans Vandermaelen doet promotieonderzoek aan de vakgroep architectuur en stedenbouw van de Universiteit Gent en aan het Vlaams Instituut voor Landbouw-, Visserij- en Voedingsonderzoek (ILVO). Zijn werk focust op de agro-ecologische reproductie van bodemvruchtbaarheid en het vraagstuk van publieke (landbouw) grond, beide in het licht van een agro-ecologische stedenbouw. Hij nam deel aan het SUGI-project 'Urbanising in Place' (urbanisinginplace.org).

Carmen Van Maercke

Carmen Van Maercke is an architect and urbanist graduated from Ghent University, KULeuven and IUAV Venice. In 2015 she received the BWMSTR label and started working at Studio Paola Viganò. Since January 2016, Van Maercke has been working at Architecture Workroom Brussels, where she is project leader for the trajectory of the desealing programme. Since 2020 she is also active as an architect and urbanist at Landform and she teaches at the Rotterdam Academy of Architecture and at the KULeuven.

Carmen Van Maercke is architect en stedenbouwkundige, afgestudeerd aan de Universiteit Gent, KULeuven en IUAV te Venetië. In 2015 ontving ze het BWMSTR-label en ging ze aan de slag bij Studio Paola Viganò. Sinds januari 2016 werkt Van Maercke bij Architecture Workroom Brussels, waar ze projectleider is voor het traject van het onthardingsprogramma. Sinds 2020

is ze ook actief als architect en stedenbouwkundige bij Landform en geeft ze les aan de Rotterdamse Academie van Bouwkunst en de KULeuven.

Antoine Vialle

Antoine Vialle is an architect (2007) and former fellow of the French Academy in Rome at the Villa Medici (2010–2011). He has been a scientific assistant and lecturer at various schools since 2011 and conducted a PhD (2021) on the soils of the Swiss city-territory at the EPFL Laboratory of Urbanism with Paola Viganò (EPFL Lab U) and Éric Verrecchia (UNIL IDYST). In 2019, he was a doctoral visiting student at the MIT Leventhal Center for Advanced Urbanism.

Antoine Vialle is architect (2007) en voormalig onderzoeker aan de Franse Academie in de Villa Medici te Rome (2010–2011). Hij was wetenschappelijk assistent en docent aan verschillende opleidingen sinds 2011; hij promoveerde in 2021 bij het Laboratorium voor Urbanisme aan de EPFL (met Paola Viganò, EPFL Lab U en Éric Verrecchia, UNIL IDYST) over de bodems van het Zwitserse stedelijke territorium. In 2019 was hij doctoraal gaststudent aan het MIT Leventhal Center for Advanced Urbanism.

Paola Viganò

Paola Viganò is an architect and urbanist, and professor in Urban Design at the EPFL and the IUAV. She received a *Doctor Honoris Causa* from the UCLouvain in 2016, the Grand Prix de l'Urbanisme in 2013, the Flemish Award for Architecture in 2017 and the career Golden Medal from the Milan Triennale in 2018. In 1990 she founded Studio with Bernardo Secchi and StudioPaolaViganò in 2015, winning international competitions and working on urban projects and public spaces. One of her recent publications is *The Horizontal Metropolis: A Radical Project* (2019), coedited with Chiara Cavalieri.

Paola Viganò is architect, stedenbouwkundige en hoogleraar stedelijk ontwerp aan de EPFL en de IUAV. Ze ontving een eredoctoraat van de UCLouvain in 2016, de Grand Prix de l'Urbanisme in 2013, de Vlaamse Prijs voor Architectuur in 2017 en de Gouden Medaille voor haar oeuvre/carrière op de Milaan Triennale in 2018. In 1990 richtte ze samen met Bernardo Secchi Studio op en in 2015 StudioPaolaViganò, waarmee ze internationale prijsvragen wint en aan stadsprojecten en openbare ruimte werkt. Een van haar recente publicaties is *The Horizontal Metropolis: A Radical Project* (2019), die ze samenstelde met Chiara Cavalieri.

Kevin Westerveld

Kevin Westerveld is an architect based in Brussels, an alumnus of the Delft University of Technology and the ETH Zurich. He has worked for international offices in Copenhagen as well as in Rotterdam and is currently a collaborator of 51N4E, working on urban strategies. In his graduation project (*Poetics of Subtraction*, 2019) he used the act of subtraction of the ground as a medium to investigate the value and potential of emptiness in the city. An interest that he continues to explore throughout multiple projects.

Kevin Westerveld is een in Brussel gevestigde architect, alumnus van de TU Delft en ETH Zürich. Hij heeft gewerkt voor internationale bureaus in zowel Kopenhagen als Rotterdam en is momenteel medewerker van 51N4E, waar hij werkt aan stedelijke strategieën. Binnen zijn afstudeerproject (*Poetics of Subtraction*, 2019) gebruikte hij de handeling van het verwijderen van grond als een medium om de waarde en het potentieel van leegte binnen de stad te onderzoeken. Wat hem betreft een blijvende interesse in meerdere projecten.

Paul Landauer

Repairing the Soil: The Lesson of Alberti

The first and last books of Leon Battista Alberti's treatise *De re aedificatoria*, devoted respectively to the preparation of sites and the repair of buildings, mirror each other. Both deal with the question of soil and put forward hydrology, the mastery of which is the main guarantee of the durability of constructions. At a time when architecture no longer consists of creating new soils but rather of repairing existing soils — most often polluted and damaged — Alberti's treatise offers a second and unexpected opportunity to reinvent the discipline from the ground up.

Bodemherstel: De les van Alberti

Het eerste en laatste boek van Leon Battista Alberti's verhandeling *De re aedificatoria*, respectievelijk gewijd aan de voorbereiding van bouwterreinen en het herstel van gebouwen, weerspiegelen elkaar. Beide behandelen het vraagstuk van de bodem en stellen de hydrologie aan de orde, waarvan de beheersing de voornaamste waarborg is voor de duurzaamheid van constructies. In een tijd waarin architectuur niet meer bestaat uit het creëren van nieuwe, maar veeleer uit het herstellen van bestaande bodems — meestal vervuild en beschadigd — biedt Alberti's traktaat een tweede en onverwachte kans om de discipline vanaf de grond opnieuw uit te vinden.

Tulay Atak

A Megaform in Wetlands: Quaroni's Project for Venice-Mestre (1959)

Ludovico Quaroni's project for Quartiere Cepalle Barene di San Giuliano of 1959, proposed for the industrial region between the cities of Marghera, Mestre and Venice, highlights the soil as a constituent of architecture. The critical reception of the project has focused on its scale, extending the domain of architecture to regional planning. Considering different documents in the archives, from soil studies to different types of photographs, the text brings an alternative reading of the project that emphasizes the ground and takes into account the conflict between the demands for urbanization in a regional context and the fragile ecology of the marshlands.

Een megavorm in drasland: Quaroni's project voor Venetië-Mestre (1959)

Het project Quartiere Cepalle Barene di San Giuliano uit 1959 van Ludovico Quaroni, bedoeld voor het industriegebied tussen de steden Marghera, Mestre en Venetië, vestigt de aandacht op de bodem als onderdeel van de architectuur. De kritische ontvangst van het project heeft zich toegespitst op de schaal ervan, waarbij het domein van de architectuur werd uitgebreid naar regionale planning. Aan de hand van archiefdocumenten, bodemonderzoek en verschillende soorten foto's, biedt de tekst een alternatieve lezing van het project. In het plan van Quaroni wordt de nadruk gelegd op de bodem en wordt er rekening gehouden met het conflict tussen de eisen van verstedelijking in een regionale context en de kwetsbare ecologie van de moerasgebieden.

Sara Protasoni

Das Edaphon: Raoul Heinrich Francé and the Ecology of Soil

The essay investigates the work on soil ecology of Raoul Heinrich Francé (1874–1943), a prolific biologist, philosopher and popular scientist whose research influenced modern architecture and urban planning in Germany. The text outlines the structures and figures of the spatial imagery proposed by Francé to describe the soil as an extremely complex entity, not immediately visible due to the many processes involved at the microscopic level, in the thickness beneath the surface. Some of the theoretical foundations of the contemporary 'biocentric' vision are then outlined, according to which life reproduces and maintains itself with sophisticated self-regulating mechanisms in a selective, seamless relationship with the physical environment.

Das Edaphon: Raoul Heinrich Francé en de bodemecologie

Het essay onderzoekt het werk over bodemecologie van Raoul Heinrich Francé (1874–1943), een vermaard bioloog, filosoof en populair wetenschapper wiens onderzoek de moderne architectuur en stedenbouw in Duitsland beïnvloedde. De tekst schetst de structuren en figuren van de ruimtelijke beeldspraak die Francé voorstelde om de bodem te beschrijven als een uiterst complexe entiteit, die niet onmiddellijk zichtbaar is door de vele processen die zich afspelen op microscopisch niveau, in de dikte onder het oppervlak. Vervolgens worden enkele theoretische grondslagen van de hedendaagse 'biocentrische' visie geschetst, volgens welke het leven zichzelf reproduceert en in stand houdt met verfijnde zelfregulerende mechanismen die een selectieve, naadloze relatie met de fysieke omgeving onderhouden.

Maria Chiara Tosi, Stefano Munarin

'Standard' Soils

The Italian 'planning standards' decree number 1444, approved in 1968, was meant to create lasting assets on public lands to provide public services and facilities. These so-called 'standard' lands are recognised today as fundamental assets to be leveraged to serve, in concert, ecological and social needs. To do so an urgent shift in the perception of soil is required. The awareness of the need to regenerate the soil, to work on its thickness, is increasingly evident and seems to find a place within the 'planning standards' decree and within the urban development projects involved.

'Standaard'-grond

Het Italiaanse planningsdecreet nummer 1444, dat in 1968 werd goedgekeurd, was bedoeld om blijvende waarde te creëren op openbare grond met het oog op het leveren van publieke dienstverlening en voorzieningen. Vandaag de dag worden deze zogenaamde 'standaard'-gronden erkend als fundamentele activa die als hefboom moeten fungeren om gezamenlijk te voorzien in ecologische en sociale behoeften. Een dringende verschuiving in de perceptie van de bodem is daarvoor een vereiste. Het besef dat de bodem moet worden geregenereerd, dat aan de dikte ervan moet worden gewerkt, wordt steeds duidelijker en lijkt een plaats te vinden zowel in het decreet over 'standaard'-grond als in de betrokken stadsontwikkelingsprojecten.

Michiel Dehaene, Hans Vandermaelen

Waking up in the Land of Urban Agroecology: Lessons in Modesty for Urbanism

In its recent search for a contribution to soil care issues, the discipline of urbanism is confronted with its own soil blindness. The urbanism of the last 100 years was mainly aimed at externalising soil issues, which leaves little knowledge and few instruments and partnerships in which the renewed attention for soil can grow. Action research outside the traditional disciplinary confines and across the rural urban divide, with communities of practice from political agroecology, offers opportunities to generate distinctive ideas and an accompanying paradigm for a discipline that wants to become relevant (again) in a field it has long neglected.

Wakker worden in het land van de stedelijke agro-ecologie: Lessen in stedenbouwkundige bescheidenheid

In haar prille zoektocht naar een bijdrage aan bodemzorgvraagstukken botst de discipline van de stedenbouwkunde op haar eigen bodemblindheid. De stedenbouw van de afgelopen 100 jaar was vooral gericht op het externaliseren van bodemvraagstukken, waardoor er vandaag weinig kennis, instrumenten en partnerschappen bestaan waar de hernieuwde aandacht voor de bodem kan groeien. Actie-onderzoek voorbij de traditionele disciplinaire grenzen en over de kloof tussen stad en platteland heen, met praktijkgemeenschappen uit de politieke agro-ecologie, biedt kansen om onderscheidende ideeën en een bijbehorend paradigma te bedenken voor een discipline die (opnieuw) relevant wil worden op een terrein dat ze lang verwaarloosd heeft.

Paola Viganò, Claire Guenat

Our Common Soil

The relationship between soil and city has always been difficult. Today, renewed attention for soil and the different forms of urbanisation reveals innovative possibilities for their coexistence. In our hypothesis, the city is not necessarily soil-destructive, but a tool for the preservation, regeneration and reconstruction of soils. Designing cities is a precious opportunity to obtain better knowledge about the remaining urban soil functions and value, to foster new dynamics and functionalities. We focus on an epistemological shift — soil, a multifunctional and relational living organism — and its consequences on urban design and soil strategies. Three eco/socio/spatial prototypes address this complex interaction.

Onze gemeenschappelijke bodem

De relatie tussen bodem en stad is altijd moeilijk geweest. Vandaag brengt een nieuwe aandacht voor de bodem en de verschillende vormen van verstedelijking vernieuwende mogelijkheden voor hun co-existentie aan het licht. In onze hypothese is de stad niet noodzakelijk destructief voor de bodem, maar een instrument voor het behoud, de regeneratie en de wederopbouw daarvan. Het ontwerpen van steden is een unieke kans om meer kennis te vergaren over de resterende functies en de waarde van de stedelijke bodem, en zo nieuwe dynamiek en functionaliteit te bevorderen. Wij richten ons op een epistemologische verschuiving — de bodem, een multifunctioneel en onderling verwant levend organisme — en de gevolgen daarvan voor stedelijk ontwerp en bodemstrategieën. Drie eco/sociaal/ruimtelijke prototypen behandelen deze complexe interactie.

Teresa Galí-Izard, Luke Harris, Cara Turett, Bonnie Kate Walker

We, the Roots among You

Roots are the actors that construct the living rhizosphere. By aerating, structuring and adding organic matter to the substrate, roots create soil through partnerships with other living organisms. To see the city from the perspective of the root requires a cognitive shift. By following the logic of roots, it is possible to create a new language for the street, in which the roots, as well as humans, are beings that mutually construct the ground they inhabit. In drawings that translate recent scientific literature, this article explores the life systems and relationships of roots, and proposes an adaptive system for a living substrate in order to better integrate the needs of roots into the future construction of the city.

Wij, de wortels onder jullie

Wortels in de bodem zijn de actoren die de levende rhizosfeer opbouwen. Door het substraat te verluchten, te structureren en organisch materiaal toe te voegen, creëren wortels de bodem via partnerschappen met andere levende organismen. Het bestuderen van de stad vanuit het perspectief van de wortel vereist een cognitieve verschuiving. Door de logica van wortels te volgen, kan een nieuwe taal voor de straat worden ontworpen, waar wortels, net als de mens, wezens zijn die wederzijds de grond construeren die zij bewonen. In tekeningen die recente wetenschappelijke literatuur vertalen, verkent dit artikel de levenssystemen en relaties van wortels, en presenteert het een adaptief systeem voor een levende ondergrond, om zo de noden van wortels beter te integreren in de toekomstige bouw van de stad.

Ilmar Hurkxkens

Of Crystals and Clouds

The practice of earthmoving is an increasingly important undertaking in creating and sustaining resilient environments. The practice of accurately simulating and producing imminent ecologies today seems rather optimistic, considering recent natural events driven by climate change. This text presents computation and dynamic construction methods as an alternative to embedding static landscape structures in inherently dynamic natural material systems. As such, it recognizes landscape form and its processes as fundamental in guiding the continuous evolution of the built environment.

Van kristallen en wolken

Grondverzet wordt steeds belangrijker bij het creëren en in stand houden van een veerkrachtige omgeving. De praktijk van het nauwkeurig simuleren en produceren van een op handen zijnde ecologie lijkt tegenwoordig nogal optimistisch, gezien de recente natuurverschijnselen onder invloed van klimaatverandering. Deze tekst presenteert computer- en dynamische constructiemethoden als een alternatief voor het opnemen van statische landschappen in inherent dynamische, natuurlijke materiaalsystemen. In de tekst worden landschapsvorm en de daarmee samenhangende processen erkend als de fundamentele leidraad om de evolutie van de gebouwde omgeving te begeleiden.

Germain Meulemans, Anaïs Tondeur

Petrichor: On Correspondence between the Ground and the Sky

At the crossroads of contemporary art and urban anthropology, *Petrichor* is an installation and research protocol that investigates 'the smell of the soil after the rain'. Taking urban soils as our guide and exploring how early attempts at studying them can speak to us today, we reflect on the place of soils and ecological processes in cities. As petrichor emerges in the fragile intermingling between soil and atmospheric processes, it leads us to consider how the ground and the sky, two entities that modern thinking about the city has tended to separate, may once again be brought into correspondence.

Petrichor: Over de correspondentie tussen grond en lucht

Op het kruispunt van hedendaagse kunst en stedelijke antropologie, is *Petrichor* een installatie en methode om 'de geur van de grond na regen' te onderzoeken. Met de stadsbodem als gids, en onderzoekend hoe vroege pogingen om deze te bestuderen ons vandaag kunnen aanspreken, reflecteren we op de plaats van bodems en ecologische processen in steden. Als *Petrichor* opduikt in de kwetsbare menging van de bodem met atmosferische processen, leidt dit ons ertoe na te denken over hoe de grond en de lucht, twee entiteiten die in het moderne denken over de stad gescheiden werden, opnieuw met elkaar in verband te brengen.

Eduardo Abrantes, Linda Lapiņa, Kristine Samson

Embedded Bodies: Exploring the Multilayeredness of Soil

This text departs from an (un)guided tour in a protected nature area in Copenhagen in the summer of 2020. The tour was an invitation to affectively engage with urban soil(s), producing embodied, embedded knowledges. In this text, we propose how collective exploration guided by resonance and attunement can enable the spontaneous emergence of a plurality of knowledges of the aesthetic, affective and embodied richness of soils.

Verbonden lichamen: Een onderzoek naar de gelaagdheid van de bodem

Deze tekst vertrekt vanuit een (on)geleide tour in een beschermd natuurgebied in Kopenhagen in de zomer van 2020. De tocht was een uitnodiging om affectief om te gaan met de stedelijke bodem(s), en zo belichaamde, geïntegreerde kennis te produceren. In deze tekst stellen we voor hoe een collectieve onderzoekstocht, geleid door resonantie en afstemming, spontaan een grote hoeveelheid kennis over de esthetische, affectieve en belichaamde rijkdom van bodems kan laten ontstaan.

Cristina Bianchetti

Rethinking Soil Design, Starting from the Body

The concept of the 'Project of the Soil' belongs to the 1990s. The current season is different, but the gambit is the same. Once again, it involves prefiguring an urban project starting from the soil. This paper discusses the soil and its project as from the body, regarded as a channel of transmission between the two terms. The hypothesis is that the soil can be considered alive not just because it reflects the conditions and methods of complex biological processes, but also because it entails a plural relationship with bodies. Interpreting the relationship between bodies and spaces requires the mobilisation of concepts and positions pertaining to German and French phenomenology. A tradition that conveys the idea of existence as bodily exposure, as an ontological dimension.

Het ontwerp voor de bodem overdenken, startend vanuit het lichaam

Het concept voor het 'Project van de grond' behoort tot de jaren 1990. Het huidige model is anders, maar het motto is hetzelfde. Opnieuw gaat het om het voorstelbaar maken van een stedelijk project vanuit de bodem. Dit artikel bespreekt de bodem en zijn project vanuit het lichaam, beschouwd als een transmissiekanaal tussen de twee begrippen. Aangenomen wordt dat de bodem als levend kan worden beschouwd, niet alleen omdat hij de condities en methoden van complexe biologische processen reflecteert, maar ook omdat het gaat om een ruimere relatie met lichamen. Het interpreteren van de relatie tussen lichamen en ruimten vereist de mobilisatie van concepten en posities die behoren tot de Duitse en Franse fenomenologie. Een traditie die het idee overbrengt van het bestaan als lichamelijke blootstelling, als een ontologische dimensie.

Susanne Trumpf, Ivan Valin

The TAL-L or Taxon/Archive/Lab Library: Soils for the Regeneration of the Urban Landscape

Hong Kong's soils are little understood and rarely considered as a material resource in the development of the city. This project aims to restore the knowledge of the capacity of our biotic, mineral, evolving urban soils through strategic indexing and a process of experimentation. T-A-L is the conceptual scaffold to structure

a materials library. Through that framework, we elaborate on visions for a multifaceted active soil laboratory, and a living archive that treats soils as catalysts, artifacts and prototypes to build new connections between the landscape discipline and the built environment.

De TAL-L of taxon/archief/lab bibliotheek:
Grond voor de regeneratie van het stedelijk landschap

De bodems van Hong Kong worden onderschat en zelden beschouwd als een materiële grondstof bij de ontwikkeling van de stad. Dit project beoogt de kennis over de capaciteit van onze biotische, minerale en zich ontwikkelende stedelijke bodems te herstellen, door middel van strategisch indexeren en experimenteren. T-A-L is de conceptuele structuur voor een materialenbibliotheek. Via deze opzet werken we aan een gevarieerd en actief bodemlaboratorium, en een levend archief dat bodems behandelt als katalysatoren, artefacten en prototypen om nieuwe verbindingen te leggen tussen de landschapsdiscipline en de gebouwde omgeving.

Livia Cahn

Gazing at the Ground:
What Do Drill Cores Reveal (and Veil)?

There are several obstacles to understanding what lies underground. The study of the ground below the surface has long been left to geologists, and drilling cores is one of the most established ways of unearthing material geologists study. This text argues that the same drill cores also have the capacity to unlock stories that place the ground in the midst of urgent environmental and sociopolitical questions. Operating this shift in gaze suggests that how we make sense of the ground today has a lot to do with what tools are already being used, and by whom.

Turen naar de grond:
Wat laat de boorkern zien (of niet)?

Er zijn verschillende hinderpalen om te begrijpen wat er onder de grond zit. De studie van de grond onder de oppervlakte is lang overgelaten aan geologen, en het boren van boorkernen is een van de meest ingeburgerde manieren om materiaal op te graven dat geologen bestuderen. In deze tekst wordt betoogd dat diezelfde boorkernen ook in staat zijn verhalen te ontsluiten, die de bodem te midden van urgente ecologische en sociaal-politieke vraagstukken plaatsen. Deze verschuiving van de blik suggereert dat de wijze waarop we vandaag de dag de bodem begrijpen, veel te maken heeft met de instrumenten die al worden gebruikt, en door wie.

Antoine Vialle

Downscaling Urbanism to the Fine Grain of Urban Soils:
Another Look at the Urban Footprint

On the basis of a case study conducted in West Lausanne (Switzerland), this paper explores how downscaling urbanism to the fine grain and multiple textures of urban soils can provide a more sensitive and accurate perception of the urban footprint, and ultimately guide a necessary 'project for the regeneration of the ground in the urban territory' according to alternative spatial patterns. In the purpose of adjusting the focal length and timeline through which the inhabited territory should be scaled, framed and managed, two analytical and prospective challenges will be exposed in relation to representation and decision making.

Stedenbouw terug schalen naar de fijne korrel:
Een andere kijk op de stedelijke voetafdruk

Aan de hand van een casestudy in West-Lausanne (Zwitserland) wordt in dit artikel onderzocht hoe het terugschalen van stedenbouw naar de fijne korrel en de gevarieerde textuur van stedelijke bodems kan leiden tot een gevoeliger en nauwkeuriger waarneming van de stedelijke voetafdruk, en uiteindelijk tot een noodzakelijk 'project voor de regeneratie van de grond in het stadsterritorium' volgens alternatieve ruimtelijke patronen. Met het oog op het bijstellen van de focus en de tijdlijn die nodig zijn om het bewoonde gebied bij te schalen, in te kaderen en te beheren, zullen twee analytische en toekomstige uitdagingen worden voorgesteld die verband houden met representatie en besluitvorming.

Alexandra Arènes

The Soil Map of the Strengbach Critical Zone Observatory

This article describes the specific method used for soil mapping in the *Terra Forma* manual. That map represents a soil observed by scientific instruments that reveal entities and phenomena hidden in the layers of the Critical Zone, from surface to depth (atmosphere, soil, rocks). The map helps to develop a new gaze on soil. This work was realised with the collaboration of Critical Zone scientists and is on display at the Centre for Art and Media in Karlsruhe.

De bodemkaart van het Strengbach Kritische Zone
Observatorium

Dit artikel beschrijft de specifieke methode die in het *Terra Forma*-handboek wordt gebruikt voor het in kaart brengen van de bodem. Die kaart stelt een bodem voor die wordt geobserveerd door wetenschappelijke instrumenten die entiteiten en verschijnselen weergeven die verborgen zitten in de lagen van de Kritische Zone. Deze zone loopt van de oppervlakte tot in de diepte (atmosfeer, bodem, gesteente). Met de kaart kan een nieuwe kijk op de bodem worden ontwikkeld. Dit werk kwam tot stand met medewerking van wetenschappers van de Kritische Zone, en is te zien in het Centrum voor Kunst en Media in Karlsruhe.

Ruth Oldham

Undulating Landscapes

This short text and series of images is the first step in the compilation of an inventory of landscape and architecture projects that create new topographies with soil that has been excavated during the processes of construction, notably to make way for the deep foundations necessary for tall buildings. As the post-war construction boom across Europe got underway, two landscape typologies began to emerge, as pragmatic as they are poetic: undulating landscapes at the feet of the towers and slabs of housing projects, and vast hilly parks recycling millions of cubic metres of soil.

Golvende landschappen

Deze korte tekst en reeks beelden is de eerste stap in de opstelling van een inventarisatie van landschaps- en architectuurprojecten die nieuwe topografieën creëren met grond die tijdens de bouw is afgegraven, met name om plaats te maken voor het soort diepe fundering dat nodig is voor hoogbouw. Naarmate de naoorlogse bouwwoede in heel Europa op gang kwam, ontstonden er twee landschapstypologieën die even pragmatisch als poëtisch zijn: golvende landschappen aan de voet van de torens en woonblokken van woningbouwprojecten, en uitgestrekte heuvelachtige parken waar miljoenen kubieke meters grond werden hergebruikt.

Chiara Pradel

Monumental Earthworks for the
Construction of the AlpTransit

This contribution focuses on the AlpTransit highspeed railway project connecting Italy and Germany through Switzerland. The construction activities of the Gotthard and the Ceneri tunnels (1999–2020) have produced more than 34 million tonnes of excavated materials. As a result, huge artificial mountains, refilled river deltas and altered topographies made of inert waste have powerfully reshaped a number of Swiss territories close to the AlpTransit infrastructural construction sites. The proposed selection of drawings and pictures provides an inventory of the four main earthworks and tries to interrogate both their monumental, poetic character and their material impact on the landscape.

Monumentaal grondverzet voor de
bouw van de AlpTransit

Deze bijdrage is toegespitst op het AlpTransit-project voor de hogesnelheidstrein die Italië en Duitsland via Zwitserland met elkaar verbindt. De bouwwerkzaamheden aan de Gotthard- en de Ceneri-tunnel (1999–2020) hebben meer dan 34 miljoen ton uitgegraven materiaal opgeleverd. Door de verplaatsing van overgebleven grond heeft een aantal Zwitserse gebieden in de buurt van de bouwplaatsen voor de AlpTransit-infrastructuur een stevige gedaantewisseling ondergaan: kunstmatige bergen, opgevulde rivierdelta's en een veranderde topografie door het opbrengen van inert restmateriaal. De voorgestelde selectie van tekeningen en foto's biedt een inventarisatie van de vier belangrijkste grondwerken en probeert zowel hun monumentale, poëtische karakter als de materiële invloed op het landschap ter discussie te stellen.

Julian Meier

From Wasteland to Sunken City:
Regeneration of Urban Soil

The project in this text offers a solution for the development of a former industrial area in Basel. Its contaminated soil, neglected by

the owners and the city of Basel, poses a threat to the ecology and to its transformation into a vibrant city district. The proposal combines prevalent remediation processes and international material flows. The resulting design projects a new horizon over an undulating terrain, it tackles questions of above and below, and explores the opportunities of the introduced dichotomous worlds.

Van woestenij tot verzonken stad: Vernieuwing van de stedelijke bodem

Het project in deze tekst biedt een oplossing voor de ontwikkeling van een voormalig industriegebied in Bazel. De verontreinigde bodem, die door de eigenaars en de stad Bazel is veronachtzaamd, vormt een bedreiging voor de ecologie en de transformatie van de site naar een levendige stadswijk. Het voorstel combineert gangbare verbeteringsvoorstellen met de laatste kennis over materiaalstromen. Het resulterende ontwerp projecteert een nieuwe horizon over een golvend terrein, stelt vragen over boven en onder, en verkent de mogelijkheden van de hier geïntroduceerde dichotome werelden.

Michele Bee, Gilles Clément

Soil as Space of Indecision

Considering the soil in the urban project merely as layered support for connection and accumulation, means failing to take into account a diversity that swarms just a few centimetres away from the urban activity. Soil is the place of an intense life that can hardly be kept hidden beneath thick layers of asphalt. As soon as some 'room' is made available, this life is ready to take over and to activate (at its own expense) an autonomous series of regeneration processes. These processes can also transform the urban project itself, by opening up the canonical planning tools to *indecision*, understood as last-minute decision.

De bodem als ruimte voor besluiteloosheid

De bodem in het stadsproject louter beschouwen als gelaagde drager voor verbinding en opslag, betekent dat geen rekening wordt gehouden met een diversiteit die wemelt op slechts enkele centimeters verwijderd van de stedelijke activiteit. De bodem is de plaats van een intens leven dat nauwelijks onder dikke lagen asfalt verborgen kan blijven. Zodra er wat 'ruimte' vrijkomt, staat dit leven klaar om de zaak over te nemen en (onbetaald) een autonome reeks regeneratieprocessen in gang te zetten. Deze processen kunnen ook het stadsproject zelf transformeren, door de canonieke planningsinstrumenten open te stellen voor *besluiteloosheid*, opgevat als last-minute beslissing.

Rosetta Elkin, Joanna Lombard

Tabula Rasa: Designing South Florida

This essay suggests that the soil beneath 7 million Floridian residents is flattened by urbanisation. As a result, the land as a composition of water, sand and porous limestone is overlooked, as development obscures the fluid profile of south Florida. The impact is evidenced by what we term 'tabula rasa' development, a tendency to erase and smooth over the geological, ecological and cultural history. In South Florida and its barrier islands, tabula rasa is challenged as climate change conditions reassert ancient processes and challenge past assumptions.

Tabula rasa: Het ontwerpen van Zuid-Florida

Dit essay suggereert dat de bodem onder de voeten van de 7 miljoen inwoners van Florida door verstedelijking wordt platgetreden. De kennis van het land als een samenstelling van water, zand en poreuze kalksteen wordt over het hoofd gezien, met als gevolg dat ontwikkelingen het vloeibare profiel van Zuid-Florida in de war sturen. Het effect blijkt uit wat wij de 'tabula rasa'-ontwikkeling noemen, een tendens om de geologische, ecologische en culturele geschiedenis uit te wissen en glad te strijken. In Zuid-Florida en zijn barrière-eilanden wordt tabula rasa op de proef gesteld, nu oude geologische processen door de klimaatverandering weer hun kop op steken en aannamen uit het verleden worden uitgedaagd.

Taneha Kuzniecow Bacchin, Isabel Recubenis Sanchis

Soil, Planning and Climatic Crisis in the Dutch Upper Delta

The paper explores the role of the substratum in Dutch planning models and highlights its potential as the medium in which new climatic frequencies can be best managed. The revised model informs how the allocation of land uses — producing incremental changes — can be paired with the allocation of land management units that are associated with transitional changes managed collectively in time and space. It guides how occupation can play a role in the restoration of the atmosphere-substratum continuum, casting light on a different line of research in climate adaptation discourses.

Bodem, planning en klimaatcrisis in de Nederlandse bovendelta

Het document verkent de rol van het substraat in Nederlandse planningsmodellen en belicht het potentieel ervan als het medium waar nieuwe klimaatfrequenties optimaal worden beheerd. Het herziene model informeert hoe de toewijzing van landgebruik — dat incrementele veranderingen produceert — kan worden gekoppeld aan de toewijzing van organisaties voor landbeheer, wat gepaard gaat met transities die collectief in tijd en ruimte worden beheerd. Het geeft aan hoe het gebruik van land een taak kan hebben in het herstel van het continuüm atmosfeer-substraat, en belicht een alternatieve vorm van onderzoek in het discours over klimaatadaptatie.

Martina Barcelloni Corte, Pascal Boivin

Soils for Transition: Towards an Urbanism of 'Living Soil'

Taking hold from the interdisciplinary Research Project 'On Soil and Labour: The Transition, a New Biopolitical Project', recently carried out by the authors and the Habitat Research Centre (EPFL) for the Greater Geneva 2050 vision, the paper questions the role of soil's multifunctionality in relation to the current 'socio-ecological transition' and the necessary rearticulation of the urban and territorial project. While demanding a deep revision of consolidated concepts and tools, a new gaze on the soil opens up, at different scales, an entire new field for design, questioning (with little hesitation) the very relationship between urbanism, urbanisation and soil.

Bodemtransities: Naar een stedenbouw van de 'levende bodem'

Voortbouwend op het interdisciplinaire onderzoeksproject 'Over bodem en arbeid: De overgang, een nieuw biopolitiek project', dat onlangs door de auteurs en het Habitat Research Centre (EPFL) is uitgevoerd in het kader van de visie *Grand Genève 2050*, stelt het stuk vragen over de rol van de multifunctionaliteit van de bodem in relatie tot de huidige 'socio-ecologische transitie' en de noodzakelijke nieuwe articulering van het stedelijke en territoriale project. Een andere kijk op de bodem vereist een grondige herziening van vastgeroeste concepten en instrumenten, maar opent ook, op verschillende schaalniveaus, een geheel nieuw terrein voor ontwerp, waarbij (zonder noemenswaardige aarzeling) de relatie tussen stedenbouw, verstedelijking en bodem ter discussie wordt gesteld.

Michaël Stas, Carmen Van Maercke

Desealing as Multifold Action

The realisation-oriented desealing programme 'Vlaanderen breekt uit' attempts to alter Flanders' strongly mineralised character. With the support of several experts and 44 projects, it created a desealing test- and learning environment aiming to broaden the debate and accelerate action on the terrain. It became clear that desealing is not only a necessity, but also an interesting tool that entails much more than literally scraping off pavements. It is a leverage to connect different spatial challenges at once and provides an opportunity to work in a multidisciplinary manner — beyond the different administrative and professional domains..

Ontharding van de bodem als meervoudige actie

Het op uitvoering gerichte onthardingsprogramma 'Vlaanderen breekt uit' probeert het sterk verharde karakter van Vlaanderen te veranderen. Met de steun van verschillende deskundigen en in 44 initiatieven werden experimenten en kennisoverdracht geïnitieerd, met als doel het debat te verbreden en acties op het gebied van ontharding te versnellen. Het werd duidelijk dat ontharden niet alleen een noodzaak is, maar ook een interessant instrument dat veel meer inhoudt dan het letterlijk afschrapen van asfalt. Het is een hefboom om verschillende ruimtelijke uitdagingen in één keer te verbinden en biedt aanleiding om multidisciplinair te werken — voorbij de verschillende administratieve en professionele domeinen.

Thierry Kandjee

A Sponge (Park) on a (Water) Table

This contribution discusses the potential of an invisible soil condition in Brussels: when sand beds touch clay layers, subterranean water oozes through the liminal spaces between sand and clay. Over the past four years, this condition has been investigated through a hands-on study conducted in Brussels. A particular momentum has been the contribution to the first Brussels Urban Landscape Biennial (BULB), which has created public awareness and third-party interest in this approach to sponge parks. The article unfolds the trajectory of multidisciplinary knowledge creation that came about in this project.

Een spons(park) op een (grondwater)spiegel

Deze bijdrage behandelt het potentieel van een onzichtbare bodemgesteldheid in Brussel: wanneer zandbeddingen aan kleilagen raken, sijpelt ondergronds water dwars door de grenslagen tussen zand en klei heen. De afgelopen vier jaar werd deze toestand onderzocht via een praktijkgericht onderzoek dat in Brussel werd uitgevoerd. Een bijzonder momentum is de bijdrage aan de eerste Brussels Urban Landscape Biennial (BULB) die publieke bekendheid en interesse van derden heeft opgeleverd voor deze aanpak van zogenaamde sponsparken. Het artikel ontvouwt het traject van multidisciplinaire kenniscreatie dat in dit project tot stand kwam.

Atabile Gwagwa, Romeo Dipura, Isabella Baranyk

From Suitcase to Mayor:
A Subversive Politics of Soil Care

For the marginalised urban poor, gardens are a political domain in which gardeners must engage the state to deploy survival tactics. Professor, a gardener living in Napier Settlement, maintains a subversive politics of care through his garden, one that requires negotiations with the municipal government and has spatial outcomes in the community.

Van koffer tot burgemeester:
Een subversieve politiek van bodemzorg

Voor de gemarginaliseerde stedelijke armen vormen tuinen een politiek domein waarbinnen tuinders de staat moeten aanspreken om hun eigen voortbestaan te waarborgen. Professor, een tuinman uit de nederzetting Napier, onderhoudt via zijn tuin een subversieve politiek van zorg, die onderhandelingen met de gemeentelijke overheid vereist en ruimtelijke gevolgen heeft voor de gemeenschap.

Louisa King, Urtzi Grau

Defrosted Dust:
Exploring Human Microbial Relations in Antarctica

This essay reports on a collaboration with Australia Antarctic researchers and a group of Sydney architects, which focused on the spatial, economic and material relationships that soil engenders in southern polar regions. The eastern province of Antarctica is home to some of the oldest, coldest and most oligotrophic soils on Earth. Resulting conditions of freezing, arid and depleted permafrost afford the suitable environment for endolithic species, organisms with optimal growth in states that are challenging for carbon-based life forms. The novelty of the soils researched in Antarctica hold within them important data for climatic, agricultural and even pharmaceutical research.

Ontdooid stof: Een verkenning van de relaties tussen mens en microbe op Antarctica

Dit essay doet verslag van een samenwerking tussen Australische Antarctica-onderzoekers en een groep architecten uit Sydney, die zich richtte op de ruimtelijke, economische en materiële relaties die de bodem in zuidelijke poolstreken met zich meebrengt. De oostelijke provincie van Antarctica herbergt enkele van de oudste, koudste en oligotrofe bodems op aarde. De daaruit voortvloeiende omstandigheden van bevriezing, dorheid en uitputting van de permafrost bieden de geschikte omgeving voor endolithische soorten. Dit zijn organismen met een optimale groei in omstandigheden die een uitdaging vormen voor een op koolstof gebaseerde levensvorm. De nieuwigheid van de op Antarctica onderzochte bodems houdt belangrijke gegevens in voor klimatologisch, landbouwkundig en zelfs farmaceutisch onderzoek.

Pu Hsien Chan, Kevin Westerveld

When Soil Moves: A Hint of a Glossary

This text is (a *hint* of) a glossary of gestures, containing a curated selection of terms used to modify the earth. The importance of soil is often judged solely on its technical and ecological performances. In reaction to this tendency, we would like to broaden the ways in which soil can be revalued, and instigate an aesthetic reappraisal. Precisely because soil is already inherently complex and loaded with meanings, the simplest of gestures can convey new conceptual ideas, ranging from social commentary to cultural and political reflections. The glossary seeks to illustrate this by selecting gestures that evoke profound ideas and interpretations — when soil *moves*.

Als de bodem beweegt: Het begin van een glossarium

Deze tekst biedt (een *hint* van) een woordenlijst van gebaren, met een gecureerde selectie termen die gebruikt worden om de aarde te veranderen. Het belang van de bodem wordt vaak alleen beoordeeld op grond van zijn technische en ecologische prestaties. Als reactie hierop willen wij de manieren verruimen waarop de bodem kan worden herzien en een esthetische herwaardering op gang brengen. Juist omdat de bodem van nature al complex is en geladen met betekenissen, kunnen de eenvoudigste gebaren nieuwe conceptuele ideeën overbrengen, variërend van sociaal commentaar tot culturele en politieke reflecties. Het glossarium tracht dit te illustreren door gebaren te selecteren die diepgaande ideeën en interpretaties oproepen — wanneer de grond *beweegt*.

Backlist	To order back issues of OASE, please visit our website: www.oasejournal.nl/ U kunt eerder verschenen nummers van OASE bestellen via onze website: www.oasejournal.nl As of issue 97 OASE is available as an e-book/ Vanaf nummer 97 is OASE verkrijgbaar als e-book
OASE 109	Modernities/ Moderniteiten
OASE 108	Ups & Downs/ Reception histories in Architecture/ Receptiegeschiedenissen in de architectuur
OASE 107	The Drawing in Landscape Design and Urbanism/ De tekening in landschapsontwerp en stedenbouw
OASE 106	Table Settings. Reflecties op architectuur met Hannah Arendt/ Tafelschikkingen. Reflections on Architecture with Hannah Arendt
OASE 105	Practices of Drawing/ Tekenpraktijken
OASE 104	The Urban Household of Metabolism/ Het stedelijke huishouden van het metabolisme
OASE 103	Critical Regionalism Revisited
OASE 102	Schools & Teachers. The Education of an Architect in Europe/ Scholen & docenten. De opleiding tot architect in Europa
OASE 101	Microcosm. Searching for the City in Its Interiors/ Microkosmos. Een zoektocht naar de stad in haar interieurs
OASE 100	Karel Martens and the Architecture of the Journal/ Karel Martens en de architectuur van het tijdschrift
OASE 99	The Architecture Museum Effect/ De effecten van architectuurmusea
OASE 98	Narrating Urban Landscapes/ Verhalend stedelijk landschap
OASE 97	Action and Reaction in Architecture/ Actie en reactie in architectuur
~~OASE 96~~	~~Social Poetics. The Architecture of Use and Appropriation/ Sociale Poëtica. De architectuur van gebruik en toe-eigening~~
OASE 95	Crossing Boundaries. Transcultural Practices in Architecture and Urbanism/ Grenzenloos. Transculturele praktijken in architectuur en stedenbouw
OASE 94	OMA. The First Decade/ OMA. De eerste tien jaar
~~OASE 93~~	~~Making Landscape Public. Making Public Landscape/ Landschap publiek maken. Publiek landschap maken~~
~~OASE 92~~	~~Codes and Continuities/ Codes en continuïteiten~~
~~OASE 91~~	~~Building Atmosphere/ Sfeer bouwen, met/with Juhani Pallasmaa & Peter Zumthor~~
~~OASE 90~~	~~What is Good Architecture/ Wat is goede architectuur?~~
~~OASE 89~~	~~Medium. The Mid-Size City as a European Urban Condition and Strategy/~~ ~~De middelgrote stad als Europese stedelijke conditie en strategie~~
~~OASE 88~~	~~Exhibitions. Showing and Producing Architecture/ Tentoonstellingen. Architectuur tonen en produceren~~
OASE 87	Alan Colquhoun Architect, Historian, Critic/ Architect, Historicus, Criticus
OASE 86	Baroque/ Barok
OASE 85	Productive Uncertainty/ Productieve onzekerheid
OASE 84	Models/ Maquettes
OASE 83	Commissioning Architecture/ Opdrachtgevers in de architectuur
OASE 82	L'Afrique, c'est chic. Architecture and planning in Africa 1950–1970/ Architectuur en planning in Afrika 1950–1970
~~OASE 81~~	~~Constructing Criticism/ Kritiek in opbouw~~
OASE 80	On Territories/ Over territoria
OASE 79	The Architecture of James Stirling, 1964–1992/ De architectuur van James Sterling, 1964–1992
~~OASE 78~~	~~Immersed. Sound and Architecture/ Architectuur en geluid~~
OASE 77	Into the Open. Accommodating the Public/ Publieke plaatsen
~~OASE 76~~	~~Context/ Specificity~~
~~OASE 75~~	~~25 Years of Critical Reflection on Architecture~~
~~OASE 74~~	~~Invention/ Inventie~~
OASE 73	Gentrification. Flows and Counter-Flows/ Stromen en tegenstromen
~~OASE 72~~	~~Back to School/ Terug naar school~~
~~OASE 71~~	~~Urban Formation & Collective Spaces/ Stedelijke formatie & collectieve ruimten~~
~~OASE 70~~	~~Architecture & Literature/ Architectuur & Literatuur~~
OASE 69	Positions/ Posities
OASE 68	Home-Land/ Thuis-Land
OASE 67	After the Party: Nederlandse architectuur 2005/ Dutch Architecture 2005
OASE 66	Virtually Here: Ruimte in cyberfictie/ Space in Cyberfiction
~~OASE 65~~	~~Ornament~~
~~OASE 64~~	~~Landscape and Mass Tourism/ Landschap en massatoerisme~~
~~OASE 63~~	~~Countryside/ Platteland~~
OASE 62	Autonomous Architecture and the Project of the City/ Autonome architectuur en het stedelijk project
OASE 61	Suburbia and Social Democracy/ Neoliberalisme in de buitenwijk
OASE 60	Urbanism Out-of-Town/ Het land in de stad
OASE 59	Scratching the Surface/ Nagel op de huid
~~OASE 58~~	~~The Visible and the Invisible/ Het Zichtbare en het onzichtbare~~
OASE 57	1970's Revisited/ 1970s Revisited
OASE 56	Domestic Nature/ Huiselijke natuur
~~OASE 55~~	~~Home and Garden/ Huis en tuin~~
~~OASE 54~~	~~Re: Generic City/ Re: Generieke stad~~
OASE 53	Network Urbanism/ Netwerk stedebouw
OASE 52	Consumption and Territory/ Consumptie en territorium
OASE 51	Rearrangements, A Smithsons Celebration
OASE 49/50	Convention/ Conventie
~~OASE 48~~	~~Diagrams/ Diagrammen~~
~~OASE 47~~	~~Dressing/ Bekleding~~
~~OASE 45/46~~	~~Essential Architecture/ Essentiële architectuur~~
OASE 44	Venetiaanse Perspectieven
~~OASE 43~~	~~Zwischenraumgespenster~~
~~OASE 42~~	~~Over stijl~~
~~OASE 41~~	~~Het wereldontwerp~~
~~OASE 40~~	~~Poiésis en architectuur~~
~~OASE 39~~	~~Materialiteit en fysieke ervaring~~
~~OASE 37/38~~	~~Massa en woningbouw~~
~~OASE 36~~	~~De architectuurtekening~~
OASE 35	Havenfronten
OASE 34	Het interieur
~~OASE 33~~	~~De transformatie van de metropool~~
~~OASE 32~~	~~Architectuur en stedebouw in de jaren zestig~~
~~OASE 31~~	~~De tektoniek van de opstand & Het Bonnefantenmuseum~~
~~OASE 30~~	~~Sprekende architectuur II~~
~~OASE 29~~	~~Sprekende architectuur I~~
~~OASE 28~~	~~Snelheid en zwaarte~~